소방공무원 시험 합격을 위한 필수 핵심정리 + OX문제

소방공무원 공부, 어떻게 시작해야 할까?

소방공무원 공채·경채 기출문제가 공개된 이후, 소방공무원 ~~~~~~ ~에 맞춰 학습해야 할 범위도 크게 늘어났습니다. 그에 따라 기본서와 기출문제집의 방대한 양은 수험생 여러분들이 스스로 정리하기에 어려워졌으며, 핵심정리와 OX문제집에 대한 필요성이 높아졌습니다.

보다 효율적이고 주도적인 학습을 할 수 있도록 『해커스소방 김정희 소방학개론 핵심정리 + OX문제』는 다음과 같은 특징을 가지고 있습니다.

첫째, 소방학개론 이론 중 핵심적인 부분을 추려 빠짐없이 수록하였습니다.
기본서의 방대한 분량을 쉽게 단권화 할 수 있도록 출제 빈도가 높은 핵심이론만을 추려 수록하였습니다. 수험생 여러분들은 본 교재의 핵심정리 학습과 OX문제 풀이를 통해 반복 출제되는 이론의 유형을 파악할 수 있으며, 효과적인 단권화 교재로 활용할 수 있을 것입니다. 수험생 여러분들의 공부 분량을 줄일 수 있는 것은 물론, 내용이 부실하지 않도록 기본서의 핵심을 모두 담아 효율적인 학습이 가능합니다.

둘째, 소방학개론 기출문제의 지문과 직접 제작한 확인학습문제들을 수록하였습니다.
최근 출제경향을 분석하여, 파악한 빈출 지문 및 직접 제작한 문제들을 OX문제 형태로 수록하였습니다. 또한 핵심정리 부분과 연계하여 학습할 수 있도록 핵심정리의 진도에 맞춰 OX문제들을 수록하였습니다. 이를 통해 반복적으로 출제되는 논점들을 학습하면서 자연스럽게 단원별 핵심 내용을 파악할 수 있습니다.

더불어, 소방공무원 시험 전문 사이트인 해커스소방(fire.Hackers.com)에서 교재 학습 중 궁금한 점을 나누고 다양한 무료 학습 자료를 함께 이용하여 학습 효과를 극대화할 수 있습니다.

부디 『해커스소방 김정희 소방학개론 핵심정리 + OX문제』와 함께 소방공무원 소방학개론 시험의 고득점을 달성하고 합격을 향해 한걸음 더 나아가시기를 바랍니다.

김정희

목차

II OX 문제

이 책의 구성

『해커스소방 김정희 소방학개론 핵심정리 + OX문제』는 수험생 여러분들이 소방학개론 과목을 쉽게 단권화하면서, 주요 OX지문까지 학습할 수 있도록 빈출되는 개념과 지문을 수록하였습니다. 아래 내용을 참고하여 본인의 학습 과정에 맞게 체계적으로 학습 전략을 세워 학습하시기 바랍니다.

① 핵심 내용 위주로 효율적으로 학습하기

핵심이론의 내용을 압축·정리

소방공무원 소방학개론 시험에 나오는 방대한 내용들 중 핵심이론을 일목요연하게 정리하여, 출제가능성이 높은 이론을 보다 빠르게 파악하고 전략적으로 학습할 수 있습니다. 간결한 설명과 다회독에 최적화된 구성으로 수험생이 스스로 단권화하기 용이하며, 효율적으로 이론학습을 마무리할 수 있게 구성하였습니다.

② 다양한 학습장치를 활용하여 이론 완성하기

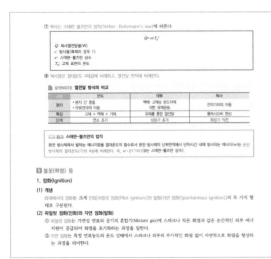

한 단계 실력 향상을 위한 다양한 학습장치

1. 요약NOTE
핵심이론 중에서도 중요도가 높은 부분을 비교·정리하여 수록함으로써 소방학개론의 주요 내용을 보다 빠르게 파악하고 학습할 수 있습니다.

2. 참고
고득점을 위하여 더 알아두면 학습에 도움이 되는 내용을 '참고'에 담아 제시하였습니다. 이를 통해 필수 이론뿐만 아니라 심화 내용까지 빈틈없이 학습할 수 있습니다.

③ 기출지문으로 이론 완성 + 문제해결 능력 키우기

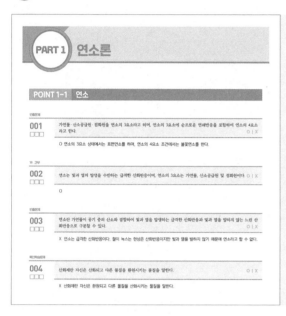

빈출 기출지문 및 확인학습문제 수록

1. 빈출되는 기출지문은 물론 최신 출제 경향을 반영한 확인학습 문제를 법령별로 수록하였습니다. 자주 등장하는 지문과 키워드를 효과적으로 학습함으로써 핵심이론을 복습할 수 있으며, 요약 · 문제풀이 능력을 크게 향상시킬 수 있습니다.

2. 또한 핵심정리와 동일한 POINT로 분류하여 OX문제를 정리하였습니다. 이를 통해 지문과 핵심정리 내용을 함께 학습할 수 있으며, 이론과 문제를 쉽게 연동하여 풀어봄으로써 이론을 스스로 완성할 수 있도록 구성하였습니다.

④ 직관적인 해설로 오답 정리하기

직관적인 해설로 많은 양의 지문을 빠르게 정리

1. 모든 옳지 않은 지문에 키워드 위주의 직관적인 해설을 수록하여, 지문의 핵심 내용을 쉽게 파악할 수 있으며 빠르게 지문을 확인하고 회독하기에 용이합니다.

2. 해설의 '핵심정리'를 통해 단순히 지문만으로는 파악하기 힘든 관련 이론의 대략적인 내용을 함께 제시하였습니다. 이를 통해 OX문제 풀이를 속도감있게 진행할 수 있으며, 모든 지문을 완벽하게 이해할 수 있도록 구성하였습니다.

I

핵심정리

POINT 1-1　연소

1 연소의 개요

1. 연소의 정의

(1) 정의

연소란 가연물이 공기 중의 산소와 결합하여 빛과 열을 발생하는 급격한 산화반응을 말한다.

(2) 특성

① 연소의 필수 요소로는 가연물과 산소공급원, 점화원 등이 있다.

② 연소는 급격한 산화반응이다. 철이 녹스는 현상은 산화반응이지만 빛과 열을 발하지 않기 때문에 연소라고 할 수 없다.

③ 불꽃을 발하지 않는 경우도 있다(무염연소).

④ 백열전구와 같이 저항열에 의해 빛과 열을 내는 것은 연소라고 하지 않는다.

2. 산화 – 환원반응(Oxidation-reduction reaction)

(1) 개요

① 전자가 화학반응에 미치는 영향이 밝혀지기 전에는 산화반응은 단지 원소가 산소 원자를 얻는 반응, 즉 탄소의 연소과정($C + O_2 \rightarrow CO_2$)과 철의 부식과정($4Fe + 3O_2 \rightarrow 2Fe_2O_3$)으로 한정되었다.

② 환원반응은 산소를 잃는 반응, 즉 수소에 의한 구리의 환원반응($CuO + H_2 \rightarrow Cu + H_2O$)만을 나타냈다.

> **📖 참고　산화 · 환원**
>
> 나트륨과 염소에는 전하를 띤 원자가 없고, 염화나트륨은 Na^+와 Cl^- 이온들을 함유하고 있기 때문에 나트륨 원자로부터 염소원자로 전자 이동이 포함되어야 한다. 전자를 잃는 것을 산화라고 정의하고, 전자를 얻는 것을 환원이라고 정의한다.

③ 오늘날 대부분의 산화–환원반응은 산소 원자, 수소 원자 또는 전자의 이동과 관련된 모든 반응을 말한다.

(2) 산화제와 환원제

① 산화제란 자신은 환원되고 다른 물질을 산화시키는 물질을 말한다.

② 환원제란 자신은 산화되고 다른 물질을 환원시키는 물질을 말한다.

> **📖 참고　산화, 산화수**
>
> 1. **산화**: 산화수가 증가하는 반응이고 환원이란 산화수가 감소하는 반응이다.
> 2. **산화수(Oxidation number)**: 산화수는 하나의 물질(홑원소 물질, 분자, 이온화합물)에서 전자의 교환이 완전히 일어났다고 가정하였을 때 물질을 이루는 특정 원자가 가지는 전하수를 말하며 산화상태(Oxidation state)라고도 한다.

2 연소의 필수 요소

가연물·산소공급원·점화원을 연소의 3요소라고 하며, 연소의 3요소에 순조로운 연쇄반응을 포함하여 연소의 4요소라고 한다.

1. 가연물(Combustible)

(1) 정의

① 가연물이란 불에 탈 수 있거나 잘 타는 성질의 인화점이 낮고 연소하기 쉬운 물질을 말한다. 즉, 가연성 물질이란 적당한 조건하에서 산화할 수 있는 성분을 가진 물질로서 주로 탄소, 수소, 황 등으로 구성되어 있는 물질이다.

② 이와 반대되는 개념으로 불연성 물질은 재료가 연소하지 않는 성질을 가진 물질을 말한다. 이러한 성질을 가지는 물질은 콘크리트, 벽돌, 기와, 철강, 모르타르, 회반죽 등이 있다.

(2) 가연물질의 구비조건(가연물이 되기 쉬운 조건)

① 탄소(C)·수소(H)·산소(O) 등으로 구성된 유기화합물이 많다.

② 일반적으로 산화되기 쉬운 물질로서 산소와 결합할 때 발열량이 커야 한다.

③ 열의 축적이 용이하도록 열전도율이 작아야 한다. 일반적으로 열전도율은 기체 → 액체 → 고체 순서로 커진다.

④ 산소와 접촉할 수 있는 비표면적이 큰 물질이어야 한다.

⑤ 조연성 가스인 산소·염소(Cl_2)와의 결합력이 강한 물질이어야 한다.

⑥ 활성화에너지(최소발화에너지)의 값이 적어야 한다.

⑦ 한계산소농도(LOI)가 낮을수록 낮은 농도의 산소 조건에서도 연소가 가능하므로 가연물이 되기 쉽다.

⑧ 화학적 활성도가 높아야 한다.

(3) 가연물이 될 수 없는 물질

① 완전산화물질: 이미 산소와 결합하여 더 이상 화학반응을 일으킬 수 없는 물질로는 이산화탄소(CO_2), 오산화인(P_2O_5), 삼산화크로뮴(CrO_3), 산화알루미늄(Al_2O_3), 규조토(SiO_2), 물(H_2O) 등이 있다.

  ㉠ 이산화탄소(CO_2)는 탄소 원자 하나에 산소 원자 둘이 결합한 화합물로, 기체 상태일 때는 무색, 무취, 무미로 지구의 대기에 상당량 존재한다. 이산화탄소는 화석연료와 같은 탄소를 포함한 물질을 완전연소시킬 경우 생성된다. 또한 온실기체로 작용하여 지구온난화의 원인으로 작용한다.

  ㉡ 오산화인(P_2O_5)은 인이 연소할 때 생기는 백색의 가루로 건조제 및 탈수제로 쓰인다.

  ㉢ 일산화탄소(CO)는 산소와 반응하기 때문에 가연물이 될 수 있다.

$$CO + \frac{1}{2}O_2 \rightarrow CO_2 + Qkcal$$

② 산화흡열반응물질: 물질이 산소와 결합하는 산화반응을 하지만 그 반응이 발열반응이 아닌 흡열반응이라면 그 물질은 가연물이 아니다. 질소와 산소는 화학적으로 안정되어 있어 쉽게 화학반응을 일으키지 않고, 고온·고압 상태에서 화학반응이 일어나게 된다.

$$N_2 + O_2 \rightarrow 2NO - Qkcal$$
$$N_2 + \frac{1}{2}O_2 \rightarrow N_2O - Qkcal$$

③ 주기율표 18족(0족, 8A족)의 비활성기체
　　㉠ 주기율표의 18족에 속하는 물질은 비활성기체로서 산소와 반응하지 않는다.
　　㉡ 헬륨(He), 네온(Ne), 아르곤(Ar), 크립톤(Kr), 크세논(Xe), 라돈(Rn) 등이 있다.
④ 자체가 연소하지 아니하는 물질: 흙·돌(石)

2. 산소공급원

산소공급원은 일반적으로 공기 중의 산소를 말한다. 가연물이 연소하려면 산소와 혼합되어 불이 붙을 수 있는 농도 조건이 형성되어야 하는데, 이를 연소범위라고 한다. 공기 중에는 약 21%의 산소가 포함되어 있어서 공기는 산소공급원 역할을 할 수 있다. 일반적으로 산소의 농도가 높을수록 연소는 잘 일어나고 일반 가연물인 경우 산소농도 15vol% 이하에서는 연소가 어렵다.

(1) 공기 중의 산소

구분	N_2	O_2	Ar	CO_2
부피 백분율(vol%)	78.03	20.99	0.95	0.03
무게 백분율(wt%)	75.51	23.15	1.30	0.04

(2) 산화성 물질
① 제1류 위험물(산화성 고체): 산소를 포함하는 불연성 고체 물질이다.
② 제6류 위험물(산화성 액체): 산소를 포함하는 불연성 액체 물질이다.

> **참고 산화성 고체와 산화성 액체**
> 1. 산화성 고체: 고체로서 산화력의 잠재적인 위험성 또는 충격에 대한 민감성을 판단하기 위하여 소방청장이 정하여 고시하는 시험에서 고시로 정하는 성질과 상태를 나타내는 것을 말한다.
> 2. 산화성 액체: 액체로서 산화력의 잠재적인 위험성을 판단하기 위하여 소방청장이 정하여 고시하는 시험에서 고시로 정하는 성질과 상태를 나타내는 것을 말한다.

(3) 자기반응성 물질
① 자기반응성 물질은 분자 내에 가연물과 산소를 충분히 함유하고 있는 물질로서 연소 속도가 빠르고 폭발을 일으킬 수 있는 물질이다.
② 제5류 위험물로는 나이트로글리세린(NG), 셀룰로이드, 트리나이트로톨루엔(TNT) 등이 있다.

(4) 조연성 가스(지연성 가스)
① 조연성 가스는 자기 자신은 타지 않고 연소를 도와주는 역할을 하는 가스이다.
② 조연성 가스는 산소(O_2), 이산화질소(NO_2), 산화질소(NO), 불소(F_2), 오존(O_3), 염소(Cl_2) 등이 있다.

3. 점화원(활성화에너지, 최소점화에너지, 최소발화에너지)

(1) 개요
① 가연물과 산소공급원이 연소범위를 만들었을 때 연소반응이 일어나기 위해서는 활성화 상태까지 이르게 하는 에너지가 필요한데 이를 활성화에너지라고 한다. 이러한 활성화에너지의 에너지원을 점화원이라 한다.
② 점화원은 열적 점화원, 기계적 점화원, 화학적 점화원, 전기적 점화원 및 원자력 점화원 등으로 구분할 수 있다. 기화(잠)열, 융해열, 단열팽창, 절연저항의 증가 등은 점화원에 해당하지 않는다.

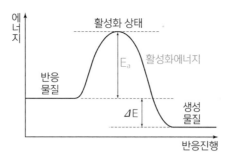

▲ 활성화에너지(최소점화에너지)

(2) 점화원의 종류

열적 점화원	가열(고온)표면, 화염, 고온가스, 열방사, 적외선, 복사열 등
기계적 점화원	타격, 단열압축, 충격, 마찰스파크 등
화학적 점화원	자연발화, 용해열, 연소열, 분해열 등
전기적 점화원	정전기, 전기저항열, 전기불꽃, 유도열, 유전열, 아크, 코로나 등

> 📖 **참고** **최소발화에너지(Minimun Ignition Energy) 영향 인자**
>
> 점화원에 의해 가연성 혼합기가 발화하기 위해서는 점화원이 일정 크기 이상의 에너지를 가할 수 있어야 한다. 이러한 착화에 필요한 최소에너지를 최소발화에너지(MIE)라 한다. 최소발화에너지는 물질의 종류, 혼합기의 온도, 압력, 농도(혼합비) 등에 따라 변화한다. 또한 공기 중의 산소가 많은 경우 또는 가압하에서는 일반적으로 작은 값이 된다.
> 1. 압력이 높을수록 분자 간의 거리가 가까워져 MIE가 작아진다.
> 2. 온도가 높을수록 분자 운동이 활발해져 MIE가 작아진다.
> 3. 가연성 혼합기의 농도가 양론농도 부근일 때 MIE가 작아진다. 일반적으로 이것보다 상한계나 하한계로 향함에 따라 MIE는 증가한다.
> 4. 열전도율이 낮으면 MIE가 작아진다.
> 5. 전극 간 거리가 짧을수록 MIE가 감소되나 어떤 거리 이하로 짧아지면 방열량이 커져서 아무리 큰 에너지를 가해도 인화되지 않는다. 이 거리를 소염거리라 한다.
> 6. 일반적으로 연소속도가 클수록 MIE값은 작아진다.
> 7. 매우 압력이 낮아서 어느 정도 착화원에 의해 점화하여도 점화할 수 없는 한계가 있는데 이를 최소착화압력이라 한다.

(3) 정전기(Static electricity flame) - 전기적 점화원

① 개념

ⓐ 어떤 물질이 다른 물질과 마찰 또는 접촉하면서 각 물질 표면에 양(+)전하와 음(−)전하가 축적되는데 이 축적된 전기를 정전기(마찰전기)라고 한다.

ⓑ 축적된 정전기가 방전될 경우 점화원(전기적 점화원)의 역할을 할 수 있다.

ⓒ 마찰전기의 발화과정은 전하의 발생, 전하의 축적, 방전, 발화의 순이다.

ⓓ 정전기의 발생량은 두 마찰물질의 대전서열이 멀수록, 마찰의 정도가 심할수록 증가한다.

② 정전기의 발생원인

ⓐ 비전도성 부유물질이 많을 때 발생한다.

ⓑ 휘발유, 경유 등의 비전도성 유류의 유속이 빠를 때 발생한다.

ⓒ 좁은 공간·필터 등을 통과할 때 쉽게 발생한다.

ⓓ 낙차가 크거나 와류가 생성될 때 발생하기도 한다.

③ 정전기의 예방대책

    ㉠ 공기를 이온화한다.

    ㉡ 전기전도성이 큰 물체를 사용하여 전하의 발생을 방지한다.

    ㉢ 접지시설을 한다.

    ㉣ 상대습도를 70% 이상으로 한다.

    ㉤ 전기의 전위차를 작게 하여 정전기 발생을 억제한다.

> **📖 참고 전위차**
>
> 전기장 안에서 단위 전하에 대한 전기적 위치에너지를 전위라 한다. 전위차란, 두 지점 사이의 전위의 차이를 의미하는 것으로 기준점에 대한 상대적인 차이로 나타낸다. 전압, 즉 전위차는 전하당 에너지로 표현한다. 볼트(volt)는 1쿨롱당 1줄(Joule)과 같다($1V = 1J/C$). 기호는 $\triangle V$이지만 V라고 쓴다.

(4) 자연발화(Spontaneous ignition) - 화학적 점화원

① 개념

    ㉠ 외부로부터의 점화원이 없이도 장시간 일정한 장소에서 저장하면 열이 발생되며, 발생된 열을 축적함으로써 발화점까지 온도가 상승되어 불이 붙는 현상을 자연발화라고 한다.

    ㉡ 자연발화성이 큰 대표적 물질로는 황린(발화점 30℃)이 있다. 황린은 공기 중에서 산화가 진행되면 저절로 발화하여 불꽃을 내며 연소하기도 한다.

② 자연발화를 일으키는 열원

📝 요약NOTE 열원에 따른 자연발화물질

구분	자연발화물질
산화열	황린, 기름걸레, 석탄, 원면, 고무분말, 금속분, 건성유
분해열	제5류 위험물, 아세틸렌(C_2H_2), 산화에틸렌(C_2H_4O)
미생물열(발효열)	거름, 퇴비, 먼지, 곡물, 비료
흡착열	활성탄, 목탄(숯), 유연탄
중합열	액화시안화수소(HCN), 산화에틸렌(C_2H_4O)

③ 자연발화에 영향을 주는 요인

    ㉠ **열전도율**: 열전도율이 작을수록 열축적이 용이하다. 산화·분해 반응 시 반응열이 크고 그 열이 축적되기 쉬운 상태일 때 자연발화가 발생하기 쉽다.

    ㉡ **공기의 이동**: 통풍이 잘되는 공간에서는 열의 축적이 비교적 어렵기 때문에 자연발화가 발생하기 어렵다.

    ㉢ **온도**: 주변온도에 비해 높으면 반응속도가 빠르기 때문에 열의 발생속도는 증가한다.

    ㉣ **퇴적방법**: 열의 축적이 용이하게 퇴적될수록 자연발화가 쉽다.

    ㉤ **수분(습도)**: 적당한 수분은 촉매 역할을 하기 때문에 반응속도를 빠르게 하여 자연발화가 쉽다.

    ㉥ **발열량**: 열 발생량이 클수록 축적되는 열의 양이 많아져 자연발화가 쉽다.

    ㉦ **촉매**: 발열반응에 정촉매 작용을 하는 물질은 반응을 빠르게 한다.

④ 자연발화 방지 방법

    ㉠ 환기(통풍)·저장방법 등 공기유통을 원활하게 하여 열의 축적을 방지한다.

    ㉡ 저장실 및 주위온도를 낮게 유지한다.

ⓒ 수분(습기)에 의한 자연발화를 하는 물질의 경우에는 수분(습도)이 높은 곳을 피하여 저장한다.

ⓔ 표면적을 작게 하여 적재하는 것이 가능하다면 공기와의 접촉면을 적게 한다.

ⓜ 퇴적 시 열축적이 용이하지 않도록 한다.

⑤ 자연발화를 일으키는 물질

ⓐ 유지류(동식물유류)는 아이오딘가가 클수록 자연발화가 되기 쉽다. 불포화도가 크고 아이오딘가가 클수록 산화되기 쉽고 자연발화의 위험성이 크다.

ⓑ 일반적으로 금속분은 금속의 분말형태를 말한다. 금속의 분말형태로 존재할 때 산소와의 접촉면적이 커져서 단위면적당 반응속도가 커지기 때문에 자연발화가 용이해진다.

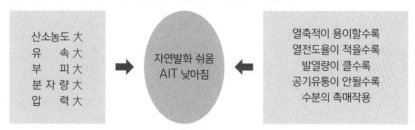

산소농도 大
유 속 大
부 피 大
분 자 량 大
압 력 大

→ 자연발화 쉬움
AIT 낮아짐 ←

열축적이 용이할수록
열전도율이 적을수록
발열량이 클수록
공기유통이 안될수록
수분의 촉매작용

▲ 자연발화 영향요소 및 발생인자

(5) 열적점화원

① 고온표면(고온물질): 가연물 주위에 발화점 이상의 고온물질이 있으면 가연물은 쉽게 점화될 수 있다.

② 복사열: 물체에서 방출하는 전자기파를 직접 물체가 흡수하여 열로 변했을 때의 에너지를 말한다. 전자기파에 의하여 열이 매질을 통하지 않고 고온의 물체에서 저온의 물체로 직접 전달되는 현상이다.

③ 나화: 항상 화염을 가지고 있는 것을 말한다. 보일러, 담뱃불, 난로 등이 있다.

(6) 기계적 점화원

① 충격 및 마찰스파크: 두 개 이상의 물체가 서로 충격·마찰을 일으키면서 작은 불꽃을 일으키는데, 이러한 마찰 불꽃에 의하여 가연성 가스에 착화가 일어날 수 있다.

② 단열압축: 내부와 외부와의 열의 출입을 차단하여 압축하는 형태로서 기체를 높은 압력으로 압축하면 온도가 상승한다. 디젤엔진이 대표적이다.

(7) 화학적 점화원

① 용해열: 어떠한 물질이 액체에 용해될 때 발생하는 열을 말한다. 그러나 모든 물질의 용해열이 화재를 발생시 킬 만큼 위험한 것은 아니다. 농황산(진한 황산)과 같은 강산의 경우 물로 희석할 때 매우 많은 열을 발생시킨다.

② 연소열: 어떠한 물질이 완전히 연소되는 과정에서 발생하는 열을 말한다.

(8) 전기적 점화원

① 저항(가)열: 백열전구의 발열로서 전기에너지가 열에너지로 변할 때 생성된다.

② 유전(가)열: 유전체는 절연체를 의미하며 전선 피복과 같은 절연체가 절연능력을 갖추지 못해 발생하는 열이 다. 즉, 누설전류를 말한다.

③ 유도(가)열: 도체 주위에 변화하는 자기장이 있을 때 전위차가 발생하고 이로 인해 전류흐름이 일어난다. 이 전류를 유도전류라고 하며, 이 유도전류에 의하여 발생되는 열이 유도열이다.

④ 전기불꽃: 전기불꽃은 전기설비의 회로 또는 전기기기·기구 등을 사용하는 장소에서 발생되는 불꽃현상으로 서 폭발성 혼합가스 등에 점화하여 화재를 발생시키는 경우가 많다.

📑 요약NOTE **점화원의 종류**

구분	종류	주요 발생원인
화학적 점화원	연소열	산화되는 과정에 발생
	분해열	물질이 분해될 때 발생
	융해열	물질이 액체에 용해될 때 발생(농황산, 묽은 황산)
	자연발화	외부로부터 어떤 열의 공급을 받지 아니하고 온도가 상승하는 현상
전기적 점화원	정전기	정전기가 방전할 때 발생
	아크열	스위치의 On/Off 아크 때문에 발생
	유도열	도체 주위에 자장이 존재할 때 전류가 흘러 발생
	유전열	누전 등에 의한 전기절연의 불량에 의해 발생
	저항열	도체에 전류가 흐를 때 전기저항 때문에 발생
기계적 점화원	마찰스파크	고체와 금속을 마찰시킬 때 불꽃이 발생
	압축열	기체를 급하게 압축할 때 발생
	마찰열	고체를 마찰시킬 때 발생

4. 순조로운 연쇄반응

(1) 개요

① 가연물질의 연소과정에서 생성된 에너지가 연소반응을 계속 유발시키는 것을 연쇄반응이라고 한다. 화학반응 중 라디칼이 생성되는데 이 라디칼이 새로운 라디칼을 생성하여 화학반응을 지속적으로 유지시켜 주는 역할을 한다.

② 불꽃연소는 가연성 분자와 산소 분자가 직접 결합하여 반응이 완결되는 것이 아니다. 산소나 가연성 분자의 분해이온들이 결합하여 생성된 라디칼(OH^-, H^+, O^{2-}) 등에 의한 연쇄반응이 지속된다.

③ 억제소화는 불꽃화재에는 효과적이나, 연쇄반응이 없는 작열연소 또는 심부화재에는 효과적이지 않다.

(2) 억제소화의 원리

① 할론 1301이나 분말 소화약제는 불꽃연소의 억제소화가 가능하다.

② 할론 1301의 억제소화 원리

  ㉠ 열분해: $CF_3Br + e \rightarrow CF_3^+ + Br^-$

  ㉡ 수소이온과 브로민이온의 반응: $H^+ + Br^- \rightarrow HBr$

  ㉢ 브로민이온의 생성: $HBr + OH^- \rightarrow H_2O + Br^-$

③ 브로민이온이 생성된 라디칼과 결합하여 불꽃연소를 하는 순조로운 연쇄반응을 억제시킨다.

3 연소의 조건

1. 연소범위

가연성 가스가 공기와 혼합하여 연소반응을 일으킬 수 있는 적정한 농도범위를 연소범위라고 한다. 연소범위에서 농도가 낮은 쪽은 연소범위의 하한계라고 하고, 농도가 높은 쪽을 연소범위의 상한계라고 한다. 연소범위는 가연물의 특성으로 가연성 가스의 종류마다 다르다.

(1) 개요

① 가연성 가스는 연소범위 내에서만 연소반응이 일어나고 연소범위를 벗어나면 연소반응이 일어나지 않는다.
② 연소의 범위는 일반적으로 부피 백분율(vol%)로 나타낸다.
③ 연소범위가 넓을수록 위험성은 증가한다.
④ 연소범위의 하한계가 낮을수록, 연소범위의 상한계가 높을수록 가연성 가스의 위험성은 증가한다.

참고 주요 가연성 가스의 공기 중 연소범위

물질명	연소범위(vol%)	물질명	연소범위(vol%)
아세틸렌(기체)	2.5~81(100)	등유(액체)	1.1~6
산화에틸렌(기체)	3~80(100)	경유(액체)	1~6
수소(기체)	4~75	벤젠(액체)	1.3~7.1
일산화탄소(기체)	12.5~74	메틸알코올(액체)	7.3~36.5
암모니아(기체)	15~28	에틸알코올(액체)	4.3~19
톨루엔(액체)	1.3~6.8	가솔린(액체)	1.4~7.6
이황화탄소(액체)	1.2~44	아세톤(액체)	2.6~12.8
에틸렌(기체)	2.7~36	메탄(기체)	5~15
(디에틸)에테르(액체)	1.9~48	에탄(기체)	3~12.5
시안화수소(기체)	6~41	프로판(기체)	2.1~9.5
아세트알데히드(액체)	4.1~57	부탄(기체)	1.8~8.4

(2) 연소범위에 영향을 주는 요인

① 온도: 온도가 올라가면 분자의 운동이 활발해지므로 분자 간 유효충돌 가능성이 커지며, 연소범위가 넓어져 위험성은 증가된다.
② 압력
    ⊙ 압력이 높아지면 분자 간의 평균거리가 축소되어 유효충돌이 증가되며 화염의 전달이 용이하여 연소한계는 넓어진다.
    ⊙ 연소하한계 값은 크게 변하지 않으나 연소상한계가 높아져 전체적으로 범위가 넓어진다.
    ⊙ 예외적으로 수소(H_2)와 일산화탄소(CO)는 압력이 높아질 때 일시적으로 연소범위가 좁아진다.
③ 산소농도: 산소농도가 증가하면 연소하한계의 변화는 거의 없고, 연소상한계가 넓어져 연소범위가 넓어진다.
④ 비활성 가스: 가연성 가스의 혼합가스에 비활성 가스를 투입하면 공기 중 산소농도가 저하된다. 따라서 연소범위는 연소상한계는 크게 낮아지고 하한계는 작게 높아져 전체적으로 연소범위가 좁아진다.

📖 참고 **연소범위 관련 수식**

1. 존스(Jones) 수식: 단일가스 성분의 연소범위

$$LFL = 0.55C_{st},\ UFL = 3.5C_{st}$$

$$\text{화학양론농도}(C_{st}) = \frac{\text{연료몰수}}{\text{연료몰수} + \text{공기몰수}} \times 100$$

- 화학양론농도는 물질의 반응 시 반응이 가장 잘 일어나는 완전연소의 혼합비율을 말한다[NTP(Normal Temperature 21℃, 1기압) 상태에서 가연성 가스, 공기계에서 완전연소에 필요한 농도비율이다].
- 연료와 공기의 최적합의 조성 비율이다.

2. 르샤틀리에 수식: 혼합가스 성분의 연소범위

$$\frac{100}{L} = \frac{V_1}{L_1} + \frac{V_2}{L_2} + \frac{V_3}{L_3} + \cdots,\ \frac{100}{U} = \frac{V_1}{U_1} + \frac{V_2}{U_2} + \frac{V_3}{U_3} + \cdots$$

L: 혼합가스 연소범위 하한계
U: 혼합가스 연소범위 상한계
V_1, V_2, V_3: 각 성분의 체적(vol%)
L_1, L_2, L_3: 각 성분의 연소범위 하한계(vol%)
U_1, U_2, U_3: 각 성분의 연소범위 상한계(vol%)

- 조건1: $V_1 + V_2 + V_3 \cdots V_n = 100$
- 조건2: 가연성 가스 + 불연성 가스일 경우 가연성 가스만 백분율하여 계산한다.

(3) 연소범위의 개념

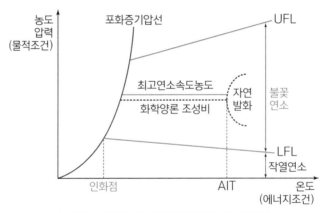

▲ 가연성 증기의 연소(상부인화점 및 하부인화점)

① 연소하한계(LFL; Low Flammable Limit)
  ㉠ 연소범위의 희박한 측의 한계를 말한다. 일반적으로 온도 증가에 따라 약간 감소하는 특성이 있다.
  ㉡ 연소하한계의 농도 이하에서는 점화원과 접촉될 때 화염의 전파가 발생하지 않는 공기 중의 증기 또는 가스의 최소농도를 말한다.
② 연소상한계(UFL; Upper Flammable Limit)
  ㉠ 연소범위의 농후한 측의 한계를 말한다. 온도 증가에 따라 비교적 크게 증가한다.
  ㉡ 연소상한계의 농도 이상에서는 점화원과 접촉될 때 화염의 전파가 발생되지 않는 공기 중의 증기 또는 가스의 최고농도를 말한다.
③ 연소범위: 연소하한계와 연소상한계 사이의 가연성 가스의 농도범위를 말한다.

④ 자연발화온도(AIT): 일정 온도 이상 범위에서는 점화원 없이도 발화되는 자연발화의 영역이 있는데, 이때 자연발화를 일으키는 가장 낮은 온도가 발화점이다.

(4) 위험도

① 위험도는 가연성 가스의 위험성을 나타내는 기준으로 사용한다.
② 위험도는 연소범위를 연소범위 하한계 값으로 나눈 값을 말한다.

$$위험도 = \frac{연소의\ 상한계\ 값 - 연소의\ 하한계\ 값}{연소의\ 하한계\ 값}$$

③ 아세틸렌의 연소범위는 2.5 ~ 81%로 이황화탄소의 연소범위인 1.2 ~ 44%보다 크다. 하지만 위험도를 계산하면 이황화탄소의 위험도가 35.7로 아세틸렌의 31.4보다 크다. 따라서 아세틸렌보다 이황화탄소가 더 위험하다고 할 수 있다.

2. 인화점 · 발화점 · 연소점

(1) 인화점(Flash point, 유도발화점)

① 가연물에 점화원을 가하였을 때 불이 붙을 수 있는 최저온도를 말한다.
② 인화점은 인화성 액체의 위험성을 나타내는 기준으로 사용되기도 한다. 액체 가연물에 있어서 가연성 증기를 연소범위 하한계의 증기농도로 만들 수 있는 최저온도를 의미한다. 이때의 최저온도를 하부인화점이라 한다.

📖 참고 **가연성 액체의 인화점**

가연물	인화점(℃)	가연물	인화점(℃)
디에틸에테르	−45	메틸알코올	11
산화프로필렌	−37	에틸알코올	13
이황화탄소	−30	프로필 알코올	15
가솔린	−43 ~ −20	등유	30 ~ 60
아세톤	−18	경유	50 ~ 70
벤젠	−11	벙커C유	72
톨루엔	4	크레오소트유	74

(2) 발화점(Ignition point, 착화점)

① 직접적인 점화원의 접촉 없이 가열된 열의 축적에 의하여 발화가 되고 연소가 되는 최저의 온도를 의미한다.
② 즉, 공기 중에서 가연물을 가열했을 때 여기에 화염 등을 근접시키지 않아도 발화하는 최저온도를 발화점이라고 한다.
③ 화재 진압 후 잔화정리를 할 때 계속 물을 뿌려 가연물을 냉각시키는 것은 가연물의 온도가 발화점 이상으로 상승하여 재착화되는 것을 방지하기 위한 것이다.
④ 일반적으로 발화점은 인화점보다 상당히 높다.
⑤ 발화점에 영향을 주는 요인
　㉠ 가연성 가스와 공기의 조성비
　㉡ 발화 공간의 형태와 크기
　㉢ 발화원의 종류와 가열방식

　　　　ⓔ 발화원의 재질 및 용기의 표면 상태

　　　　ⓜ 가열속도와 가열시간

　　⑥ 발화점이 낮아질 수 있는 조건

　　　　㉠ 분자구조가 복잡할 때

　　　　㉡ 압력과 화학적 활성도가 클수록

　　　　㉢ 발열량·농도가 클수록

　　　　㉣ 산소와 친화력이 클수록

　　　　㉤ 접촉금속의 열전도율이 작을수록

　　　　㉥ 최소점화에너지(활성화에너지)가 작을수록

　　　　㉦ 증기압이 낮을수록

　　　　㉧ 탄화수소의 분자량이 클수록

> 📖 **참고 CxHy 수의 증가[파라핀계]**
>
> 1. 인화점이 높아진다.
> 2. 발열량이 증가한다.
> 3. 발화점이 낮아진다.
> 4. 분자구조가 복잡해진다.
> 5. 휘발성(증기압)이 감소하고 비점은 상승한다.
> 6. 연소범위가 좁아지고 하한계는 낮아진다.

> 📖 **참고 가연물의 발화점**

가연물	발화점(℃)	가연물	발화점(℃)
황린	34	가솔린	300
이황화탄소	100	석탄	350
황화인	100	목재	410~470
셀룰로이드	180	산화에틸렌	430
디에틸에테르	180	산화프로필렌	450
등유	200	톨루엔	480
경유	210	아세톤	538
적린	260	벤젠	562

(3) 연소점(Fire point, 화재점)

① 연소 상태가 계속될 수 있는 온도를 말한다. 일반적으로 인화점보다 5 ~ 10℃ 정도 높다.

② 가연성 증기의 발생속도가 연소속도보다 빠를 때 이루어진다.

③ 일반적으로 연소점은 점화원을 제거한 상태에서도 계속적으로 연소를 일으킬 수 있는 최저온도를 말한다. 즉, 연소열에 의해 연쇄반응이 지속적으로 발생되는 최저온도를 의미한다.

④ 일반적인 온도 관계는 인화점 < 연소점 < 발화점이다.

⑤ 발화 후 연소점 이하가 되면 가연성 증기 발생률이 너무 낮아 화염이 유지되지 못하고 꺼진다.

4 연소의 이상현상

1. 정상연소와 비정상연소

(1) 정상연소
① 열의 발생속도와 방출속도가 서로 균형을 이루고 있는 연소를 말한다.
② 정상연소가 이루어지는 경우 화염의 위치나 그 모양은 변하지 않는다.

(2) 비정상연소
① 연소 시간이 경과하면서 화염의 위치나 모양이 변한다.
② 열의 발생속도와 연소 확산속도가 서로 균형을 이루지 못하는 경우이다.
③ 열의 발생속도가 연소 확산속도를 초과하는 현상으로 격렬한 연소 상태를 말한다. 일반적으로 폭발과 같은 상황이다.
④ 비정상연소로는 역화, 선화, 블로우 오프 등이 있다.

(3) 역화(Back fire, Flash back)
① 가연성 가스의 연소 시 노즐에서 혼합가스의 분출속도가 연소속도보다 느릴 때 역화현상이 발생한다(분출속도 < 연소속도).
② 역화현상의 원인
  ㉠ 가연성 가스의 양이 너무 적을 때
  ㉡ 혼합가스량이 적을 때
  ㉢ 혼합가스의 분출속도가 연소속도보다 느릴 때
  ㉣ 버너가 과열되었을 때
  ㉤ 노즐구멍의 확대 또는 노즐이 부식되었을 때
  ㉥ 용기 밖의 압력이 높을 때

(4) 선화(Lifting)
① 역화현상과 반대현상으로 버너의 불꽃이 버너에서 부상하는 상태이다. 선화현상은 혼합가스의 분출속도가 연소속도가 빠른 경우에 버너의 노즐에서 떨어지는 현상을 말한다(연소속도 < 분출속도).
② 선화현상의 발생원인은 역화현상의 반대의 경우이다.

(5) 블로우 오프(Blow off)
혼합가스의 분출속도가 연소속도보다 빠른 선화현상 상태를 유지하다가 공기의 유동이 강하거나 혼합가스의 분출속도가 더욱 증가하여 불꽃이 노즐에 정착하지 않고 꺼지는 현상을 말한다.

(6) 황염(Yellow tip)
염공에서 연료가스의 연소 시 공기량의 조절이 적정하지 못하여 완전연소가 이루어지지 않을 때에 발생한다.

2. 완전연소와 불완전연소

(1) 완전연소
① 산소가 충분히 공급되어 연소반응이 완전히 진행되어 생성되는 물질에 가연성 물질이 남아 있지 않게 되는 현상을 말한다.
② 가연물질이 완전연소할 때의 대표적인 생성물은 이산화탄소(CO_2), 수증기(H_2O) 등이 있다.
③ 상온에서 기체 상태로 존재하는 기체 가연물질은 대부분 완전연소한다.
④ 가연물이 완전연소하기 위해서는 이론적인 공기량보다 많은 실제 공기량이 요구되고 있다. 고체 가연물의 완전연소에 필요한 산소량은 액체·기체 가연물에 비하여 많다.

(2) 불완전연소

① 산소가 충분히 공급되지 않아 불완전한 연소가 진행되면, 가연물질로부터 열분해가 되어 발생되는 생성물에 가연성 물질이 남아 있는 것을 말한다.

② 불완전연소할 때의 대표적인 생성물은 일산화탄소(CO), 그을음, 유리탄소 등이 있다.

③ 불완전연소의 원인

⊙ 연소가스의 배출 불량 등으로 유입공기가 부족할 때

ⓒ 공급되는 가연물의 양이 많을 때

ⓒ 가스량과 공기량의 균형이 맞지 않을 때

ⓔ 불꽃이 낮은 온도의 물질과 접촉할 때(불꽃이 저온물체와 접촉하여 온도가 내려갈 때)

ⓜ 연소 초기에 공급되는 공기의 양이 부족할 때

ⓗ 연소생성물의 배기가 충분하지 않을 때

📖 참고 이산화탄소와 일산화탄소

구분	이산화탄소	일산화탄소
화학식(분자량)	CO_2(44)	CO(28)
연소형태	완전연소	불완전연소
독성가스 허용농도 (TLV-TWA)	5,000ppm	50ppm
특징	• 무색, 무미 • 불연성 가스	• 무색, 무미 • 가연성 가스 • 유입공기가 부족할 때 발생 • 염소와 반응하여 포스겐($COCl_2$) 생성

5 연소의 형태

가연물 상태 변화에 따라 구분하면 다음과 같다.

가연물의 상태	종류
고체연료(가연성 고체)	표면연소, 분해연소, 자기연소, 증발연소
액체연료(가연성 액체)	증발연소, 분해연소, 분무연소
기체연료(가연성 기체)	확산연소, 예혼합연소

1. 고체연료의 연소

(1) 표면연소(Surface combustion)

① 가연성 가스가 발생하지 않고 그 물질 자체가 연소하는 현상으로 불꽃이 없는 것이 특징이다. 무염연소(직접연소) 라고도 한다.

② 숯, 목탄, 금속분, 코크스 등이 표면연소를 하며, 나무와 같은 가연물의 연소 말기(숯)에도 표면연소가 이루어진다.

③ 표면화재와 달리 심부화재는 순조로운 연쇄반응이 아닌 가연물·점화원·산소공급원의 요소만으로 가연물이 연소하는 것이다. 연소속도가 느리고 불꽃 없이 연소하는 표면연소의 형태를 보인다. 일명 작열연소라고도 한다.

④ 표면연소는 부촉매소화(억제소화·화학소화) 효과가 없다.

📖 참고 **불꽃연소와 무염연소**

구분	불꽃연소	무염연소
화재형태	표면화재	심부화재
물질	고체, 액체, 기체	고체
순조로운 연쇄반응	O	X
소화	부촉매소화 가능	부촉매소화 불가능

(2) 자기연소(Self combustion)

① 외부에서 열을 가하면 가연물 자체 내에서 가연성 기체와 산소가 발생하면서 연소하는 것을 자기연소라 한다.

② 자기연소(내부연소)의 경우에는 산소를 필요로 하지 않고 그 자체의 산소에 의해 연소된다.

③ 이산화탄소 소화약제에 의한 질식소화의 효과를 기대하기 어렵다.

④ 자기연소의 형태를 가지는 것은 제5류 위험물이다. 제5류 위험물은 질산에스터류, 셀룰로이드류, 나이트로화합물류, 하이드라진 유도체, 하이드록실아민 등이 있다.

(3) 분해연소(Decomposing combustion)

① 고체 가연물질을 가열하면 복잡한 경로를 거쳐 열분해한 다음 열분해되어 나온 분해가스 등이 연소하는 분해연소의 형태를 가진다.

② 석탄·목재·종이·섬유·플라스틱·고무류 등은 분해연소를 한다.

③ 분해생성물은 유기물질로서 일산화탄소(CO), 이산화탄소(CO_2), 수소(H_2), 메탄(CH_4), 메틸알코올(CH_3OH) 등이 있다.

(4) 증발연소(Evaporating combustion)

① 증발연소는 고체 가연물이 분해연소와 같이 열분해를 일으키지 않고 증발하여 연소하는 것을 말한다.

② 고체 가연물이 열분해를 하지 않고 먼저 융해된 액체가 기화하여 증기가 된 다음 연소하는 현상도 증발연소라 한다.

③ 승화성 고체의 형태를 보이는 가연물은 황, 나프탈렌($C_{10}H_8$), 승홍($HgCl_2$), 아이오딘, 장뇌 등이 있다. 양초(파라핀)는 열에 녹아 액체상태를 거쳐 증발연소하는 융해성 고체에 해당한다.

2. 액체연료의 연소

(1) 등심연소(Wick combustion)

연료를 모세관 현상에 의해 등심선단으로 빨아 올려 등심의 표면에서 증발시켜 확산연소를 행하는 것으로서, 심지 상하식 버너와 석유램프가 있다.

(2) 증발연소(Evaporating combustion)

① 액체연소의 가장 일반적인 연소 형태이다. 액체가연물은 액체상태의 연소가 아닌 액체로부터 발생된 기체가 연소하는 것이다.

② 액체 가연물질은 액체 자체가 연소하기보다는 액체 표면에서 증발된 증기가 연소하는 것이다.

③ 액체의 온도가 인화점 이상이 되면 액체표면으로부터 많은 양의 증기가 증발되어 연소가 활발해진다. 이러한 증발연소를 액면연소라고도 한다.

④ 증발연소하는 액체 가연물질의 종류로는 휘발유, 등유, 경유, 알코올류, 에테르, 이황화탄소 등이 있다.

(3) 분해연소(Decomposing combustion)

① 점도가 높고 비휘발성이거나 비중이 큰 액체 가연물질은 쉽게 연소 가능한 농도를 발생시키기 어렵다. 즉, 비점이 높아 쉽게 증발이 어려운 액체가연물에 계속 열을 가하면 복잡한 경로로의 열분해 과정을 거쳐 탄소수가 적은 저급 탄화수소가 되어 연소하는 연소형태이다.

② 중유와 같은 중질유는 열분해하여 가솔린·등유 등으로 변하여 가연성 증기의 발생을 증가시켜 연소가 잘 이루어지게 하는 연소의 형태이다.

③ 분해연소하는 물질의 종류로는 중유, 글리세린, 벙커C유 등으로 제3석유류, 제4석유류, 동식물유류 등이 있다.

(4) 분무연소(Spray burning)

① 공업적으로 가장 많이 사용하는 것으로 액체연료를 수 μm에서 수백 μm의 무수한 액적으로 하여 증발 표면적을 증가시켜 연소(액적연소1)하는 것이다.

② 분무연소의 경우에는 인화점 이하에서도 연소가 가능하다.

3. 기체연료의 연소

(1) 확산연소(Diffusive burning)

① 연소버너 주변에 가연성 가스를 확산시켜 산소와 접촉하게 함으로써 연소범위의 혼합가스를 생성하여 연소하는 현상으로 기체의 일반적 연소 형태이다.

② 가연성 기체가 공기와 혼합되는 과정이 필요하기 때문에 연소속도는 예혼합연소보다 느리다.

③ 화염의 온도는 예혼합연소에 비해 낮다.

④ 불꽃은 황색이나 적색을 나타낸다.

(2) 예혼합연소(Premixed burning)

① 가연성 기체와 공기가 미리 혼합가스를 형성하고 있는 상태에서의 연소를 말한다.

② 동일한 농도의 혼합 상태가 유지되는 상태에서 균일하게 연소되므로 균질연소를 한다.

③ 확산연소에 비하여 화염(불꽃)의 전파속도와 연소속도가 빠르다.

④ 화염(불꽃)은 청색이나 백색을 나타내고, 화염의 온도 또한 확산연소에 비하여 높다.

⑤ 비정상연소인 역화의 발생 우려가 있다.

⑥ 불꽃점화식의 내연기관 연소실 내에서의 연소와 분젠버너의 연소는 예혼합연소를 한다.

1 연소생성물 개요

1. 개요

연소는 발열반응을 통해 연소생성물을 생성하고 가연물의 고온화를 통해 연소를 지속시킨다. 연소생성물에는 열, 연기, 빛, 화염(불꽃), 연소가스 등이 있다.

2. 연소생성물

(1) 연소생성물에는 열, 연기, 빛, 화염(불꽃), 연소가스 등이 있다.
(2) 연소생성물은 인체에 열적 손상과 비열적 손상으로 피해를 준다.
   ① 열적 손상에는 대류와 복사열을 통한 화상과 열응력이 있다.
   ② 비열적 손상에는 마취성·자극성·독성 가스의 연소가스와 연기 등이 있다.

2 독성 가스

1. 일산화탄소(Carbon monoxide, CO)

(1) 탄화수소·셀룰로오스로 구성된 가연물질인 석유류, 나무, 고무류, 종이, 석탄 등이 불완전연소할 때 발생되는 유독성 가스이다.
(2) 독성의 허용농도 TLV-TWA(이하 독성의 허용농도라 한다)는 50ppm(g/㎥)이고 무취·무미의 환원성이 강한 가스로서 상온에서 염소와 작용하여 유독성 가스인 포스겐($COCl_2$)을 생성한다.
(3) 혈액 중 헤모글로빈과의 결합력이 산소보다 210배에 이르고 흡입하면 산소결핍 상태가 된다.
(4) 증기 밀도는 0.97로 공기보다 다소 가볍다.
(5) 일산화탄소의 공기 중의 농도가 0.64%인 상태에서는 두통·현기증이 심하게 일어나고 15 ~ 30분 내에 사망할 수 있다. 또한 약 1.28%의 상태에서는 1 ~ 3분 내에 사망할 수 있다.

참고 **일산화탄소의 공기 중의 농도에 따른 중독증상**

공기 중의 농도		경과시간(분)	중독증상
%	ppm		
0.02	200	120~180	가벼운 두통 증상
0.04	400	60~120	통증·구토증세가 나타남
0.08	800	40	구토·현기증·경련이 일어나고 24시간이면 실신
0.16	1,600	20	구토·현기증·경련이 일어나고 2시간이면 사망
0.32	3,200	5~10	두통·현기증이 일어나고 30분이면 사망
0.64	6,400	1~2	두통·현기증이 심하게 일어나고 15 ~ 30분이면 사망
1.28	12,800	1~3	1~3분이면 사망

2. 포스겐(COCl₂)

(1) 개요

① 열가소성 수지인 폴리염화비닐(PVC), 수지류 등이 연소할 때 발생되는 연소생성물로서 발생량은 많지 않다.

② 독성이 큰 맹독성 가스로서 독성의 허용농도는 0.1ppm이다.

(2) 위험성

① 물과 접촉 시 분해되어 독성·부식성 가스를 생성한다.

② 질식성 독가스, 강한 자극제로서 폐수종을 유발할 수 있고 질식에 이르게 할 수 있다.

③ 증기상의 물질은 공기보다 무거워 공기와 교체되어 질식을 유발할 수 있으며, 액체 접촉 시 동상을 일으킬 수 있다.

3. 시안화수소(Hydrogen cyanide, HCN)

(1) 개요

① 청산가스라고도 불리는 시안화수소는 질소성분을 가지고 있는 합성수지, 동물의 털, 인조견, 모직물 등의 섬유가 불완전연소할 때 발생하는 무색의 맹독성 가스이다.

② 일산화탄소와 달리 헤모글로빈과 결합하지 않고도 호흡의 저해를 통한 질식을 유발한다.

③ 시안화수소의 독성의 허용농도는 10ppm(g/m³)으로서 0.3% 이상의 농도에서는 즉시 사망한다.

④ 수분이 2% 이상 포함되어 있거나 알칼리 등이 포함되면 폭발할 우려가 크다.

(2) 위험성

① 가연성 가스로 공기와 섞여 폭발성 혼합물을 형성한다.

② 연소 시 질소산화물류를 포함한 독성 및 부식성 가스를 생성한다.

4. 아크로레인(CH₂CHCHO)

(1) 개요

석유제품·유지류 등이 연소할 때 발생되는 연소생성물로서 자극적인 냄새가 나는 무색의 액체(또는 기체)성 물질이고 산화하기 쉬우며 공기와 접촉하면 아크릴산이 된다.

(2) 위험성

인체에 대한 허용농도는 0.1ppm이고, 10ppm 이상의 농도에서는 거의 즉사할 수 있다.

5. 암모니아(Ammonia, NH₃)

(1) 개요

① 질소함유물이 연소할 때 발생하는 연소생성물로서 유독성이 있으며, 상온·상압에서 강한 자극성을 가진 무색의 기체이다. 물에 잘 용해된다.

② 용해도는 54g/100ml(20℃)이다.

③ 비료공장·냉매공업 분야에 많이 사용되고 있으므로 이러한 공장에서는 암모니아를 흡입하지 않도록 주의하여야 한다(허용농도 25ppm).

④ 물리적 상태는 압축액화가스 상태이고, 증기밀도는 공기보다 가볍다.

(2) 위험성

① 가연성 가스로 불에 탈 수는 있으나 쉽게 점화되지 않는다.

② 강한 염기성 물질로 산화제 및 산성 물질과 격렬히 반응한다.

③ 증기상 물질은 극도로 자극성이며 부식성이 있다.

④ 고농도에 노출되면 폐부종이 발생할 수 있다.

6. 일산화질소(NO)

(1) 개요

① 질소성분이 함유되어 있는 폴리우레탄·질산셀룰로오스(셀룰로이드) 등이 완전(불완전)연소할 때 발생되며, 유독성이 강하여 적은 양의 기체를 흡입하여도 인체에 치명적이다.

② 일산화질소는 질산암모늄·질산염류 등의 화재 시 또는 질산을 가열하여도 발생되므로 흡입하지 않도록 주의하여야 한다.

(2) 위험성

① 일산화질소는 강산화제로 불에 타지는 않지만 연소를 도울 수 있다.

② 증기는 공기보다 무겁기 때문에 지면을 따라 분포·확산 또는 공기와 접촉 시 일산화질소를 생성한다.

7. 아황산가스(Sulfur dioxide, SO₂)

(1) 개요

① 황이 함유되어 있는 물질인 중질유, 동물의 털, 고무 등이 연소할 때 발생되는 연소생성물로서 무색의 유독성이 있어 눈 및 호흡기 등에 점막을 상하게 하고 질식사할 우려가 있다.

② 0.05% 농도에 단시간 노출되어도 위험하므로 황을 저장 또는 취급하는 공장에서는 호흡을 방지하고 화재에 유의하여야 한다.

③ 이산화황이라고도 한다(허용농도 5ppm).

(2) 위험성

① 불연성 가스로 공기보다 무거워 지면을 타고 확산된다.

② 호흡기 및 눈에 심한 자극을 줄 수 있다.

8. 황화수소(Hydrogen sulfide, H_2S)

(1) 개요

① 고무, 동물의 털, 가죽 등 황이 함유되어 있는 물질이 불완전연소할 때 발생한다(허용농도 10ppm).

② 계란 썩는 듯한 냄새가 후각을 마비시켜 유해가스의 흡입을 증가시킨다.

③ 0.02% 이상 농도에서 냄새 감각이 마비되고 0.04% 농도에서 30분 이상 호흡 시 위험하다. 0.08%를 넘어서면 독성이 강해져 신경 계통에 영향을 미치고 호흡기가 무력해진다.

(2) 위험성

① 인화성 물질, 열·스파크 또는 화염에 의하여 쉽게 점화된다.

② 공기와 섞여 폭발성 혼합물을 형성할 수 있다.

9. 취화수소(브로민화수소)

(1) 개요

① 방염수지류 등이 연소할 때 발생되는 연소생성물로서 유독성이 있어 독성 가스로 취급되며 독성의 허용농도는 5ppm이다.

② 상온·상압에서 무색의 자극성 기체로 물에 잘 용해된다.

(2) 위험성

① 불연성 가스로, 공기보다 무거워 지면을 타고 확산한다.

② 금속과 반응하여 화재와 폭발 위험성이 있는 수소가스를 생성한다.

10. 염화수소(Hydrogen chloride, HCl)

(1) 개요

① 염소성분이 함유되어 있는 염화비닐수지(PVC), 건축물에 설치된 전선의 피복이 연소할 때 발생하며, 유독성이 있어 독성 가스로 취급하고 있다.

② 염화수소는 물에 녹아 염산이 되는 것으로 독성의 허용농도는 5ppm이고, 향료·염료·의약·농약 등의 제조에 이용된다.

(2) 위험성

부식성이 강하여 철근콘크리트 내의 철근을 녹슬게 한다.

11. 불화수소(Hydrogen fluoride, HF)

(1) 개요

① 합성수지인 불소수지가 연소할 때 발생하며 무색의 자극성 기체로 유독성이 강하다.

② 물에 잘 녹고 부식성이 있으며, 인화성 폭발성 가스를 발생시킨다.

③ 불연성 물질로 타지는 않지만 열에 의해 분해되어 부식성 및 독성 증기를 생성할 수 있다.

④ 독성의 허용농도는 3ppm이다.

⑤ 모래나 유리를 부식시키는 성질이 있다.

(2) 위험성

① 강산으로 염기류와 격렬히 반응하고, 금속과 접촉 시 인화성 수소가스가 생성될 수 있다.

② 흡입 시 기침, 현기증, 두통, 호흡곤란 등을 일으킬 수 있다.

③ 피부에 접촉 시 화학적 화상을 일으킬 수 있고, 액체 접촉 시 동상을 일으킬 수 있다.

📋 요약NOTE 독성 가스의 위험 특성

종류	위험 특성	TLV-TWA(ppm)	LC50(ppm)
일산화탄소(CO)	• 폐에 흡입된 CO가 헤모글로빈(Hb)와 결합하여 혈중산소농도를 저하하여 질식사 • 석유류, 나무, 고무류의 불완전연소 시 발생 • 마취 및 독성가스로 화재중독사의 주된 유해가스 • 상온에서 염소와 작용하여 포스겐($COCl_2$)을 생성	50	3,670
이산화탄소(CO_2)	• 연소가스 중 가장 많은 양을 차지하나 CO_2 자체는 독성 가스가 아님 • 불연성 가스 • 완전연소 시 발생	5,000	–
포스겐($COCl_2$)	• PVC등 염소함유물이 고온 연소 시, 사염화탄소(CCl_4) 사용 시 발생 • 프레온 가스와 불꽃의 접촉 발생	0.1	5
시안화수소(HCN)	• 청산가스 • 불완전연소, 질소함유물의 연소 시 발생 • 무색의 자극성 가스로 호흡곤란(헤모글로빈과 결합하지 않고도 호흡 저해 유발)	10	144
암모니아(NH_3)	• 질소함유물인 수지류 나무 등이 탈 때 발생 • 냉동시설의 냉매로 사용 • 강자극성 가스로 눈·코·목에 자극	25	7,388
일산화질소(NO) 이산화질소(NO_2)	• 플라스틱 등 질소함유물의 고온 연소 시 발생 • 흡입 시 인후통, 흡입량이 많을 경우 5 ~ 10시간 후 폐수종 초래	–	115
아황산가스(SO_2)/ 이산화황	• 고무 동물의 털, 가죽, 이황화탄소 등 황함유물의 완전 연소 시 발생 • 자극성 가스로 눈, 호흡기 등의 점막을 자극	5	2,520
황화수소(H_2S)	• 달걀 썩은 냄새가 남 • 고무, 동물의 털과 가죽 등 황함유물의 불완전 연소 시 발생	10	712
취화수소(HBr)	• 방염수지류의 연소 시 발생 • 자극성 기체로 물에 용해	5	2,860
염화수소(HCl)	• 플라스틱, PVC의 연소 시 발생 • 건축물에 설치된 전선의 피복 연소 시 발생	5	293
불화수소(HF)	• 합성수지인 불소수지 연소 시 발생 • 모래나 유리를 부식	3	1,307
아크로레인 (CH_2CHCHO)	석유제품, 유지류의 연소 시 발생	0.1	–

해커스소방 김정희 소방학개론 핵심정리 + OX문제

3 연기(Smoke)

1. 연기의 개념

(1) 개요

연기란 가연물이 연소할 때 생성되는 물질로서 고체상의 탄소미립자이며, 무상의 증기 및 기체상의 분자가 공기 중에서 응축되어 부유 확산하는 복합혼합물을 포함하는 것으로 연기의 입자는 보통 0.01 ~ 10μm 정도로 아주 작다.

(2) 특징

① 화재에서 발생되는 연기입자 중 그을음의 존재는 입자에 의한 투과광의 강도를 감소시키기 때문에 가시도에 직접적인 영향을 미친다.

② 연기의 유동속도

  ㉠ **수평 방향**: 0.5 ~ 1m/s

  ㉡ **수직 방향**: 2 ~ 3m/s

  ㉢ **계단실 내**: 3 ~ 5m/s

③ 화재 시 연기는 처음에는 백색연기, 나중에는 흑색연기로 변한다.

④ 수소가 많으면 백색연기, 탄소수가 많으면 흑색연기로 변한다.

⑤ 화재초기 발연량은 화재성숙기의 발연량보다 많다고 할 수 있다.

⑥ 일반화재는 백색, 유류는 흑색을 나타낸다.

⑦ 예외적으로 메탄올은 휘발성의 무색투명한 액체로 연한 청색 화염을 내거나 화염이 눈에 보이지 않는 경우도 있다.

(3) 연기의 발생

연기의 조성 영향인자	발연량이 증가되는 경우
• 가연물의 종류 • 산소의 농도 • 주위온도 • 연소속도 • 가연성 가스의 농도	• 탄소의 함량이 많을수록 • 화재 초기와 같이 연소속도가 느릴수록 • 공기의 공급량이 적을수록 • 표면적이 적을수록 • 주위 온도가 낮을수록

📖 **참고 감광계수(Cs, m⁻¹)**

1. 연기 속을 빛이 투과하는 데 저하되는 빛의 비율을 측정하여 계수로 나타낸 것을 말한다.

2. 감광계수(Cs)의 단위는 $m^{-1} = \dfrac{m^2}{m^3}$이다. 즉, 단위체적당의 연기에 의한 빛의 흡수 단면적을 말한다.

3. 연기의 농도가 진해지면 연기입자에 의하여 빛이 차단되므로 가시거리는 짧아진다. 따라서 감광계수로 표시한 연기의 농도와 가시거리의 상관관계는 반비례관계이다.

감광계수	가시거리(m)	현상
0.1	20~30	연기감지기가 작동할 때의 정도
0.3	5	건물 내부에 익숙한 사람이 피난에 지장을 느낄 정도
0.5	3	어두침침한 것을 느낄 정도
1	1~2	거의 앞이 보이지 않을 정도
10	0.2~0.5	화재최성기 때의 정도
30	–	출화실에서 연기가 분출될 때의 연기 농도

2. 연기농도 측정법

중량농도 측정법	연기 입자의 무게를 측정하는 방법
입자농도 측정법	연기 입자의 개수를 측정하는 방법
감광계수법	연기 속을 투과하는 빛의 양을 측정하는 방법
투과율법	연기의 광학밀도를 측정하는 방법

3. 연기의 이동

(1) 개요

① 연기는 기본적으로 공기의 흐름에 따라 이동하게 된다.

② 연기의 이동은 굴뚝효과, 부력, 팽창, 바람, HVAC 시스템 그리고 엘리베이터의 피스톤 효과 등에 영향을 받는다.

③ 화재가 발생한 건축물의 많은 개구부와 누설경로를 통하여 이동하게 된다.

(2) 연기를 이동시키는 요인

① 굴뚝(연돌)효과(Stack effect)

ⓐ 고층건축물에서 건물 내부와 외부의 밀도와 온도차에 의한 압력의 차이로 인해 건물 내부의 더운 공기는 상승하고 외부의 차가운 공기는 아래로 내려 오는 현상이다.

ⓑ 굴뚝효과에 영향을 주는 인자

ⓐ 건물의 높이

ⓑ 외벽의 기밀도

ⓒ 건물 내부와 외부의 온도차

ⓓ 건물의 층간 공기누설

ⓒ 역굴뚝효과: 실외의 공기가 실내보다 따뜻할 때에는 공기가 아래로 내려오게 되는 현상을 말한다.

② 바람의 영향

③ 온도에 의한 팽창

④ 건물 내 강제적인 공기이동(공기조화설비, HVAC시스템)

⑤ 건물 내·외 온도차: 내화건물에서의 연기유동은 건물에 형성된 중성대의 위치에 따라 달라진다.

⑥ 부력(Buoyancy force)

4. 중성대(NPL; Neutral Pressure Level)

(1) 개념

① 건물 내부의 압력이 외부의 압력과 일치하는 위치가 생기는데 이 위치를 건물의 중성대라고 한다.

② 건물에 화재가 발생했을 때 연소가스와 연기 등은 밀도의 감소로 부력이 증가하므로 위쪽으로 상승하게 된다. 아래쪽에서는 신선한 공기가 건물의 안쪽으로 들어오게 되고 상승한 연소가스, 연기 등은 위쪽에서 나가게 되며 이때 압력차가 0이 되는 곳이 형성되는데 이를 중성대라고 한다.

(2) 특징

① 실내와 실외의 정압이 같아지는 경계면을 중성대라고 한다. 중성대의 위쪽은 실내 정압이 실외보다 높아 실내에서 기체가 외부로 유출되고 중성대 아래쪽에는 실외에서 기체가 유입된다.

② 중성대의 개구부에서는 공기의 유동이 발생하지 않으므로 천장 가까이 형성되는 것이 환기 효과가 크다.

③ 중성대의 아래쪽으로 계속해서 공기가 유입되면 중성대의 위치는 낮아지게 된다.

④ 화재현장에서 소방관은 중성대의 형성 위치를 파악하여 배연 등의 소방활동에 적용하는 요령이 있어야 하는데, 배연을 할 경우에는 중성대 위쪽에서 배연을 하여야 효과적이다. 이때 새로운 공기의 유입 증가현상을 촉발하여 화세가 확대될 수 있다는 것에 유의하여야 한다.

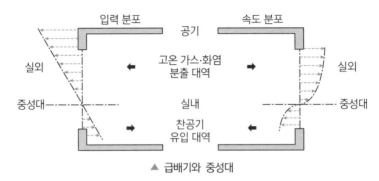

▲ 급배기와 중성대

⑤ 불연속선은 실내 천장 쪽의 고온가스와 바닥 쪽의 찬공기의 경계선을 의미한다.

4 열의 이동

1. 열전달 방식

(1) 개념

가연물이 연소할 때 발생하는 열은 다양한 형태로 이동하면서 연소가 확대된다. 열전달 방식은 전도, 대류, 복사 등이 있다. 연소(화재)확대 요인으로는 비화, 접염, 복사 등이 있다. 일상에서 열전달현상은 어느 한 가지 모드에 의해서만 일어나는 것이라기보다는 두 가지 이상의 복합적인 모드에 의하여 열전달이 이루어는 것이 대부분이다.

(2) 구분

① 전도

㉠ 열이 물체를 통하여 전달되는 현상으로 직접 접촉에 의해 다른 물체 또는 같은 물질 내에서 전달되는 것을 말한다.

㉡ 전도 열전달은 고체 또는 정지상태의 유체(액체·기체) 내에서 이루어진다.

② 대류

㉠ 대류열전달은 고체 표면과 움직이는 유체 사이에서 분자의 불규칙한 운동과 거시적인 유체의 유동에 의하여 이루어진다.

㉡ 액체나 기체와 같은 매개체 내에서의 순환을 통해 열에너지가 전달되는 방식이다.

㉢ 유체의 유동은 연소확대의 원인이 된다.

③ 복사

      ⊙ 물체가 가열되면 열에너지를 방출하게 되는데, 이때 발생되는 전자기파에 의하여 열이 이동하는 것을 말한다.

      ⊙ 전도와 대류는 물질을 매개체로 열에너지가 전달되지만 복사의 경우 서로 떨어져 있는 두 물체 사이에 열에너지가 전자파 형태로 물체에 복사되고 이것이 다른 물체에 전파되어 흡수되면 열로 변하는 현상이다.

▲ 열전달방식의 구분

2. 전도(Conduction)

(1) 개념

    ① 물질의 이동 없이 고온의 물체와 저온의 물체를 직접 접촉시킬 때 고온의 물체에서 활발하게 일어나는 분자운동에 의하여 에너지가 전달된다. 이때 접촉면에서의 충돌에 따른 자유전자의 이동이나 분자의 진동운동에 의하여 저온 물체의 분자운동이 활발하게 된다.

    ② 물질들의 분자가 정지한 상태에서 위치의 변동 없이 분자의 진동에 의하여 열을 전달하는 것을 말한다.

    ③ 주로 고체 물질을 통한 열전달이며, 유체에 의한 열전도도 있기는 하나 고체에 비하여 매우 적다.

(2) 열전도의 특징

    ① 금속이 비금속에 비해 열전도율이 큰 이유는 자유전자의 이동성 때문이다.

    ② 열전도도는 고체 → 액체 → 기체 순서이다(고체는 기체보다 열전도율이 좋다).

    ③ 콘크리트가 철근보다 열전도율이 작다.

    ④ 완전진공상태에서는 전도에 의한 열전달은 되지 않는다.

    ⑤ 푸리에(Fourier)의 열전도 법칙을 따른다.

(3) 푸리에의 법칙에 의한 열전달량

$$\dot{Q} = kA\frac{(T_1 - T_2)}{\ell}$$

$\dot{Q}$: 열전달율(W), k: 열전도도
A: 열전달 부분의 면적(m^2), $(T_1 - T_2)$: 온도 차
T_1: 고온 측 표면온도(K), T_2: 저온 측 표면온도(K), ℓ: 물체의 두께(m)

3. 대류(Convection)

(1) 개요

① 기체나 액체 상태에 있는 분자는 열을 받아서 온도가 높아지면 그 운동이 활발해지기 때문에 분자들 사이의 평균 간격이 넓어진다.

② 온도가 높은 분자의 물질은 밀도가 작아져서 위로 올라가고 온도가 낮은 물질은 밀도가 커져서 아래로 내려오게 되어 밀도차에 의한 분자들의 집단 흐름이 생긴다. 이러한 대류는 순환적인 흐름에 의해 열이 전파되는 현상을 말한다.

(2) 열대류의 특징

① 대류는 온도차 → 밀도차 → 부력의 발생으로 발생된다.

② 한정된 공간 내에서의 화재전파는 대류의 영향을 많이 받는다. 특히 화재의 이동경로, 연소확대, 화재의 형태나 특성에 가장 큰 영향을 미친다.

③ 유체의 흐름은 층류일 때보다는 난류일 때 열전달이 잘 이루어진다.

④ 화재현장의 연기가 위로 향하는 것이나 화로에 의하여 방안의 공기가 더워지는 것이 대류에 의한 현상이다.

⑤ 대류는 Newton의 냉각법칙을 따른다.

$$\dot{Q} = hA(T_S - T_\infty)$$

$\dot{Q}$: 열전달율(W), h: 대류 열전달계수[W/m²K]
A: 표면적
T_S: 고체 표면의 온도
T_∞: 유체의 온도

4. 복사

(1) 개요

① 복사는 열에너지가 전자파의 형태로 공간을 이동하는 열전달이다. 복사열 전달은 중간 매개체가 없이 물질에 의하여 방사되는 에너지이며, 절대온도 0K(켈빈, Kelvin)보다 높은 온도를 가진 모든 물체는 복사에너지를 방사한다.

② 일반적으로 플래시오버에서 가장 많은 영향을 미치는 열전달 방식이다.

(2) 특징

① 태양이 지구를 따뜻하게 해 주는 현상이다.

② 절대진공 상태에서도 열전달이 가능하다. 진공상태에서는 손실이 없으며, 공기 중에서도 거의 손실이 없다.

③ 화재 초기단계를 지난 이후에는 대부분 복사열에 의하여 열전달이 이루어진다.

④ 열복사는 파동적인 특성을 가지는 전자기파인 동시에 입자의 성질을 가지는 양자의 특성을 모두 가지고 있기 때문에 파장에 따른 영향을 받게 된다.

⑤ 연기는 복사열의 차단물로 작용하므로 풍상측에서 더 잘 일어난다.

⑥ 복사열은 일직선으로 이동한다.

⑦ 복사는 스테판 볼츠만의 법칙(Stefan-Boltzmann's law)에 따른다.

$$\dot{Q} = \epsilon \sigma T_S^4$$

$\dot{Q}$: 복사열전달율(W)
ϵ: 방사율(흑체의 경우 1)
σ: 스테판-볼츠만 상수
T_S: 고체 표면의 온도

⑧ 복사열은 절대온도 4제곱에 비례하고, 열전달 면적에 비례한다.

📋 요약NOTE 열전달 방식의 비교

구분	전도	대류	복사
원리	• 분자 간 충돌 • 자유전자의 이동	액체·고체상 온도차에 의한 유체운동	전자기파의 이동
특징	고체 > 액체 > 기체	유체를 통한 열전달	플래시오버 현상
단계	연소 초기	성장기 초기	최성기 직전

📖 참고 스테판-볼츠만의 법칙

완전 방사체에서 발하는 에너지량을 절대온도의 함수로서 완전 방사체의 단위면적에서 단위시간 내에 방사되는 에너지(w)는 완전 방사체의 절대온도(T)의 4승에 비례한다. 즉, w = βT⁴이다(β는 스테판-볼츠만 상수).

5 불꽃(화염) 등

1. 점화(Ignition)

(1) 개념

화재에서의 점화는 크게 인화[파일럿 점화(Pilot ignition)]와 발화[자연 점화(Spontaneous ignition)]의 두 가지 형태로 구분된다.

(2) 파일럿 점화(인화)와 자연 점화(발화)

① 파일럿 점화는 가연성 연료와 공기의 혼합기(Mixture gas)에 스파크나 작은 화염과 같은 순간적인 외부 에너지원이 공급되어 화염을 초기화하는 과정을 말한다.

② 자연 점화는 특정 연료농도와 온도 상태에서 스파크나 외부의 부가적인 화염 없이 자연적으로 화염을 형성하는 과정을 의미한다.

③ 두 점화과정 모두 증발이나 열해리 등에 의하여 연소 가능한 농도 이상의 혼합기를 형성하여야 하고, 연소반응이 이루어지기 위해서는 손실열 이상의 에너지가 외부로부터 지속적으로 공급되어야 한다.

📋 요약NOTE 인화와 발화

구분	인화(Pilot ignition)	발화(Spontaneous ignition)
착화원 유무	有	無
물리적 조건	물질농도에 관한 조건만으로 연소	물질농도+에너지의 2가지 조건 필요
현상적 조건	국소적인 열원에 의한 발화현 상이기 때문에 개방계	가연성 혼합계를 외부에서 가열 하기 때문에 밀폐계

2. 화염(불꽃)

연소한 가스와 미연소 가스의 경계면에는 복잡한 화학반응이 일어나 고온의 강한 빛을 발생하는데 이를 화염이라고 한다. 발화원에서 발생한 화염이 혼합가스를 이동하는 현상을 화염전파라고 한다.

(1) 화염(전파)속도

① 화염은 이동하고 있는 미연소 가스 속을 전파하여 가게 된다. 화염이 혼합가스를 이동하는 현상을 화염전파라 하고, 이 경우 화염이 전파해 가는 속도를 화염(전파)속도라 한다.

② 화염속도에는 미연소 가스의 이동속도가 가산되어 있다.

> 화염속도 = 미연소 가스의 이동속도 + 연소속도

③ 화염이 전파되는 속도는 실제로 화염이 확산되는 속도로서, 화염속도가 가속되면 폭굉이 일어날 수 있다.

④ 화염속도는 미연소 가스의 유속에 따라 달라지며 물질의 고유한 값이 아니다.

(2) 화재플럼(Fire plume)

① 개념

ㄱ) 부력이란 무거운 유체 속에 가벼운 유체(물체)가 잠겨 있는 경우 밀도 차에 의하여 가벼운 유체가 중력의 반대방향으로 상승하려는 힘을 말한다.

ㄴ) 주변보다 가벼워진 고온기체는 상대적으로 차가운 주변기체와의 밀도 차에 의하여 수직으로 상승하는 고온연소가스 유동을 형성하게 되는데 이를 화재플럼(Fire plume)이라고 한다.

ㄷ) 부력에 의하여 연소가스와 유입되는 공기가 상승하면서 화염이 섞인 기둥형태를 나타내는 현상이다.

② 화재플럼의 형성

ㄱ) 밀도 차에 의해 화원주변에서 형성되는 상승 열기류를 화재플럼(Fire plume) 혹은 부력플럼(Buoyant plume)이라고 한다.

ㄴ) 화재플럼은 상승하며 주위공기를 유입하고 차가운 공기와의 혼합을 통해 내부 온도는 하강하며 동시에 부력이 약화되어 상승력을 상실하게 된다.

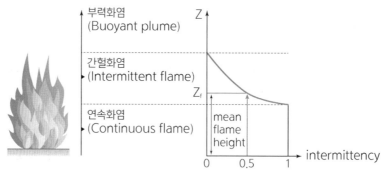

▲ 맥카프리(McCaffrey) 화재플럼의 3가지 영역

(3) 천장제트흐름(Ceiling jet flow)

① 개념

ㄱ) 화재플럼이 천장과 충돌하면 고온의 플럼가스는 충돌점(Stagnation point)을 중심으로 축대칭으로 퍼져나가게 되는데 이를 천장제트(Ceiling jet)라 한다. 또는 고온의 연소생성물이 부력에 의해 힘을 받아 천장 아래에 엷은 층을 형성하는 빠른 가스흐름이라고 정의할 수 있다.

ⓛ 천장제트는 연기선단(Smoke front)의 수평적 이동과 관련되어 공간 내부의 연기확산을 이해하는 데 매우 중요한 인자이다.

ⓒ 대부분의 화재감지장치나 소화설비가 천장 아래 설치되어 있기 때문에 이들 장치의 작동 및 반응시간을 해석하는 데 있어서 천장제트의 열유동 특성을 파악하는 것은 중요하다.

② 특징

ⓐ 천장제트의 초기 두께는 플럼에 직경에 비해 상대적으로 작지만 상승플럼으로 유입되는 공기는 주변 공기유동을 플럼 쪽으로 향하게 하고 천정제트에 유동을 공급하는 역할을 하기 때문에 화재가 진행됨에 따라 천장제트의 두께는 증가한다.

ⓛ 천장열류보다 온도가 낮은 천장재와 유입 공기 쪽에서 일어나는 열손실에 의하여 천장열류의 온도는 감소한다.

ⓒ 흐름의 두께는 천장에서 화염까지 높이의 5 ~ 12% 내외의 범위이다.

ⓓ 스프링클러헤드와 화재감지기는 유효범위 내에 설치한다.

(4) 연소반응 시 불꽃의 색상

① 가연물질이 연소할 때에는 공기 중의 산소의 공급량에 따라 완전연소와 불완전연소를 하게 된다.

② 가연물질의 완전연소 시에는 공기의 공급량이 충분하기 때문에 연소불꽃도 휘백색(1,500℃)을 나타낸다.

③ 공기 중의 산소의 공급량이 부족하게 되면 불완전연소하며, 이때의 연소불꽃의 온도는 담암적색(520℃)에 가까운 색상을 나타낸다.

📖 참고 **연소불꽃의 색상과 온도와의 관계**

연소불꽃의 색상	연소온도(℃)	연소불꽃의 색상	연소온도(℃)
담암적색	520	황적색	1,100
암적색	700	백적색	1,300
적색	850	휘백색	1,500
휘적색	950		

3. 연소속도에 영향을 미치는 요인

(1) 가연물의 온도

온도가 높아지면 반응이 활발해져 기체의 분자운동이 증가하여 연소속도는 증가한다.

(2) 산소의 농도에 따라 가연물질과 접촉하는 속도

(3) 연료조성비(당량비)

연소속도는 화학양론적 혼합조성에서 최고가 된다. 혼합물이 연소한계에 가까워질수록 연소속도는 낮아진다.

(4) 난류

난류에 의해 주름잡힌 화염은 큰 표면적과 에너지를 가지게 되어 연소속도를 증가시킨다.

(5) 압력

압력이 높아지면 분자 간의 간격이 좁아져 유효 충돌이 증가되어 연소한계가 커지며 연소속도는 증가한다.

(6) 촉매

촉매는 반응속도를 변화시키는 물질로서 반응속도를 빠르게 하는 정촉매와 반응속도를 느리게 하는 부촉매가 있다.

1 화학기초

1. 원자(Atom)

(1) 원자의 정의
① 물질을 구성하는 기본입자를 원자라 한다.
② 원자핵의 양성자수에 따라 다르며, 자연에 존재하는 원소들은 대부분 원자 상태로 존재하지 않는다.

(2) 원자의 구조
① 원자의 중심에는 (+)전하를 띠는 원자핵이 있고, 그 주변에는 (-)전하를 띠는 전자가 분포하고 있다.
② 원자핵은 (+)전하를 띠는 양성자와 전기적으로 중성을 띠는 중성자로 구성되어 있다.
③ 원자는 양성자와 전자의 수가 같아 전기적으로 중성이다.

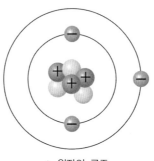

▲ 원자의 구조

(3) 원자번호와 질량수

$$
\begin{array}{l}
\text{질량수(양성자수 + 중성자수)} \quad \rightarrow \\
\text{원자번호(양성자 또는 전자의 수)} \quad \rightarrow
\end{array}
\; {}^{12}_{6}C
$$

(4) 원소(Element)의 정의
① 원소란 화학반응에 의하여 더 이상 간단한 물질로 분해되지 않는 물질을 말한다.
② 각 원소에는 다른 원소들과 구별되는 고유한 특성이 있다. 원소기호는 스웨덴의 화학자 베르셀리우스 (Berzelius)가 처음 제안하였으며, 일반적으로는 영문명의 첫 번째 글자나 두 번째 글자까지 나타내기도 한다.
③ 알려진 원자는 원소 고유의 성질을 보유하고 있는 원소의 최소입자이다.

참고 용어의 정의

구분	정의
원소	물질을 이루는 기본 성분 - 종류의 개념
원자	물질을 이루는 기본 입자(알갱이) - 개수의 개념
분자	물질의 성질을 가지는 가장 작은 입자

1. 물분자

물 분자 1개는 수소 원자 2개와 산소 원자 1개로 이루어지며, 물 분자는 수소와 산소의 2가지 원소로 이루어진다.

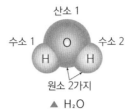

산소 1
수소 1 수소 2
원소 2가지
▲ H_2O

2. 원자량 등

구분	원소기호	원자량
탄소	C	12
수소	H	1
산소	O	16
질소	N	14

- 원자량이란 질량수가 12인 탄소의 원자량을 12로 정해 놓고 이를 기준으로 한 원자들의 상대적 질량을 말한다.
- 1몰의 질량이란 원자량에 g을 붙인 값을 말한다. 따라서 탄소 1몰의 질량은 12g이다.
- 1몰의 개수(아보가드로 수)란 1몰의 질량 안에 들어 있는 입자수를 말한다. 1몰의 입자수는 6.02×10^{23}개이다.

2. 분자(Molecular)

(1) 정의

① 서로 결합된 원자들의 집합체인 분자는 화합물 고유의 화학적 성질을 지닌 최소 단위이다.
② 분자에는 단원자분자와 다원자분자가 있고, 다원자분자인 경우 구성 원자들은 화학결합에 의하여 서로 묶여 있다.

(2) 분자식의 의미

$2CO_2$

① 원자의 종류: 탄소(C)와 산소(O)
② 탄소 원자의 수: 2개
③ 산소 원자의 수: 4개
④ 원자의 총 개수: 6개
⑤ 분자의 수: 2개

(3) 화학식의 표현

① 분자식(Molecular formula): 한 분자를 이루는 원자의 종류와 수를 나타낸 식이다.
② 실험식(Empirical formula): 물질을 구성하는 원자나 이온의 종류와 수를 가장 간단한 정수비로 나타낸 식이다.
③ 시성식(Rational formula): 분자의 특성을 알 수 있도록 작용기를 사용하여 나타낸 식이다.
④ 구조식(Structural formula): 화합물을 이루는 원자 사이의 결합이나 배열 상태를 결합선을 사용하여 나타낸 식이다.

구분	정의
단원자 분자	1개의 원자로 이루어진 분자(He, Ne, Ar 등)
이원자 분자	2개의 원자로 이루어진 분자(H_2, O_2, F_2, Cl_2 등)
삼원자 분자	3개의 원자로 이루어진 분자(H_2O, CO_2, O_3 등)
고분자	많은 수의 원자로 이루어진 분자(합성수지, 녹말 등)

3. 화학결합

(1) 이온결합

① 금속양이온과 비금속음이온이 만나 이루어지는 결합이다. 나트륨원자(Na)는 염소에 전자 1개를 주고 이온(Ion)이라 부르는 전하를 띤 두 개의 입자를 형성한다.

② 나트륨은 전자 1개를 잃기 때문에 1개의 음전하를 잃고 Na^+이온이 되며 이러한 양전하를 띤 이온을 양이온(Cation)이라 부른다. 반대로 염소는 전자 1개를 얻고 Cl^-이온이 되며 이러한 음전하를 띤 이온을 음이온(Anion)이라 부른다.

(2) 금속결합

① 금속양이온과 자유전자가 만나 이루어지는 결합이다. 금속원소들이 전자를 내어 놓고 금속양이온이 되며 전자가 금속양이온 주위를 자유롭게 돌아다니는 자유전자가 되는데, 금속양이온들과 자유전자들과의 결합을 금속결합이라고 한다.

② 철(Fe), 금(Au), 나트륨(Na) 등 수많은 금속들이 금속결합을 통한 금속결합물질이다.

(3) 공유결합

① 비금속원소와 비금속원소가 만나 비금속원소들이 서로 전자를 내어 놓아 전자를 공유하는 형태로, 원자들의 결합이 이루어지는 결합을 공유결합이라고 한다.

② 공유결합을 통하여 만들어진 물질은 공유결합물질과 분자가 존재하게 된다.

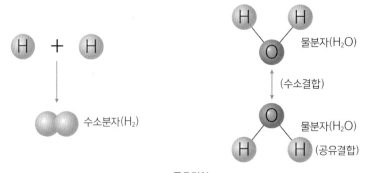

▲ 공유결합

4. 주기율표(Periodic table)

원 소 주 기 율 표

	1A	2A	3B	4B	5B	6B	7B		8B		1B	2B	3A	4A	5A	6A	7A	8A(0족)
⇒	알카리 금속	알카리토 금속							철 족		구리족	아연족	붕소족	탄소족	질소족	산소족	할로겐족	불활성 가스

A : 전형 원소
B : 전이 원소
1A, 2A : 활성 금속
 : 양쪽성 물질
⇒ : 족(group)
⇓ : 주기(period)

원자번호 → 6
기호 → C 2 ±4 ← 원자가
탄소 ← 원소명
12.011 ← 원자량

( )* : mass number of most stable or best known isotope.
( )† : mass of most commonly available long – lived isotope.

Organize Name
105 : Unp
106 : Unh
107 : Uns
108 : Uno
109 : Une

Inner transition elements

참고 공유결합

수소결합

1. 극성 분자끼리는, 무극성 분자끼리는 녹기 쉽다. 반면, 극성분자와 무극성 분자는 잘 녹지 않는다.
2. 전기 음성도가 큰 산소 O 원자가 수소 H 원자를 중개로 하여 만드는 결합을 수소결합이라고 한다.

구분	공유결합	분자
H_2O	극성공유결합	극성 분자
CO_2	극성공유결합	무극성 분자
CH_4	극성공유결합	무극성 분자
NH_3	극성공유결합	극성 분자
H_2	공유결합	무극성 분자

5. 물분자의 화학적 특성

(1) 전기음성도

① 전기음성도란 원자와 원자가 공유 전자쌍을 끌어당기는 강도를 말한다. 그 세기에 차이가 있으면 분자 전체로는 전기적으로 중성인 분자 중에서 약간의 플러스 부분과 마이너스 부분이 발생하며 분자 중에 전하의 치우침이 발생한다.

② 극성공유결합이란 전기음성도가 다른 두 원자가 공유결합을 할 때, 전기음성도가 큰 원자 쪽으로 공유 전자쌍이 끌려 부분 전하를 띠는 결합을 말한다. 물은 산소와 수소원자가 극성공유결합을 하고 있다.

(2) 무극성분자와 극성분자

① 이산화탄소(CO_2) 분자는 탄소(C)와 산소(O)의 전기 음성도에 차이가 있기 때문에 결합의 극성이 있다. 그러나 원자가 일직선으로 늘어서기 때문에 결합의 극성이 서로 떨어져 분자 전체로는 무극성 분자가 된다.

② 물(H_2O) 분자는 3개의 원자가 접힌 선형으로 결합하므로 결합의 극성이 지워지지 않고 극성 분자가 된다.

③ 극성 분자의 물질과 무극성 분자의 물질은 서로 녹지 않는 경우가 많고, 무극성 분자끼리는 서로 녹는 경우가 많다.

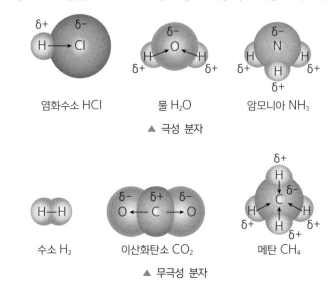

염화수소 HCl   물 H_2O 암모니아 NH_3

▲ 극성 분자

수소 H_2 이산화탄소 CO_2 메탄 CH_4

▲ 무극성 분자

(3) 물분자의 수소결합

① 전기 음성도가 큰 산소(O) 원자가 수소(H) 원자를 중개로 하여 만드는 결합을 수소결합이라고 한다.

② 산소(O)와 수소(H)의 전기 음성도의 차이가 크기 때문에 물분자끼리 서로 δ+와 δ−의 부분으로 끌어당긴다. 산소의 전기음성도는 다른 16족 원소보다 큰 값이다.

③ 비슷한 구조의 다른 분자(수소와 16족 원소의 화합물)에 비해 물(H_2O)의 끓는점은 매우 높다.

2 화학반응

1. 물리적 변화와 화학적 변화

(1) 물리적 변화

물질의 성질이 변하지 않는 모양의 변화나 물질의 상태 변화 등을 물리적 변화라고 한다.

(2) 화학적 변화(화학반응)

물질의 성질이 변하는 것을 화학적 변화(화학반응)라고 한다.

2. 화학반응식

(1) 화학반응식의 표현

화학반응은 출발물질(반응물)을 왼쪽에, 생성물을 오른쪽에, 그리고 둘 사이의 변환을 의미하기 위하여 화살표로 나타낸다.

	반응물질			생성물질
	N_2	+	$3H_2$	→	$2NH_3$
	1개의 질소 분자		3개의 수소 분자		2개의 암모니아 분자

(2) 화학반응식의 의미

① 질량보존의 법칙(라부아지에): 물질의 화학반응에 있어서 반응물질들의 질량의 합과 생성물질들의 질량의 합은 같다.

② 일정성분비의 법칙(프로스트): 순수한 화합물에서 성분 원소 간의 질량비는 항상 일정하다.

③ 배수비례의 법칙(돌턴): 두 원소가 결합하여 두 가지 이상의 화합물을 만들 때 한 원소의 일정량과 결합하는 다른 원소의 질량 사이에는 간단한 질량비가 성립한다. 이것은 원자가 쪼개지지 않은 채로 항상 정수의 개수비로 화학결합을 하기 때문이다.

④ 기체 반응의 법칙(게이뤼삭): 일정한 온도와 압력하에 화학반응을 할 때에는 반응하는 기체와 생성되는 기체의 부피 사이에 간단한 정수비가 성립하는데 이를 기체 반응의 법칙이라고 한다.

⑤ 아보가드로의 법칙: 모든 기체는 같은 온도와 압력에서 같은 부피 속에는 같은 수의 기체 입자(분자)가 들어 있다.

3. 화학반응과 에너지

화학반응에 따르는 열의 출입량인 반응열을 표시한 반응식으로, 물질의 상태에 따라 같은 물질이라도 보유한 에너지가 다르므로 물질의 상태를 함께 표시한다. 반응식에는 온도·압력을 표시하며, 이러한 조건이 주어지지 않을 때에는 25℃ 1기압 상태에서의 반응을 의미한다.

(1) 열화학반응식(Thermochemical equation)

발열반응의 경우에는 열이 방출되므로 오른쪽에 양(+)의 부호를 나타내고, 흡열반응의 경우에는 열을 흡수하므로 음(−)의 부호를 사용한다.

(2) 발열반응과 흡열반응

① 발열반응

$$CH_4(g) + 2O_2(g) \rightarrow CO_2(g) + 2H_2O(l) + 212kcal$$

㉠ 화학반응이 일어날 때 열을 방출하는 반응이다.

㉡ 반응물질 에너지가 생성물질 에너지보다 더 클 때 나타난다.

㉢ 반응물질 → 생성물질 + Q − △H(Q: 열량, △H: 엔탈피 변화)

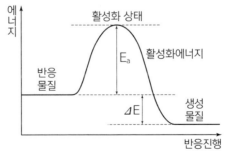

▲ 발열반응

② 흡열반응

$$2HgO(s) \rightarrow 2Hg(l) + O_2(g) - 43.4kcal$$

㉠ 화학반응이 일어날 때 열을 흡수하는 반응이다.
㉡ 반응물질 에너지보다 생성물질 에너지가 더 클 때 나타난다.
㉢ 반응물질 → 생성물질 $- Q + \Delta H$(Q: 열량, ΔH: 엔탈피 변화)

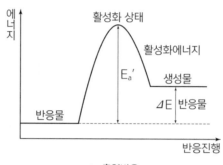

▲ 흡열반응

(3) 반응속도에 영향을 미치는 요인
① 반응물의 성질
㉠ 반응속도는 함께 혼합된 물질들의 화학적 성질과 물리적 상태에 의존하고 있다.
㉡ 큰 덩어리의 금속들은 연소되지 않으나, 금속분말은 표면적이 크므로 결과적으로 많은 원자들이 공기 중의 산소에 노출되어 연소되기 쉽다.
② 농도
㉠ 반응속도는 반응하는 각 물질의 농도의 곱에 비례한다.
㉡ 농도가 증가함에 따라 단위부피 속의 입자가 증가하고, 입자수가 증가하면 입자 간의 충돌횟수가 증가하여 반응속도가 빨라진다.
③ 온도
㉠ 온도가 상승하면 반응속도도 증가한다.
㉡ 일반적으로 아레니우스(S. Arrhenius)의 반응속도론에 의하면 온도가 10℃ 상승할 때 반응속도는 약 2배 증가한다.
④ 촉매
㉠ 촉매는 보통 반응에 첨가되어 반응속도를 증가시키지만, 때로는 반응속도를 감소시키는 물질이 된다.
㉡ 촉매는 활성화에너지가 변화하고 반응속도에 영향을 미친다.

4. 물질의 상변화

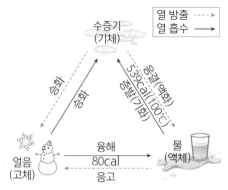

▲ 물의 상태 변화 개념도

5. 열(Heat)

(1) 비열

① 어떤 물체의 단위질량 1[g(kg)]을 1[℃(℉)] 올리는 데 필요한 열량[cal(kcal)]이다.

② 비열이 작을수록 온도가 잘 올라가고 비열이 클수록 온도가 잘 올라가지 않는다.

③ 물은 비열[1.0kcal/kg · ℃]이 다른 물질에 비해 크다. 따라서 입자가 많은 열량을 흡수하여 냉각효과가 뛰어나다.

(2) 열량

① 온도가 다른 두 물체를 접촉시키면 열이 고온에서 저온의 물체로 이동하여 두 물체의 온도가 같아져 열평형 상태에 도달하게 된다.

② 이때 이동한 열의 양을 열량이라고 하며 단위는 cal 또는 kcal를 사용한다.

$$열량 = 비열 \times 질량 \times 온도차(Q = C \cdot m \cdot t)$$

③ 1Kcal: 표준대기압하에서 순수한 물 1kg을 1℃(14.5~15.5℃)만큼 높이는 데 필요한 열량이다.

④ 1BTU: 표준대기압하에서 순수한 물 1lb를 1℉(60~61℉)만큼 높이는 데 필요한 열량이다.

(3) 열용량

① 물체의 온도를 1℃ 또는 1K 올리는 데 필요한 열량을 의미한다.

② 단위는 kcal/K를 사용한다.

$$열용량 = 비열 \times 질량(H = C \cdot m)$$

(4) 현열(감열, Sensible Heat)

열의 출입이 상(태)변화에 사용되지 않고 온도변화 현상으로 나타나는 열을 말한다.

$$Q(현열: kcal) = C(비열: kcal/kg \cdot ℃) \times m(질량: kg) \times t(온도차: ℃)$$

(5) 잠열(숨은열, Latent Heat)

열의 출입이 온도변화 현상으로 나타나지 않고 상(태)변화로 흡수 · 방출되는 열을 말한다.

① 물의 기화열(증발잠열: 액체 → 기체): 539kcal/kg

② 얼음의 융해열(용융잠열: 고체 → 액체): 80kcal/kg

$$Q(잠열: kcal) = m(질량: kg) \times \varsigma(잠열: kcal/kg)$$

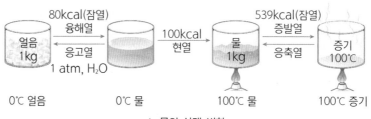

▲ 물의 상태 변화

6. 열역학법칙

(1) 열역학 0법칙(열평형, 온도평형의 법칙)

고온의 물체와 저온의 물체를 접촉시키면 고온에서 저온으로 열이 전달되어 일정시간 경과 후 상호 열적평형에 도달하게 된다.

(2) 열역학 1법칙

① 열과 일은 에너지의 일종으로 상호 변환이 가능하다.

② 에너지변환의 양적 관계를 명시한 것으로 가역적인 법칙이다.

(3) 열역학 2법칙(에너지흐름의 법칙)

① 실제적으로 일은 열로 변환이 쉽게 일어나는 자연현상이지만, 열이 일로 변환하는 데에는 제한이 따른다. 열역학 2법칙은 에너지흐름의 법칙으로 비가역적인 현상을 말한다.

② 일은 열로의 전환이 가능하나 열은 일로 전부 전환시킬 수 없다.

③ 열은 스스로 저온에서 고온으로 이동할 수 없다.

(4) 열역학 3법칙

① 어떠한 방법으로든 절대영도(−273.15℃)에는 도달할 수 없다.

② 즉, 절대영도에 있어서 모든 순수한 고체 또는 액체의 엔트로피와 정압비열의 증가량은 0이다.

7. 기체에 관한 법칙

(1) 보일(Boyle)의 법칙(기체의 부피와 압력)

일정한 온도에서 기체의 질량을 고정하였을 때 기체의 부피는 기체의 압력에 반비례한다.

$$PV = k(일정온도)$$
$$P_1 V_1 = P_2 V_2$$

P: 압력, V: 부피, k: 상수

(2) 샤를(Charles)의 법칙(기체의 부피와 온도)

일정한 압력에서 일정량의 기체의 부피는 그 절대온도 T에 정비례한다. 이 법칙을 수식으로 나타내면 다음과 같다.

$$V = kT(\text{일정 압력})$$

$$\frac{V_1}{T_1} = k = \frac{V_2}{T_2} \ (\text{처음 상태와 나중 상태의 부피와 온도 관계})$$

V: 부피, k: 상수, T: 절대온도

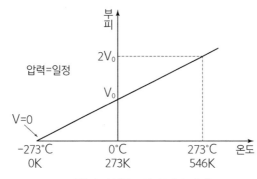

▲ 샤를의 법칙(온도와 부피의 관계)

(3) 보일(Boyle) – 샤를(Charles)의 법칙

① 일정량의 기체의 체적은 압력에 반비례하고, 절대온도에 비례한다.

② 보일과 샤를의 법칙을 합치면 부피와 압력과의 반비례 관계와 부피와 절대온도와의 정비례 관계를 다음과 같이 동시에 나타낼 수 있다.

$$\frac{P_1 V_1}{T_1} = \frac{P_2 V_2}{T_2} = k(\text{상수})$$

V: 부피, T: 절대온도, k: 상수

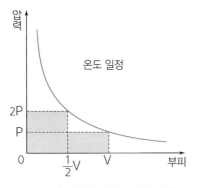

▲ 보일의 법칙(압력과 부피의 관계)

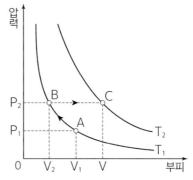

▲ 보일 – 샤를의 법칙

(4) 이상기체의 법칙

① 이상기체 법칙은 기체분자운동론의 기본을 이룬다.

② 기체의 압력을 P, 부피를 V, 몰수를 n, 절대온도를 T라고 할 때, 'PV = nRT'의 식으로 나타낸다.

③ 일정한 온도에서 'PV = 일정', 일정한 압력에서 'V/T = 일정', '일정 온도와 압력에서 기체의 부피는 몰수에 비례한다($n \propto V$).'는 아보가드로의 법칙 등을 포함한다.

④ 기체의 몰수는 질량을 분자량으로 나누어 구할 수 있으므로 이상기체 법칙의 식으로 기체의 분자량을 구할 수 있다.

$$PV = nRT, \quad PV = \frac{w}{M}RT$$

P: 압력(atm), V: 부피(m^3), n: 몰수($K \cdot mol$), R: 기체상수($atm \cdot m^3/K\text{-}mol \cdot K$)
T: 절대온도(K), M: 분자량(kg/Kmol), W: 질량(kg)

📋 요약NOTE 용어의 정의

구분	정의
보일의 법칙 $[V \propto \frac{1}{P}]$	일정한 온도에서 일정량의 기체의 부피는 압력에 반비례한다. $$PV = k, \quad P_1V_1 = P_2V_2$$
샤를의 법칙 $[V \propto T]$	일정한 압력에서 일정량의 기체의 부피는 절대온도에 비례한다. $$V = kT, \quad \frac{V_1}{T_1} = k' = \frac{V_2}{T_2} \quad (T[K] = t[°C] + 273)$$
보일-샤를의 법칙 $[V \propto \frac{T}{P}]$	일정량의 기체는 압력에 반비례하고 절대온도에 비례한다. $$\frac{P_1V_1}{T_1} = \frac{P_2V_2}{T_2} = k$$
이상기체 상태방정식 $[PV = \frac{w}{M}RT]$ $[\rho = \frac{w}{V} = \frac{P \times M}{R \times T}]$	• 분자의 부피는 없고 질량만 가지고, 평균운동에너지는 분자량과 무관하고 절대온도에만 비례한다. • 보일-샤를의 법칙과 아보가드로의 법칙으로 유도한다. $$PV = nRT = \frac{w}{M}RT$$ P: 압력, V: 부피, n: 분자수(몰수), R: 기체상수, T: 절대온도, w: 질량, M: 분자량 $R = \frac{PV}{nT} = \frac{1atm \times 22.4L}{1mol \times (0°C + 273)K} = 0.082 atm \cdot L/mol \cdot K[atm \cdot m^3/Kmol \cdot K]$ • $R = \frac{1atm \times 22.4m^3}{1K\text{-}mol \times 273K} = 0.082 atm \cdot m^3/K\text{-}mol \cdot K$ • $R = \frac{1.0332 kgf/cm^2 \times 22.4m^3}{1K\text{-}mol \times 273K} = 0.084774 kgf \cdot cm^2 \cdot m^3/K\text{-}mol \cdot K$

8. 온도의 종류

(1) 정의

① 섭씨온도(Celsius): 1기압에서 순수한 물의 어는점을 0℃, 끓는점(비점)을 100℃로 하여 그 사이를 100등분한 것이 섭씨(Celsius)온도이다.

② 화씨온도(Fahrenheit): 1기압에서 순수한 물의 어는점을 32°F, 끓는점(비점)을 212°F로 하여 그 사이를 180등분한 것이 화씨(Fahrenheit)온도이다.

③ 절대온도(Kelvin): 물의 어는점이나 끓는점을 사용하지 않고 에너지에 비례하도록 온도를 정의한 것으로, 열역학적으로 생각할 수 있는 최저온도로서 기체 평균 운동에너지가 0으로 측정된 -273℃를 절대온도 0K로 정한 온도이다.

④ 랭킨온도(Rankine): 화씨절대온도. 화씨온도 -459.69°F를 기점으로 하여 측정한 온도이다.

(2) 각 온도와의 관계

구분	단위환산
섭씨온도(℃)	$℃ = \dfrac{5}{9}(°F - 32)$
화씨온도(°F)	$°F = \dfrac{9}{5}℃ + 32$
절대온도(K)	$K = ℃ + 273$
랭킨온도(R)	$R = °F + 460$

3 연소반응식

1. 개요

탄소(C)와 수소(H)로 구성된 탄화수소계 가연성 가스가 완전연소하면 이산화탄소(CO_2)와 수증기(H_2O)가 생성된다. 반면, 공기의 양이 부족하여 불완전연소하면 일산화탄소(CO)가 발생한다.

$$C_mH_n + (m + \frac{n}{4})O_2 = mCO_2 + \frac{n}{2}H_2O$$

2. 탄화수소계 가연성 가스의 완전연소반응식

(1) 완전연소 반응식

① 메탄(CH_4): $CH_4 + 2O_2 \rightarrow CO_2 + 2H_2O$

② 에탄(C_2H_6): $C_2H_6 + \dfrac{7}{2}O_2 \rightarrow 2CO_2 + 3H_2O$

③ 프로판(C_3H_8): $C_3H_8 + 5O_2 \rightarrow 3CO_2 + 4H_2O$

④ 부탄(C_4H_{10}): $C_4H_{10} + \dfrac{13}{2}O_2 \rightarrow 4CO_2 + 5H_2O$

(2) 개념

① 1몰의 메탄이 완전연소할 때에는 2몰의 산소가 필요하며, 1몰의 프로판은 5몰의 산소가 필요하다. 즉, 프로판이 완전연소하려면 메탄보다 2.5배의 산소가 더 필요한 것을 알 수 있다.

② 이론공기량

$$이론산소량 = 이론공기량 \times \frac{21}{100}$$

$$이론공기량 = \frac{이론산소량}{0.21}$$

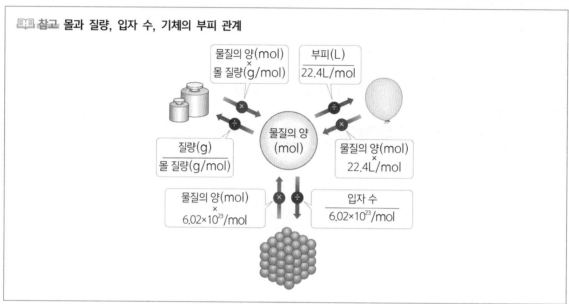

📖 참고 몰과 질량, 입자 수, 기체의 부피 관계

3. 유기화합물(Organic compound)

(1) 개념

① 메탄계 탄화수소(파라핀계, AlKane족): 단일결합, 반응성이 작아 안정된 화합물

② 에틸렌계 탄화수소(올레핀계, AlKene족): 이중결합, 메탄계보다 반응성이 큼

③ 아세틸렌계 탄화수소(AlKyne족): 3중결합, 반응성이 매우 큼

④ 알킬기의 일반식: C_nH_{2n+1}

(2) 특성

유기화합물은 탄소를 주축으로 하여 이루어진 공유결합물질로서, 현재는 탄화수소화합물이라고 정의한다.

① 성분원소는 주로 C, H, O이다. 또한 P, S, N, Cl 등의 비금속원소도 포함한다.

② 반응속도는 분자가 안정하여 반응성이 작고 속도가 느리다.

③ 융점·비점은 대부분 무극성 분자로 분자 사이의 인력이 작아 융점과 비점이 낮다(분자량이 증가하면 높아진다).

④ 화학결합은 원자 사이의 공유결합으로 안정하다.

⑤ 대부분 연소하여 연소생성물인 이산화탄소(CO_2)와 물(H_2O)을 생성한다.

⑥ 대부분 물에 용해되기 어렵고, 유기용매에 용해된다.

⑦ 대부분 비전해질이며 전기전도성이 거의 없다.

(3) 포화 탄화수소와 불포화 탄화수소

① 포화 탄화수소: 탄소-탄소 단일결합만으로 구성되는 포화 탄화수소는 사슬모양과 고리모양으로 분류할 수 있고, 이들은 각각 알칸류, 시클로알칸류라고 부른다.

② 불포화 탄화수소: 탄소-탄소 2중 결합을 가진 탄화수소를 알켄류, 3중 결합을 가진 탄화수소를 알킨류라고 한다.

③ 알칸계 탄화수소(메탄계·파라핀계) 성질

　　㉠ 일반식: C_nH_{2n+2}(n: 탄소원자의 수)

　　㉡ 사슬모양(Chain형)의 분자구조이다.

　　㉢ 단일결합과 안정한 결합각으로 인해 반응성이 작은 안정된 화합물이다.

　　㉣ 탄소수(사슬길이)가 증가할수록 증기비중·융점·비점이 높아진다.

　　㉤ 무극성 분자로 물에 불용성이며, 액상은 밀도가 낮아 물 위에 뜬다.

　　㉥ 같은 분자량을 가진 다른 유기화합물보다 비점이 낮다(분자 간의 인력이 약한 특성으로 분자들이 분리하여 액체가 기체로 되는 데 적은 에너지가 소요된다).

　　㉦ 일반적으로 탄소수가 4개 이하인 것은 기체이다.

④ 최소산소농도 등

1. 최소산소농도(MOC; Minimum Oxygen Concentration)

(1) 개요

① 최소산소농도는 화염전파를 위한 최소한의 산소농도를 말한다.

② 산소농도를 최소산소농도보다 낮게 하면 연료의 농도에 관계없이 더 이상 연소가 진행되지 못한다.

③ 최소산소농도는 한계산소량이라고도 한다. 일반적으로 공기에 이산화탄소, 질소 등 불활성 물질을 첨가하여 산소농도를 낮추어 연소 및 폭발방지가 가능하다.

(2) 최소산소농도의 추정

① 계산식

$$MOC = LFL(\%) \times \frac{O_2\,mol}{Fuel\,mol}$$

② 프로판의 MOC

　　㉠ $C_3H_8 + 5O_2 \rightarrow 3CO_2 + 4H_2O$

　　㉡ 프로판의 연소범위: 2.1 ~ 9.5

　　㉢ 최소산소농도의 추정

$$MOC = LFL(\%) \times \frac{O_2\,mol}{Fuel\,mol} = 2.1\% \times \frac{5mol}{1mol} = 10.5\%$$

(3) 불활성화(Inerting)

① 개념: 가연성 혼합기체에 불활성 물질을 첨가하여 산소의 농도를 낮추어 연소를 멈추게 하는 것이다.

② 불활성화에 의한 퍼지방법

　　㉠ 진공 퍼지(Vacuum purging)　　㉡ 압력 퍼지(Pressure purging)

　　㉢ 스위프 퍼지(Sweep through purging)　　㉣ 사이폰 퍼지(Siphon purging)

2. 한계산소지수(LOI; Limited Oxygen Index)

(1) 개념

① 한계산소지수는 섬유류가 착화 후에 열원이 제거된 이후에도 연소를 지속할 수 있는가를 측정하기 위하여 도입된 개념을 말한다.

② 건축 실내마감재 또는 섬유류는 급격한 연소의 확대를 방지하기 위하여 한계산소지수가 큰 물질을 사용하는 것이 바람직하다.

(2) 계산식

$$한계산소지수(LOI)(\%) = \frac{O_2}{O_2 + N_2} \times 100$$

(3) 특징

① 섬유류 중 면은 일반적으로 한계산소지수가 17%이다. 이는 공기 중의 산소농도가 17% 이하가 되면 점화원이 제거된 후에는 연소를 지속할 수 없다는 것을 의미한다.

② 한계산소지수가 클수록 안전도가 높다고 할 수 있다.

③ 불연성 또는 난연성 섬유류의 특징은 발화점이 비교적 높으며, 한계산소지수가 크다는 특징을 가지고 있다.

(4) 최소산소농도(MOC)와 한계산소지수(LOI)의 비교

구분	최소산소농도(MOC)	한계산소지수(LOI)
대상	가연성 가스	섬유 등의 고분자 물질
목적	불활성화를 위한 농도 확인	불연성 또는 난연성 여부
위험성	작을수록 위험	작을수록 위험

3. 연소용 공기량

(1) 연소용 공기량

① 이론공기량: 가연물을 연소하기 위하여 이론적으로 산출한 공기량을 말한다.

② 실제공기량: 가연물을 완전연소하기 위해서는 이론공기량보다 많은 공기가 필요하다. 이때 필요한 공기량이 실제공기량이다.

③ 과잉공기량: 실제공기량에서 이론공기량을 차감하여 얻은 공기량을 말한다.

(2) 이론산소량

가연물질을 완전연소하기 위하여 필요한 최소의 산소량을 말한다.

(3) 공기비

공기비는 실제공기량을 이론공기량으로 나눈 값을 말한다.

① 기체가연물질의 공기비: 1.1 ~ 1.3

② 액체가연물질의 공기비: 1.2 ~ 1.4

③ 고체가연물질의 공기비: 1.4 ~ 2.0

📄 요약NOTE 연소용 공기량

1. 과잉공기량 = 실제공기량 − 이론공기량

2. 이론산소량 = 이론공기량 × $\dfrac{21}{100}$

3. 공기비 = $\dfrac{\text{실제 공기량}}{\text{이론 공기량}}$ = $\dfrac{\text{실제 공기량}}{\text{실제 공기량 − 과잉 공기량}}$

📖 참고

가연성 가스를 공기 중에서 연소시킬 때, 공기 중의 산소 농도가 증가할 때 발생하는 현상은 다음과 같다.

1. 연소속도는 빨라진다.
2. 화염의 온도는 높아진다.
3. 발화온도는 낮아진다.
4. 폭발한계는 넓어진다.
5. 점화에너지는 작아진다.

---

4. 이론공연비

(1) 개념

① 이론공연비는 단위질량의 연료를 완전연소시키는 데 필요한 공기량을 말한다. 이론공연비는 다음과 같다.

$$s = \left(\frac{A}{F}\right)_{st} = \frac{m_{air}}{m_{fuel}}$$

② 이와 동일한 개념으로 공기에 대한 연료의 비를 이론연공비로 정의하고 이론공연비의 역수로 나타낸다.

$$\left(\frac{F}{A}\right)_{st} = \frac{m_{fuel}}{m_{air}} = \frac{1}{s}$$

(2) 메탄의 이론공연비

① 메탄 완전연소반응식

$$CH_4 + 2O_2 \rightarrow CO_2 + 2H_2O$$

② 메탄의 1몰의 질량: 16g

③ 이론공기량

$$\frac{O_2(mol)}{0.21} = \frac{2}{0.21}(mol)$$

④ 공기질량: 공기의 평균분자량이 28.84(g/mol)이므로 공기질량은 다음과 같다.

$$\frac{2}{0.21}(mol) \times 28.84(g/mol) = 274.67(g)$$

⑤ 이론공연비

$$(s) = \frac{274.67}{16} = 17.17$$

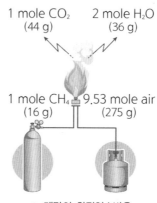

1 mole CO₂   2 mole H₂O
(44 g)   (36 g)

1 mole CH₄ ≒ 9.53 mole air
(16 g)   (275 g)

▲ 메탄의 완전연소반응

프로판의 이론공연비를 계산하시오.

1. 프로판 완전연소반응식: $C_3H_8 + 5O_2 \rightarrow 3CO_2 + 4H_2O$
2. 프로판의 1몰의 질량: 44(g)
3. 이론공기량: $\frac{O_2(mol)}{0.21} = \frac{5}{0.21}(mol)$
4. 공기질량: 공기의 평균분자량 28.84(g/mol)이므로, $\frac{5}{0.21}(mol) \times 28.84(g/mol) = 686.67(g)$
5. 이론공연비: $(s) = \frac{686.67}{44} = 15.61$

[정답] 15.61

📖 **참고** 탄소·수소비와 이론공연비의 관계

탄소·수소가 클수록 이론공연비는 작아진다.

구분	완전연소반응식	탄소·수소비	이론공연비
CH₄	$CH_4 + 2O_2 \rightarrow CO_2 + 2H_2O$	$\frac{C}{H} = \frac{1}{4} = 0.25$	17.17
C₃H₈	$C_3H_8 + 5O_2 \rightarrow 3CO_2 + 4H_2O$	$\frac{C}{H} = \frac{3}{8} = 0.375$	15.61
C₂H₂	$C_{32}H_{82} + 2.5O_2 \rightarrow 2CO_2 + H_2O$	$\frac{C}{H} = \frac{2}{2} = 1$	13.21

5. 환기상태와 당량비(Ventilation condition and Equivalence ratio)

(1) 개념

① 연소과정의 공기과잉 혹은 연료과잉의 정도를 정량적으로 나타내기 위하여 이론연공비에 대한 연소과정의 연료공기비(실제연공비)를 당량비(Equivalence ratio, φ)로 정의한다.

② 이론공연비는 연소과정에 공급되는 공기량을 평가하는 기준으로써 화재의 환기상태를 평가하는 매우 중요한 요소가 된다.

   ㉠ 이론공연비보다 연료의 양이 많고 공기의 양이 상대적으로 부족할 경우 연소상태는 연료과잉상태(fuel rich)가 되고 이러한 상태를 환기부족상태(under-ventilated condition)라고 부른다.

   ㉡ 이론공연비보다 공기의 양이 상대적으로 많은 경우 연소상태는 연료부족상태(fuel lean)가 되고 환기과잉상태(over-ventilated condition)라고 정의한다.

📖 **참고** 이론공기량과 실제공기량

$$\emptyset = \frac{(F/A)}{(F/A)_{st}}$$

$$= \frac{\text{실제연공비}(F/A)}{\text{이론연공비}(F/A)_{st}}$$

$$= \frac{\text{이론공기량(부피)}}{\text{실제공기량(부피)}}$$

1. 이론공기량 $= \dfrac{O_2}{0.21}(vol\%)$
2. 실제공기량 $= 100 - LFL(\%)$

---

(2) 특징

① 대부분의 화재는 초기 화재 발생 시 당량비(φ)는 1보다 작은 상태로 시작하여 화재가 성장하면서 당량비(φ)는 증가하고, 화재성장단계를 거치는 동안 당량비(φ)는 1보다 큰 상태가 된다.

② 당량비의 의미

당량비(φ) > 1	• 이론공기량이 실제공기량보다 큼 • 공기부족상태이므로 불완전연소를 함 • 환기지배형 화재의 특성을 보임
당량비(φ) = 1	• 이론공기량과 실제공기량이 같음 • 화학양론상태이므로 완전연소의 특성을 보임
당량비(φ) < 1	• 실제공기량이 이론공기량보다 큼 • 공기과잉상태로 연료지배형 화재의 특성을 보임

(3) 프로판 - 공기 혼합기체상의 당량비(연소화한계 당량비 계산)

① 프로판의 완전연소반응식: $C_3H_8 + 5O_2 \rightarrow 3CO_2 + 4H_2O$

② 이론공기량

㉠ 완전연소반응식에서 프로판 1몰당 산소는 5몰이 필요하다.

프로판의 $MOC = 2.1 \times \dfrac{O_2 \, mol}{Fuel \, mol}$ 이므로,

2.1vol%당 O_2는 10.5vol%가 필요하다.

㉡ 이론공기량 $= \dfrac{10.5 vol\%}{0.21 mol} = 50$vol%

③ 실제공기량: $100 - 2.1 = 97.9$vol%

④ 당량비(φ)

㉠ 당량비 $= \dfrac{50 vol\%}{97.9 vol\%} = 0.51$

㉡ 공기과잉상태이므로 연료지배형 화재의 특성을 보인다.

5 유체 등

1. 포화증기압(Saturated vapour tension)

(1) 개요

① 증기압(Vapour pressure): 액체를 밀폐된 진공용기 속에 미소량을 넣으면 전부 증발하여 용기에 차면서 어떤 압력을 나타낸다. 이 압력을 그때의 증기압이라고 한다.

② 포화증기압: 액체를 주입하면 다시 증발되어 증발과 액화가 평행 상태에 이른다. 이때의 증기압을 포화증기압이라고 한다.

(2) 특성

① 분자운동은 온도 상승과 함께 활발해지므로 포화증기압도 온도 상승에 따라 높아진다.

② 어떤 액체의 절대압력이 그 액체의 온도에 상당하는 포화증기압보다 낮아지면 비등(Boiling)하게 된다.

③ 따라서 수계시스템에서 국소압력이 포화증기압보다 낮으면 기포가 발생한다. 이러한 현상을 공동현상(Cavitation)이라 한다.

2. 표면장력(Surface tension)

(1) 정의

유체의 표면에 작용하여 표면적을 최소화하려는 힘이다. 물질은 액체 상태에서 외력이 없는 경우 거의 구형을 유지하는데, 이때 작용하는 장력을 말한다.

(2) 특징

소화에서 가장 중요한 물의 특성인자 중의 하나이며, 물 표면에서 물분자 사이의 응집력 증가는 물의 온도와 전해질 함유량에 좌우된다.

① 물에 함유된 염분은 표면장력을 증가시킨다.

② 비누·알코올·산과 같은 유기물질은 표면장력을 감소시킨다. 즉, 비누나 샴푸 등의 계면활성제는 표면장력을 적게 해 주기 때문에 소화효과를 증대시킨다.

③ 표면장력은 분자 간의 응집력과 직접적인 관계가 있으므로 온도의 상승에 따라 그 크기는 감소한다.

④ 가연성 물질의 표면장력이 작을수록 위험성이 커진다.

(3) 물의 표면장력이 소화에 미치는 영향

① 표면장력은 물방울을 유지시키는 힘으로서 물분무의 경우 물안개 형성을 방해한다.

② 심부화재의 경우 표면장력이 크면 침투력이 저하된다.

③ 계면활성제(비누·샴푸)는 표면장력을 감소시킨다.

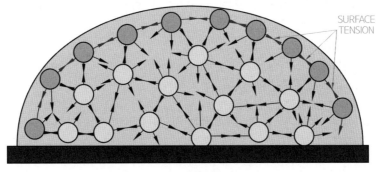

SURFACE
TENSION

▲ 표면장력

3. 부력

(1) 정의

① 부력은 중력이 작용하는 공간에서 높이 차이에 따른 압력의 차이로 생기는 힘이다.

② 유체 속에 잠긴 물체가 받는 부력의 크기는 물체가 밀어낸 부피만큼의 유체 무게와 같다(아르키메데스의 법칙).

(2) 부력의 크기

부력은 중력과 반대 방향으로 작용한다.

부력의 크기 = 물체가 밀어낸 유체의 무게(mg)
= 물체가 밀어낸 유체의 질량(m)×중력 가속도(g)
= 유체의 밀도(ρ)×물체가 밀어낸 유체의 부피×중력 가속도(g)
= 유체의 비중량(Υ)×물에 잠긴 부분의 부피(V)

---

4. 압력

(1) 정의

단위면적당 수직방향으로 작용하는 힘을 말한다.

$$P = \frac{F}{A}\,(N/\text{m}^2 \text{ 혹은 } kgf/\text{cm}^2)$$

(2) 대기압

① 지구를 둘러싸고 있는 공기(대기)에 의하여 누르는 압력을 대기압이라고 한다.

② 중력에 의하여 공기가 지구 중심 쪽으로 당겨지기 때문에, 공기의 무게로 인하여 대기압이 생긴다. 기상조건이 변하면 대기압도 변하게 된다. 따라서 대기압에 의하여 지탱되는 수은 기둥의 높이는 해수면에서는 항상 760mm가 아니라 기상조건에 따라 변한다.

> **📖 참고 표준대기압(atm)**
>
> 1atm = 760mmHg(0℃) = 76cmHg
> = 1.0332kgf/cm²(0℃)
> = 10.332mAq(4℃) (Aq. Aqua = water) = 10.332mH₂O
> = 1.01325bar(1bar = 10⁶dyne/cm² = 10³mbar = 10⁶Pa = 10³hpa)
> = 101.325kPa = 1013.25hPa = 101,325Pa

> **📖 참고 압력측정기구 종류**
>
> 1. **압력계**: 대기압 이상의 압력을 측정하는 압력계
> 2. **진공계**: 대기압 미만의 압력을 측정하는 압력계
> 3. **연성계**: 대기압 이상의 정압과 대기압 미만의 진공압을 하나의 계기에 나타낸 압력계

5. 유체 및 기본단위

(1) 유체

흐르는 물질, 즉 어떤 힘에 의하여 변형되기 쉬운 성질을 가지는 고체가 아닌 물질로서 일반적으로 액체와 기체 상태로 존재하는 물질을 말한다.

(2) 내용

① **질량(Mass, m)**: 질량은 물체의 고유한 양(量, Quantity)을 나타내는 말로서 압력과 온도가 일정할 경우 시간과 위치에 따라 변하지 않는 양으로 SI단위에서는 kg이다.

② **밀도(Density, ρ)**: 밀도는 물체의 구성입자가 얼마나 조밀하게 들어 있는가를 나타내는 물리량으로서 단위 체적(단위 부피)이 가지는 유체의 질량 또는 비질량(Specific mass)이라 한다.

$$\rho = \frac{질량}{부피(체적)} = \frac{kg}{m^3}$$

> **📖 참고 밀도**
>
> **1. 기체의 밀도**
> - 표준상태(0℃, 1기압)일 때
>
> $$밀도 = \frac{분자량}{22.4}$$
>
> - 표준상태가 아닌 때
>
> $$\rho = \frac{PM}{RT}$$
>
> **2. 고체·액체의 밀도**
> 질량과 부피를 실제 측정하여 구할 수 있다.

③ 비중(Specific gravity, s)

    ⊙ 비중은 기준물질에 대한 단위 체적당 질량비로 나타낸다. 즉, 기준물질과 어떤 물질과의 밀도의 비를 나타낸다.

    ⓛ 일반적으로 고체나 액체의 비중은 어떤 물질의 밀도와 4℃에서 순수한 물의 밀도의 비를 표현한다. 또한 비중량, 무게의 비로 나타내기도 하며 단위는 없다.

$$\text{액체 · 고체의 비중} = \frac{\text{측정물질의 밀도}(kg/l)}{\text{4℃ 물의 밀도}(kg/l)}$$

    ⓒ 증기의 비중은 각 기체의 분자량과 공기의 평균 분자량(29)의 비로 나타낸다.

$$\text{기체의 비중} = \frac{\text{측정기체의 밀도}(g/l)}{\text{표준상태의 공기밀도}(g/l)}$$

④ 비점

    ⊙ 어떤 물질의 증기압이 대기압과 같아질 때의 온도를 비등점이라고 한다.

    ⓛ 비등점은 물질의 물리적인 특성값으로 고유한 값을 갖는다.

    ⓒ 표준대기압상태에서 물의 비등점은 100℃이며, 주변 압력에 따라 비등점은 변하게 된다.

    ⓔ 비등점이 낮은 가연물은 증기압이 커서 기체가 되기 쉬우므로 화재의 위험성이 크다고 볼 수 있다.

⑤ 점도

    ⊙ 액체와 기체의 끈끈한 성질을 점성이라 하고, 그 점성의 크기를 점도라 한다.

    ⓛ 가연성 액체의 점도는 액체의 유동성에 영향을 주어 화재가 확대되는 요인이 되기도 한다.

    ⓒ 액체의 점도가 크면 유동성이 좋지 못하므로 화재의 확대가 느릴 수 있다.

> **📖 참고 힘(Force)과 일(Work)의 정의**
>
> 1. 힘(Force)
>   - 밀거나 당기는 작용이며, 물체의 모양이나 운동 상태를 변화시킨다.
>   - 뉴턴의 운동 제2법칙, 질량(m)인 물체에 힘(Force)을 가하면 가속도(a)가 생긴다. 즉, F = m×a 질량에 가속도를 가하면 힘으로 정의할 수 있다.
>   - 단위는 N(Newton) 또는 kgf(킬로그램중)을 사용한다.
> 2. 일(Work)
>   - 물체에 작용한 힘과 물체가 힘(F)의 방향으로 이동한 거리(S)의 곱을 힘이 한 일이라고 하며, 즉 힘(Force)×이동거리(Shift)로 표현된다[W(Work) = F×S].
>   - 단위는 J(Jule)을 사용한다. 1J은 1N의 힘으로 1m를 이동시켰을 때의 일의 양으로 1N · m와 같다.

6. 단위

(1) 기본단위와 유도단위

① 현재 국제적으로 사용되는 단위는 SI단위로 국제 도량형 총회에서 1960년에 결정된 것이다. 국제단위(SI단위)는 크게 기본단위와 유도단위로 분류된다.

② 독립된 차원을 가지는 것으로 간주되는, 명확하게 정의된 단위인 미터(m), 킬로그램(kg), 초(s), 암페어(A), 켈빈(K), 몰(mol), 칸델라(cd)의 7개 단위를 SI기본단위로 하였다.

③ 측정 기본단위인 길이(m), 무게(kg), 시간(second)의 머리글자를 따서 MKS단위라고 한다.

물리량	명칭	기호
길이	미터	m
질량	킬로그램	kg
시간	초	s
전류	암페어	A
온도	캘빈	K
물질의 양	몰	mol
광도	칸델라	cd

(2) 단위계

① 절대단위계

⊙ 절대단위계에서 힘의 단위로는 N(Newton)을 사용한다.

ⓛ 1N(Newton): 질량 1kg의 물체에 1m/s²의 가속도를 가지게 하는 힘이다.

$$1\text{N(Newton)} = 1\text{kg} \times 1\text{m/s}^2 = 10^5 \text{dyne}$$

② 중력단위계(공학단위계)

⊙ 힘의 단위로는 1kg중(무게 Weight. kg_f)을 사용한다.

ⓛ $1kg_f$는 1kg에 중력가속도 9.8m/s²를 가지게 하는 힘이다.

$$1\text{kg중}(kg_f) = 1\text{kg} \times \text{중력가속도}(9.8\text{m/s}^2) = 9.8\text{kg} \cdot \text{m/s}^2 = 9.8\text{N}$$

(3) 차원(Dimension)

① 절대단위계(MLT단위계): 질량(Mass), 길이(Length), 시간(Time)으로 나타낸 단위계이다.

$$속도 = \frac{거리}{시간} = \frac{L}{T} = LT^{-1}$$

$$힘 = 질량 \times 가속도 = M \times LT^{-2} = MLT^{-2}$$

② 중력단위계(FLT단위계): 힘(Force), 길이(Length), 시간(Time)으로 나타낸 단위계이다.

$$압력 = \frac{힘}{면적} = \frac{F}{L^2} = FL^{-2}$$

POINT 2-1 폭발의 개관

1 폭발의 개념

1. 개요

(1) 정의

폭발이란 물리적·화학적 변화의 결과로 발생된 급격한 압력 상승에 의한 에너지가 외계로 전환되는 과정에서 파열, 폭음 등을 동반하는 현상을 말한다.

(2) 성립조건

① 밀폐된 공간과 연소의 요소가 있어야 한다.
② 폭발한계(폭발범위) 내에 있어야 한다.
③ 가연성 가스 및 분진을 발화시킬 수 있는 점화원이 있어야 한다.
④ 급격한 압력 상승이 수반되어야 한다.

(3) 폭발에 영향을 주는 요인

① 주위의 온도·압력
② 폭발성 물질의 물리적 성질과 물질의 조성
③ 개방계 또는 밀폐계
④ 착화원의 성질
⑤ 가연성 물질의 양과 물질의 유동상태 및 물질의 방출속도

2. 분류

(1) 압력상승의 원인에 따른 분류

① 물리적 폭발: 증기폭발, 수증기폭발, 보일러폭발, 전선폭발, 감압폭발
② 화학적 폭발: 산화폭발, 분해폭발, 중합폭발, 촉매폭발
③ 물리·화학적 폭발: 블레비(BLEVE) 현상
④ 핵폭발

(2) 원인물질의 상태에 따른 분류

① 기상폭발: 가스폭발, 분진폭발, 분해폭발, 분무폭발, 증기운폭발
② 응상폭발: 증기폭발, 수증기폭발, 전선폭발

2 폭연과 폭굉

1. 개요

폭연과 폭굉은 일반적으로 반응속도가 음속 이하인 것은 폭연, 음속 이상인 것은 폭굉으로 구분한다.

2. 폭연과 폭굉의 특징

(1) 폭연(Deflagration)의 특징

① 폭연은 급격한 연소반응으로서 화염의 전파속도가 음속보다 느린 것을 말하며 그 화염의 전파속도는 0.1 ~ 10m/s 정도이다.
② 느린 층류연소가 강한 폭발형식으로 전환되는 것이다.
③ 폭연에서는 반응면 전파는 연소생성물의 난류혼합에 의하여 전파된다.
④ 온도, 압력, 밀도 등이 화염면에서 연속적으로 나타난다.
⑤ 폭연은 폭굉과 달리 충격파를 형성하지 않는다.

(2) 폭굉(Detonation)의 특징

① 폭굉은 폭발적 연소반응으로서 화염의 전파속도가 음속보다 빠른 것을 말한다.
② 폭발범위 내의 농도 상태에서 반응속도가 급격히 증대하여 음속을 초과하는 경우이다.
③ 에너지 방출속도는 열 전달속도에 기인하지 않고 압력파에 의존한다.
④ 폭굉파는 음파와 달리 폭굉파가 통과한 곳은 화학적 조성이 변하므로, 가역적인 탄성파로 취급되지 않는다.
⑤ 온도, 압력, 밀도 등이 화염면에서 불연속적으로 나타난다.

📋 **요약NOTE 폭연과 폭굉의 비교**

구분	폭연(Deflagration)	폭굉(Detonation)
화염의 전파속도	0.1 ~ 10m/s, 음속 이하	1,000 ~ 3,500m/s, 음속 이상
폭발압력	초기압력의 10배 이하	10배 이상
충격파	충격파 압력은 정압	정압과 동압이 합쳐져 초압에 비해 10배 이상 상승
연소형태	확산연소의 형태	예혼합연소의 형태
폭발환경	개방된 환경	밀폐된 환경
에너지 방출속도 (온도 상승)	물질(열)의 전달속도에 영향을 받음	열에 의한 전파보다 충격파에 의한 압력에 영향을 받음
화염면	압력의 Peak가 완만하여 화염면에서 온도, 압력, 밀도가 연속적으로 전파됨	압력의 Peak가 매우 뾰족하여 화염면에서 온도, 압력, 밀도가 불연속적으로 나타남
폭발반응의 전파	전도, 대류, 복사에 의해 화염반응이 미연소부분으로 전파됨	충격파의 압력으로 인해 폭발반응이 전파됨

3. 폭굉유도거리(DID; Detonation Inducement Distance, DDT; Deflagration – to – Detonation Length)

폭굉유도거리란 최초의 완만한 연소에서 폭굉까지 발전하는 데 필요한 거리를 말한다. 즉, 화재 이후 완만하게 진행되던 연소가 폭굉으로 발전할 때까지의 거리를 말한다.

(1) 폭굉유도거리(DID)의 영향요인

폭굉유도거리가 짧아지는 조건은 위험성이 큰 상황이다.

① 점화에너지가 강할수록 짧아진다.

② 연소속도가 큰 가스일수록 짧아진다.

③ 관경이 가늘수록 짧아진다.

④ 관속에 이물질(장애물)이 있을 경우에 짧아진다.

⑤ 배관의 상용 압력이 높을수록 짧아진다.

(2) 폭연에서 폭굉으로의 전이과정(메커니즘)

폭굉은 폐쇄된 공간에서 발생하기 쉽다. 압력파가 중첩되기 위해서는 일정한 질주거리가 있어야 하므로 파이프, 덕트 등에서 잘 발생한다.

① 점화원에 의하여 화재가 발생하면 미연소부분으로의 화염전파가 시작된다.

② 연소파에 의하여 화염의 전방에서 압축파가 발생한다.

③ 압축파는 계속해서 발생하는 압축파와 중첩되면서 강한 충격파로 전이된다.

④ 충격파는 단열압축을 수반하면서 발화점 이상으로 온도가 상승하게 되어 발화를 촉진한다.

⑤ 충격파가 배후에 연소를 수반하면서 엄청난 폭굉파를 발생한다.

▲ 폭굉파 발생의 메커니즘

📖 **참고 화재와 폭발의 차이**

1. 화재는 열에너지의 이동에 따라 연소 전파가 이루어지는 과정이다.
2. 연소의 열에너지 방출에 따라 온도가 상승하며 밀도는 온도 상승에 의하여 감소한다.

구분	화재	폭발
연소(폭발) 전파	열에너지의 이동	복사에너지와 압력파
압력	일정	상승
온도와 밀도	온도 상승, 밀도 감소	온도 상승, 밀도 증가
상태도	압력, 온도, 밀도 — 온도, 압력, 밀도 (화재연소/발화지점, 거리)	압력, 온도, 밀도 — 온도, 압력, 밀도 (폭발연소/발화지점, 거리)

3 폭발등급 등

폭발성 가스란 모든 가연성 가스와 인화성 액체의 증기를 말하며, 전기기기 사용장소에서의 위험성은 그 장소에 있는 폭발성 가스의 종류에 따라 다르므로 가스의 위험도를 발화도 및 최대안전틈새 등으로 분류하여 적합한 방폭구조를 정한다.

1. 온도등급(발화도)

(1) 전기기기에 대한 최고표면온도에 따라 온도등급을 6단계(T1~T6)로 구분한다.

(2) T1에서 T6까지의 단계 중 T6이 가장 우수하다.

2. 최대안전틈새 및 최소점화전류비

(1) 최대안전틈새(MESG:Maximum Experimental Safe Gap) – 내압방폭구조

① 화염은 좁은 틈을 통과하면서 냉각·소멸되므로 전기기기의 밀폐함 접합부의 틈새가 길이에 비해 아주 좁은 경우에는 함 내부에서 폭발이 일어나도 그 화염이 외부로 확산되지 않는다. 즉 틈새의 폭과 길이, 혼합가스의 성질에 따라 위험도가 달라진다.

② 최대안전틈새란 대상으로 한 가스 또는 증기와 공기와의 혼합가스에 대하여 화염일주가 일어나지 않는 틈새의 최대치를 의미한다.

③ 최대안전틈새 범위

구분	최대안전틈새 범위	물질
A	0.9mm 이상	메탄, 에탄, 부탄, 일산화탄소, 암모니아
B	0.5mm 이상~0.9mm 미만	에틸렌, 시안화수소
C	0.5mm 미만	수소, 아세틸렌

(2) 최소점화전류비(MIC) – 본질안전방폭구조

본질안전 방폭구조의 대상 가스 또는 증기는 메탄가스의 최소점화전류 대비 폭발성 가스나 증기 각각의 최소점화전류와의 비율로서 다음과 같이 분류한다.

1 급격한 압력 상승의 원인에 따른 분류

1. 물리적 폭발

(1) 물리적 폭발은 물질의 상태·온도·압력 등의 조건의 변화에 의한 폭발이다. 화학적 변화 없이 일어나며 물리적 변화에 의해서만 일어나는 폭발이다.

(2) 물리적 폭발에는 고압용기의 파열, 탱크의 감압파손, 전선폭발 등이 있다.

(3) 물리적 폭발은 물질의 분자구조가 변하지 않고, 물질의 상태가 변하여 급격한 압력의 상승이 발생한다.

2. 화학적 폭발

(1) 산화폭발
  ① 산화폭발은 일반적으로 급격한 연소반응에 의한 압력의 발생으로 일어나는 폭발현상이다.
  ② 산화폭발의 종류로는 가스폭발, 분무폭발, 분진폭발 등이 있다.

(2) 분해폭발
  ① 분해폭발은 산소에 관계없이 단독으로 발열·분해반응을 하는 물질에 의하여 발생하는 폭발현상이다.
  ② 분해반응에 의하여 폭발을 일으키는 물질에는 에틸렌·산화에틸렌·과산화물·아세틸렌·다이아조화합물·하이드라진 등이 있다.
  ③ 아세틸렌은 공기 중에서의 연소범위가 2.5 ~ 81%로서 연소범위가 넓어 폭발을 일으킬 위험성이 높은 가스이며, 이를 압축하면 $C_2H_2 \rightarrow 2C + H_2 + 54kcal$의 분해방정식과 같이 분해를 일으키므로 이 열에 의하여 폭발이 일어난다.

(3) 중합폭발
  ① 중합폭발은 단량체의 중축합반응에 따른 발열량에 의한 폭발을 말한다.
  ② 예로는 산화에틸렌(분해폭발도 가능), 부타디엔, 염화비닐, 시안화수소(분해폭발도 가능) 등이 있다.

(4) 반응폭주에 의한 폭발
  반응폭주란 화학반응기 내에 압력, 온도, 혼합물의 질량 등의 제어 상태가 규정조건을 벗어나 화학반응속도가 지수 함수적으로 증가함으로 인하여 화학반응이 과격해지는 현상을 말한다.

2 원인물질의 상태에 따른 분류

일반적으로 응상폭발은 원인물질의 상태가 액체 상태 또는 고체 상태에서의 폭발현상을 말하며, 기상폭발은 원인물질의 물리적 상태가 기체 상태인 것을 말한다.

1. 기상폭발

기상폭발에는 가스폭발, 분진폭발, 분해폭발, 분무폭발, 증기운폭발이 있다.

(1) 가스폭발
  ① 가연성 기체가 빠른 반응 속도로 발열반응을 일으켜 급격히 팽창하면서 급격한 열과 압력을 발생시켜 나타내는 폭발현상을 말한다.

② 가스폭발을 하는 가연성 기체에는 수소, 일산화탄소, 메탄, 프로판, 아세틸렌 등이 있다.

③ 가스폭발의 조건은 폭발범위(농도조건)를 충족한 상태에서 점화원이 존재하여야 한다. 폭발력은 가연성 가스의 양와 지연성 가스의 혼합량, 밀폐된 상태, 온도, 압력 등에 따라 달라질 수 있다.

📖 참고 **가스폭발과 분진폭발**

구분	가스폭발	분진폭발
연소속도, 초기폭발력	큼	작음
발열량, 발생에너지	작음	큼
일산화탄소 발생률, 연쇄폭발	작음	많음
공기와 가연물	균일한 상태에서 반응	불균일한 상태에서 반응

(2) 분해폭발

① 공기나 산소가 혼합되지 않더라도 가연성 가스 자체의 분해 반응열에 의하여 폭발하는 현상으로 분해폭발은 고압 상태에서 발생되기 쉽다.

② 공기가 섞이지 않은 순수한 상태(산소 없는 상태)에서도 폭발이 가능하므로 폭발상한계는 100%가 될 수 있다.

③ 분해폭발을 하는 물질로는 아세틸렌(C_2H_2), 산화에틸렌(C_2H_4O), 하이드라진(N_2H_4), 에틸렌(C_2H_4), 오존(O_3), 아산화질소(N_2O), 산화질소(NO), 시안화수소(HCN) 등이 있다.

(3) 분무폭발

① 분무폭발은 공기 중에 분출된 가연성 액체가 미세한 액적이 되어 무상으로 공기 중에 부유하고 있을 때 착화에너지가 주어지면 폭발이 발생한다.

② 분출한 가연성 액체의 온도가 인화점 이하로 존재하여도 무상으로 분출된 경우에 폭발하는 경우가 있다.

(4) 증기운폭발(UVCE; Unconfined Vapor Cloud Explosion)

① 대기 중에 기화하기 쉬운 액체가 유출되어 대량의 가연성 혼합기체가 형성되고 여기에 발화원에 의하여 폭발하는 현상을 말한다.

② 자유공간 중의 증기운폭발이라고도 한다.

(5) 분진폭발

① 정의

   ㉠ 분진폭발은 가연성 고체의 미분이 공기 중에 부유하고 있을 때 착화원에 의하여 에너지가 주어지면 폭발하는 현상을 말한다.

   ㉡ 분진폭발 물질로는 황, 플라스틱, 사료, 석탄, 알루미늄, 철, 쌀, 보리의 곡물 등 100여종이 넘는 물질이 있으며, 분진폭발을 일으키지 않는 물질로는 석회석, 생석회, 소석회, 산화알루미늄, 시멘트 가루, 대리석 가루, 가성소다, 유리 등이 있다.

② 분진폭발의 조건

   ㉠ 가연성 물질

   ㉡ 가연성 물질이 미분 상태

   ㉢ 다량의 조연성 가스가 존재

   ㉣ 공기 중에서 교반과 유동

   ㉤ 화염전파를 할 수 있는 충분한 에너지의 점화원 존재

③ 분진폭발의 원리(가연성 분진폭발의 메커니즘)
  ㉠ 가연성 미분이 공기 중의 교반과 유동에 따라 입자의 표면에 에너지가 주어져 표면온도가 상승한다.
  ㉡ 온도가 상승된 표면입자 분진이 열분해하여 입자주위에 가연성 가스를 발생시킨다.
  ㉢ 발생된 가연성 가스가 조연성 가스(공기)와 혼합하여 폭발성 혼합기를 생성한다.
  ㉣ 폭발성 혼합기 상태에 충분한 에너지인 점화원이 착화원으로 작용하면 발화하여 화염을 발생시킨다(1차 폭발).
  ㉤ 발생된 높은 발열량은 미연소된 분말 입자 표면의 분해를 촉진시켜 가연성가스를 발생시킨다(2차 폭발).

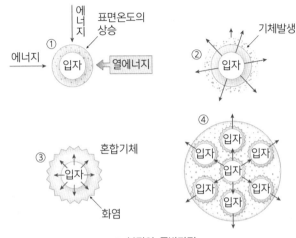

▲ 분진의 폭발과정

④ 분진폭발의 영향 인자
  ㉠ 분진의 화학적 성질
    ⓐ 분진의 발열량과 휘발성이 클수록 폭발성이 크다.
    ⓑ 분진 자체의 열분해 용이성 등도 영향을 미친다.
  ㉡ 분진의 부유성
    ⓐ 부유성이 클수록 공기 중에 체류시간이 길고 위험성도 커진다.
    ⓑ 공기 중에서 산화피막을 형성할 수 있는 가연성 분진은 공기 중의 부유시간이 길어지면 폭발성이 감소할 수도 있다.
    ⓒ 분진 중에 존재하는 수분은 분진의 부유성을 억제할 수 있다. 이에 따라 가연성 분진의 폭발하한계가 높아져 폭발성을 약하게 할 수 있다.
    ⓓ 수분과의 반응성이 있는 금수성 물질의 분진은 가연성 가스의 발생을 촉진시킬 수 있어 폭발의 위험성이 커질 수 있다.
  ㉢ 입도 및 형상
    ⓐ 분진의 비표면적이 클수록 열축적이 용이하고 산소와 접촉이 쉬워 폭발성이 크다.
    ⓑ 분진폭발을 일으키는 분진입자의 크기는 약 $76\mu m$(200mesh) 이하이다.
  ㉣ 산소의 농도
    ⓐ 산소의 농도가 낮아지면 최소점화에너지는 증가한다.
    ⓑ 산소의 농도가 증가하면 폭발하한계가 낮아지게 되어 강한 폭발성을 가진다.

⑤ 분진폭발의 특징

    ㉠ 분진폭발은 가스폭발과 같이 조연성 가스의 균일한 상태에서 반응하는 것이 아니고 가연물 주위에서 불균일한 상태에서 반응한다. 즉, 분진폭발은 가스폭발에 비하여 불완전연소가 많이 발생하기 때문에 일산화탄소의 발생량이 상대적으로 크다고 볼 수 있다.

    ㉡ 분진폭발은 가스폭발보다 착화를 일으킬 수 있는 최소발화에너지가 크다.

    ㉢ 분진폭발은 2차 폭발, 3차 폭발을 일으킬 수 있다.

    ㉣ 가스폭발에 비하여 연소속도나 폭발 압력은 작으나 연소시간이 길고 발생에너지가 크기 때문에 파괴력과 연소 정도가 크다.

    ㉤ 발생 에너지는 최고치에서 비교한 경우 가스폭발의 수 배 정도이고 온도는 2,000~3,000°C까지 상승한다. 이는 가스에 비하여 분진이 단위체적당의 탄화수소량이 많기 때문이다.

📖 참고 알루미늄 분진폭발의 메커니즘

1. 가열된 알루미늄 분진은 공기 중에서 표면이 산화되어 산화피막을 형성한다.

$$4Al + 3O_2 \rightarrow 2Al_2O_3 + 400kcal/mol$$

2. 반응열이 크기 때문에 분진의 가열이 가속화된다.
3. 산화물은 용해 또는 기화해 새로운 표면으로 노출함과 동시에 내부에서 금속의 증발이 시작된다.
4. 기상의 금속 증기는 즉시 연소하여 높은 열을 발생하고 계속하여 금속의 증발을 촉진시킨다.

---

2. 응상폭발

응상이란 고상 또는 액상의 형태로 기상에 비해 밀도가 $10_2 \sim 10_3$배이므로, 기상폭발과 그 양상이 다르다고 할 수 있다. 응상폭발에는 수증기폭발, 증기폭발, 물질의 혼합에 의한 폭발, 전선폭발 등이 있다.

(1) 수증기폭발

    ① 수증기폭발은 화염을 동반하지 않는 물리적 폭발에 해당한다.

    ② 고온의 물질이 물속에 투입되었을 때 고온의 물질에 의하여 물이 짧은 시간에 과열 상태가 되면서 급격히 비등하는 현상을 말한다. 즉, 조건에 따라 달라지지만 물질의 상변화에 따른 폭발현상이다.

(2) 증기폭발

    ① 일반적으로 액상에서 기상으로 급격한 상변화에 의한 폭발현상에 수증기 폭발을 포함시켜 증기폭발이라고 한다.

    ② 증기폭발은 상변화에 의한 폭발로 착화를 필요로 하지 않으며, 화염의 발생은 없다.

    ③ 극저온 액화가스의 증기폭발은 저온의 액화가스가 상온의 물 위에 분출되었을 때와 같이 액상에서 기상으로 급격한 상변화에 의하여 발생하는 폭발현상을 말한다.

    ④ 과열 액체의 증기폭발은 보일러와 같이 고압의 포화수를 저장하고 있는 용기가 파손 등의 원인으로 동체의 일부분이 개방되면, 용기 내압이 급속도로 하락되어 일부 액체가 급속히 기화하고, 증기압이 급상승하여 용기가 폭발(파괴)되는 현상을 말한다.

(3) 물질의 혼합에 의한 폭발

(4) 전선폭발

1 블레비(BLEVE) 현상

1. 개요

블레비 현상(비등액체팽창 증기폭발, BLEVE Boiling Liquid Expanding Vapor Explosion)은 가연성 액체가 들어있는 액화가스저장탱크가 화재로부터 열을 공급받아 압력상승으로 인하여 탱크의 일부가 파열되고, 탱크 균열로 인한 액상, 기상의 동적 평형상태가 깨지는 물리적 폭발을 말한다. 블레비 현상으로 대기 중으로 기화된 가스가 점화원에 의하여 폭발할 수 있다.

2. 블레비 현상의 특징 및 방지대책

(1) 특징

① 일반적으로 프로판 액화가스탱크에서 발생되는 물리적·화학적 병립에 의한 폭발이 발생할 수 있다. 액화가스저장탱크에서 물리적 폭발이 순간적으로 화학적 폭발로 이어질 때 그 피해가 크다.

② 저장용기의 파열과 균열로 인한 물리적 폭발은 증기폭발에 해당한다.

③ 대기 중에서 기화하여 점화원에 의하여 폭발하는 현상은 증기운폭발에 해당한다.

④ 블레비 현상의 1차 폭발은 물리적 폭발이다. 블레비 현상의 결과로 대기 중으로 기화된 가연성 가스의 2차 폭발(증기운폭발)은 화학적 폭발에 해당한다.

⑤ 거대한 화구를 형성할 수 있다.

⑥ 불연성 물질의 저장탱크에서 물리적 폭발이 발생하는 경우에는 다른 2차적인 위험조건이 발생하지 않는다.

⑦ 블레비 현상의 규모는 탱크의 용량과 파열 시 액체의 기화량에 영향이 있다.

(2) 방지대책

① 탱크 내의 압력을 감압시킨다.

② 내압강도를 높게 한다.
   ㉠ 탱크 제작 시 용접부위 등의 품질관리를 철저히 한다.
   ㉡ 시간 경과 등에 따른 부식을 고려하여 충분한 두께로 제작한다.

③ 열전도가 좋은 물질로 탱크 내벽을 제작한다.

④ 화염으로부터 탱크로의 가열을 방지한다.
   ㉠ 누설된 가스에 착화되면 그 화염에 의해 탱크가 가열될 수 있다.
   ㉡ 이와 같은 현상에서 안전밸브가 작동하여도 급격한 내압 상승과 열화에 따른 강도 저하 현상이 발생될 수 있다.

⑤ 경사를 지어서 화염이 직접 탱크에 접하지 않도록 한다.

⑥ 탱크표면에 냉각장치를 설치하여 탱크내부의 증기발생을 감소시킨다.

⑦ 외부의 저장탱크의 물리적 충격·충돌의 발생을 방지한다.

⑧ 폭발방지장치를 설치한다.

해커스소방 김정희 소방학개론 핵심정리 + OX문제

> **참고 블레비(BLEVE) 발생의 메커니즘**
>
> 저장탱크 내부 압력 상승으로 1차로 탱크면이 파열되고 순간적인 내부 압력 재상승으로 인하여 탱크 폭발이 일어나는 2차 파열의 현상까지를 블레비(BLEVE)로 본다.
> 1. 저장탱크의 온도가 상승한다.
> 2. 내부 압력이 상승한다.
> 3. 탱크의 벽면에 연성파괴가 발생한다.
> 4. 일시적인 압력감소 현상이 발생한다.
> 5. 급격한 비등팽창이 발생한다.
> 6. 압력이 급격히 재상승한다.
> 7. 탱크 외벽의 취성이 파괴되는 현상까지이다.
>
>

2 화구(Fire ball)

(1) 화구(Fire ball)란 대량의 증발한 가연성 액체가 갑자기 연소할 때 생기는 구상의 불꽃을 말한다.

(2) 블레비나 증기운폭발과 같이 증발로 인해 확산된 인화성 가스가 착화되면서 폭발할 때 화염이 급속히 확대되며 공기를 끌어올려 버섯형 화염으로 되어가는 화염형태를 말한다.

> **참고 화구**
>
> 1. 액화가스의 탱크가 파열하면 순간증발을 일으켜 가연성 가스의 혼합물이 대량으로 분출한다.
> 2. 가연성 가스의 혼합물이 발생하면 지변에서 반구상(A)의 화염이 되어 부력으로 상승하는 동시에 주변의 공기를 빨아들인다.
> 3. 주변에서 빨아들인 화염은 공모양(B)으로 되고, 더욱 상승하여 버섯모양(C)의 화염을 만든다.

3 증기운폭발(UVCE)

1. 개요

(1) 증기운폭발(UVCE Unconfined Vapor Cloud Explosion)이란 대기 중에 대량의 가연성 가스가 유출되거나 대량의 가연성 액체가 유출되면 그것으로부터 발생하는 증기가 공기와 혼합해서 가연성 혼합기체를 형성하고 발화원에 의하여 발생하는 폭발을 말한다.

(2) 개방된 대기 중에서 발생하기 때문에 자유공간 중의 증기운폭발이라고도 한다.

2. 원리

(1) 가연성 가스의 누출

(2) 누출된 증기의 확산

(3) 대량의 증기운 형성(증발된 가스와 공기의 혼합)

(4) 발화에 의한 증기운폭발

1. 내압방폭구조(d)

내압방폭구조(耐壓防爆構造, Flame Proof Type "D")란 전폐구조로 용기 내부에서 폭발성 가스 또는 증기가 폭발하였을 때 용기가 그 폭발압력에 파손되지 않고 견디며, 폭발한 고열의 가스가 접합면·개구부 등을 통하여 외부로 나가는 일이 발생하여도 그동안에 냉각되어 외부의 폭발성 가스에 인화될 우려가 없도록 한 구조이다.

2. 압력방폭구조(p)

압력방폭구조(壓力防爆構造, Pressurized Type "P")[＝내압(內壓)방폭구조]란 점화원이 될 우려가 있는 부분을 용기 내에 넣고 신선한 공기 또는 불연성 가스 등의 보호기체를 용기의 내부에 넣어 줌으로써 용기 내부에는 압력이 형성되어 외부로부터 폭발성 가스 또는 증기가 침입하지 못하도록 한 구조이다. 이러한 구조는 운전 중에 보호기체의 압력이 저하되는 경우에는 자동경보를 하거나 운전을 정지하는 보호장치가 필요하다.

3. 유입방폭구조(ρ)

유입방폭구조(油入防爆構造, Oil Immersed Type "O")란 전기기기의 불꽃, 아크 또는 고온이 발생하는 부분을 기름(절연유) 속에 넣고 기름면 위에 존재하는 폭발성 가스 또는 증기에 인화될 우려가 없도록 한 구조이다.

4. 안전증가방폭구조(e)

안전증가방폭구조(安全增加防爆構造, Icreased Safety Type "E")란 정상운전 중에 폭발성 가스 또는 증기에 점화원이 될 전기불꽃, 아크 또는 고온이 되어서는 안될 부분에 이러한 것의 발생을 방지하기 위하여 기계적·전기적 구조상 또는 온도 상승에 대해서 특히 안전도를 증가한 구조이다.

5. 본질안전방폭구조(ia, ib)

본질안전방폭구조(本質安全防爆構造, Intrinsic Safety Type "Ia, Ib")란 정상 시 및 사고 시(단선, 단락, 지락 등)에 발생하는 전기불꽃, 아크 또는 고온에 의하여 폭발성 가스 또는 증기에 점화되지 않는 것이 점화시험 및 기타에 의하여 확인된 구조를 말한다.

참고 위험장소(Hazardous Location)	
구분	대상 장소
0종 장소	항상 폭발분위기이거나, 장기간 위험성이 존재하는 지역, 인화성 액체용기나 탱크 내부, 가연성 가스용기 내부
1종 장소	정상상태에서 간헐적으로 폭발분위기로 유지되는 지역이나 릴리프밸브 부근
2종 장소	비정상상태에서만 폭발분위기가 유지되는 지역

PART 3 화재론

POINT 3-1 화재의 개요

1 화재의 개념

1. 정의

화재란 사람의 의도에 반하거나 고의 또는 과실에 의하여 발생하는 연소현상으로서 소화할 필요가 있는 현상 또는 사람의 의도에 반하여 발생하거나 확대된 화학적 폭발현상을 말한다(「소방의 화재조사에 관한 법률」 제2조).

2. 화재발생 원인별 화재발생현황

부주의에 의한 화재발생건수가 가장 많으며, 다음으로는 전기적 요인, 기계적 요인의 순이다.

2 화재의 유형 분류

1. 일반화재(A급 화재)

(1) 일반화재는 종이·목재 등의 일반가연물, 고무·플라스틱과 같은 합성고분자 등과 같은 가연성 물질과 관련된 화재(보통화재)이다.
(2) 일반적으로 화재 후 재를 남기며, 표시색은 백색이다.
(3) 소화방법은 냉각소화가 가장 효과적이다.

2. 유류화재(B급 화재)

(1) 유류화재는 가솔린, 등유 등과 같은 인화성 액체(제4류 위험물)의 화재이다. 그 외에 오일, 라커, 페인트 등과 같은 가연성 액체와 관련된 화재도 포함된다.
(2) 연소 후 재를 남기지 않으며, 연소열이 크고 인화성이 좋기 때문에 일반화재보다 위험하다.
(3) 포를 이용한 질식소화가 효과적이다.

3. 전기화재(C급 화재)

(1) 전기화재는 전류가 흐르는 전기장비와 관련된 화재이다.
(2) 전기화재의 발생원인으로는 단락(합선), 전기스파크, 과전류, 접속부 과열, 지락, 낙뢰, 누전, 열적경과, 절연불량 등이 있다.
(3) 전기화재는 할로겐화합물 소화약제, 분말 소화약제 또는 이산화탄소와 같은 비전도성 소화약제를 사용하여 진압할 수 있다.

4. 금속화재(D급 화재)

(1) 금속분자가 적절히 집중되어 있는 상태에서 적절한 발화원이 제공된다면 강력한 폭발을 일으킬 수 있다.

(2) 가연성 금속(D형)화재는 알루미늄, 마그네슘, 티타늄 등과 같은 가연성 금속과 관련된 화재이다.

5. 식용유(주방)화재(K급 화재)

(1) 주방에서 사용하는 식용유는 끓는점보다 발화점이 낮아 불꽃을 제거하더라도 재발화할 가능성이 높다.

(2) K급 소화기는 산소를 차단하는 질식소화와 함께 온도를 발화점 이하로 낮추는 냉각소화에 적합한 강화액 약제로 비누처럼 막을 형성하여 재발화를 차단한다.

6. 가스화재(E급 화재)

(1) 소화방법은 제거소화이다.

(2) 액화석유가스(LPG)와 액화천연가스(LNG)의 비교

구분	액화석유가스 (Liquefied Petroleum Gas)	액화천연가스 (Liquefied Natural Gas)
주성분	프로판, 부탄	메탄
상태	상온·상압에서 기체이며, 10 ~ 15℃, 10Kg/cm²에서 액화 보관	상온·상압에서 기체이며, -162℃에서 액화 보관
폭발범위	프로판(2.1 ~ 9.5%), 부탄(1.8 ~ 8.4%)	메탄(5 ~ 15%)
연소속도	상대적으로 느림	상대적으로 빠름
체적변화	액체에 기체로 250 ~ 300배	액체에서 기체로 600배
비점	프로판(-42.1℃), 부탄(-0.5℃)	메탄(-162℃)
비중	• 기체는 공기보다 무거움 • 액체는 물보다 가벼움	• 공기보다 가벼움 • 113℃ 이하는 공기보다 무거움
특징	• 공기 중에 쉽게 연소·폭발함 • 물에는 녹지 않음 • 유기용매에 녹음 • 무독, 무색, 냄새도 없음	• 공기 중에 쉽게 연소·폭발함 • 깨끗한 화염, 급격한 연소특성을 지님 • 복사열이 높음 • 무독, 무색, 냄새도 없음

(3) 가스의 구분

연소성	저장성	독성
가연성 가스 (프로판, 아세틸렌 등)	압축가스 (수소, 산소, 질소 등)	아크로레인, 포스겐 등
조연성 가스 (산소, 염소, 불소 등)	액화가스 (암모니아, 염소, 탄산가스 등)	비독성 가스 (산소, 수소, 질소 등)
불연성 가스 (질소, 탄산가스 등)	용해가스 (아세틸렌 등)	-

3 화재의 용어

1. 화재하중

(1) 개요
① 건물화재 시 발열량 및 화재의 위험성을 나타내는 용어이다.
② 화재의 규모를 결정하는 데 사용한다.
③ 단위면적당 가연물의 발열량을 목재의 발열량으로 환산한 것이다.

(2) 화재하중 산정
① 산정식은 다음과 같다.

$$\text{화재하중}(Q) = \frac{\sum(G_t H_t)}{H_o A}(kg/m^2) = \frac{\sum Q_t}{4,500A}(kg/m^2)$$

G_t: 가연물의 양(kg)
H_t: 단위발열량(kcal/kg)
H_o: 목재단위발열량(4,500kcal/kg)
A: 화재실 바닥면적(m^2)
$\sum Q_t$: 화재실, 화재구획 내의 가연물 전체발열량(kcal)

② 화재하중의 단위는 kg/m^2이다.

(3) 화재하중 감소방안
① 주요구조부와 내장재를 불연화·난연화한다.
② 가연물을 불연성 밀폐용기에 보관한다(불연화할 수 없는 가연물).
③ 가연물을 제한한다.

2. 화재가혹도(Fire severity, 화재심도)

(1) 개요
① 화재의 발생으로 건물 내 수용재산 및 건물 자체에 손상을 입히는 정도를 말한다.
② 화재가혹도가 크면 건물과 기타 재산의 손실은 커지고 작으면 그 손실도 작아진다.
③ 화재가혹도는 최고온도(화재강도)와 그 온도의 지속시간(화재하중)이 주요요인이다.
④ 최고온도는 화재가혹도의 질적 개념으로 화재강도와 관련이 있다.
⑤ 지속시간은 화재가혹도의 양적 개념으로 화재하중과 관련이 있다.

(2) 최고온도(Maximum temperature)
단위 시간당 축적되는 열의 양인 열 축적율이 크면 화재강도(Fire Intensity)가 커진다(질적 개념: 주수율과 관계).
① 가연물의 연소열
② 가연물의 비표면적
③ 공기의 공급: 공기의 공급이 원활할수록 열 발생율이 커진다.
④ 화재실의 벽, 천장, 바닥 등의 단열성: 구조물이 가지는 단열효과가 클수록 열의 외부누출이 쉽지 않고, 화재실 내에 축적상태로 유지된다.
⑤ 화재실의 온도
⑥ 가연물의 배열상태

(3) 지속시간(Duration)

화재실 내에 가연물(화재하중, Fire load)이 많을수록 지속시간이 길어진다(양적 개념: 주수시간 개념).

① 화재실 내에 존재하는 가연물의 양: 가연물의 양이 많을수록 연소지속시간이 길고, 최고온도 지속시간이 길어진다.

② 화재하중은 가연물의 총 발열량을 나타내는 개념이다.

③ 실내 가연물에는 여러 가지의 재료가 있고 연소 시 발열량도 다르기 때문에, 실제로 존재하는 가연물을 그에 상응하는 발열량의 목재로 환산하여 등가 목재중량을 이용하는 것이 필요하다.

(4) 화재하중과 화재가혹도의 주수와의 연관성

① 화재가혹도는 소화수의 주수율(L/㎡ · min)과 주수시간에 밀접한 관계가 있다.

② 화재가혹도의 요소 중 화재강도(최고온도)가 크면 축적열량이 크므로 주수율(L/㎡ · min)이 커야 한다.

③ 화재가혹도의 요소 중 화재하중이 크면 지속시간이 길어지므로 주수시간이 길어야 한다.

📖 참고 **실내가연물의 연소속도(R) 및 화재계속시간(T)**

1. 연소속도(R)

$$R(kg/min) = 5.5 \sim 6A\sqrt{H}$$

A: 개구부 면적(㎡)
H: 개구부 높이(m)

2. 화재계속시간

$$T(min) = \frac{\text{전체 가연물량}(kg)}{\text{연소속도}(kg/min)} = \frac{W(kg/㎡) \times A_f(㎡)}{5.5 \sim 6A\sqrt{H}(kg/min)}$$

W: 화재하중(kg/㎡)
A_f: 화재실의 바닥면적(㎡)

3. 화재하중에 따른 내화도(Fire resistance)의 시간
   • 50kg/㎡: 1 ~ 1.5시간
   • 100kg/㎡: 1.5 ~ 3시간
   • 200kg/㎡: 3 ~ 4시간

---

3. 화재강도(Fire Intensity)

(1) 화재실의 단위시간당 축적되는 열의 양을 화재강도라고 한다.

(2) 화재실의 열방출률이 클수록 온도가 높아져 화재강도는 크게 나타난다.

(3) 화재강도 관련인자

① 가연물의 발열량(가연물의 종류)

② 가연물의 비표면적

③ 가연물의 배열상태

④ 화재실의 벽, 바닥, 천장 등의 구조

⑤ 산소의 공급

1 구획화재

1. 화재의 진행단계

구획실 화재를 화재진행단계별(화재성장과정)로 구분하면 발화기, 성장기, 플래시오버, 최성기, 쇠퇴기 등으로 나눌 수 있다.

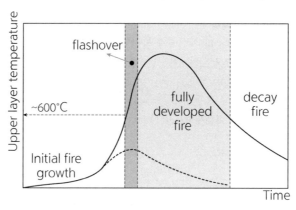

▲ 구획화재의 화재성장과정

(1) 발화기(Incipient)

발화기(초기단계)는 연소가 시작될 때의 시기를 말한다. 발화시점에는 화재 규모는 작고 처음 발화된 가연물에 한정된다.

① 발화의 물리적 현상은 점화원에 의하여 발화되기도 하고 자연발화와 같이 자체의 열의 축적에 의하여 발생되기도 한다.

② 건물 내의 가구 등이 독립 연소하고 있으며 다른 동으로의 연소 위험은 없다.

③ 다량의 백색연기가 발생하고, 훈소가 발생하기도 한다.

(2) 성장기(Growth)

① 화재의 진행 변화가 급속히 이루어지고, 개구부에서는 검은 연기가 분출된다.

② 건물이 인접해 있으면 다른 동으로의 연소위험이 있다.

③ 최성기 직전에 연소확대현상인 플래시오버가 발생한다.

④ 화재 성장기단계에서는 실내에 있는 내장재에 착화하여 롤오버 등이 발생하며 개구부에 진한 흑색연기가 강하게 분출한다.

⑤ 구획실 온도는 가스가 구획실 천장과 벽을 통과하면서 생성된 열의 양과 최초 가연물의 위치 및 공기 유입량 등에 의하여 결정된다.

⑥ 화염의 중심으로부터 거리가 멀어지면 가스의 온도가 내려간다.

(3) 최성기(Fully developed)

최성기는 구획실 내의 모든 가연성 물질들이 화재에 관련될 때의 단계를 의미한다. 구획실 내에서 연소하는 모든 가연물은 최대의 열량을 발산한다. 또한 많은 양의 연소가스를 발생한다.

① 연기의 분출속도는 빠르며, 화재초기보다 연기량은 적고 대체적으로 유리가 녹는 단계이다.

② 천장이나 벽 등 구조물의 낙하의 위험이 있다.

③ 최성기 단계에서 발산하는 연소생성가스의 양과 열은 구획실의 환기의 수와 크기에 영향을 받는다.

④ 연소하지 않은 뜨거운 연소생성가스는 인접한 실내공간으로 이동하며, 충분한 양의 산소 공급이 이루어지면 발화할 수 있다.

(4) 쇠퇴기(Decay)

① 열 발산율은 크게 감소하기 시작한다.

② 지붕이나 벽체, 대들보나 기둥도 무너져 떨어지고 연기는 흑색에서 백색이 된다.

③ 화세가 쇠퇴하고 다른 곳으로의 연소위험은 비교적 적다.

④ 타다 남은 잔화물은 일정 시간 동안 구획실 온도를 어느 정도 높일 수 있다.

2. 연료지배형 화재와 환기지배형 화재

(1) 연료지배형 화재(Fuel controlled fire)

① 일반적으로 연료지배형 화재는 발화 이후 전실화재(Flash over) 이전까지 초기화재 성장단계에서 주로 형성된다.

② 화재실 내부에 연소에 필요한 공기량은 충분한 상태이기 때문에 화재특성은 연료 자체에 의존하며 연료지배형 화재로 불린다.

③ 가연물(연료량)에 비하여 환기량(공기량)이 충분한 경우에 해당한다. 즉, 환기는 정상이지만 연료가 부족한 상태이다.

④ 연료지배형 화재는 공기공급이 충분한 조건에서 발생하는 것이 일반적이다.

⑤ 연료지배형 화재가 지속되면 화재실 내부의 열적 피드백(Heat feedback)이 증가하여 화원의 연소율이 증가하고 발열량이 지속적으로 상승하는 경우 연료를 완전연소시키기에 공기의 양이 부족한 환기부족 화재(Under-ventilated fire) 상태가 된다.

⑥ 연료지배형 화재는 주로 큰 창문이나 개방된 공간에서, 환기지배형 화재는 내화구조 및 콘크리트 지하층에서 발생하기 쉽다.

(2) 환기지배형 화재(Ventilation controlled fire)

① 완전연소시키기에 공기의 양이 부족한 환기 부족 화재 상태가 되면 생성된 연료가스는 화재실 상층부에서 미연소가스(Unburned fuel gas) 형태로 존재하고 이로 인해 공간 내의 화재특성은 부족한 공기의 양에 의하여 결정되기 때문에 환기지배형 화재로 불린다.

② 가연물(연료량)에 비하여 환기량이 부족한 경우에 해당한다. 즉, 연료는 정상이지만 환기량이 부족한 상태이다.

③ 환기지배형 화재의 경우는 연소속도가 비교적 느리다.

④ 환기지배형 화재는 공기공급이 충분하지 않으므로 불완전연소가 심하다.

(3) 환기인자

① 건축물에서 발생하는 화재 크기는 플래시오버 현상 발생유무와 관련이 있다.

② 구획화재에서 환기량을 결정하는 인자는 개구부의 면적과 개구부 높이의 평방근이다. 아래의 식에서 알 수 있듯이 환기량은 개구부의 면적과 개구부의 높이의 제곱근(평방근)에 비례한다.

$$R = KA\sqrt{H}$$
R: 연소속도(환기량), K: 환기계수, A: 개구부 면적, H: 개구부 높이

③ 연료지배형 화재는 주로 공동주택과 같은 곳에서 일어나며, 연소속도가 가연물의 연소특성에 의하여 지배된다.

④ 환기지배형 화재는 주로 창고에서 일어나는 현상으로, 가연성 가스의 발생량에 비하여 공기 공급이 충분하지 않아 발생하는 실내화재의 일반적 현상이며, 개구부를 통한 환기량이 연소속도를 좌우한다.

3. 구획화재의 유동특성

실내건축물의 구획공간은 출입구, 창문 및 환기구 등과 같은 개구부를 통하여 외기 또는 인접공간으로 연결되어 있다. 이러한 개구부를 환기구라고 하며 환기구에서의 유동은 환기구 내부와 외부의 압력차에 기인한다. 구획화재실로 외부공기의 유입이나 내부연기의 배출은 환기구를 통하여 이루어지며, 화재실 내부의 열적 특성이나 연소특성을 파악하기 위해서는 환기구를 통한 유동특성의 이해가 중요하다.

4. 화재진행에 영향을 미치는 요인들

(1) 구획실의 배연구의 크기와 수

구획실의 크기, 형태 및 천장의 높이는 많은 양의 뜨거운 가스층이 형성될 수 있는지를 결정한다. 화재의 진행을 위해서는 연소가 지속될 수 있도록 충분한 공기의 공급이 이루어져야 한다.

(2) 구획실 가연물질의 열 특성

연소하는 구획실에서 진행되는 온도의 변화는 가연물이 타면서 발산하는 에너지의 직접적 결과이다. 화재에 있어서 발생되는 에너지는 열과 빛의 형태로 존재하게 된다. 화재에서 일정시간 동안 발산되는 열에너지의 양을 열발산율(HRR)이라고 한다.

(3) 추가적인 가연물질

화재에 의하여 생성되는 열과 가연물들 간의 한 가지 중요한 상호관계는 최초 발화된 가연물들로부터 떨어져 있는 추가적인 가연물들의 발화이다.

(4) 구획실 화재의 열 전달과정

① 초기의 화염에서 상승하는 열은 대류에 의하여 전달된다.
② 열은 전도에 의하여 다른 가연물로 전달된다.
③ 복사는 화재가 성장기로부터 최성기로 전환되는 데 있어서 중요한 역할을 한다.

2 내화건축물과 목조건축물의 화재

1. 내화건축물의 화재

(1) 건축물의 내화구조(「건축법」 제50조)

① 문화 및 집회시설, 의료시설, 공동주택 등 대통령령으로 정하는 건축물은 주요 구조부와 지붕을 내화(耐火)구조로 하여야 한다. 다만, 막구조 등 대통령령으로 정하는 구조는 주요구조부에만 내화구조로 할 수 있다.
② 대통령령으로 정하는 용도 및 규모의 건축물은 국토교통부령으로 정하는 기준에 따라 방화벽으로 구획하여야 한다.

(2) 내화건축물의 화재특성

① 내화건축물은 주로 고층화에 의한 대규모 건축물이다. 소방활동은 대상물의 용도·규모에 따라 정확하게 전개되어야 한다.
② 밀폐구조 때문에 연기가 충만하여 발화점 및 상황의 확인이 곤란하다.
③ 위층으로 연소할 위험이 크고 덕트 배관을 통한 수평방향뿐만 아니라 아래층에도 연소할 위험이 있다.
④ 내화건축물의 화재성상은 목조건축물과 비교하여 저온 장기형이다(목조건축물의 화재성상은 고온 단기형이다).
⑤ 내화건축물의 최성기의 온도는 약 900 ~ 1,000℃이며, 목조건축물의 최성기의 온도는 1,100 ~ 1,300℃이다.
⑥ 내화건축물의 화재의 진행과정은 초기 → 성장기 → 최성기 → 종기이다.

참고 **목조건축물과 내화건축물 비교**

구분	목조건축물	내화건축물
화재성상	고온단기형	저온장기형
최고온도	1,000~1,300℃	900~1,000℃

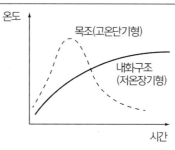

(3) 내화건축물의 콘크리트의 물리적·화학적 특성

① 건축물은 초고층화, 지하화 등에 따라 고강도 콘크리트의 사용이 빈번해졌다. 고강도 콘크리트는 시공의 편리성이 있지만, 화재 시 폭렬이 발생할 수 있는 위험성이 높다.

② 압축강도: 가열온도 200℃ 이상에서는 극단적인 압축강도 저하를 확인할 수 있다.

③ 폭렬은 압축강도와 밀접한 관계가 있다. 일반적으로 보통 콘크리트보다 고강도 콘크리트에서 폭렬현상이 더 잘 발생한다.

참고 **폭렬, 고강도 콘크리트**

1. 폭렬: 철근과 콘크리트의 팽창도 차이로 철근의 부착력이 감소하여 콘크리트 표층이 벗겨지고 부서지는 현상을 말한다.
2. 고강도 콘크리트: 설계기준강도가 보통 콘크리트에서는 40MPa 이상을 의미한다. 단, 경량골재 콘크리트에서는 27MPa 이상이지만, 경량골재 콘크리트는 국내에서 구조용으로는 거의 사용되지 않으므로 40MPa 이상으로 보면 된다.

2. 목조건축물의 화재

(1) 목재의 연소특성

① 목재의 외관: 목재 크기가 작고 얇은 가연물이 두텁고 큰 것보다 연소가 잘 된다.

② 목재의 열전도율: 열전도율이 작으면 연소가 잘 된다.

③ 열팽창률: 목재의 열팽창률은 철재, 벽돌, 콘크리트보다 작다.

④ 수분의 함유량: 수분함량이 15% 이상이면 고온에 장시간 접촉해도 착화하기 어렵다.

(2) 목재의 열분해과정

(3) 목조건축물의 화재확대요인

① 접촉: 화염의 접촉이라고 하며 불꽃의 직접접촉을 말한다.

② 복사열: 열 전자파 형태로 이동하는 현상으로 화재 시 가장 크게 작용한다.

③ 비화: 불티가 되어 날아가 발화하는 것을 말한다.

(4) 목조건축물의 화재특성

① 연소확대가 빠름: 제1성장기는 무염착화로부터 발화착화로 되기 때문에 연소가 빠르다.

② 연소열이 높다.

③ 건축물의 붕괴: 최성기 이후에는 지붕, 기둥, 대들보, 벽체 등이 붕괴된다.

④ 비화(飛火): 지붕이 타서 붕괴되거나 불티의 비산이 증가한다.

(5) 목조건축물 화재의 연소속도

목재의 상태 \ 발화와 연소	빠른 경우	느린 경우
내화성	없는 것	있는 것
건조 상태	수분이 적은 것	수분이 많은 것
굵기(두께)	가는 것(얇은 것)	굵은 것(두꺼운 것)
외형	4각형	둥근 것
표면	거친 것	매끈한 것
페인트	칠한 것	칠하지 않은 것

(6) 목조건축물의 화재진행과정

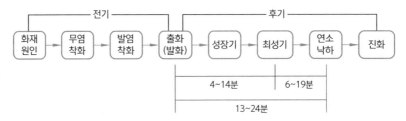

① 화재의 원인에서 무염착화

㉠ 화재의 원인은 가연물과 장소에 따라 차이가 있으며, 무염착화란 가연물이 연소할 때 숯불모양으로 불꽃 없이 착화하는 현상으로 공기가 주어질 때 언제든 불꽃발생이 가능한 단계를 말한다.

㉡ 유류화재나 가스화재에서는 무염착화 없이 발염착화로 이어진다.

② 무염착화에서 발염착화

㉠ 무염 상태의 가연물질에 충분한 산소공급으로 불꽃이 발화하는 단계이다.

㉡ 가연물의 종류, 바람, 발생 장소 등이 화재의 진행방향을 결정하게 된다.

③ **발염착화에서 발화(출화)**: 출화(발화)란 단순히 가연물에 불이 붙은 것을 의미하는 것이 아니고 천장이나 벽 속에 착화되었을 때를 말한다. 그러므로 가옥의 천장까지 불이 번져 가옥 전체에 불기가 확대되는 단계이다.

옥내출화	옥외출화
• 가옥구조 시 천장면에서 발염착화 • 불연천장인 경우 뒷면 판에 발염착화 • 천장 속 및 벽 속에 발염착화	• 가옥의 벽 및 지붕에 발염착화 • 가옥의 추녀 밑에서 발염착화 • 창, 출입구 등에서 발염착화

④ 발화(출화)에서 최성기
  ㉠ 플래시오버가 발생하는 단계로, 연기의 색은 백색에서 흑색으로 변한다.
  ㉡ 최고온도가 1,300℃까지 올라가게 된다.
⑤ 최성기에서 연소낙하: 화세가 급격히 약해지면서 지붕, 벽이 무너지는 시기이다.

3 화재의 특수현상

1. 플래임오버(Flame over) 현상

(1) 개념
복도와 같은 통로공간에서 벽, 바닥 표면의 가연물에 화염이 급속하게 확산되는 현상을 말한다.

(2) 특징
① 플래임오버 현상은 화재진압 시 통로나 복도 등에서 소방관 뒤쪽에 갑자기 연소 확대가 일어나 고립되는 위험한 상황을 만들 수 있다.
② 플래임오버 현상 방지대책으로는 통로 내부 벽과 천장의 마감재료를 불연재료로 하는 방법이 있다.

2. 롤오버(Roll over) 현상

(1) 정의
롤오버 현상은 연소과정에서 발생된 가연성 가스가 공기 중 산소와 혼합되어 천장부분에 집적된 상태에서 발화온도에 도달하여 발화함으로써 화재의 선단부분이 매우 빠르게 확대되는 현상이다.

(2) 특징
이상연소 현상인 플래시오버(Flash over) 현상보다 먼저 일어난다. 즉, 롤오버 현상은 플래시오버 현상의 전조현상이다.

(3) 롤오버(Roll over) 현상과 플래시오버(Flash over) 현상의 비교
① 플래시오버 현상에 비하여 롤오버 현상의 복사열은 상대적으로 약하다.
② 플래시오버 현상은 일순간에 실내 전체의 공간으로 확대되며, 롤오버 현상은 화염선단 부분이 주변 공간으로 확대된다.

📋 요약NOTE **롤오버 현상과 플래시오버 현상의 비교**

구분	롤오버 현상	플래시오버 현상
확대범위	화염선단 부분이 주변 공간으로 확대	전체 공간으로 확대
복사열	상대적으로 약함	복사열이 강함
매개체	상층부 초고온 가연성 가스의 발화	구획공간 내 모든 부분의 가연물 동시발화

3. 플래시오버(Flash over) 현상

(1) 개념
① 화재 발생 초기에는 대류현상으로 인하여 실내의 온도가 상승하며 발생한 가연성 가스가 발화하지 않은 상태로 천장부근에 축적되고, 축적된 가연성 가스의 농도가 점차 증가하여 연소범위 내에 들게 되면 착화하게 되어 천장이 화염에 휩싸인다.
② ISO방화시험용어에 의하면 '구획 내 가연성 재료의 전 표면이 불로 덮이는 전이현상'으로 정의하고 있다.

(2) 플래시오버 현상의 징후
① 롤오버(Roll over) 현상이 발생한다.
② 고온의 연기가 발생하고 아래로 쌓인다.
③ 일정한 공간 내에서의 계속적인 열 집적이 이루어진다.
④ 구획실 내의 전면적인 자유연소를 한다.

(3) 특징
① 실내의 온도 상승에 의하여 일시에 연소하면서 화재의 진행을 순간적으로 실내 전체에 확산시키는 현상으로, 실내 모든 가연물의 동시발화현상이 나타난다. 전실화재(순발연소)라고도 한다.
② 국부화재로부터 구획 내 모든 가연물이 연소되기 시작하는 큰 화재로 전이된다.
③ 플래시오버 시점에서 실내의 온도는 약 800 ~ 900℃가 된다.
④ 플래시오버 현상이 발생하면, 이동식 소화기로 화재를 진압하는 것은 불가능하며 관창호스로 진압하여야 한다.
⑤ 플래시오버 현상으로 연료지배화재에서 환기지배화재로 전이될 수 있다.

📖 **참고 플래시오버 영향요소**

1. **가연물의 발열량**: 초기 가연물의 발열량이 클수록 발생이 용이하다.
2. **실내 산소분압**: 실내 산소분압이 높을수록 발생이 용이하다.
3. **개구율**: 개구율이 1/3 ~ 1/2일 때 가장 빠르다. 반면에 1/8일 때 가장 느리다.
4. **화원의 크기**: 화원이 클수록 발생이 용이하다.

---

(4) 플래시오버 현상의 대응전술
① 공기차단 지연법: 환기와 반대로 개구부를 닫아 산소를 감소시킴으로써 연소속도를 줄여 지연시킬 수 있다.
② 배연 지연법: 창문 등을 개방하여 배연함으로써 공간 내부에 쌓인 열을 방출시켜 플래시오버 현상을 지연시킬 수 있다.
③ 냉각 지연법: 분말소화기 등을 분사하여 일시적으로 온도를 낮출 수 있다.

(5) 백드래프트 현상과 플래시오버 현상의 구분
① 화재진행단계에서 플래시오버 현상은 최성기 직전 또는 시작점에서 발생한다. 반면에 백드래프트 현상은 화재의 초기 또는 감퇴기에 발생한다.
② 플래시오버 현상의 악화원인은 강한 복사열이다. 백드래프트 현상은 밀폐된 공간에서 훈소 상태에 있을 때 유입되는 공기가 가연성 가스와 혼합되면서 발생한다.
③ 일반적으로 플래시오버 현상이 백드래프트 현상보다 발생빈도가 높다.
④ 플래시오버 현상은 폭발이 아니지만 백드래프트 현상은 폭발현상으로 볼 수 있다. 백드래프트 현상이 발생하면 강한 충격파가 발생한다. 이에 따라 화염폭풍이 개구부를 파괴할 수 있으며 건물의 일부분이 붕괴될 수 있다.

4. 백드래프트(Back draft) 현상

(1) 개념

백드래프트 현상은 공기 부족으로 훈소 상태에 있을 때 신선한 공기가 유입되어 실내에 축적되었던 가연성 가스가 단시간에 폭발적으로 연소함으로써 화재가 폭풍을 동반하여 실외로 분출되는 현상을 말한다.

(2) 특징

① 불완전연소된 가연성 가스와 열이 축적된 상태에서 일시에 다량의 공기가 공급될 때 순간적으로 폭발적 발화현상이 나타난다. 역류성 폭발이라고도 한다.

② 백드래프트 현상은 공정별 폭발 중 화학적 폭발에 해당한다.

③ 화재진행단계별 단계에서 백드래프트 현상은 주로 화재의 감퇴기에 발생하며 성장기 단계에서 발생하기도 한다.

④ 플래시오버(Flash over) 현상은 자유연소 상태에서 발생하며, 백드래프트 현상은 훈소 상태의 불완전연소 상태에서 발생한다.

⑤ 충격파와 화염폭풍이 발생되는 폭발현상이다.

⑥ 연소확대의 주 매개체는 외부의 공기 유입이다. 플래시오버(Flash over) 현상의 경우는 축적된 복사열이라고 할 수 있다.

(3) 백드래프트 대응전술

① 배연(지붕환기)법: 건축물의 지붕에 채광창이 있다면 개방하여 환기를 하거나, 지붕에 개구부를 만들어 배연하는 전술을 말한다. 배연법 대응전술에 의하여 폭발이 발생될 수는 있지만 폭발력이 위로 분산되어 위험성은 크지 않다.

② 측면공격법: 소방대원이 개구부의 측면에 배치한 후 출입구가 개방되면 개구부의 측면공격을 실시하고 화재공간에 집중 방수하는 소방전술이다.

③ 급냉(담금질)법: 화재현장의 개구부를 개방하는 즉시 완벽한 보호장비를 갖춘 소방대원이 집중 방수함으로써 폭발 직전의 기류를 급냉시키는 방법이다. 배연법에 의한 대응전술만큼 효과적이지는 않지만 화재현장에서 유일한 방안인 경우가 많다.

5. 유류화재의 이상현상

(1) 오일오버(Oil over)

① 액체 가연물질인 제4류 위험물의 저장탱크에서 화재가 발생하는 경우 나타나는 이상현상이다. 저장탱크 내에 저장된 제4류 위험물의 양이 내용적의 2분의 1 이하로 충전되어 있을 때 화재로 인한 증기압력이 상승하면서 저장탱크 내의 유류를 외부로 분출하면서 탱크가 파열되는 것을 말한다.

② 오일오버는 액체 가연물질인 유류화재의 이상현상인 보일오버·슬롭오버·프로스오버에 비하여 그 위험성이 상당히 크다.

(2) 보일오버(Boil over)

① 상부에 지붕이 없는 저장탱크에 점성이 크고 비점이 다른 성분의 중질유에 화재가 발생하여 장기간 화재에 노출되는 경우 발생할 수 있다.

② 이때 탱크 아래의 물의 비등으로 기름이 탱크 밖으로 화재를 동반하여 방출하는 현상을 보일오버라 한다.

(3) 슬롭오버(Slop over)

상부에 지붕이 없는 유류저장탱크에서 장기간 화재가 발생하여 고온의 열류층이 형성된 상태에서 소화작업으로 소화수가 주수되면 유류표면으로부터 물의 급격한 증발이 발생한다.

(4) 프로스오버(Froth over)

① 프로스오버는 인화성 액체인 석유류의 화재 시 발생하는 이상현상인 오일오버, 보일오버에 비하여 위험성이 적다.
② 점성을 가진 뜨거운 유류 표면의 아래 부분에서 물이 비등할 경우 비등하는 물이 저장탱크 내의 유류를 외부로 넘쳐흐르게 하는 현상으로, 다른 이상현상보다는 발생 횟수가 많으나 직접적으로 화재를 발생시키지는 않는다.
③ 이것은 화재 이외의 경우에도 물이 고점도 유류 아래에서 비등할 때 탱크 밖으로 물과 기름이 거품과 같은 상태로 넘치는 현상이다.

6. 훈소화재(Smoldering)

(1) 개요

① 훈소란 가연물이 열분해에 의하여 가연성 가스를 발생시켰을 때 공간의 밀폐로 산소의 양이 부족하거나 바람에 의하여 그 농도가 현저히 저하된 경우 다량의 연기를 내며 고체 표면에서 발생하는 느린 연소과정이다.
② 연료표면에서 반응이 일어나고 이 표면에서 작열과 탄화현상이 일어난다. 공기의 유입이 많을 경우 유염연소로 변화할 수 있다.
③ 불완전연소가 일어나는 동안 연료의 10%가 일산화탄소로 변화한다. 일반적으로 훈소는 산소와 고체의 표면에서 발생하는 매우 느린 연소이지만 일산화탄소가 생성되기 때문에 매우 위험하다.

(2) 특징

① 화재초기 무염착화에서 발열착화되기 전 또는 소화되어 갈 때 볼 수 있다.
② 진행과정이 느려 공기가 많이 필요하지 않다. 훈소반응속도는 약 1~5mm/min이다(훈소의 표면온도는 약 400~1,000℃이다).
③ 훈소는 왕겨나 쓰레기더미, 고체연료 폐기장 등에서 발생하기 쉽다.
④ 훈소는 톱밥이나 매트리스의 연소에서 보듯이 산소의 부족으로 불꽃을 내지 않고 연기만 나는 연소를 말한다.
⑤ 내부에서는 백열연소를 하고 있다는 점에서 표면연소와 같다.
⑥ 불꽃연소에 비하여 온도가 낮으며, 발연량은 높다.
⑦ 연소속도가 늦고 연쇄반응이 일어나지 않는다.
⑧ 연기입자가 크며 액체미립자가 다량 포함되어 있다.

(3) 표면연소와 훈소의 구분

구분	표면연소	훈소
연소의 외관적 형태	작열연소(무염연소)	작열연소(무염연소)
화염연소	발생하지 않음	조건에 따라 발생할 수 있음
연소형태	심부연소	심부연소
가연성 증기발생	발생하지 않음	발생함
연기	발생하지 않음	다량 발생함
가연물	숯, 목탄, 금속분 등	나무, 종이, 식물성 섬유 등

1 건축의 방재

1. 성능위주설계(Performance-based fire safety design)

(1) 개념

성능위주설계는 건축물이 갖추어야 할 세부적인 지침과 고시에 의하여 설계하는 사양위주설계가 아니라 화재모델링 및 시뮬레이션 등 공학적인 기법들을 이용하는 새로운 방화설계를 말한다.

(2) 성능위주설계의 필요성

① 화재안전의 극대화: 건물의 화재 위험성을 고려한 가장 적합한 방화설계를 적용할 수 있다.

② 법 적용의 유연성: 새로운 유형의 건축물에도 합리적인 소방설계를 할 수 있다.

③ 경제성: 건축물의 특성을 고려하여 건물의 위험도보다 과다한 소방설계 또는 부족한 소방설계를 방지함으로써 최적의 설계를 구현할 수 있다.

④ 소방전문가의 양성 및 소방분야의 발전

2. 건축물의 방재

(1) 공간적 대응(Passive system)

공간적 대응은 건축적인 방재 시스템을 말한다.

① 대항성

㉠ 대항성이란 발생된 화재에 건축물이 대항하여 화재를 일부 공간에 국한시키는 성능을 말한다.

㉡ 일반적으로 건축물의 내화구조, 방연성능, 방화구획의 성능, 화재방어의 대응성, 초기소화의 대응성 등이 있다.

② 회피성

㉠ 회피성이란 건축적인 성능으로 화재 발생 자체를 억제하는 것을 말한다.

㉡ 난연화, 불연화, 내장제 제한, 방화구획의 세분화, 방화훈련 등 예방적 조치 또는 상황이다.

③ 도피성

㉠ 도피성이란 화재 발생 시 거주자가 안전한 장소로 피난할 수 있도록 하는 건축적인 성능을 말한다.

㉡ 건축의 공간성을 말하는 피난계단, 전실, 안전구역, 건축적인 방연과 배연성능을 말한다.

(2) 설비적 대응(Active system)

설비적 대응은 건축적인 대응을 보조하는 소방 설비적 시스템을 말한다.

① 대항성

㉠ 발생된 화재를 소방 설비적 시스템으로 국한시키거나 진압하는 성능이다.

㉡ 방화문·방화셔터, 스프링클러설비, 옥내소화전설비 등이 해당한다.

② 회피성

㉠ 화재발생 자체를 억제하는 소방 설비적 시스템을 말한다.

㉡ 정전기 발생억제 등 점화원제거설비, 가스누설차단설비 등이 해당한다.

③ 도피성
ㄱ 화재 발생 시 거주가 안전하게 피난할 수 있는 소방 설비적 시스템이다.
ㄴ 안전한 피난을 유도하는 피난유도설비, 피난기구 등이 해당한다.

3. 내화구조

(1) 개요

내화구조는 화재를 견딜 수 있는 성능을 가진 구조를 말한다.

(2) 내화구조(「건축물의 피난·방화구조 등의 기준에 관한 규칙」제3조)

① 벽의 경우
  ㄱ 철근콘크리트조·철골철근콘크리트조로서 두께가 10cm 이상인 것
  ㄴ 골구를 철골조로 하고 그 양면을 두께 4cm 이상의 철망모르타르(그 바름바탕을 불연재료로 한 것으로 한정한다. 이하 같다) 또는 두께 5cm 이상의 콘크리트블록·벽돌 또는 석재로 덮은 것
  ㄷ 철재로 보강된 콘크리트블록조·벽돌조 또는 석조로서 철재에 덮은 콘크리트블록등의 두께가 5cm 이상인 것
  ㄹ 벽돌조로서 두께가 19cm 이상인 것
  ㅁ 고온·고압의 증기로 양생된 경량기포 콘크리트패널 또는 경량기포 콘크리트블록조로서 두께가 10cm 이상인 것

② 외벽 중 비내력벽인 경우
  ㄱ 철근콘크리트조·철골철근콘크리트조로서 두께가 7cm 이상인 것
  ㄴ 골구를 철골조로 하고 그 양면을 두께 3cm 이상의 철망모르타르 또는 두께 4cm 이상의 콘크리트블록·벽돌 또는 석재로 덮은 것
  ㄷ 철재로 보강된 콘크리트블록조·벽돌조 또는 석조로서 철재에 덮은 콘크리트블록등의 두께가 4cm 이상인 것
  ㄹ 무근콘크리트조·콘크리트블록조·벽돌조 또는 석조로서 그 두께가 7cm 이상인 것

③ 기둥의 경우: 그 작은 지름이 25cm 이상인 것. 다만, 고강도 콘크리트(설계기준 강도가 50MPa 이상인 콘크리트)를 사용하는 경우에는 국토교통부장관이 정하여 고시하는 고강도 콘크리트 내화성능 관리기준에 적합하여야 한다.
  ㄱ 철근콘크리트조 또는 철골철근콘크리트조
  ㄴ 철골을 두께 6cm(경량골재를 사용하는 경우에는 5cm) 이상의 철망모르타르 또는 두께 7cm 이상의 콘크리트블록·벽돌 또는 석재로 덮은 것
  ㄷ 철골을 두께 5cm 이상의 콘크리트로 덮은 것

④ 바닥의 경우
  ㄱ 철근콘크리트조·철골철근콘크리트조로서 두께가 10cm 이상인 것
  ㄴ 철재로 보강된 콘크리트블록조·벽돌조 또는 석조로서 철재에 덮은 콘크리트블록 등의 두께가 5cm 이상인 것
  ㄷ 철재의 양면을 두께 5cm 이상의 철망모르타르 또는 콘크리트로 덮은 것

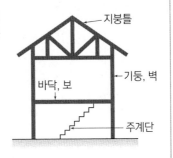

> 📖 참고 **주요구조부**
>
> 내력벽(耐力壁), 기둥, 바닥, 보, 지붕틀 및 주계단(主階段)을 말한다. 다만, 사이 기둥, 최하층 바닥, 작은 보, 차양, 옥외 계단, 그 밖에 이와 유사한 것으로 건축물의 구조상 중요하지 아니한 부분은 제외한다.

4. 방화구조

(1) 개요

① 화재 시 불에 견디는 성능은 없어도 화염의 확산을 막을 수 있는 정도와 성능을 가진 구조를 말한다.

② 「건축물의 피난·방화구조 등의 기준에 관한 규칙」에서 국토교통부령으로 정하는 구조에 해당하는 것을 방화구조로 규정하고 있다.

(2) 방화구조

① 철망모르타르로서 그 바름두께가 2cm 이상인 것

② 석고판 위에 시멘트모르타르 또는 회반죽을 바른 것으로서 그 두께의 합계가 2.5cm 이상인 것

③ 시멘트모르타르 위에 타일을 붙인 것으로서 그 두께의 합계가 2.5cm 이상인 것

④ 심벽에 흙으로 맞벽치기한 것

5. 불연재료 · 준불연재료 · 난연재료

(1) 불연재료

불에 타지 아니하는 성질을 가진 재료로서 국토교통부령으로 정하는 기준에 적합한 재료를 말한다.

(2) 준불연재료

불연재료에 준하는 성질을 가진 재료로서 국토교통부령으로 정하는 기준에 적합한 재료를 말한다.

(3) 난연재료

불에 잘 타지 아니하는 성능을 가진 재료로서 국토교통부령으로 정하는 기준에 적합한 재료를 말한다.

6. 방화구획

(1) 방화구획 적용대상(「건축법 시행령」 제46조)

주요구조부가 내화구조 또는 불연재료로 된 건축물로서 연면적이 1,000㎡를 넘는 것은 내화구조로 된 바닥·벽 및 60분 또는 60+ 방화문(자동방화셔터 포함)으로 구획(방화구획)하여야 한다.

(2) 방화구획기준(「건축물의 피난·방화구조 등의 기준에 관한 규칙」 제14조)

건축물의 규모		구획기준	
10층 이하의 층		바닥면적 1,000㎡(3,000㎡) 이내마다 구획	• 내화구조의 바닥, 벽 및 60분+ 방화문 또는 60분 방화문(자동 방화셔터 포함)으로 구획함
11층 이상의 층	실내마감이 불연재료인 경우	바닥면적 500㎡(1,500㎡) 이내마다 내화구조벽으로 구획	• ( ) 안의 면적은 스프링클러 자동식 소화설비를 설치한 때의 기준
	실내마감이 불연재료가 아닌 경우	바닥면적 200㎡(600㎡) 이내마다 내화구조벽으로 구획	
지상층		매 층마다 구획(면적에 무관)	
지하층			

* 필로티의 부분을 주차장으로 사용하는 경우 그 부분은 건축물의 다른 부분과 구획

7. 방화문(「건축법 시행령」 제64조)

(1) 60분+ 방화문

연기 및 불꽃을 차단할 수 있는 시간이 60분 이상이고, 열을 차단할 수 있는 시간이 30분 이상인 방화문을 말한다.

(2) 60분 방화문

연기 및 불꽃을 차단할 수 있는 시간이 60분 이상인 방화문을 말한다.

(3) 30분 방화문

연기 및 불꽃을 차단할 수 있는 시간이 30분 이상 60분 미만인 방화문을 말한다.

2 피난론

1. 피난계획 및 피난본능

(1) 피난계획의 일반적 원칙

① 피난경로는 간단명료하여야 한다.

② 피난구조설비는 고정식 설비이어야 한다.

③ 피난수단은 원시적 방법으로 하여야 한다.

④ 2개 이상의 방향으로 상시 피난할 수 있는 피난로를 확보하여야 한다.

⑤ 수평동선과 수직동선으로 구분한다.

⑥ 피난대책은 Fool proof와 Fail safe의 원칙을 중시하여야 한다.

  ㉠ Fool proof: 피난구 유도등 및 유도표지 등은 문자보다는 그림과 색을 사용하여 직감적으로 알 수 있도록 한다.

  ㉡ Fail safe: 하나의 수단이 고장 등으로 실패하여도 다른 수단에 의하여 그 기능이 발휘될 수 있도록 한다.

참고 피난 시 인간의 보행속도

종류	관련된 사람	평균보행속도(m/s)	
		수평	계단
자력으로 행동하기 힘든 자	신체장애자, 유아, 노약자	0.8	0.4
건물 내부에 익숙하지 않은 자	내방객 및 숙박시설 이용자	1.0	0.5
내부 경로에 익숙한 자	종업원, 건물의 근무자	1.2	0.6

(2) 피난계획 시 고려하여야 할 인간의 피난본능

① 좌회본능

② 귀소본능

③ 추종본능

④ 퇴피본능

⑤ 지광본능

2. 건축물의 안전대책

(1) 피난방향

① 수평방향의 피난은 복도를 통한 피난이다.

② 수직방향의 피난은 계단을 활용한 피난이 주를 이룬다.

(2) 피난시설의 안전구역

① 복도(1차 안전구역)

② 계단부속실(전실, 2차 안전구역)

③ 계단(3차 안전구역)

(3) 피난방향 및 경로

구분	특징
T형	피난자에게 피난경로를 확실히 알려주는 형태
X형	양방향으로 피난할 수 있는 확실한 형태
H형(CO형)	피난자의 집중으로 패닉현상이 일어날 우려가 있는 형태
Z형	중앙복도형 건축물에서의 피난경로로서 코너식 중 제일 안전한 형태

POINT 3-4 화재조사

1 개론

1. 목적

(1) 화재조사를 통하여 화재 발생에 대한 책임규명을 할 수 있다.

(2) 발화원인을 규명하고 예방행정의 자료로 활용한다.

(3) 사상자의 발생원인과 방화관리상황을 규명하여 소방행정 자료로 활용한다.

(4) 화재의 발생상황·원인·피해상황을 통계화하여 소방홍보 자료 및 소방정책수립의 자료로 활용한다.

(5) 화재피해를 알리고 유사화재의 방지와 피해의 경감에 이바지한다.

2. 화재조사의 특징

(1) 현장성

화재현장에서 조사가 이루어져야 하므로 현장성을 가진다.

(2) 강제성

화재현장에서 관계인의 동의를 얻기는 쉽지 않으므로 강제성의 특징이 있다.

(3) 프리즘식

다양한 측면에서 화재조사를 하여 정확한 조사가 이루어져야 한다.

(4) 신속성

정확한 화재조사의 감식을 위함과 시간이 지날수록 현장보존이 어려워지므로 신속성이 필요하다.

(5) 정밀과학성

정확하게 판단되어야 하므로 정밀과학성이 요구된다.

(6) 보존성

화재현장에서의 증거물은 보존이 잘 되어야 화재조사가 정확하게 이루어질 수 있다.

(7) 안전성

화재현장에서의 안전성이 요구된다.

2 화재조사활동 - 목재연소의 강약

1. 균열흔

(1) 완소흔

700 ~ 800℃ 정도의 비교적 낮은 온도에서 천천히 연소된 경우 홈이 얕고 삼각 또는 사각형태를 나타내며, 초기 연소부분 또는 잔불씨에 의한 연소부분에서 나타난다.

(2) 강소흔

자신의 연소열로 화염이 지속되거나 확대 연소하게 되면 가연물은 900℃ 정도까지 가열되며, 홈이 깊은 요철이 형성된다.

(3) 열소흔

가연물이 1,100℃ 정도의 고온 상태에 접하여 일시에 연소하게 되면 불완전연소 홈이 아주 깊은 상태가 되는데, 맹렬한 확산 중심부분 등에서 나타난다.

2. 무염흔

물질이 착화되어 불꽃 없이 연기만 내면서 연소되는 경우를 말한다.

3. 박리흔

목재나 콘크리트표면이 강한 수열을 받으면서 탄화하여 결합력 상실에 의하여 떨어져 나가는 현상을 말한다.

4. 주염흔

건물 등 불연성 구조물에 불꽃흔적을 남기는 현상을 말한다.

③ 「소방의 화재조사에 관한 법률」상 화재조사

1. 목적

화재예방 및 소방정책에 활용하기 위하여 화재원인, 화재성장 및 확산, 피해현황 등에 관한 과학적·전문적인 조사에 필요한 사항을 규정함을 목적으로 한다.

2. 정의

(1) 화재

사람의 의도에 반하거나 고의 또는 과실에 의하여 발생하는 연소현상으로서 소화할 필요가 있는 현상 또는 사람의 의도에 반하여 발생하거나 확대된 화학적 폭발현상을 말한다.

(2) 화재조사

소방청장, 소방본부장 또는 소방서장이 화재원인, 피해상황, 대응활동 등을 파악하기 위하여 자료의 수집, 관계인 등에 대한 질문, 현장 확인, 감식, 감정 및 실험 등을 하는 일련의 행위를 말한다.

(3) 화재조사관

화재조사에 전문성을 인정받아 화재조사를 수행하는 소방공무원을 말한다.

(4) 관계인 등

화재가 발생한 소방대상물의 소유자·관리자 또는 점유자(관계인) 및 다음의 사람을 말한다.

① 화재 현장을 발견하고 신고한 사람
② 화재 현장을 목격한 사람
③ 소화활동을 행하거나 인명구조활동(유도대피 포함)에 관계된 사람
④ 화재를 발생시키거나 화재발생과 관계된 사람

4 「화재조사 및 보고규정」 1 - 정의

1. 목적

> **제1조【목적】** 이 규정은 「소방의 화재조사에 관한 법률」및 같은 법 시행령, 시행규칙에 따라 화재조사의 집행과 보고 및 사무처리에 필요한 사항을 정하는 것을 목적으로 한다.

2. 감식 및 감정(정의 1)

(1) 감식

화재원인의 판정을 위하여 전문적인 지식, 기술 및 경험을 활용하여 주로 시각에 의한 종합적인 판단으로 구체적인 사실관계를 명확하게 규명하는 것을 말한다.

(2) 감정

화재와 관계되는 물건의 형상, 구조, 재질, 성분, 성질 등 이와 관련된 모든 현상에 대하여 과학적 방법에 의한 필요한 실험을 행하고 그 결과를 근거로 화재원인을 밝히는 자료를 얻는 것을 말한다.

3. 발화 등(정의 2)

(1) 발화

열원에 의하여 가연물질에 지속적으로 불이 붙는 현상을 말한다.

(2) 발화열원

발화의 최초 원인이 된 불꽃 또는 열을 말한다.

(3) 발화지점

열원과 가연물이 상호작용하여 화재가 시작된 지점을 말한다.

(4) 발화장소

화재가 발생한 장소를 말한다.

4. 최초착화물 등(정의 3)

(1) 최초착화물

발화열원에 의해 불이 붙은 최초의 가연물을 말한다.

(2) 발화요인

발화열원에 의하여 발화로 이어진 연소현상에 영향을 준 인적·물적·자연적인 요인을 말한다.

(3) 발화관련 기기

발화에 관련된 불꽃 또는 열을 발생시킨 기기 또는 장치나 제품을 말한다.

(4) 동력원

발화관련 기기나 제품을 작동 또는 연소시킬 때 사용되어진 연료 또는 에너지를 말한다.

(5) 연소확대물

연소가 확대되는데 있어 결정적 영향을 미친 가연물을 말한다.

5. 재구입비 등(정의 4)

(1) 재구입비

화재 당시의 피해물과 같거나 비슷한 것을 재건축(설계 감리비를 포함한다) 또는 재취득하는데 필요한 금액을 말한다.

(2) 내용연수

고정자산을 경제적으로 사용할 수 있는 연수를 말한다.

> **참고 내용연수**
>
> 1. **물리적 내용연수**: 고정자산을 정상적인 방법으로 관리하였을 경우 기술적으로 이용이 가능할 것으로 예측되는 기간을 말한다.
> 2. **경제적 내용연수**: 고정자산의 사용가치 및 교환가치 등을 고려한 경제적 이용이 가능한 기간을 말한다.
> 3. 화재피해액 산정에 있어서 보통 물리적 내용연수는 관심의 대상이 아니기 때문에 제외되므로 실무상 피해물의 피해액 산정 시 경제적 내용연수를 적용하게 된다.

(3) 손해율

피해물의 종류, 손상 상태 및 정도에 따라 피해금액을 적정화시키는 일정한 비율을 말한다.

(4) 잔가율

화재 당시에 피해물의 재구입비에 대한 현재가의 비율을 말한다.

(5) 최종잔가율

피해물의 내용연수가 다한 경우 잔존하는 가치의 재구입비에 대한 비율을 말한다.

> **참고 최종잔가율 기준**
>
> 1. 고정자산에 있어서 피해물이 경제적 내용연수를 다 하였더라도 다른 용도로 사용될 수 있으므로 당해 피해물에 경제적 가치가 잔존하게 된다.
> 2. 화재 등으로 인한 피해액 산정에 있어 최종잔가율은 현실을 감안하여 건물, 부대설비, 가재도구, 구축물의 경우 20%, 기타의 경우 10%로 한다.

6. 화재현장 등(정의 5)

(1) 화재현장

화재가 발생하여 소방대 및 관계인 등에 의해 소화활동이 행하여지고 있거나 행하여진 장소를 말한다.

(2) 접수

119종합상황실(이하 "상황실"이라 한다)에서 유·무선 전화 또는 다매체를 통하여 화재 등의 신고를 받는 것을 말한다.

(3) 출동

화재를 접수하고 상황실로부터 출동지령을 받아 소방대가 차고 등에서 출발하는 것을 말한다.

(4) 도착

출동지령을 받고 출동한 소방대가 현장에 도착하는 것을 말한다.

(5) 선착대

화재현장에 가장 먼저 도착한 소방대를 말한다.

(6) 초진

소방대의 소화활동으로 화재확대의 위험이 현저하게 줄어들거나 없어진 상태를 말한다.

(7) 잔불정리

화재 초진 후 잔불을 점검하고 처리하는 것을 말한다. 이 단계에서는 열에 의한 수증기나 화염 없이 연기만 발생하는 연소현상이 포함될 수 있다.

(8) 완진

소방대에 의한 소화활동의 필요성이 사라진 것을 말한다.

(9) 철수

진화가 끝난 후, 소방대가 화재현장에서 복귀하는 것을 말한다.

(10) 재발화감시

화재를 진화한 후 화재가 재발되지 않도록 감시조를 편성하여 일정 시간 동안 감시하는 것을 말한다.

7. 화재조사의 개시 및 원칙 등

(1) 화재조사관은 화재발생 사실을 인지하는 즉시 화재조사를 시작해야 한다.

(2) 소방관서장은 조사관을 근무 교대조별로 2인 이상 배치하고, 장비·시설을 기준 이상으로 확보하여 조사업무를 수행하도록 하여야 한다.

(3) 조사는 물적 증거를 바탕으로 과학적인 방법을 통해 합리적인 사실의 규명을 원칙으로 한다.

8. 관계인등의 협조

(1) 화재현장과 기타 관계있는 장소에 출입할 때에는 관계인등의 입회하에 실시하는 것을 원칙으로 한다.

(2) 조사관은 조사에 필요한 자료 등을 관계인등에게 요구할 수 있으며, 관계인등이 반환을 요구할 때는 조사의 목적을 달성한 후 관계인등에게 반환해야 한다.

4-2 「화재조사 및 보고규정」 2 - 화재 유형 등

1. 화재유형

(1) 화재유형

① 건축·구조물화재: 건축물, 구조물 또는 그 수용물이 소손된 것
② 자동차·철도차량화재: 자동차, 철도차량 및 피견인 차량 또는 그 적재물이 소손된 것
③ 위험물·가스제조소등 화재: 위험물제조소등, 가스제조·저장·취급시설 등이 소손된 것
④ 선박·항공기화재: 선박, 항공기 또는 그 적재물이 소손된 것
⑤ 임야화재: 산림, 야산, 들판의 수목, 잡초, 경작물 등이 소손된 것
⑥ 기타화재: 위의 각 호에 해당되지 않는 화재

(2) 화재가 복합되어 발생한 경우

① (1)의 화재가 복합되어 발생한 경우에는 화재의 구분을 화재피해금액이 큰 것으로 한다.
② 다만, 화재피해금액으로 구분하는 것이 사회관념상 적당하지 않을 경우에는 발화장소로 화재를 구분한다.

2. 화재건수 결정 등

(1) 화재건수 결정

1건의 화재란 1개의 발화지점에서 확대된 것으로 발화부터 진화까지를 말한다. 다만, 다음 경우는 다음의 기준에 따른다.

① 동일범이 아닌 각기 다른 사람에 의한 방화, 불장난은 동일 대상물에서 발화했더라도 각각 별건의 화재로 한다.

② 동일 소방대상물의 발화점이 2개소 이상 있는 다음의 화재는 1건의 화재로 한다.

　㉠ 누전점이 동일한 누전에 의한 화재

　㉡ 지진, 낙뢰 등 자연현상에 의한 다발화재

③ 발화지점이 한 곳인 화재현장이 둘 이상의 관할구역에 걸친 화재는 발화지점이 속한 소방서에서 1건의 화재로 산정한다. 다만, 발화지점 확인이 어려운 경우에는 화재피해금액이 큰 관할구역 소방서의 화재 건수로 산정한다.

(2) 발화일시 결정

① 발화일시의 결정은 관계인등의 화재발견 상황통보(인지)시간 및 화재발생 건물의 구조, 재질 상태와 화기취급 등의 상황을 종합적으로 검토하여 결정한다.

② 다만, 자체진화 등 사후인지 화재로 그 결정이 곤란한 경우에는 발화시간을 추정할 수 있다.

3. 사상자 및 부상자 분류 등

(1) 화재의 분류

화재원인 및 장소 등 화재의 분류는 소방청장이 정하는 국가화재분류체계에 의한 분류표에 의하여 분류한다.

(2) 사상자

① 사상자는 화재현장에서 사망한 사람과 부상당한 사람을 말한다.

② 다만, 화재현장에서 부상을 당한 후 72시간 이내에 사망한 경우에는 당해 화재로 인한 사망으로 본다.

(3) 부상자 분류

부상의 정도는 의사의 진단을 기초로 하여 다음과 같이 분류한다.

① 중상: 3주 이상의 입원치료를 필요로 하는 부상을 말한다.

② 경상: 중상 이외의 부상(입원치료를 필요로 하지 않는 것도 포함한다)을 말한다. 다만, 병원 치료를 필요로 하지 않고 단순하게 연기를 흡입한 사람은 제외한다.

4. 건물의 동수 산정 등

(1) 건물의 동수산정

① 주요구조부가 하나인 경우

　㉠ 주요구조부가 하나로 연결되어 있는 것은 1동으로 한다.

　㉡ 다만, 건널 복도 등으로 2 이상의 동에 연결되어 있는 것은 그 부분을 절반으로 분리하여 각 동으로 본다.

② 건물의 외벽을 이용하여 공간을 만든 경우: 건물의 외벽을 이용하여 실을 만들어 헛간, 목욕탕, 작업실, 사무실 및 기타 건물 용도로 사용하고 있는 것은 주건물과 같은 동으로 본다.

③ 지붕 및 실이 하나로 연결된 경우: 구조에 관계없이 지붕 및 실이 하나로 연결되어 있는 것은 같은 동으로 본다.

④ 격벽으로 방화구획이 되어 있는 경우: 목조 또는 내화조건물의 경우 격벽으로 방화구획이 되어 있는 경우도 같은 동으로 한다.

⑤ 차광막, 비막이 등의 덮개를 설치한 경우: 독립된 건물과 건물 사이에 차광막, 비막이 등의 덮개를 설치하고 그 밑을 통로 등으로 사용하는 경우는 다른 동으로 한다.

⑥ 옥상에 목조 또는 방화구조건물이 별도 설치된 경우

　㉠ 내화조 건물의 옥상에 목조 또는 방화구조건물이 별도 설치되어 있는 경우는 다른 동으로 한다.

　㉡ 다만, 이들 건물의 기능상 하나인 경우(옥내계단이 있는 경우)는 같은 동으로 한다.

⑦ 내화조 건물의 외벽을 이용하여 목조·방화구조건물이 별도 설치된 경우

　　㉠ 내화조 건물의 외벽을 이용하여 목조 또는 방화구조건물이 별도로 설치되어 있고 건물 내부와 구획되어 있는 경우 다른 동으로 한다.

　　㉡ 다만, 주된 건물에 부착된 건물이 옥내로 출입구가 연결되어 있는 경우와 기계설비 등이 쌍방에 연결되어 있는 경우 등 건물 기능상 하나인 경우는 같은 동으로 한다.

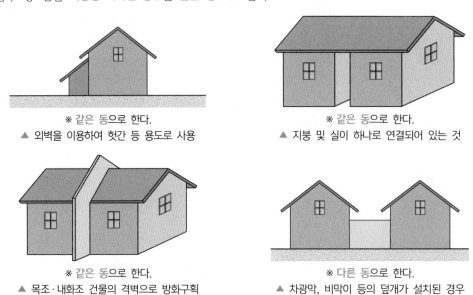

　　※ 같은 동으로 한다.
　　▲ 외벽을 이용하여 헛간 등 용도로 사용

　　※ 같은 동으로 한다.
　　▲ 지붕 및 실이 하나로 연결되어 있는 것

　　※ 같은 동으로 한다.
　　▲ 목조·내화조 건물의 격벽으로 방화구획

　　※ 다른 동으로 한다.
　　▲ 차광막, 비막이 등의 덮개가 설치된 경우

(2) 소실정도

① 건축·구조물의 소실정도는 다음에 따른다.

　　㉠ 전소: 건물의 70% 이상(입체면적에 대한 비율을 말한다. 이하 같다)이 소실되었거나 또는 그 미만이라도 잔존부분을 보수하여도 재사용이 불가능한 것

　　㉡ 반소: 건물의 30% 이상 70% 미만이 소실된 것

　　㉢ 부분소: ㉠, ㉡에 해당하지 아니하는 것

② 자동차·철도차량, 선박·항공기 등의 소실정도는 ①의 규정을 준용한다.

(3) 소실면적 산정

① 건물의 소실면적 산정은 소실 바닥면적으로 산정한다.

② 수손 및 기타 파손의 경우에도 (2)의 규정을 준용한다.

5. 화재피해금액 산정 등 – 제18조(화재피해금액 산정)

(1) 화재피해금액은 화재 당시의 피해물과 동일한 구조, 용도, 질, 규모를 재건축 또는 재구입하는데 소요되는 가액에서 경과연수 등에 따른 감가공제를 하고 현재가액을 산정하는 실질적·구체적 방식에 따른다. 다만, 회계장부상 현재가액이 입증된 경우에는 그에 따른다.

(2) (1)의 규정에도 불구하고 정확한 피해물품을 확인하기 곤란한 경우에는 소방청장이 정하는 「화재피해금액 산정 매뉴얼」(이하 "매뉴얼"이라 한다)의 간이평가방식으로 산정할 수 있다.

(3) 건물 등 자산에 대한 최종잔가율은 건물·부대설비·구축물·가재도구는 20%로 하며, 그 이외의 자산은 10%로 정한다.

1. 화재합동조사단 운영 및 종료

(1) 소방관서장은 영 제7조 제1항에 해당하는 화재가 발생한 경우 다음에 따라 화재합동조사단을 구성하여 운영하는 것을 원칙으로 한다.

   ① 소방청장: 사상자가 30명 이상이거나 2개 시·도 이상에 걸쳐 발생한 화재(임야화재는 제외한다. 이하 같다)

   ② 소방본부장: 사상자가 20명 이상이거나 2개 시·군·구 이상에 발생한 화재

   ③ 소방서장: 사망자가 5명 이상이거나 사상자가 10명 이상 또는 재산피해액이 100억원 이상 발생한 화재

(2) (1)에도 불구하고 소방관서장은 영 제7조 제1항 제2호 및 「소방기본법 시행규칙」 제3조 제2항 제1호에 해당하는 화재에 대하여 화재합동조사단을 구성하여 운영할 수 있다.

(3) 소방관서장은 영 제7조 제2항과 영 제7조 제4항에 해당하는 자 중에서 단장 1명과 단원 4명 이상을 화재합동조사단원으로 임명하거나 위촉할 수 있다.

2. 조사 보고 등 - 조사의 최종 결과 보고

(1) 「소방기본법 시행규칙」 제3조 제2항 제1호에 해당하는 화재

   별지 제1호 서식 내지 제11호 서식까지 작성하여 화재 발생일로부터 30일 이내에 보고해야 한다.

(2) (1)에 해당하지 않는 화재

   별지 제1호 서식 내지 제11호 서식까지 작성하여 화재 발생일로부터 15일 이내에 보고해야 한다.

해커스소방 김정희 소방학개론 핵심정리 + OX문제

POINT 3-5 화재진압

1 화재진압(Fire suppression)

1. 화재진압
화재진압이란 화재현장에서 화재피해를 최소화하고 화재를 소화하는 현장활동을 말한다.

2. 소방력
소방대원, 소방장비, 소방용수

> **참고 소방용수시설의 설치기준(「소방기본법 시행규칙」 제6조 제2항 [별표 3])**
>
> 1. 공통기준
>   - 주거·상업지역 및 공업지역: 소방대상물과 수평거리 100m 이하
>   - 그 외의 지역: 소방대상물과 수평거리 140m 이하
> 2. 개별기준
>
> | 소화전 | 급수탑 | 저수조 |
> |---|---|---|
> | 연결금속구 구경 65mm | • 급수배관 구경 100mm 이상
• 개폐밸브 1.5~1.7m | • 낙차가 4.5m 이하
• 수심 0.5m 이상
• 흡수관 투입구의 길이·지름 60cm 이상 |

3. 화재진압활동 시 소방대의 권한
(1) 소방활동구역의 설정(현장활동권)
(2) 소방대의 긴급통행권 및 소방자동차의 우선통행권
(3) 강제처분·종사명령(긴급조치권)
(4) 정보수집권(정보수집조사권)

2 단계별 화재진압활동

1. 현장도착
(1) 선착대
   ① 인명검색 및 구조활동을 우선시한다.
   ② 연소위험이 가장 큰 방면에 포위 부서한다.
   ③ 화점 근처의 소방용수시설을 점유한다.
   ④ 사전 경방계획을 충분히 고려하여 행동한다.
   ⑤ 재해실태, 인명위험, 소방활동상 위험요인 등과 같은 상황을 신속히 후착대에게 적극적 정보를 제공한다.
(2) 후착대
   ① 선착대와 연계하여 인명구조활동 등 중요임무 수행을 지원한다.
   ② 화재방어는 선착대가 진입하지 않는 곳을 우선한다.
   ③ 방어할 필요가 없는 경우는 지휘자의 명령에 따라 급수 및 비화경계, 수손방지 등의 업무를 수행한다.
   ④ 과잉파괴행동 등 불필요한 활동은 하지 않는다.

2. 진입 및 인명구조활동

(1) 농연 내에서의 진입요령

① 공기호흡기 및 휴대용 경보기를 확실하게 착용한다.

② 퇴로확보에 필요한 로프, 조명기구 코드 및 수관 등 외부와 연락할 수 있는 수단을 확보하고 확인한다.

③ 화점실 등의 문을 개방하는 경우는 화염의 분출 등에 의한 위험을 피하기 위하여 문의 측면에 위치하고 엄호 방수 태세를 취하면서 서서히 문을 개방한다.

④ 직상층에서 깊숙이 진입할 때는 특별피난계단, 피난사다리, 피난기구 등의 위치를 확인하고 반드시 퇴로를 확보하여 놓는다.

⑤ 내화조건물이나 지하실, 터널 등 연기가 충만하기 쉬운 건물 화재에서는 자세를 낮추어서 중성대 아래쪽으로부터 진입하는 것이 원칙이다.

(2) 옥내 진입요령

① 처마 밑을 통과할 때는 기와의 낙하나 건물벽 등의 추락물을 확인한다.

② 개구부를 급격히 개방하면 화염·농연의 분출이 있으므로 주의한다. 특히 개구부를 정면으로 대한 자세로 개방하는 것은 위험성이 매우 높다.

3. 배연

(1) 배연의 필요성

① 인명구조

② 호스연장과 관창배치

③ 폭발 및 연소확대의 방지

(2) 배연활동 시 주의점

① 건물 내부의 연기, 열기의 상태, 건물 상태, 인명위험의 유무를 종합적으로 판단하여 배연을 하여야 한다.

② 화재의 특성을 고려하여 개방 및 폐쇄하여야 할 개구부를 결정한다.

③ 자연환기방식, 강제환기방식 중 효율적이라고 판단하는 것을 선택한다.

(3) 분무주수를 활용한 배연·배열

① 분무주수에 의한 배연방법

㉠ 관창압력은 0.6MPa 이상 분무주수를 한다.

㉡ 관창의 각도는 60도 정도로 급기구를 완전히 덮을 수 있는 거리를 주수 위치로 선정한다.

㉢ 급기구측에서 분무주수하여 기류를 이용하는 배연방법이다.

② 간접공격법(로이드레만 전법)에 의한 배연·배열

㉠ 간접공격법: 연기와 열을 제거할 때 물의 흡열작용에 의한 냉각과 환기로 옥내의 고온기체 및 연기의 배출을 보다 유효하게 하기 위한 안개모양의 주수법이다.

㉡ 물의 큰 기화잠열과 기화 시의 체적팽창력을 활용하여 배연·배열하는 방법이다.

4. 소방호스 연장

소방호스의 연장에는 옥내 수관연장과 옥외 수관연장으로 구분된다. 옥내 수관연장은 연결송수관과 계단을 이용하는 방법이 있고, 옥외 수관연장은 옥외계단과 개구부를 이용하는 방법이 있다. 연장은 사다리, 파괴기 운반, 호스연장 순으로 하여야 한다.

5. 방수

(1) 방수(Fire stream)의 종류
① 봉상주수: 물줄기와 같은 모양으로 방사되는 형태로 대량의 물이 필요하고 호스의 반동이 크다.
② 분무주수: 물을 작은 물방울 또는 안개와 같이 미세하게 흩뿌리는 방식이다.

(2) 주수방법
① 집중주수
② 확산주수
③ 반사주수: 장해물로 인한 주수사각 때문에 주수목표에 직접 주수할 수 없는 경우, 벽, 천장 등에 물을 반사시켜 주수하는 방법이다.
④ 유하주수: 주수압력을 약하게 하여 물이 흐르듯이 주수하는 방법으로 건물의 벽 속에 잠재해 있는 화세의 잔화 처리 등에 이용한다.

3 소방전술

1. 소방전술의 기본원칙

(1) 신속대응의 원칙
(2) 인명구조 최우선의 원칙
(3) 선착대 우위의 원칙: 화재현장에 가장 먼저 도착한 소방대의 주도적인 역할을 존중한다는 원칙이다.
(4) 포위공격의 원칙
(5) 중점주의의 원칙: 화세에 비추어 소방력이 부족하여 불가피한 경우에는 가장 피해가 적을 것으로 판단되는 부분의 희생을 감수하더라도 보다 중요한 부분을 집중적으로 방어하여야 한다는 수세적인 원칙이다.

2. 공격전술과 수비전술

(1) 공격전술(소방력 > 화세)
(2) 수비전술(소방력 < 화세)

3. 직접공격과 간접공격

(1) 직접공격
① 화점을 타격하여 연소물을 분산시키고, 열을 냉각시키는 것을 말한다.
② 일반적으로 불길의 진행방향에서 직상주수로 화점에 직접 타격하는 것이 가장 효과적이다.

(2) 간접공격
① 화점의 주위를 공격하여 질식시키거나 냉각시키는 방법이다.
② 분무주수를 주로 이용한다.
③ 밀폐된 공간에서 사용할 때에는 최대의 질식효과를 거둘 수 있다.

PART 4 소화론

POINT 4-1 소화이론

1 소화의 기본원리

1. 제거소화

(1) 정의

연소의 3요소 또는 4요소 중 하나인 가연물을 점화원이 없는 장소로 신속하게 제거하거나 안전한 장소로 이동시키는 소화방법을 말한다.

(2) 소화방법

① 양초의 촛불을 입김으로 끄는 소화방법이 해당한다.
② 제거소화는 부촉매소화와 달리 질식소화·냉각소화와 함께 물리적 소화로 구분할 수 있다.
③ 가스화재 시 가스의 공급을 차단하여 소화하는 방법이 해당한다.
④ 실내에 액화석유가스(LPG)가 누설되어 화재가 발생하였을 때 저장용기의 주밸브를 폐쇄시켜 소화하는 방법이 해당한다.
⑤ 산림화재 시 벌목하는 방법(방화선 구축)은 제거소화에 해당한다.

2. 질식소화(물적 조건에 의한 소화)

(1) 개요

① 가연물에 공급되는 공기 중의 산소의 농도를 15vol% 이하로 유지하면 연소 상태의 유지가 어려워 연소 상태가 정지되는 것을 이용한 소화방법이다. 즉, 공기 중의 산소농도를 낮추어 소화하는 방법을 말한다.
② 제5류 위험물은 물질 자체에 산소를 포함하고 있으므로 질식소화의 방법이 효과적이지 않다.
③ 질식소화 효과가 있는 소화약제는 무상으로 방사하는 물 소화약제, 무상의 강화액 소화약제, 무상의 산알칼리 소화약제, 포 소화약제, 이산화탄소 소화약제, 할론 소화약제, 분말 소화약제, 할로겐화합물 및 불활성기체 소화약제 등이 있다.

(2) 소화방법

① 유지류 등의 화재 시에 포(Foam) 소화약제로 덮어 소화하는 방법을 말한다.
② 이산화탄소는 비중이 1.52로 공기 또는 산소보다 무거워 가연물질에 방출되면 가연물질의 표면에 불연층을 형성하거나 둘러싸 산소의 공급을 차단시켜 화재를 소화하는 질식소화작용이 다른 소화약제에 비하여 우수하다 (불연성기체로 덮는 방법).
③ 할론 대체물질인 할로겐화합물 및 불활성기체 소화약제가 일정한 방호구역 또는 방호대상물에 방출되어 공기 중의 산소의 농도를 낮게 하여 화재를 소화하는 소화작용을 말한다.

3. 냉각소화(에너지 조건에 의한 소화)

(1) 개요

① 연소의 3요소 또는 4요소 중의 점화원을 이용한 소화의 원리로써 연소 중인 가연물질의 온도를 발화점 이하로 냉각시켜 소화하는 것을 말한다.

② 냉각소화가 가능한 소화약제로는 물 소화약제, 강화액 소화약제, 이산화탄소 소화약제, 할론 소화약제, 포 소화약제 등이 있다.

(2) 소화방법

① 연소가 지속되고 있는 상황에서 물리적 소화의 한 방법으로 연소상태에 있는 가연성 분해물질의 생성을 억제하는 방법이 해당한다.

② 점화원의 열을 점화원 유지상태 이하로 가연물질을 냉각하기 위한 것이다.

③ 아레니우스 방정식은 연소속도와 온도와의 관계를 나타낸다. 아레니우스 방정식은 소화원리 중 냉각소화와 밀접한 관계가 있다.

④ 물 소화약제로 사용할 경우 화재발생 장소의 주위로부터 많은 열을 흡수하기 때문에 빠른 시간 내에 화재의 온도를 발화점 이하로 냉각시켜 주로 냉각소화작용을 한다.

⑤ 물 소화약제는 연소상태에 있는 가연물질을 다른 물질에 비하여 비교적 큰 비열과 기화열을 이용하여 열을 흡수하거나 빼앗는 방법으로 냉각하여 소화할 수 있다.

⑥ 할론 소화약제가 가지고 있는 할로겐족 원소인 불소(F)·염소(Cl) 및 브로민(Br)이 가연물질을 구성하고 있는 활성화되어 생성된 수소기(H), 수산기(OH)와 작용하여 가연물질의 연쇄반응을 차단·억제시켜 더 이상 화재를 진행하지 못하게 하는 소화작용을 한다.

📋 **요약NOTE 소화의 기본원리**

냉각소화	질식소화
• 일반화재 시 옥내소화전 사용 • 발화점 또는 인화점 이하로 냉각하여 소화 • 연소가 진행되고 있는 열을 빼앗아 소화하는 방법 • 열을 흡수하여 가연성 연소생성물의 생성을 줄여 소화하는 방법 • 일반적으로 봉상주수에 의한 방법 • 물리적 소화에 해당	• 유류화재 시 포 소화약제 사용(주된 소화원리) • 공기 중 산소농도를 15% 이하로 낮추어 소화하는 방법 • 산소의 공급을 차단하여 소화하는 방법 • 일반적으로 분무주수에 의한 방법 • 물리적 소화에 해당
제거소화	부촉매소화
• 전기화재 시 전원 차단 • 촛불을 입으로 불어서 소화하는 방법 • 가스화재 시 가스공급 차단 • 산불화재 시 방화선(도로) 구축 • 연소물이나 화원을 제거하여 연소반응을 중지시켜 소화 • 물리적 소화에 해당	• 할론 소화약제를 사용하여 화학적 연쇄반응 속도를 줄여 소화하는 방법 • 연쇄반응 속도를 늦추어 소화하는 방법 • 연소반응을 주도하는 라디칼을 제거하여 중단시키는 방법 • 화학적 소화에 해당

4. 부촉매소화(연쇄반응 억제에 의한 소화)

(1) 개요

① 가연물질의 연속적인 연쇄반응이 진행하지 않도록 부촉매를 이용하여 연소현상인 화재를 소화시키는 방법을 부촉매소화라고 한다.

② 화학적 원리를 이용하기 때문에 일명 화학적 소화라 하고, 연속적인 연쇄반응을 억제하여 화염을 형성하는 라디칼을 없앰으로써 소화하여 억제소화라고도 한다.

③ 표면연소(무염연소)물질들은 연쇄반응을 동반한 연소가 아니므로 부촉매소화효과를 얻기 어렵다.

(2) 소화방법

탄산칼륨을 함유한 강화액은 K+로 인해 부촉매소화효과를 가진다.

5. 기타소화

(1) 피복소화

① 피복소화작용을 가지는 소화약제로는 전기나 열의 부도체로서 비중이 공기보다 무거운 기체상의 소화약제는 피복소화효과가 있으나 대표적인 피복소화 효과가 있는 것은 이산화탄소 소화약제이다.

② 이산화탄소를 소화약제로 방사하였을 경우 이산화탄소의 증기비중은 1.52로서 공기보다 1.52배 무거워진다.

(2) 유화소화

① 유화소화는 유류표면에 유화층을 형성하여 산소의 공급을 차단하여 소화하는 방법을 말한다.

② 유화층은 유류표면에 물과 유류의 중간 성질을 가지는 엷은 층을 말한다.

③ 일반적으로 비중이 물보다 큰 중유 등으로 인한 화재 시 무상의 물 소화약제로 방사하거나 포 소화약제를 유류화재 시 방사하는 경우 유류표면에 유화층을 형성하여 공기 중의 산소의 공급을 차단시켜 소화하는 작용을 말한다.

(3) 희석소화

① 희석소화작용이 적용되는 가연성 액체는 물에 용해되는 수용성의 가연물질이어야만 한다. 수용성 가연물질인 알코올·에스테르·케톤 등으로 인한 화재에 많은 양의 물을 방사하여 가연물질의 농도를 연소농도 이하로 희석하여 소화시키는 작용이다.

② 연소하고 있는 가연물질에 공급되고 있는 산소의 농도를 연소농도 이하로 낮추어 소화하는 것은 희석소화이면서 질식소화라 할 수 있다.

(4) 방진소화

제3종 분말 소화약제를 고체 화재면에 방사 시 메타–인산(HPO_3)이 생성되어 유리질의 피막을 형성하므로 열분해 생성으로 인한 방진효과가 나타나게 된다.

$$NH_4H_2PO_4 \rightarrow HPO_3 + NH_3 + H_2O$$

> 📖 **참고 기타소화의 분류**
>
> 1. **피복소화:** 이산화탄소 소화약제
> 2. **유화소화:** 중유(비수용성), 무상
> 3. **희석소화:** 수용성 물질
> 4. **방진소화:** 제3종 분말(메타인산)

2 소화약제

1. 개요

(1) 소화약제는 소화설비 또는 소화기구에 사용되는 소화성능이 있는 물질로서 연소의 4요소 중 한 가지 이상을 제거할 수 있는 능력이 우수하여야 한다.

(2) 소화약제의 구비조건
  ① 연소의 4요소 중 하나 이상을 제어할 수 있는 능력이 우수할 것
  ② 인체에 대한 독성이 없을 것
  ③ 환경에 대한 오염이 적을 것
  ④ 저장 및 사용 시 안정성이 있을 것
  ⑤ 가격이 저렴할 것(경제성)

2. 소화약제의 분류

(1) 소화약제의 특성 비교

구분	수계 소화약제		비수계 소화약제	
	물	포	이산화탄소	할로겐화합물
주된 소화효과	냉각	질식, 냉각	질식	부촉매
소화속도	비교적 느림		비교적 빠름	
냉각효과	큼		적음	
사용 후 오염	큼		극히 적음	
주요 적응화재	A급	A, B급	(A*), B, C급	(A*), B, C급

(A*): 밀폐 상태 방출 시 일반화재에도 사용이 가능하다.

(2) 소화기구의 소화약제별 적응성(NFTC 101 소화기구의 소화약제별 적응성)

소화약제의 구분		일반화재	유류화재	전기화재	주방화재
가스	이산화탄소 소화약제	–	O	O	–
	할론 소화약제	O	O	O	–
	할로겐화합물 및 불활성기체 소화약제	O	O	O	–
분말	인산염류 소화약제	O	O	O	–
	중탄산염류 소화약제	–	O	O	*
액체	산알칼리 소화약제	O	O	*	–
	강화액 소화약제	O	O	*	*
	포 소화약제	O	O	*	*
	물·침윤 소화약제	O	O	*	*
기타	고체에어로졸화합물	O	O	O	–
	마른 모래	O	O	–	–
	팽창질석·팽창진주암	O	O	–	–
	그 밖의 것	–	–	–	*

1 물 소화약제

1. 개요

(1) 우리 주변에서 발생하는 대부분의 화재는 물로 소화할 수 있다. 물론 금수성 화재나 유류·전기·금속화재의 경우 물 소화약제로는 소화의 한계가 있기도 하다.

(2) 물이 소화약제로 널리 사용되고 있는 가장 큰 이유는 우리의 주변에서 쉽게 구할 수 있고, 물리적 성능 특성 중 비열과 증발 잠열이 커서 화재에 대한 냉각효과가 우수하기 때문이다. 또한 소화설비의 적용성에 있어서 비압축용 유체의 특징으로 펌프나 배관 등을 사용하여 쉽게 운송할 수 있다.

(3) 물은 A급 화재(일반화재)에서는 우수한 능력이 발휘되나, B급 화재에서는 오히려 화재가 확대될 수 있고, C급 화재(전기화재)에서는 소화는 가능하지만 감전사고의 위험성이 있으므로 주의하여야 한다.

(4) 사용 후 2차 피해인 수손이 발생하고 추운 곳에서는 사용하기 부적당하다는 단점도 있다.

요약NOTE 물 소화약제의 장점과 단점

장점	• 물은 비열과 기화열이 커서 많은 열을 흡수하므로 냉각효과가 우수 • 비압축성 유체로 저장 및 송수가 용이함 • 값이 싸고, 주변에서 쉽게 구할 수 있음 • 인체에 무해함 • 다양한 형태의 방사가 가능하여 봉상·적상·무상주수 가능 • 분무주수 시 중유화재(B급 화재) 및 전기화재에도 적합
단점	• 동절기에는 동결의 우려가 있음 • 진화 후 수손 피해 발생이 있음 • 금수성 물질의 화재에는 피하여야 함 • 유류화재, 전기화재 및 금속화재에는 적용하기 어려움

2. 물리적·화학적 특성

(1) 물리적 특성

① 물은 안정한 액체로 자연상태에서 기체·액체·고체의 형태로 존재한다.

② 물의 비열은 $1cal/g℃$로 다른 물질에 비하여 상대적으로 크다.

■ 물질의 비열(cal/g℃)

물질명	비열(cal/g℃)	물질명	비열(cal/g℃)
물	1.00	할론 1301	0.20
수소	3.41	할론 1211	0.12
헬륨	1.25	할론 2402	0.18
이산화탄소	0.55	공기	0.24

③ 물의 증발잠열(기화열)은 539.6cal/g으로 다른 물질에 비하여 크고, 물의 용융열 79.7cal/g과 비교하여도 기화열은 상당히 크다. 물의 상태가 고체에서 액체로의 상변화일 때보다 액체에서 기체로의 상변화 때 많은 열량이 필요하다.

④ 대기압하에서 100℃의 물이 액체에서 수증기 상태로 변할 때 체적은 약 1,700배 정도 증가한다.

⑤ 물의 비중은 1기압을 기준으로 4℃일 때 가장 크고 이를 기준으로 높아지거나 낮아질 때 비중은 작아진다.

⑥ 물은 압력을 받으면 약간은 압축되나 일반적으로 비압축성 유체로 간주한다.

⑦ 물의 점도는 온도가 올라가면 작아진다.

⑧ 물의 표면장력은 온도가 상승하면 작아진다.

(2) 화학적 특성

① 물은 수소 2원자와 산소 1원자로 이루어져 있으며 이들 사이의 화학결합은 극성 공유결합이다.

② 이때 산소 원자와 수소 원자는 전자를 1개씩 내어서 전자쌍을 만들고 이를 공유하지만, 전자쌍은 전기음성도가 더 큰 산소 원자 쪽에 가깝게 위치하여 산소 원자는 약한 음전하(-)를 띠고, 수소 원자는 극성을 띠게 된다.

③ 따라서, 극성을 띤 물분자끼리는 전기적 인력에 의한 수소결합을 하게 되며 강한 응집력을 갖는다.

④ 물이 비교적 큰 표면 장력을 가지는 것도 분자 간의 인력의 세기와 직접적인 관계가 있으며, 비교적 큰 비열도 수소 결합을 끊는 데 큰 에너지가 필요하기 때문이다.

3. 물 소화약제의 소화효과

(1) 냉각소화효과

① 물의 비열(cal/g℃)과 기화열(cal/g)은 비교적 크다.

② 화재발생 장소의 주위로부터 많은 열을 흡수하기 때문에 빠른 시간 내에 화재의 온도를 발화점 이하로 냉각시켜 주로 냉각소화작용을 한다.

③ 분무상의 작은 입자가 봉상주수 입자보다 더 쉽게 증발되므로 열을 더 빨리 흡수한다.

(2) 질식소화효과

① 물이 수증기가 될 때 체적이 약 1,600 ~ 1,700배로 팽창한다. 팽창된 수증기가 공기 중의 산소의 농도를 희석하여 질식소화한다.

② 무상주수일 때의 주된 소화 효과는 질식소화이다.

(3) 유화소화효과

① 점성이 있는 가연성 액체에 물을 무상주수하면 유화층(에멀션)을 형성시켜 공기 중의 산소의 농도를 차단함으로써 화재를 소화하는 기능을 유화소화효과라고 한다.

② 미립자가 물보다 비중이 큰 중유 또는 윤활유 등의 화재에 적합하다.

(4) 희석소화효과

수용성 액체의 화재 시 물을 주입시켜 가연성 물질의 농도를 낮춘다.

(5) 타격 및 파괴에 의한 소화효과

4. 물 소화약제의 한계

(1) 유류화재

① 물의 밀도는 대부분의 유류보다 크다. 물보다 비중이 작은 유류화재에서 주수하면 유류가 물의 표면에 부유하여 화염면을 확대시킬 수 있어 주의하여야 한다.

② 유류화재에서는 연소부에 대하여 적절히 대응하지 못하면 고온의 기름을 저장탱크에서 넘치게 하여 화재를 확산시킬 수 있다.

(2) 전기화재

① 물 소화약제로 전기화재에서 소화는 가능하지만 감전사고의 위험이 있다.

② 전기화재 시 물 소화약제를 이용하여 소화하기 위해서는 일정한 거리를 유지하면서 무상주수하여야 한다.

(3) 금속화재

① 물에 심하게 반응하는 물질인 Na · K · Mg · Al · Ca · Zn 등의 금속화재는 물 소화약제를 사용하여서는 안 된다.

② 제3류 위험물에 해당하는 나트륨(Na), 칼륨(K) 등 알칼리금속과 칼슘(Ca) 등의 알칼리토금속, 제2류 위험물에 해당하는 철분, 마그네슘 등은 물과 반응하여 가연성 · 폭발성 가스인 수소가스를 발생한다.

③ 물이 함유된 소화약제는 금속화재에 절대로 사용하여서는 안 된다.

(4) 물과 반응하는 화학물질

① 제1류 위험물에 해당하는 무기과산화물(과산화나트륨, 과산화칼륨, 과산화칼슘 등), 삼산화크로뮴(CrO_3) 등은 물과 반응하여 산소를 발생시킨다.

② 제3류 위험물에 해당하는 알킬알루미늄, 알킬리튬, 탄화칼슘(CaC_2), 탄화알루미늄 등은 물과 반응하여 메탄 · 에탄 · 아세틸렌 등 가연성 가스를 생성한다.

③ 제3류 위험물인 금속의 인화물(인화칼륨, 인화칼슘 등)은 물과 만나면 맹독성 포스핀가스(PH_3)를 발생시킨다.

④ 제6류 위험물인 질산은 물과 만나면 급격히 발열하여 폭발에 이르기도 한다.

> 📖 참고 **탄화칼슘과 탄화알루미늄**
>
> 1. 탄화칼슘은 물과 반응하여 아세틸렌(C_2H_2)을 생성한다.
>
> $$CaC_2 + 2H_2O \rightarrow Ca(OH)_2 + C_2H_2 \uparrow$$
>
> 2. 탄화알루미늄은 물과 반응하여 메탄가스(CH_4)를 생성한다.
>
> $$Al_4C_3 + 12H_2O \rightarrow 4Al(OH)_3 + 3CH_4 \uparrow$$

(5) 심부화재

① 물은 공기 중에서 표면장력계수가 비교적 크다.

② 입자의 크기가 크기 때문에 연료 표면으로의 침투성은 우수하다. 반면, 심부화재가 발생할 경우 고체 내부로의 침투는 효과적이지 않다.

③ 심부화재의 경우 물 첨가제인 침투제(Wetting agent)를 사용하여 성능을 개선하여야 한다.

5. 물의 주수 형태

(1) 봉상주수(棒狀注水)

① 소화설비의 방사기구로부터 굵은 물줄기의 형태로 주수하는 방법이다.

② 일반화재로서 화세가 강하여 신속하게 화재의 소화가 필요한 경우 사용된다.

③ 전기전도성이 있어 전기화재에는 부적당하다.

(2) 적상주수(適狀注水)

① 물입자의 직경이 0.5 ~ 6mm인 물방울모양의 형상으로 주수되는 방법이다.

② 스프링클러설비의 스프링클러헤드로부터 물이 방사될 경우 방사되는 물입자의 형태로, 적상으로 방사되는 물입자는 봉상의 물입자와 같이 전기의 전도성이 있으므로 전기화재(C급 화재)에는 부적합하다.

③ 적용 소화설비는 스프링클러설비 · 연결살수설비 등이 있다.

(3) 무상주수(霧狀注水)

① 물을 구름 또는 안개모양으로 방사하는 방법으로 물을 주수하는 방법이다.

② 고압으로 방사할 때 물입자가 무상의 형태로 물입자가 이격되는 특징이 있어 전기의 전도성이 없어 전기화재의 소화도 가능하다.

③ 적용 소화설비는 물소화기(분무노즐 사용)·옥내소화전설비(분무노즐 사용)·옥외소화전설비(분무노즐 사용)·물분무설비 등이 있다.

④ 주된 소화원리는 질식소화이다.

⑤ 물방울 입자의 크기는 스프링클러 → 물분무 → 미분무 순으로 미분무가 가장 작다.

⑥ 미분무란 물만을 사용하여 소화하는 방식으로 최소설계압력에서 헤드로부터 방출되는 물입자 중 99%의 누적 체적분포가 400㎛ 이하로 분무되고 A급·B급·C급 화재에 적응성을 가지는 것을 말한다(「미분무 소화설비의 화재안전기준(NFSC 104A)」 제3조 제2호).

📖 참고 주수방법

봉상	굵은 물줄기(긴 봉의 형태)
적상	0.5~4mm 물방울
무상	0.1~1.0mm 구름·안개모양

6. 물 소화약제의 첨가제

(1) 증점제(Viscosity water agent)

① 물의 점도를 증가시키는 Viscosity agent를 혼합한 수용액이며, 'Thick water'라고 불리기도 한다.

② 점성이 좋으면 물이 분산되지 않아 소방대상물에 정확히 도달할 수 있으므로 산림화재에 사용된다.

③ 물은 유동성이 좋아 소화대상물에 장시간 부착되어 있지 못한다. 가연물에 대한 접착성질을 강화시키기 위하여 증점제를 사용한다.

④ 증점제를 사용하면 가연물에 대한 침투성이 떨어지고, 방수 시에 마찰손실이 증가하며, 분무 시 물방울의 직경이 커지는 등의 단점이 있다.

(2) 침투제(침윤제, Wetting agent)

① 물의 침투성을 증가시키기 위하여 합성계면활성제(1.1% 첨가)를 사용한다.

② 물의 표면장력을 낮추어 심부화재, 원면화재의 소화효과를 극대화할 수 있다.

③ 침투제가 첨가된 물을 'Wet water'라고 부르며, 이것은 가연물 내부로 침투하기 어려운 목재, 고무, 플라스틱, 원면, 짚 등의 화재에 사용되고 있다.

(3) 유동성 보강제(Rapid water)

① 물의 유속을 빠르게 하고, 물의 마찰손실을 줄일 수 있도록 첨가하는 것이다.

② 물의 점성을 약 70% 정도 감소시켜 마찰손실을 줄여 방수량은 증가하게 된다.

③ 약제로는 폴리에틸렌옥사이드를 사용한다.

(4) 유화제(Emulisfier)

① 중유나 엔진오일 등은 인화점이 높은 고비점 유류의 화재 시 에멀션 형성을 증가시키기 위해 계면활성제를 첨가하여 사용하는 약제이다.

② 유류에서 가연성 증기의 증발을 억제하여 소화효과를 증대시키는 첨가제이다.

③ 약제로는 계면활성제, 친수성콜로이드를 사용한다.

(5) 동결방지제(부동액, Antifreeze agent)

① 물의 어는점 이하에서 동파되거나 물의 응고현상을 방지·지연하기 위한 첨가제이다.

② 대표적인 동결방지제는 글리세린, 프로필렌글리콜, 에틸렌글리콜, $CaCl_2$ 등이 있다.

7. 강화액 소화약제 및 산알칼리 소화약제

(1) 강화액 소화약제(Loaded stream)

① 강화액 소화약제는 동절기 물 소화약제가 동결되는 단점을 보완하고 물의 소화력을 높이기 위하여 화재에 억제효과가 있는 염류를 첨가한 것으로 염류로는 알칼리금속염의 탄산칼륨(K_2CO_3)과 인산암모늄[$(NH_4)H_2PO_4$] 등이 사용된다.

② 한랭지역 및 겨울철에 사용 가능하다. $-20℃$에서도 동결되지 않아 추운 지방에도 사용이 가능하다.

③ 알칼리 금속염을 주성분으로 하는 수용액이다.

④ 강화액소화기가 무상일 때는 A급·B급·C급 화재에 적용된다.

⑤ 소화력을 향상시키기 위하여 탄산칼륨, 인산암모늄을 첨가한다.

⑥ 부촉매소화효과가 있다(열분해되어 생성되는 $K\pm$ $Na\pm$ 등).

(2) 산알칼리 소화약제

① 탄산수소나트륨(알칼리)과 황산(산)의 화학반응에 의하여 생성된 이산화탄소가 압력으로 작동한다.

② 알칼리금속염이 물의 소화능력을 강화시킨다.

③ 일반화재에 적응성이 있고, 산알칼리소화기는 무상일 때는 전기화재에도 가능하다.

2 포 소화약제

1. 개요

(1) 정의

① 물에 약간의 포 소화약제(첨가제)를 혼합한 후 여기에 공기를 주입하면 포(Foam)가 발생한다. 생성된 포는 유류보다 가벼운 미세한 기포의 집합체로 연소물의 표면을 덮어 공기와의 접촉을 차단하여 질식 효과를 나타내며, 사용된 물에 의하여 냉각 효과도 나타난다. 포 소화약제는 포가 유류의 표면을 덮어서 질식시키기 때문에 유류화재의 소화에 가장 효과적이나 일반화재에도 사용할 수 있다.

② 포의 발포방법에 따라 화학포와 기계포로 구분할 수 있다. 화학포는 두 가지 약제의 혼합 시 화학반응으로 발생하는 이산화탄소를 핵으로 하는 포 소화약제이다. 기계포는 포 원액을 물에 섞은 다음 공기를 기계적인 방법으로 혼합하여 공기거품을 발생시키는 기계포(공기포)가 있다. 현재 화학포는 사용되지 않으며 일반적으로 포 소화약제는 기계포를 의미한다.

(2) 특징

① 유류화재에 매우 효과적이다.

② 개방된 옥외공간에서 발생한 화재에도 소화효과가 우수하다.

③ 일반적으로 인체에 무해하며, 화재 시 열분해에 의한 독성가스의 발생이 많지 않다.

④ 소화 후 물로 인한 피해가 발생한다.

⑤ 단백포의 경우 부패의 우려가 있다.

(3) 포 소화약제의 구비조건

① 내유성

ⓐ 포의 유류에 오염되지 않는 능력이고, 불화단백포는 내유성이 강하다.

ⓑ 내유성이 낮은 포 소화약제는 표면하 주입방식을 적용하기 어렵다.

② 유동성

ⓐ 포가 연소면에서 확산되는 능력을 말한다.

ⓑ 단백포는 표면에 두껍고 점성이 있는 막을 형성하는 반면, 수성막포는 점성이 훨씬 낮아 가연물 표면 위에서 급속하게 퍼져 나가는 유동성이 좋다.

③ 내열성

ⓐ 화재발생에 따른 화염에 대한 내력으로, 내열성이 우수하면 화재 시 포가 파괴되는 것이 작아진다.

ⓑ 포가 소멸되지 않기 위해서는 내열성이 우수한 단백포를 사용한다.

④ 점착성

ⓐ 포의 유면에 대한 흡착능력으로 질식효과에 큰 영향을 주는 성질이다.

ⓑ 점착성이 좋지 않으면 기류나 바람에 쉽게 날아가 버린다.

2. 포 소화약제의 분류

(1) 포의 팽창비에 의한 분류

① 팽창비

$$포팽창비 = \frac{발포\ 후\ 포의\ 체적}{방출\ 전\ 포수용액^*의\ 체적}$$

* 포수용액: 포 소화약제에 물을 가한 수용액

② 저발포와 고발포

포의 명칭		포의 팽창비율
저발포		20배 이하
고발포	제1종 기계포	80배 이상 250배 미만
	제2종 기계포	250배 이상 500배 미만
	제3종 기계포	500배 이상 1,000배 미만

③ 팽창비·환원시간·유동성·내열성의 상관관계

ⓐ 팽창비에 따른 포의 환원시간: 팽창비가 커지면 환원시간이 짧아진다.

ⓑ 팽창비에 따른 포의 유동성: 팽창비가 커지면 포의 유동성이 증가한다.

ⓒ 팽창비 따른 포의 내열성: 팽창비가 커지면 함수율이 적어져 내열성이 감소한다.

ⓓ 환원시간이 길면 내열성이 좋아진다.

(2) 발포방법에 의한 분류

① **화학포**: 산성액과 알칼리성액의 두 액체의 화학반응에 의하여 형성되는 이산화탄소를 핵으로 한 포를 말한다.

② **공기포(기계포)**

 ㉠ 일반적으로 단백계(단백포·불화단백포)와 계면활성제계(수성막포·알코올포·합성계면활성제포)로 분류할 수 있다.

 ㉡ 포수용액을 발포기 등으로 이송시켜 기계적 방법에 의하여 공기를 혼입시키고 압력을 가하여 특정 발포기구로 거품을 발생시키기 때문에 공기포(기계포)라고 한다.

 ㉢ 소화약제를 장기간 저장 및 보존할 수 있고, 빠른 시간 내에 대규모의 화재를 소화할 수 있다.

3. 공기포 소화약제

물과 일정한 혼합비로 포수용액 상태로 한 다음 외부로부터 공기를 혼입시켜 강제적으로 방사시킴으로써 포를 생성하는 소화약제를 말한다.

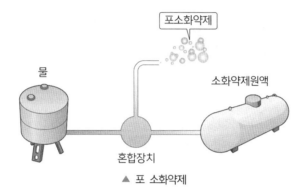

▲ 포 소화약제

(1) 단백포 소화약제(Protein foaming agents)

① 신속하게 다량의 포가 연소유면에 전개되면 단백질과 안정제가 결합하여 내열성이 우수한 포가 유면을 질식소화한다.

② 포의 유동성이 좋지 않아 유면을 신속하게 덮지 못하므로 소화 속도가 느리다.

③ 부패의 우려가 있어 저장기간이 길지 않다.

④ 단백포는 점성이 있어 안정되고 두꺼운 포막을 형성하기 때문에 인화성·가연성 액체의 위험물 저장탱크, 창고, 취급소 등의 포 소화설비에 사용된다.

📋 **요약NOTE 단백포 소화약제의 장점·단점**

장점	• 내열성이 우수함 • 봉쇄성 및 내화성이 우수함 • 윤화(Ring fire)의 발생 위험이 없음
단점	• 유동성이 좋지 않아서 소화속도가 느림 • 소화약제의 저장기간이 짧음(3년 이내) • 분말과 병용할 수 없으며, 유류를 오염시킴

(2) 불화단백포 소화약제(Fluoroprotein foaming agents)

① 단백포 소화약제에 불소계 계면활성제를 첨가하여 단백포와 수성막포의 단점을 보완한 약제이다. 유동성이 나쁜 단백포의 단점과 표면에 형성된 수성막이 적열된 탱크벽에 약한 수성막포의 단점을 개선한 것이다.

② 불화단백포 소화약제는 유류에 오염되지 않기 때문에 수성막포와 같이 저장탱크의 하부에서 방출시켜 주는 표면하 주입식 방출방식으로 사용할 수 있다. 불화단백포는 수성막포와 함께 표면하 주입방식(Subsurface injection system)에 적합한 포 소화약제로 알려져 있다.

③ 표면포 방출방식은 포 방출구가 탱크의 윗부분에 설치되어 있기 때문에 화재시 폭발이나 화열에 의하여 파손되기 쉽지만, 표면하 포주입방식은 포 방출구가 탱크 하부에 설치되어 있어 파손 가능성이 적으므로 설비에 대한 안정성이 크다.

④ 포의 유동성이 우수하여 방출된 포는 신속하게 유류표면을 덮어 공기 중의 산소의 공급을 차단시켜 주는 질식소화작용을 한다.

⑤ 유류저장탱크 화재 시 윤화현상이 발생하지 않는다.

📋 요약NOTE **불화단백포 소화약제의 장점·단점**

적응화재	무상으로 방사하는 경우에는 전기화재에도 적합함
장점	• 내화성이 우수하여 대형의 유류저장탱크 시설에 적합함 • 내유성이 다른 포 소화약제에 비하여 우수함 • 표면하 주입식 포방출방식에 적합함 • 소화약제의 저장기간이 긺(8 ~ 10년)
단점	• 단백포 소화약제에 비하여 구입가격이 비쌈 • 내한용·초내한용으로의 사용이 어려움

(3) 수성막포 소화약제(Aqueous film foaming agents)

① 수성막포는 내유성이 강하여 표면하 주입방식에 효과적이며, 내약품성으로 분말 소화약제와 Twin Agent System이 가능하다. 반면, 내열성이 약해 탱크 내 벽을 따라 잔불이 남게 되는 윤화현상이 일어날 우려가 있다.

② 수성막포 소화약제는 유류표면에 도달하면 불소계 계면활성제수용액이 유류표면에 물과 유류의 중간 성질을 가지는 수성막을 형성한다.

③ 방출 시 유면에서 얇은 물의 막인 수성막을 형성하여 가연성 증기의 발생을 억제한다.

④ 수성막포 소화약제는 유류화재에 대하여 질식소화작용·냉각소화작용을 가지며, 분말과 겸용하면 7 ~ 8배 소화효과가 있다.

⑤ 수성막포 소화약제는 소화성능이 우수하여 기계포소화기의 소화약제로의 사용이 가능하다.

⑥ 소화성능은 단백포 소화약제에 비하여 5배 정도되며, 소화에 사용되는 소화약제의 양도 1/3밖에 되지 않는다.

⑦ 일반적으로 25% 환원시간(포가 깨져 원래의 포수용액으로 돌아가는 시간)이 수성막포는 60초 이상이다.

장점	• 유동성이 우수함 • 분말 소화약제와 병용하면 7 ~ 8배 소화효과가 있음 • 수성막이 장기간 지속되므로 재착화 방지에 효과가 있음 • 유류에 오염되지 않으므로 표면하 주입방식에 의한 설비를 할 수 있음 • 초기 소화속도가 빨라 우수함 • 불화단백포 소화약제 및 ABC분말 소화약제와 함께 사용이 가능 • 소화약제의 보존기간이 반영구적
단점	• 내열성이 약하여 탱크 벽면을 따라 잔화가 남는 열화현상(Ring fire)이 발생함 • 구입가격이 높음 • 수성막은 한정된 조건이 아니면 형성되지 않는 단점이 있음 • C급 화재에는 사용이 곤란함

(4) 알코올형포 소화약제(Alcohol-type foaming agents)

① 알코올과 같은 수용성액체의 화재에 보통의 포 소화약제를 사용하면 수용성 액체가 포 속의 물을 탈취하여 포가 파괴되기 때문에 소화효과를 잃게 된다.

② 수용성 가연물질에 용해되지 않는 성질을 가진 포 소화약제에는 금속비누형 알코올포 소화약제·고분자겔(Gell) 생성형 알코올형포 소화약제·불화단백형 알코올형포 소화약제 등이 있다.

　㉠ 불화단백형 알코올형포 소화약제

　㉡ 금속비누형 알코올형포 소화약제

　㉢ 고분자겔 생성형 알코올형포 소화약제

📝 요약NOTE **알코올형포 소화약제의 장점·단점**

장점	• 수용성 액체 가연물질과 유류화재의 양용형에 해당함 • 유류에 오염되지 않음 • 대형의 유류저장탱크에 사용하여도 윤화(Ring fire)가 발생하지 않음 • 소화약제의 보존기간이 긺(8 ~ 10년)
단점	구입가격이 높음

(5) 합성계면활성제포 소화약제(Synthetic foaming agents)

① 유동성은 좋은 반면 내열성·유면 봉쇄성이 좋지 않기 때문에 다량의 유류화재에는 효과적이지 못하다.

② 대부분의 소화약제가 팽창비 10 이하의 저팽창포로 사용되나, 이 약제는 저팽창포로부터 고팽창포까지 넓게 사용되고 있다.

③ 계면활성제에 안정제·방청제 등을 첨가한 약제이다. 불소계 계면활성제를 사용한 수성막포 소화약제는 따로 분류한다.

④ 고팽창포로 사용하는 경우는 포의 방출구에서 화재지점까지 포를 도달시키는 사정거리가 짧은 것이 단점이다.

⑤ 유류저장탱크의 화재 시 이용하는 경우 윤화현상이 발생될 우려가 있다.

⑥ 저발포·고발포로의 사용이 가능하다.

장점	• 유류표면에 대해 유동성이 양호하여 소화속도가 빠름 • 저발포·고발포로 사용 가능 • 일반화재·유류화재에 모두 적용 • 소화약제의 보존기간이 반영구적
단점	• 단열성·내유성이 약하고, 윤화가 발생될 우려가 있음 • 유류저장탱크의 시설에 부적합함 • 환경오염 우려가 있고 사정거리가 비교적 짧음

📖 참고 **용어정리**

1. **계면활성제**: 기체와 액체, 액체와 액체, 액체와 고체 간의 계면(표면)에 흡착·배열되어 그 계면(표면)의 성질을 현저하게 변화 시키는 물질이다. 계면활성제는 비누로부터 시작되어 합성세제, 기포제, 침투제 등 산업 전반에 걸쳐 넓게 이용되고 있다.
2. **사정거리**: 포의 방출구에서 화재 지점까지 포를 도달시키는 거리를 말한다.

1 이산화탄소 소화약제

1. 개요

(1) 이산화탄소 소화약제의 사용

① 이산화탄소는 탄소의 최종산화물로 더 이상 연소 반응을 일으키지 않기 때문에 할론, 아르곤, 질소 등의 불활성기체와 함께 소화약제로 많이 사용되고 있다.

② 이산화탄소를 소화약제로 이용하는 주된 목적은 소화약제로 인하여 연소되지 아니한 피연소 물질에 물리적·화학적 피해를 주지 않기 때문이다.

③ 질식소화작용과 냉각소화작용이 우수하여 정밀화학, 전기·전자기기실, 의료장비 시설분야의 화재방지용 소화약제로 많이 이용되고 있다.

④ 이산화탄소 소화약제는 산소농도의 희석에 의한 질식소화를 주목적으로 하므로 개방된 장소에서의 일반가연물 화재의 소화에는 부적합하다. 그러나 개구부에 자동폐쇄장치가 설치된 전역방출 방식인 경우 일반 가연물질에 대하여 가연물질의 내부까지 침투하여 심부화재에도 소화효과가 있다.

(2) 이산화탄소의 특성

① 이산화탄소는 유기물의 연소에 의하여 생기는 가스로 공기보다 약 1.5배 정도 무거운 기체이다. 상온에서는 기체이지만 압력을 가하면 액화되기 때문에 고압가스 용기 속에 액화시켜 보관한다.

② 방출 시에는 배관 내를 액상으로 흐르지만 분사 헤드에서는 기화되어 분사된다. 가장 큰 소화효과는 질식효과이며 약간의 냉각효과도 있다.

③ 액체이산화탄소는 자체 증기압이 21℃에서 57.8kg/cm^2 · G(−18℃에서 20.4kg/ cm^2 · G)정도로 매우 높기 때문에 다른 가압원의 도움 없이 자체 압력으로도 방사가 가능하다.

④ 이산화탄소의 임계온도는 31.35℃로 상온에 가깝기 때문에 하절기의 경우 액화이산화탄소의 온도가 임계점을 넘으면 용기 내의 압력이 급격히 상승되어 위험하다.

⑤ 삼중점(Triple point)에서는 세 가지 상이 평형이 되어 기체·액체·고체가 공존할 수 있다. 이산화탄소는 삼중점인 5.1kg/cm^2, −56.6℃에서 기체·액체·드라이아이스가 공존한다. 일반적으로 고체이산화탄소는 녹기보다는 승화가 쉽게 발생하는데, 이것은 대기압이 삼중점의 압력보다 낮기 때문이다.

■ 이산화탄소 물성치

명칭	물성치	명칭	물성치
증기비중	1.529(공기 = 1)	기체밀도 (0℃, 1atm)	1.977g/ℓ
승화점(1atm)	−78.50℃	임계온도	31.35℃
열전도도(20℃)	3.60×10^{-5}cal/cm · s · ℃	임계압력	75.2kgf/cm^2(72.75atm)
증발잠열(0℃, 35.54kg/cm^2)	56.13cal/g · ℃	삼중점	5.1kg/cm^2(약 −57℃)

2. 적응화재 및 사용제한장소

(1) 적응화재

① 일반화재, 유류화재, 전기화재 모두 적응성이 있으나 주로 B급·C급 화재에 사용되고 A급은 밀폐된 경우에 유효하다. 밀폐되지 않은 경우에는 이산화탄소가 쉽게 분산되고 가연물에 침투되기가 어렵기 때문에 효과가 아주 미약하다.

② 이산화탄소는 표면화재에는 우수한 효과를 나타내나 심부화재에 사용하는 경우에는 재발화의 위험성이 있다. 그러므로 심부화재의 경우에는 고농도의 이산화탄소를 방출시켜 소요 농도의 분위기를 비교적 장시간 유지시켜야 한다.

③ 사용 후 소화제에 의한 오손이 없기 때문에 통신기기실, 전산기기실, 변전실 등의 전기 설비, 물에 의한 오손이 걱정되는 도서관이나 미술관 등에 유용하다.

(2) 사용제한장소

① 방재실·제어실 등 사람이 상시 근무하는 장소

② 소화약제에 의해 질식 또는 인체의 위해가 발생할 우려가 있는 밀폐장소

③ 제5류 위험물을 저장·취급하는 장소

④ 이산화탄소를 분해시키는 반응성이 큰 금속(Na, K, Mg, Ti, Zr 등)과 금속수소화물(LiH, NaH, CaH_2)

3. 소화효과

(1) 질식소화작용

(2) 냉각소화작용

(3) 피복소화작용

4. 이산화탄소의 소화농도 및 독성

(1) 개념

① 이산화탄소의 주된 소화효과는 산소농도 저하에 의한 질식효과이다. 소화에 필요한 이산화탄소의 농도는 가연성 기체와 액체의 종류에 따라 다르다.

② 최소 설계농도는 이론적으로 구한 최소 소화농도에 일정량의 여유분(최소 소화농도의 20%)을 더한 값이다.

    ㉠ 이산화탄소의 최소 소화농도(Theoretical minimum CO_2 concentration)

$$CO_2(\%) = \frac{21 - O_2}{21} \times 100 \quad \cdots\cdots \text{[식1]}$$

    ㉡ 이산화탄소의 최소 설계농도(Minimum design CO_2 concentration)

$$\text{최소 설계농도} = \text{최소 소화농도} \times 1.2 \quad \cdots\cdots \text{[식2]}$$

③ 이산화탄소의 최소 설계농도는 보통 34vol% 이상으로 설계하기 때문에 [식1]과 [식2]와 같이 구한 최소 설계농도가 34vol% 이하일 때에도 34vol%로 설계해야 한다.

④ 공기 중에는 산소가 21vol% 존재하지만 이것이 희석되어 농도가 개략적으로 15vol% 이하가 되면 연소는 중단된다. 가연물질에 따라 산소농도가 15vol% 이하가 되어도 소화되지 않는 경우도 있다. 이산화탄소의 최소 설계농도를 34vol%로 하는 경우 산소의 농도를 [식1]로부터 구해 보면 약 14vol%가 된다.

(2) 이산화탄소의 최소 소화농도 계산

공기 중 산소농도가 20%일 때, 이산화탄소를 방사해서 산소농도 10%가 되었다면 이때 이산화탄소의 최소 소화농도는?

관련식: $CO_2(\%) = \dfrac{21 - O_2}{21} \times 100$(단, 공기 중의 산소의 농도 21%일 경우)

풀이식: $CO_2(\%) = \dfrac{20 - 10}{20} \times 100 = 50(\%)$

따라서 이산화탄소의 최소 소화농도는 50(%)이다.

[정답] 50%

(3) 이산화탄소의 독성

① 이산화탄소는 자체의 독성은 무시할 만하나, 다량 발생 시 공기 중의 산소량을 저하시켜 질식의 위험이 있다.

② 이산화탄소의 경우 독성을 나타내는 수치의 하나인 TLV는 5,000ppm으로 일산화탄소의 50ppm, 암모니아의 25ppm에 비하면 자체의 유독성보다는 상대적인 산소농도에 기인하여 위험을 초래하는 기체라 할 수 있다.

> **📖 참고 이산화탄소의 약제 계산식**
>
> 1. CO₂의 %
>
> $$CO_2의 \% = \frac{21 - O_2}{21} \times 100$$
>
> 2. CO₂의 기화체적(㎥)
>
> $$CO_2의\ 기화체적 = \frac{21 - O_2}{O_2} \times V$$

2 할론(Halon) 소화약제

1. 개요

(1) 정의

① 할론 소화약제는 할로겐족 원소인 불소(F)·염소(Cl)·브로민(Br, 취소)·아이오딘(I)를 탄화수소인 메탄(CH_4)·에탄(C_2H_6)의 수소원자와 치환시켜 제조된 물질이다.

② 할로겐족 원소인 브로민·염소 등이 가연물질 내에 함유되어 있는 활성유리기인 수소기(H)·수산기(OH)와 반응하여 가연물질의 연쇄반응 또는 화재의 진행을 차단·억제하는 부촉매소화효과가 우수하다.

(2) 대표 할론 소화약제의 종류별 특성

① 할론 1301 소화약제(CF_3Br): 일취화삼불화메탄

㉠ 공기보다 5.1배 무거우며, 비점(bp)이 영하 57.75℃이다.

㉡ 모든 할론 소화약제 중 소화성능이 가장 우수하다.

㉢ 오존층을 구성하는 오존(O_3)과의 반응성이 강하여 오존파괴지수(ODP: Ozone Depletion Potential)가 가장 높다.

② 할론 1211 소화약제(CF_2ClBr): 일취화일염화이불화메탄

      ⊙ 공기보다 5.7배 무거우며, 상온에서 기체이고 방출 시 액체로 방출된다.

      ⓛ 소화약제로 사용되는 할론 중 오존파괴지수가 가장 낮다.

      ⓒ 할론 1211 소화약제는 소화기용 소화약제로 사용하는 경우 일반가연물화재·유류화재·전기화재 및 가스화재에 적응되는 유일한 소화약제이다.

③ 할론 2402 소화약제($C_2F_4Br_2$): 이취화사불화에탄

      ⊙ 공기보다 9배 무거우며, 비점이 영상 47.5℃이다.

      ⓛ 1974년에는 상온·상압에서 액체인 할론 2402를 사용한 소화기가 등장하게 되었으나 독성 때문에 소화기용으로는 사용하지 않는다.

참고 오존파괴지수(ODP)

1. 어떤 화합물질의 오존파괴 정도를 숫자로 표현한 것으로써 숫자가 클수록 오존파괴 정도가 크다. 삼염화불화탄소($CFCl_3$)의 오존파괴능력을 1로 보았을 때 상대적인 파괴능력을 나타내는 지수로서 몬트리올의정서에서 규정한 모든 오존층파괴물질에 대해 오존층파괴지수가 산정되어 있다.
2. 할론 1301의 ODP는 14.1, 할론 1211은 2.4, 할론 2402는 6.6으로 CFC-11에 비해 훨씬 높은 값을 가지고 있다. CFC-11의 ODP는 1이다.

---

2. 소화약제의 명명(命名) 및 분류

소화약제의 명명법은 다음과 같다.

할론	W	X	Y	Z
	↓	↓	↓	↓
	탄소	불소	염소	브로민

3. 적응화재

(1) 일반적으로 유류화재(B급 화재), 전기화재(C급 화재)에 적합하나 전역 방출과 같은 밀폐 상태에서는 일반화재(A급 화재)에도 사용할 수 있다.

    ① 컴퓨터실, 통신기기실, 변압기, 변전소 등과 같은 전기 위험물

    ② 가솔린 또는 다른 인화성 연료를 사용하는 기계

    ③ 종이, 목재, 섬유 등 일반적인 가연물질

    ④ 도서관, 박물관 등

(2) 할론 소화약제는 연소의 4요소 중의 하나인 연쇄반응을 차단시켜 화재를 소화한다. 이러한 소화를 부촉매소화 또는 억제소화라 하며 이는 화학적 소화에 해당한다.

(3) 사용이 제한되는 소방대상물

    ① 셀룰로오스, 질산염 등과 같은 자기 반응성 물질 또는 이들의 혼합물

    ② Na, K, Mg, Ti, Pu(플루토늄) 같은 반응성이 큰 금속

    ③ 금속의 수소 화합물(LiH, NaH, CaH_2, $LiAlH_4$ 등)

    ④ 유기과산화물, 하이드라진(N_2H_4) 등과 같이 스스로 발열 분해하는 화학제품

4. 할로겐원소의 역할

(1) 할론은 지방족 탄화수소인 메탄(CH_4)이나 에탄(C_2H_6) 등의 수소 원자 일부 또는 전부가 할로겐원소(F, Cl, Br, I)로 치환된 화합물로 이들의 물리적·화학적 성질은 메탄이나 에탄과는 판이하게 다르다.

(2) 특성

① 전기음성도가 크다는 것은 다른 원소를 산화시키는 힘이 크다는 것을 의미한다. 따라서 불소는 모든 원소 중에서 산화력이 가장 크다.

② 불소가 함유되어 있는 할론은 연료로 사용되는 메탄과는 정반대로 중심 탄소가 산화되어 있는 상태이기 때문에 불연성이며 대기 중에서도 잘 분해되지 않는 안정된 물질이다.

③ 일반적으로 할로겐화합물 중에 불소는 불활성과 안전성을 높여 주고 브로민은 소화 효과를 높여 준다. 또한 할론은 분자 내의 결합력은 강한 반면, 분자 간의 결합력은 약하기 때문에 쉽게 기화되어 소화 후 잔해물이 남지 않는다는 장점도 지니고 있다.

📑 요약NOTE 할론 소화약제에서 할로겐원소의 역할

구분	불소	염소	브로민
독성	감소	강화	강화
안정성	강화	–	–
소화효과	–	강화	강화
비점	감소	강화	강화

> **📖 참고 할론 소화약제의 특성**
>
> 1. 전기음성도는 불소, 염소, 취소, 옥소 순이다.
> 2. 소화효과는 옥소, 취소, 염소, 불소 순이다.
> 3. 소화효과는 1301, 1211, 2402, 1011, 1040 순이다.
> 4. 오존층파괴지수는 1301, 2402, 1211 순이다.
> 5. ODP(오존파괴지수) = $\dfrac{\text{어떤 물질 1kg에 의해 파괴되는 오존량}}{\text{CFC} - 11 \text{ 1kg에 의해 파괴되는 오존량}}$
> 6. GWP(지구온난화지수) = $\dfrac{\text{어떤 물질 1kg에 의한 지구온난화 정도}}{\text{CO}_2 \text{ 1kg에 의한 지구온난화 정도}}$

5. 소화효과

(1) 냉각소화작용

(2) 질식소화작용

(3) 부촉매소화작용

할론 소화약제가 가지고 있는 할로겐족 원소인 불소·염소 및 브로민이 가연물질을 구성하고 있는 수소(H)·산소(O)로부터 활성화되어 생성된 수소기(H)·수산기(OH)와 작용하여 가연물질의 연쇄반응을 차단·억제시켜 더 이상 화재를 진행하지 못하게 하는 소화작용을 한다.

3 할로겐화합물 및 불활성기체 소화약제

1. 개요

(1) 할로겐화합물 및 불활성기체 소화약제란 할로겐화합물(할론 1301, 할론 2402, 할론 1211 제외) 및 불활성기체로서 전기적으로 비전도성이며 휘발성이 있거나 증발 후 잔여물을 남기지 않는 소화약제를 말한다.

(2) 할로겐화합물 및 불활성기체 소화약제는 불소·염소·브로민·아이오딘 중 하나 이상 원소를 포함하고 있는 유기화합물을 기본 성분으로 하는 '할로겐화합물 소화약제'와 헬륨·네온·아르곤·질소 중 하나 이상의 원소를 기본 성분으로 하는 '불활성기체 소화약제'로 구분된다.

(3) 오존파괴지수(ODP)와 지구의 온도를 상승시켜 지구를 온실화하는 지구온난화지수(GWP)가 할론 물질과 이산화탄소(CO_2)에 비하여 무시할 정도로 낮다.

2. 불활성기체 소화약제

불활성기체 소화약제는 헬륨, 네온, 아르곤, 질소 중 하나 이상의 원소를 기본성분으로 하는 소화약제를 말한다.

(1) IG-541(불연성·불활성기체 혼합가스)

① 질소 52%, 아르곤 40%, 이산화탄소 8%로 이루어진 혼합 소화약제로 A급 및 B급 화재의 소화에 적합하다.

② 할론이나 분말소화약제와 같이 화학적 소화특성을 지니고 있는 것은 아니고 주로 밀폐된 공간에서 산소농도를 낮추는 것에 의해 소화한다.

③ 소화성능을 발휘할 수 있는 약제의 농도에서도 사람의 호흡에 문제가 없으므로 사람이 있는 곳에서도 사용할 수 있다는 것이 장점이다.

(2) IG-01 · IG-55 · IG-100(불연성·불활성기체 혼합가스)

① IG-01은 아르곤이 99.9vol% 이상이다.

② IG-55는 질소가 50vol%, 아르곤이 50vol%인 성분으로 되어 있다.

③ IG-100은 질소가 99.9vol% 이상이다.

(3) 불연성·불활성기체 혼합가스 소화약제의 특징

① 대기 잔존지수와 GWP가 0이며 ODP도 0이다.

② 할론이나 분말소화약제와 같이 화학적 소화특성을 지니고 있는 것은 아니고 주로 밀폐된 공간에서 산소농도를 낮추는 것에 의해 소화한다.

불활성기체 소화약제의 종류	화학식	NOAEL(%)
IG-01	Ar	43
IG-100	N_2	43
IG-541	N_2: 52%, Ar: 40%, CO_2: 8%	43
IG-55	N_2: 50%, Ar: 50%	43

3. 할로겐화합물 소화약제

할로겐화합물 소화약제는 순도가 99% 이상이고 불소, 염소, 브로민, 아이오딘 중 하나 이상의 원소를 포함하고 있는 유기화합물을 기본성분으로 하는 소화약제이다.

4. 할로겐화합물 및 불활성기체 소화약제의 소화작용 및 적응화재

(1) 냉각소화작용

(2) 질식소화작용

(3) 부촉매소화작용

(4) 불활성기체 소화약제

불활성기체 소화약제는 주로 질소, 아르곤, 이산화탄소로 되어 있으므로 화학소화보다는 질식소화가 주소화이다.

5. 할로겐화합물 소화약제 요구조건

(1) 독성이 적을수록 좋다.

(2) 지구 온난화에 끼치는 영향이 적을수록 좋다.

(3) 대기 중에 잔존 시간이 짧을수록 좋다.

(4) 오존층 파괴에 끼치는 영향이 적을수록 좋다.

📖 참고 **할로겐화합물 소화약제의 종류**

소화약제	화학식	NOAEL(%)
FC-3-1-10	C_4F_{10}	40
FK-5-1-12	$CF_3CF_2C(O)CF(CF_3)_2$	10
HFC-23	CHF_3	50
HFC-125	CHF_2CF_3	11.5
HFC-227ea	CF_3CHFCF_3	10.5
HFC-236fa	CF_3CH2CF_3	12.5
FIC-13I1	CF_3I	0.3
HCFC-124	$CHClFCF_3$	1.0
HCFC BLEND A	HCFC-123($CHCl_2CF_3$): 4.75% HCFC-22($CHClF_2$): 82% HCFC-124($CHClFCF_3$): 9.5% $C_{10}H_{16}$: 3.75%	10

📖 참고 **관련 용어**

1. NOAEL(No Observed Adverse Effect Level): 무관찰 부작용량
   - 심장에 악영향이 나타나지 않는 최고 농도이다.
   - 거주공간에서의 사용을 제한하기 위한 소화약제의 농도로 인체에 부작용이 없고 아무런 악영향을 미치지 않는 최고의 농도를 의미한다.
   - NOAEL은 낮을수록 독성이 크다.
   - 약제의 농도를 0에서부터 조금씩 증가시켜 갈 때, 신체에 아무런 악영향이 없는 최대농도를 말한다.
   - 즉, 어떠한 독성도 관찰되지 않는 최대의 양을 의미한다.
2. LOAEL(Lowest Observed Adverse Effect Level): 최소관찰 부작용량
   - 심장에 악영향이 나타나는 최저 농도이다.
   - 거주공간에서의 사용을 제한하기 위한 소화약제의 농도로 인체에 부작용이 있고 악영향을 미치는 최저의 농도를 의미한다.
   - LOAEL은 낮을수록 독성이 크다.
   - 약제의 농도를 해로운 농도에서부터 조금씩 감소시켜갈 때, 신체에 악영향을 감지할 수 있는 최소농도를 말한다.

- 즉, 최소한의 독성이 나타나는 최소량을 말한다.

3. 지구온난화지수(GWP Global warming potential)
- 일정무게의 이산화탄소(CO_2)가 대기 중에 방출되어 지구온난화에 기여하는 정도를 1로 정하였을 때 같은 무게의 어떤 물질이 기여하는 정도를 GWP로 나타낸다.
- GWP(지구온난화지수) $= \dfrac{\text{물질 1kg에 의한 지구온난화 정도}}{CO_2 \text{ 1kg에 의한 지구온난화 정도}}$

4. 오존파괴지수(ODP Ozone Depletion Potential)
- 대체물질의 오존파괴능력을 상대적으로 나타내는 지표가 정의되었는데 이를 ODP라 한다.
- ODP는 기준물질로 CFC-11($CFCl_3$)의 ODP를 1로 정하고 상대적으로 어떤 물질의 대기권에서의 수명, 물질의 단위질량당 염소나 브로민질량의 비, 활성염소와 브로민의 오존파괴능력 등을 고려하여 물질의 ODP가 정해진다.
- ODP(오존파괴지수) $= \dfrac{\text{물질 1kg에 의해 파괴되는 오존량}}{CFC\text{-}11 \text{ 1kg에 의해 파괴되는 오존량}}$

5. 기타
- ALT(Atmospheric Life Time)은 온실가스가 발사된 후 대기권에서 분해되지 않고 체류하는 잔류기간이다.
- LC50(50% Lethal Concentration)은 반수 치사농도(ppm)이다.
- ALC(Approximate Lethal Concentration)는 실험용 쥐의 2분의 1이 15분 이내에 사망하는 농도로 ALC값이 클수록 물질의 독성이 낮다.

4 분말 소화약제

1. 개요

(1) 정의
① 화재발생 시 온도나 습도가 높은 여름이나 온도가 낮은 겨울철 소화약제의 저장·취급 및 유지관리가 원활하지 못하여 이들의 단점을 보완하기 위하여 연구·개발된 소화약제가 분말 소화약제이다.
② 분말의 구비조건으로는 유동성, 무독성, 비고화성, 내부식성, 내습성, 작은 비중, 경제성, 경년기간, 미세도가 있다.
③ 사용되는 분말의 입자는 보통 10 ~ 70μm 정도로, 분말의 입도는 너무 크거나 너무 미세하면 안 된다. 20 ~ 25μm 정도에서 최적의 소화효과를 얻을 수 있다.

(2) 분류

종별	주성분	색상	소화대상	소화성능
제1종	탄산수소나트륨($NaHCO_3$)	백색	B급·C급	60
제2종	탄산수소칼륨($KHCO_3$)	담자색(보라색, 담회색)	B급·C급	118
제3종	제1인산암모늄($NH_4H_2PO_4$)	담홍색(핑크색)	A급·B급·C급	100
제4종	탄산수소칼륨 + 요소 [$KHCO_3 + (NH_2)_2CO$]	회색	B급·C급	150

(3) 장점·단점

① 장점

ㄱ 유류화재나 전기화재 시 소화성능이 우수하다.

ㄴ 화재의 확대 및 급속한 인화성 액체의 소화에 적합하다.

ㄷ 전기절연성이 높아 고전압의 전기화재에도 적합하다.

ㄹ 분말소화기의 내용연수는 10년이다.

② 단점

ㄱ 피연소물질에 피해를 끼친다.

ㄴ 소화약제 자체는 무해하나 열분해 시에 유해성 가스를 발생하는 것도 있다.

ㄷ 유체가 아니므로 배관 내의 흐름 시 고압을 필요로 한다.

ㄹ 습기의 흡입에 주의하여야 한다.

2. 제1종 분말 소화약제

(1) 개요

① 분말의 유동성을 위한 탄산마그네슘($MgCO_3$), 인산삼칼슘[$Ca_3(PO_4)_2$] 등의 분산제를 첨가한 약제로 백색으로 착색되어 있다.

② 제1종 소화분말의 주성분은 탄산수소나트륨이다.

(2) 소화작용

① 질식소화작용

② 냉각소화작용

③ 부촉매소화작용

④ 그 밖의 소화작용: 제1종 소화분말인 탄산수소나트륨으로부터 열분해 시 발생된 이산화탄소와 수증기가 화재로부터 발생되는 열의 전달을 차단시켜 화재의 전파를 방지하게 함으로써 열전달방지 소화작용을 하며, 특히 식용유화재에서 나트륨을 가하면 지방을 가수분해하는 비누화작용을 일으켜서 질식소화한다.

⑤ 탄산수소나트륨의 열분해 반응

ㄱ 270℃에서 $2NaHCO_3 \rightarrow Na_2CO_3 + H_2O + CO_2 - Qkcal$

ㄴ 850℃에서 $2NaHCO_3 \rightarrow Na_2O + H_2O + 2CO_2 - Qkcal$

3. 제2종 분말 소화약제

(1) 개요

① 제2종 소화분말의 주성분은 탄산수소칼륨으로 적응화재에 대하여 가지는 소화성능의 값이 제1종 분말 소화약제보다 우수하다.

② 분말의 색상은 담회색(담자색)이다.

(2) 소화작용

① 질식소화작용

② 냉각소화작용

③ 부촉매소화작용

④ 탄산수소칼륨의 열분해반응

　㉠ 190℃에서 $2KHCO_3 \rightarrow K_2CO_3 + H_2O + CO_2 - Qkcal$

　㉡ 590℃에서 $2KHCO_3 \rightarrow K_2O + H_2O + 2CO_2 - Qkcal$

4. 제3종 분말 소화약제

(1) 개요

① 분말 소화약제는 불꽃 연소에는 소화적응성 있지만 작열 연소의 소화에는 큰 소화력을 발휘하지 못하는 단점이 있다. 이를 개선하기 위해 개발한 소화약제가 제3종 분말 소화약제이다.

② 제3종 분말 소화약제는 A급·B급·C급의 어떤 화재에도 사용할 수 있기 때문에 일명 ABC분말 소화약제라고도 한다.

③ 주성분은 알칼리성의 제1인산암모늄($NH_4H_2PO_4$)이며, 착색은 담홍색이다.

(2) 소화작용

① 질식소화작용

② 냉각소화작용

③ 부촉매소화작용: 제1인산암모늄으로부터 유리된 암모늄이온($NH_4\pm$)이 가연물질 내부에 함유되어 있는 활성화된 수산이온(OH)과 반응하여 부촉매소화효과가 있다.

④ 방진소화작용: 제1인산암모늄으로부터 360℃ 이상의 온도에서 열분해하는 과정에서 생성되는 액체상태의 점성을 가진 메타 - 인산(HPO_3)이 일반가연물질인 나무·종이·섬유 등의 연소과정인 잔진상태의 숯불표면에 유리(Glass)상의 피막을 이루어 공기 중의 산소의 공급을 차단시키는 방진소화작용을 한다.

⑤ 탈수탄화작용: 제1인산암모늄이 열분해될 때 생성되는 오쏘 - 인산이 목재, 섬유, 종이 등을 구성하고 있는 섬유소를 탈수·탄화시켜 난연성의 탄소와 물로 변화시키기 때문에 연소반응이 중단된다.

5. 제4종 분말 소화약제

(1) 개요

① 제2종 분말을 개량한 것으로 탄산수소칼륨($KHCO_3$)과 요소[$(NH_2)_2CO$]와의 반응물($KC_2N_2H_3O_3$)을 주성분으로 한다.

② 약제는 회색으로 착색되어 있다.

(2) 소화작용

① 소화력이 큰 탄산수소칼륨에 요소를 결합시킨 것으로 입자는 보통 크기이나, 이것이 화염과 만나면 산탄처럼 미세한 입자가 분해되어 커다란 비표면적을 가지기 때문에 큰 소화작용을 발휘하게 된다.

② 소화력은 분말 소화약제 중 가장 우수하다. 특히 B급·C급 화재에는 소화효과가 우수하나 A급 화재에는 큰 효과가 없다.

POINT 5-1 소방시설 개론

1. 소방시설

구분	정의
소화설비	물, 그 밖의 소화약제를 사용하여 소화하는 기계·기구 또는 설비
경보설비	화재발생 사실을 통보하는 기계·기구 또는 설비
피난구조설비	화재가 발생할 경우 피난하기 위하여 사용하는 기구 또는 설비
소화용수설비	화재를 진압하는 데 필요한 물을 공급하거나 저장하는 설비
소화활동설비	화재를 진압하거나 인명구조활동을 위하여 사용하는 설비

(1) 소화설비

물 또는 그 밖의 소화약제를 사용하여 소화하는 기계·기구 또는 설비를 말한다.

① 소화기구
  ㉠ 소화기
  ㉡ 간이소화용구
    ⓐ 에어로졸식 소화용구
    ⓑ 투척용 소화용구
    ⓒ 소공간용 소화용구
    ⓓ 소화약제 외의 것을 이용한 간이소화용구
  ㉢ 자동확산소화기
② 자동소화장치
  ㉠ 주거용 주방자동소화장치
  ㉡ 상업용 주방자동소화장치
  ㉢ 캐비닛형 자동소화장치
  ㉣ 가스자동소화장치
  ㉤ 분말자동소화장치
  ㉥ 고체에어로졸자동소화장치
③ 옥내소화전설비(호스릴옥내소화전설비 포함)

④ 스프링클러설비등

    ㉠ 스프링클러설비

    ㉡ 간이스프링클러설비(캐비닛형 간이스프링클러설비 포함)

    ㉢ 화재조기진압용 스프링클러설비

⑤ 물분무등소화설비

    ㉠ 물분무 소화설비

    ㉡ 미분무 소화설비

    ㉢ 포 소화설비

    ㉣ 이산화탄소 소화설비

    ㉤ 할론 소화설비

    ㉥ 할로겐화합물 및 불활성기체(다른 원소와 화학반응을 일으키기 어려운 기체) 소화설비

    ㉦ 분말 소화설비

    ㉧ 강화액 소화설비

    ㉨ 고체에어로졸 소화설비

⑥ 옥외소화전설비

(2) 경보설비

화재발생 사실을 통보하는 기계·기구 또는 설비이다.

① 단독경보형 감지기

② 비상경보설비

    ㉠ 비상벨설비

    ㉡ 자동식사이렌설비

③ 자동화재탐지설비

④ 시각경보기

⑤ 화재알림설비

⑥ 비상방송설비

⑦ 자동화재속보설비

⑧ 통합감시시설

⑨ 누전경보기

⑩ 가스누설경보기

(3) 피난구조설비

화재가 발생할 경우 피난하기 위하여 사용하는 기구 또는 설비이다.

① 피난기구

    ㉠ 피난사다리

    ㉡ 구조대

    ㉢ 완강기

    ㉣ 간이완강기

    ㉤ 그 밖에 '화재안전기준'으로 정하는 것

② 인명구조기구
- ㉠ 방열복, 방화복(안전모, 보호장갑 및 안전화 포함)
- ㉡ 공기호흡기
- ㉢ 인공소생기
③ 유도등
- ㉠ 피난유도선
- ㉡ 피난구유도등
- ㉢ 통로유도등
- ㉣ 객석유도등
- ㉤ 유도표지
④ 비상조명등 및 휴대용비상조명등

(4) 소화용수설비
화재를 진압하는 데 필요한 물을 공급하거나 저장하는 설비이다.
① 상수도소화용수설비
② 소화수조·저수조, 그 밖의 소화용수설비

(5) 소화활동설비
화재를 진압하거나 인명구조활동을 위하여 사용하는 설비이다.
① 제연설비
② 연결송수관설비
③ 연결살수설비
④ 연소방지설비
⑤ 무선통신보조설비
⑥ 비상콘센트설비

2. 소방시설등

(1) 소방시설과 비상구, 소방 관련 시설로서 대통령령으로 정하는 것이다.

(2) 소방 관련 시설로서 대통령령으로 정하는 것으로, 방화문 및 자동방화셔터를 말한다.

3. 소방용품
소방시설 등을 구성하거나 소방용으로 사용되는 제품 또는 기기로서 대통령령으로 정하는 것이다.

(1) 소화설비를 구성하는 제품 또는 기기
① 소화기구(소화약제 외의 것을 이용한 간이소화용구 제외)
② 자동소화장치
③ 소화설비를 구성하는 소화전, 관창(管槍), 소방호스, 스프링클러헤드, 기동용 수압개폐장치, 유수제어밸브 및 가스관선택밸브

(2) 경보설비를 구성하는 제품 또는 기기
① 누전경보기 및 가스누설경보기
② 경보설비를 구성하는 발신기, 수신기, 중계기, 감지기 및 음향장치(경종만 해당)

(3) 피난구조설비를 구성하는 제품 또는 기기

　　① 피난사다리, 구조대, 완강기(간이완강기 및 지지대 포함)

　　② 공기호흡기(충전기 포함)

　　③ 피난구유도등, 통로유도등, 객석유도등 및 예비 전원이 내장된 비상조명등

(4) 소화용으로 사용하는 제품 또는 기기

　　① 소화약제

　　　　㉠ 자동소화장치: 상업용자동소화장치, 캐비닛형자동소화장치

　　　　㉡ 소화설비: 포 소화설비, 이산화탄소 소화설비, 할론 소화설비, 할로겐화합물 및 불활성기체 소화설비, 분말
　　　　　　소화설비, 강화액 소화설비, 고체에어로졸 소화설비

　　② 방염제(방염액, 방염도료 및 방염성물질)

(5) 행정안전부령으로 정하는 소방 관련 제품 또는 기기

4. 무창층

(1) 지상층 중 개구부 면적의 합계가 해당 층 바닥면적의 30분의 1 이하가 되는 층이다.

(2) 무창층의 개구부의 요건

　　① 크기는 지름 50cm 이상의 원이 통과할 수 있을 것

　　② 해당 층의 바닥면으로부터 개구부 밑부분까지 높이가 1.2m 이내일 것

　　③ 도로 또는 차량이 진입할 수 있는 빈터를 향할 것

　　④ 화재 시 건축물로부터 쉽게 피난할 수 있도록 창살이나 그 밖의 장애물이 설치되지 아니할 것

　　⑤ 내부 또는 외부에서 쉽게 부수거나 열 수 있을 것

5. 피난층

곧바로 지상으로 갈 수 있는 출입구가 있는 층을 말한다.

1 소화기구 및 자동소화장치

1. 정의

(1) 소화약제

소화기구 및 자동소화장치에 사용되는 소화성능이 있는 고체·액체 및 기체의 물질을 말한다.

(2) 거실

거주·집무·작업·집회·오락 그 밖에 이와 유사한 목적을 위하여 사용하는 방을 말한다.

(3) 소화약제 외의 것을 이용한 간이소화용구의 능력단위([별표 2])

소화기 및 소화약제에 따른 간이소화용구에 있어서는 법 제37조 제1항에 따라 형식승인된 수치를 말하며, 소화약제 외의 것을 이용한 간이소화용구에 있어서는 다음의 표에 따른 수치를 말한다.

간이소화용구		능력단위
마른 모래	삽을 상비한 50L 이상의 것 1포	0.5단위
팽창질석·팽창진주암	삽을 상비한 80L 이상의 것 1포	

2. 소화기구

(1) 소화기

소화약제를 압력에 따라 방사하는 기구로서 사람이 수동으로 조작하여 소화하는 것을 말한다.

① 소형소화기: 능력단위가 1단위 이상이고 대형소화기의 능력단위 미만인 소화기를 말한다.

② 대형소화기: 화재 시 사람이 운반할 수 있도록 운반대와 바퀴가 설치되어 있고 능력단위가 A급 10단위 이상, B급 20단위 이상인 소화기를 말한다.

③ 가압식소화기 및 축압식소화기(「소화기의 형식승인 및 제품검사의 기술기준」)

  ㉠ 가압식소화기: 소화약제의 방출원이 되는 가압가스를 소화기 본체용기와는 별도의 전용용기(소화기가압용 가스용기)에 충전하여 장치하고 소화기가압용가스용기의 작동봉판을 파괴하는 등의 조작에 의하여 방출되는 가스의 압력으로 소화약제를 방사하는 방식의 소화기를 말한다.

  ㉡ 축압식소화기: 본체용기 중에 소화약제와 함께 소화약제의 방출원이 되는 압축가스(질소 등)를 봉입한 방식의 소화기를 말한다.

(2) 간이소화용구

① 에어로졸식 소화용구

② 투척용 소화용구

③ 소공간용 소화용구

④ 소화약제 외의 것을 이용한 간이소화용구

(3) 자동확산소화기

화재를 감지하여 자동으로 소화약제를 방출·확산시켜 국소적으로 소화하는 소화기를 말한다.

3. 자동소화장치

(1) 주거용 주방자동소화장치

(2) 상업용 주방자동소화장치

(3) 캐비닛형 자동소화장치

(4) 가스자동소화장치

(5) 분말자동소화장치

(6) 고체에어로졸 자동소화장치

4. 설치기준

(1) 소화기구의 소화약제별 적응성

소화기구는 특정소방대상물의 설치장소에 따라 다음의 표에 적합한 종류의 것으로 설치하여야 한다.

구분		일반화재(A급화재)	유류화재(B급화재)	전기화재(C급화재)	주방화재(K급화재)
가스	이산화탄소	-	O	O	-
	할론	O	O	O	-
	할로겐화합물 및 불활성기체	O	O	O	-
분말	인산염류 소화약제	O	O	O	-
	중탄산염류 소화약제	-	O	O	*
액체	산알칼리 소화약제	O	O	*	-
	강화액 소화약제	O	O	*	*
	포 소화약제	O	O	*	*
	물·침윤 소화약제	O	O	*	*
기타	고체에어로졸화합물	O	O	O	-
	마른 모래	O	O	-	-
	행창질석·팽창진주암	O	O	-	-
	그 밖의 것	-	-	-	*

주) "*"의 소화약제별 적응성은 「소방시설 설치 및 관리에 관한 법률」 제37조에 의한 형식승인 및 제품검사의 기술기준에 따라 화재 종류별 적응성에 적합한 것으로 인정되는 경우에 한한다.

(2) 특정소방대상물별 소화기구의 능력단위기준

특정소방대상물	소화기구의 능력단위
위락시설	해당 용도의 바닥면적 30㎡마다 능력단위 1단위 이상
공연장·집회장·관람장·문화재·장례식장 및 의료시설	해당 용도의 바닥면적 50㎡마다 능력단위 1단위 이상
근린생활시설·판매시설·운수시설·숙박시설·노유자시설·전시장·공동주택·업무시설·방송통신시설·공장·창고시설·항공기 및 자동차 관련 시설 및 관광휴게시설	해당 용도의 바닥면적 100㎡마다 능력단위 1단위 이상
그 밖의 것	해당 용도의 바닥면적 200㎡마다 능력단위 1단위 이상

주) 소화기구의 능력단위를 산출함에 있어서 건축물의 주요구조부가 내화구조이고, 벽 및 반자의 실내에 면하는 부분이 불연재료·준불연재료 또는 난연재료로 된 특정소방대상물에 있어서는 위 표의 기준면적의 2배를 해당 특정소방대상물의 기준면적으로 한다.

(3) 소화기의 설치기준

① 특정소방대상물의 각 층마다 설치하되, 각층이 2 이상의 거실로 구획된 경우에는 각 층마다 설치하는 것 외에 바닥면적이 33㎡ 이상으로 구획된 각 거실(아파트의 경우에는 각 세대를 말한다)에도 배치할 것

② 특정소방대상물의 각 부분으로부터 1개의 소화기까지의 보행거리가 소형소화기의 경우에는 20m 이내, 대형소화기의 경우에는 30m 이내가 되도록 배치할 것. 다만, 가연성물질이 없는 작업장의 경우에는 작업장의 실정에 맞게 보행거리를 완화하여 배치할 수 있다.

③ 능력단위가 2단위 이상이 되도록 소화기를 설치해야 할 특정소방대상물 또는 그 부분에 있어서는 간이소화용구의 능력단위가 전체 능력단위의 2분의 1을 초과하지 않게 할 것. 다만, 노유자시설의 경우에는 그렇지 않다.

(4) 소화기의 감소

① 소형소화기의 감소: 옥내소화전설비·스프링클러설비·물분무등 소화설비·옥외소화전설비 또는 대형소화기를 설치한 경우에는 해당 설비의 유효범위의 부분에 대하여는 소화기의 3분의 2(대형소화기를 둔 경우에는 2분의 1)를 감소할 수 있다.

② 대형소화기의 감소: 대형소화기를 설치하여야 할 특정소방대상물 또는 그 부분에 옥내소화전설비·스프링클러설비·물분무등 소화설비 또는 옥외소화전설비를 설치한 경우에는 해당 설비의 유효범위 안의 부분에 대하여는 대형소화기를 설치하지 않을 수 있다.

5. 소화기의 형식승인 및 제품검사의 기술기준

(1) 능력단위

① A급 화재용 소화기 또는 B급 화재용 소화기는 능력단위의 수치가 1 이상이어야 한다.

② 대형소화기의 능력단위의 수치는 A급 화재에 사용하는 소화기는 10단위 이상, B급 화재에 사용하는 소화기는 20단위 이상이어야 한다.

③ C급 화재용 소화기는 전기전도성시험에 적합하여야 하며 C급 화재에 대한 능력단위는 지정하지 아니한다.

④ K급 화재용 소화기는 K급 화재용 소화기의 소화성능시험에 적합하여야 하며, K급 화재에 대한 능력단위는 지정하지 아니한다.

(2) 대형소화기의 소화약제량

대형소화기에 충전하는 소화약제의 양은 다음과 같아야 한다.

① 물소화기: 80L 이상

② 강화액소화기: 60L 이상

③ 할로겐화물소화기: 30kg 이상

④ 이산화탄소소화기: 50kg 이상

⑤ 분말소화기: 20kg 이상

⑥ 포소화기: 20L 이상

(3) 사용온도범위

① 소화기는 그 종류에 따라 다음의 온도범위에서 사용할 경우 소화 및 방사의 기능을 유효하게 발휘할 수 있는 것이어야 한다.

   ⊙ 강화액소화기: −20℃ 이상 40℃ 이하

   ⓒ 분말소화기: −20℃ 이상 40℃ 이하

   ⓒ 그 밖의 소화기: 0℃ 이상 40℃ 이하

② ①에도 불구하고 사용온도의 범위를 확대하고자 할 경우에는 10℃ 단위로 하여야 한다.

2 옥내소화전설비

1. 개요

(1) 옥내소화전설비는 소방대가 도착하기 전에 건축물의 관계인이 초기 화재진압을 위하여 사용하는 수동식 소화설비이다.

(2) 옥내소화전설비도 초기 화재진압 목적으로 설치하는 설비로서 사람이 직접조작에 의하여 사용할 수 있는 수동설비이며, 소화약제로 물을 사용하는 수계 소화설비이다.

(3) 옥내소화전은 소화약제가 되는 수원, 소화수를 보내 주는 가압원(동력장치), 배관 및 밸브류, 소화전함과 호스, 그리고 이들 시스템을 전반적으로 감시하고 제어하는 동력제어반과 감시제어반 등으로 구성되어 있다.

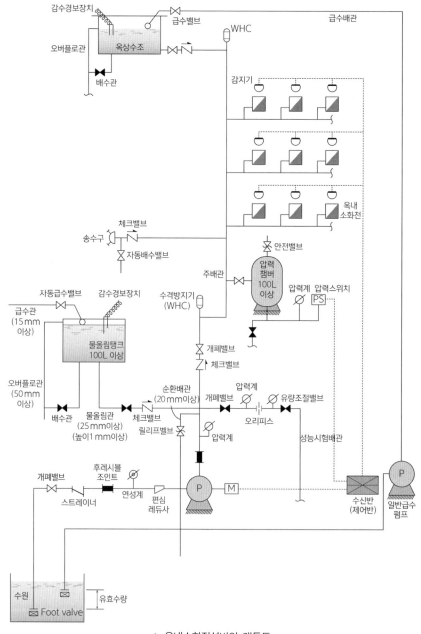

▲ 옥내소화전설비의 개통도

2. 수원

수원은 고가수조, 지하수조, 옥상수조로 구분할 수 있으며, 가압방식에 따라 수조가 구분되고 옥상수조는 예비수원으로서의 기능을 한다.

(1) 수원의 양

① 옥내소화전설비의 수원은 그 저수량이 옥내소화전의 설치개수가 가장 많은 층의 설치개수(2개 이상 설치된 경우에는 2개)에 2.6㎥를 곱한 양 이상이 되도록 하여야 한다.

> $$Q(㎥) = 2.6㎥ \times N(최대\ 2개)$$
> N: 소화전이 가장 많이 설치된 층의 소화전 개수(최대 2개)

② 고층건축물의 화재안전기준(NFPC 604)에 따른 **옥내소화전설비의 수원**: 수원은 그 저수량이 옥내소화전의 설치개수가 가장 많은 층의 설치개수(5개 이상 설치된 경우에는 5개)에 5.2㎥(호스릴옥내소화전설비 포함)를 곱한 양 이상이 되도록 하여야 한다. 다만, 층수가 50층 이상인 건축물의 경우에는 7.8㎥를 곱한 양 이상이 되도록 하여야 한다.

③ 수원의 저수량

구분	저수조		옥상
	유효수량		
옥내소화전설비 (호스릴옥내소화전 포함)	• 일반건축물: 2.6㎥ × 소화전 최대 설치층의 설치개수 (최대 2개) • 30층 이상 49층 미만: 5.2㎥ × 소화전 최대 설치 층의 설치개수(최대 5개) • 50층 이상: 7.8㎥ × 소화전 최대 설치층의 설치개수 (최대 5개)		유효수량 × 1/3 이상
옥외소화전설비	7.0㎥ × 소화전 개수(최대 2개)		

(2) 옥상수조(예비수원)

옥상수조에는 산출된 유효수량 외에 유효수량의 3분의 1 이상을 저장하여야 한다.

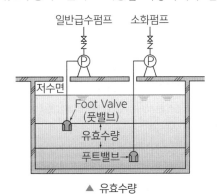

▲ 유효수량

3. 가압송수장치

(1) 전동기 또는 내연기관에 따른 펌프를 이용하는 가압송수장치

가장 일반적으로 사용되는 방식으로 전동기 또는 내연기관에 의하여 구동되는 볼류트 펌프 또는 터빈 펌프 등의 원심펌프가 주로 이용된다. 가압송수장치의 주펌프는 전동기에 따른 펌프로 설치하여야 한다.

① 쉽게 접근할 수 있고 점검하기에 충분한 공간이 있는 장소로서 화재 및 침수 등의 재해로 인한 피해를 받을 우려가 없는 곳에 설치한다.

② 동결방지조치를 하거나 동결의 우려가 없는 장소에 설치한다.

③ 방수압력 및 방수량

　　㉠ 특정소방대상물의 어느 층에 있어서도 해당 층의 옥내소화전(2개 이상 설치된 경우에는 2개의 옥내소화전)을 동시에 사용할 경우 각 소화전의 노즐선단에서의 방수압력이 0.17MPa(호스릴옥내소화전설비 포함) 이상이고, 방수량이 130L/min(호스릴옥내소화전설비 포함) 이상이 되는 성능의 것으로 한다.

　　㉡ 다만, 하나의 옥내소화전을 사용하는 노즐선단에서의 방수압력이 0.7MPa을 초과할 경우에는 호스접결구의 인입 측에 감압장치를 설치하여야 한다.

④ 펌프의 토출량: 옥내소화전이 가장 많이 설치된 층의 설치개수(옥내소화전이 2개 이상 설치된 경우에는 2개)에 130L/min를 곱한 양 이상이 되도록 한다.

⑤ 압력계

　　㉠ 압력계: 펌프의 토출측에는 압력계를 체크밸브 이전에 펌프토출측 플랜지에서 가까운 곳에 설치한다.

　　㉡ 연성계 또는 진공계: 흡입측에는 연성계 또는 진공계를 설치할 것. 다만, 수원의 수위가 펌프의 위치보다 높거나 수직회전축 펌프의 경우에는 연성계 또는 진공계를 설치하지 아니할 수 있다.

⑥ 성능시험배관

　　㉠ 가압송수장치에는 정격부하운전 시 펌프의 성능을 시험하기 위한 배관을 설치한다.

　　㉡ 펌프의 성능은 체절운전 시 정격토출압력의 140%를 초과하지 않고, 정격토출량의 150%로 운전 시 정격토출압력의 65% 이상이 되어야 하며, 펌프의 성능을 시험할 수 있는 성능시험배관을 설치할 것. 다만, 충압펌프[1]의 경우에는 그렇지 않다.

⑦ 순환배관

　　㉠ 가압송수장치에는 체절운전 시 수온의 상승을 방지하기 위한 순환배관을 설치한다.

　　㉡ 다만, 충압펌프의 경우에는 그러하지 아니하다.

⑧ 기동장치

　　㉠ 기동용수압개폐장치[2] 또는 이와 동등 이상의 성능이 있는 것을 설치한다.

　　㉡ 다만, 학교·공장·창고시설(제4조 제2항에 따라 옥상수조를 설치한 대상은 제외한다)로서 동결의 우려가 있는 장소에 있어서는 기동스위치에 보호판을 부착하여 옥내소화전함 내에 설치할 수 있다.

　　㉢ 기동용수압개폐장치(압력챔버)를 사용할 경우 그 용적은 100L 이상의 것으로 한다.

⑨ 물올림장치: 수원의 수위가 펌프보다 낮은 위치에 있는 가압송수장치에는 다음의 기준에 따른 물올림장치를 설치한다.

　　㉠ 물올림장치에는 전용의 탱크를 설치할 것

　　㉡ 탱크의 유효수량은 100L 이상으로 하되, 구경 15mm 이상의 급수배관에 따라 해당 탱크에 물이 계속 보급되도록 할 것

⑩ 기동용수압개폐장치를 기동장치로 사용할 경우에는 다음의 기준에 따른 충압펌프를 설치한다.

    ㉠ 펌프의 토출압력은 그 설비의 최고위 호스접결구의 자연압보다 적어도 0.2MPa이 더 크도록 하거나 가압송수장치의 정격토출압력과 같게 할 것

    ㉡ 펌프의 정격토출량은 정상적인 누설량보다 적어서는 안 되며, 옥내소화전설비가 자동적으로 작동할 수 있도록 충분한 토출량을 유지할 것

⑪ 가압송수장치가 기동이 된 경우에는 자동으로 정지되지 아니하도록 하여야 한다. 다만, 충압펌프의 경우에는 그러하지 아니하다.

(2) 고가수조의 자연낙차를 이용한 가압송수장치

고가수조방식은 건축물의 최상층보다 높게 설치된 수조에서 자연낙차에 의하여 법정방수압을 공급하는 방식을 말한다. 고가수조는 옥내소화전에 필요한 방수압(0.17MPa)을 자연낙차에 의하여 충족되어야 하므로 배관의 마찰손실을 무시하더라도 고가수조로부터 건축물 최상층의 옥내소화전 방수구까지의 높이가 최소 17m 이상이 되어야 한다.

$$H = h_1 + h_2 + 17 \text{(호스릴옥내소화전설비 포함)}$$

H: 필요한 낙차(m)
h_1: 호스의 마찰손실 수두(m)
h_2: 배관의 마찰손실 수두(m)
17: 옥내소화전 노즐선단의 방수압력 환산수두

(3) 압력수조를 이용한 가압송수장치

① 압력수조란 소화용수와 공기를 채우고 일정압력 이상으로 가압하여 그 압력으로 급수하는 수조를 말한다.

$$P = p_1 + p_2 + p_3 + 0.17\text{MPa(호스릴옥내소화전설비 포함)}$$

P: 필요한 압력(MPa)
p_1: 호스의 마찰손실 수두압(MPa)
p_2: 배관의 마찰손실 수두압(MPa)
p_3: 낙차의 환산 수두압(MPa)
0.17MPa: 옥내소화전 노즐선단의 방수압력

② 압력수조에는 수위계·급수관·배수관·급기관·맨홀·압력계·안전장치 및 압력저하 방지를 위한 자동식 공기압축기를 설치하여야 한다.

(4) 가압수조를 이용한 가압송수장치

가압수조란 가압원인 압축공기 또는 불연성 고압기체에 따라 소방용수를 가압시키는 수조를 말한다.

참고 **고가수조·압력수조·가압수조**

고가수조	구조물 또는 지형지물 등에 설치하여 자연낙차의 압력으로 급수하는 수조
압력수조	소화용수와 공기를 채우고 일정압력 이상으로 가압하여 그 압력으로 급수하는 수조
가압수조	가압원인 압축공기 또는 불연성 고압기체에 따라 소방용수를 가압시키는 수조

4. 주배관 및 가지배관 등

(1) 펌프의 토출 측 주배관 및 가지배관

① 펌프의 토출 측 주배관 및 가지배관의 구경은 소화수의 송수에 지장이 없는 크기 이상으로 해야 한다.

② 펌프의 토출 측 주배관의 구경은 유속이 4m/s 이하가 될 수 있는 크기 이상으로 해야 하고, 옥내소화전방수구와 연결되는 가지배관의 구경은 40mm(호스릴옥내소화전설비의 경우에는 25mm) 이상으로 해야 하며, 주배관 중 수직배관의 구경은 50mm(호스릴옥내소화전설비의 경우에는 32mm) 이상으로 해야 한다.

③ 옥내소화전설비의 배관을 연결송수관설비와 겸용하는 경우 주배관은 구경 100밀리미터 이상, 방수구로 연결되는 배관의 구경은 65밀리미터 이상의 것으로 해야 한다.

종류	가지배관	주배관
일반	40mm 이상(호스릴: 25mm)	50mm 이상(호스릴: 32mm)
연결송수관 겸용	65mm 이상	100mm 이상

(2) 펌프의 성능시험배관

① 펌프의 성능은 체절운전 시 정격토출압력의 140%를 초과하지 아니하고, 정격토출량의 150%로 운전 시 정격토출압력의 65% 이상이 되어야 한다.

② 펌프의 성능시험배관 설치기준

　㉠ 성능시험배관은 펌프의 토출측에 설치된 개폐밸브 이전에서 분기하여 직선으로 설치하고, 유량측정장치를 기준으로 전단 직관부에 개폐밸브를 후단 직관부에는 유량조절밸브를 설치한다.

　㉡ 유량측정장치는 성능시험배관의 직관부에 설치하되, 펌프의 정격토출량의 175% 이상 측정할 수 있는 성능이 있어야 한다.

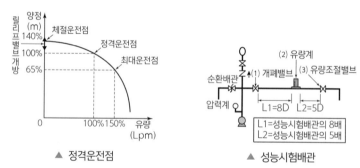

▲ 정격운전점　　　　　　▲ 성능시험배관

(3) 순환배관

① 펌프가 정상적으로 회전한 상태에서 토출측에 물이 방출되지 않으면 체절운전 상태가 된다.

② 펌프 내에서는 물과 임펠러의 마찰로 수온이 상승하며, 기포가 발생한다.

③ 체절운전으로 인한 과압발생으로 배관파손의 영향을 줄 수도 있다.

④ 순환배관 및 릴리프밸브

　㉠ 순환배관은 가압송수장치의 체절운전 시 수온의 상승을 방지하기 위하여 체크밸브와 펌프 사이에 20mm 이상의 배관으로 분기한다.

　㉡ 순환배관에는 체절압력 미만에서 개방되는 릴리프밸브를 설치하여야 한다.

(4) 물올림장치

① 수조의 위치가 펌프보다 낮은 경우 펌프 흡입측 배관에는 항상 물이 채워져 있어야 한다.

② 물올림장치는 전용의 탱크를 설치하고 유효수량은 100L 이상으로 하되, 구경 15mm 이상의 급수배관을 설치하여 당해 펌프의 흡입배관에 상시 물이 채워지도록 하여야 한다.

(5) 수격방지기

① 펌프 운전 중 정전 등으로 펌프가 급히 정지하는 경우 관내의 운동에너지가 압력에너지로 변하여 소음과 진동을 수반하는 현상이 발생하는데 이를 수격작용이라 한다.

② 수격작용은 소화설비 시스템에 진동을 발생시켜 시스템을 손상시키는 원인이 되므로 수격방지기를 설치하여야 한다. 수격방지기는 진동과 충격을 흡수하여 설비를 안전하게 하는 역할을 한다.

📖 참고 수격현상

1. **발생원인**: 긴 수송관으로 액체를 수송 중 정전 등으로 펌프의 운전이 갑자기 멈춘 경우 송수관 내의 액체는 관성력에 의하여 유동하려 하지만 펌프 송출 직후의 액체는 흐름이 약해져 멈추려고 한다. 이에 따라 펌프의 와류실의 압력이 급격히 떨어지고, 펌프 송출구로부터 와류실로 역류가 발생하게 된다. 그 결과 급격한 압력강하와 상승이 발생한다.

2. **수격현상 방지대책**
   • 압력 강하 방지법
     - 펌프에 flywheel을 붙여 관성효과를 이용하여 회전수와 관내 유속 변화를 느리게 한다.
     - 서지탱크(surge tank) 즉 조압수조를 설치하여 축적된 에너지를 방출하거나 관내의 에너지를 흡수한다.
     - 관 지름을 크게 하여 유체(물)의 유속을 줄이고 관성력을 떨어뜨린다.
   • 압력 상승 방지법
     - check valve를 쓰지 않고 유체(물)를 역류시킨다.
     - 역류가 발생 전에 강제적으로 밸브를 차단하여 압력 상승을 줄인다.
     - 상승된 압력을 안전밸브로 직접 배출한다.
     - 송출구에 설치된 메인 밸브를 정전과 동시에 자동으로 급속히 닫는다.

📖 참고 배관 구성요소

1. 체크밸브: 체크밸브는 유수가 일방향으로 흐르게 하는 밸브를 말하며, 역류를 방지하기 위하여 설치한다.
2. 소방용스트레이너: 소방용스트레이너란 소화설비의 배관에 설치하여 오물 등의 불순물을 여과시켜 원활하게 소화용수를 공급하는 장치(스트레이너)를 말한다(「소방용스트레이너의 성능인증 및 제품검사의 기술기준」).
3. Foot valve
   • 수조의 흡수구에 설치되는 밸브로서 여과기능과 체크밸브기능을 한다.
   • 체크밸브기능에 이상이 생기면 물올림장치의 물이 계속 수조로 흐르는 현상이 발생한다.
4. 플렉시블조인트(Flexible joint)
   • 소화특성상 소화펌프는 갑작스러운 기동 시 진동이 많이 발생한다.
   • 갑작스러운 펌프의 작동으로 인한 충격이 배관에 전달되지 않도록 펌프의 흡입측과 토출측에 플렉시볼을 설치한다.
   • 펌프의 고정판에도 스프링을 설치하여 진동을 흡수한다.
5. 편심 레듀셔
   • 펌프 흡입측의 배관의 구경을 달리할 경우에는 펌프 입구에서 공기고임을 방지하기 위하여 편심 레듀셔를 설치한다.
   • 만약 원심 레듀셔를 설치하면 상부에 빈 공간이 생겨 공기고임 현상이 발생하며, 흡입의 장애가 된다.
   • 또한 수조와 펌프의 높이가 너무 크거나 배관의 마찰이 클 경우에는 유효흡입양정이 작아져 Cavitation 현상이 일어나기 쉽다.

📋 요약NOTE 옥내소화전, 옥외소화전, 스프링클러 비교

구분	옥내소화전	호스릴옥내소화전	옥외소화전	스프링클러
방수압력	0.17 ~ 0.7MPa (1.7 ~ 7kg/cm²)	옥내소화전과 동일	0.25 ~ 0.7MPa (2.5 ~ 7kg/cm²)	0.1 ~ 1.2MPa (1 ~ 12kg/cm²)
방수량	130L/min 이상	옥내소화전과 동일	350L/min 이상	80L/min 이상
토출량	N×130L/min (N: 최대 2개)	옥내소화전과 동일	N×350L/min (N: 최대 2개)	N×80L/min
저수량	N×2.6m³	옥내소화전과 동일	N×7m³	N×1.6m³
호스 구경	40mm 이상	25mm 이상	65mm	–
기타	수평거리 25m 이하 노즐: 13mm	옥내소화전과 동일	수평거리 40m 이하 노즐: 19mm	–

📖 참고 소방용 펌프와 충압 펌프

1. 소방용 펌프
- 소방용 펌프로는 원심펌프를 주로 사용하며 원심펌프에는 볼류트 펌프와 터빈 펌프의 2종류가 있다.
- 소방용 펌프의 특성
  - 소방용 펌프는 일반공정용 펌프와 달리 펌프의 토출량이 항상 동일하지 않다.
  - 소화전의 사용 수량이 달라도 각각 규정압(0.17MPa)과 규정 방사량(130L/min)이 발생하여야 한다는 특징이 있다.
  - 소화설비용 펌프는 토출량의 큰 변화가 발생하며 이로 인하여 펌프의 방수량이 설계치 이상이 될 경우 펌프의 선정에 따라서는 과부하를 일으켜 펌프가 정지하는 현상이 발생할 수 있다.
- 볼류트 펌프와 터빈 펌프

구분	볼류트 펌프	터빈 펌프
임펠러의 안내날개	없음	있음
송출유량	많음	적음
송출압력	낮음	높음
특징	직접 물을 Casing으로 유도하는 펌프로서 저양정 펌프에 사용	안내날개가 있어 Impeller 회전운동 시 물을 일정하게 유도하여 속도에너지를 효과적으로 압력에너지로 변환시킬 수 있음
구조도		

2. 충압펌프
- 평상시 옥내소화전설비에서 발생되는 적은 양의 압력누수는 토출량이 적은 충압펌프를 사용하여 보충한다.
- 충압펌프는 주기능이 소화용이 아니므로 펌프성능시험배관도 설치하지 않는다.

5. 옥내소화전함 및 방수구

(1) 재질 및 기준

① 함의 재질은 두께 1.5mm 이상의 강판 또는 두께 4mm 이상의 합성수지재이다.

② 함의 면적은 0.5㎡ 이상이고 정면에 '소화전'이라고 표시한다.

③ 소화전함의 내부폭은 180mm 이상이어야 한다.

(2) 표시등(위치표시등 기동표시등)

① 설치위치는 함의 상부이다.

② 설치각도는 부착면과 15도 이상이며, 10m의 거리에서 쉽게 식별할 수 있는 적색등으로 설치한다.

③ 기동표시등은 옥내소화전함 내부 또는 직근에 적색등으로 설치한다.

(3) 방수구

① 옥내소화전의 방수구는 소방대상물의 층마다 설치한다.

② 당해 소방대상물의 각 부분으로부터 하나의 옥내소화전 방수구까지의 수평거리는 25m 이하이다.

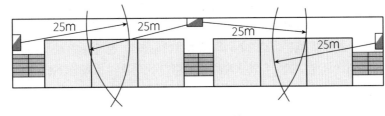

▲ 옥내소화전 배치

③ 방수구의 설치위치는 바닥으로부터 1.5m 이하이다.

④ 호스의 구경은 40mm 이상(호스릴옥내소화전설비는 25mm 이상)이다.

⑤ 노즐의 구경은 13mm의 것으로 한다.

③ 옥외소화전설비

1. 개요

(1) 정의

① 옥외소화전설비는 건물의 저층부의 초기 화재뿐만 아니라 본격 화재에도 적합한 소화설비로서 외부에 설치·고정된 소화설비이다.

② 자체소화와 인접건물로의 연소방지를 목적으로도 사용된다. 옥내소화전설비에 비하여 방수압력이 높고 방수량도 많으며 소화성능이 확대되었다.

③ 주요 구성부분은 수원, 가압송수장치, 배관, 옥외소화전함, 전원장치 등이다.

(2) 수원

① 노즐 선단에서의 방수압력: 0.25 ~ 0.7MPa

② 노즐 선단에서의 방수량: 350L/min 이상

③ 펌프의 토출량: 350L/min×옥외소화전 설치개수(최대 2개)

④ 수원의 용량(저수량): 7㎥×옥외소화전 설치개수(최대 2개)

2. 옥외소화전함 및 배관

(1) 배관

① 호스접결구는 특정소방대상물의 각 부분으로부터 하나의 호스접결구까지의 수평거리가 40m 이하가 되도록 설치하여야 한다.

② 호스는 구경 65mm의 것으로 하여야 한다.

(2) 옥외소화전함의 호스와 노즐

① 호스의 구경은 65mm로 한다.

② 노즐의 구경은 19mm이다.

(3) 구조

① 함의 재질은 두께 1.5mm 이상의 강판 또는 두께 4mm 이상의 합성수지재이다.

② 함의 면적은 0.5㎡ 이상이다.

(4) 옥외소화전의 소화전함 설치기준

옥외소화전마다 그로부터 5m 이내의 장소에 소화전함을 아래 기준에 따라 설치하여야 한다.

① 옥외소화전이 10개 이하일 때는 5m 이내마다 소화전함을 1개 이상 설치한다.

② 옥외소화전이 11 ~ 30개일 때는 11개 이상의 소화전함을 각각 분산하여 설치한다.

③ 옥외소화전이 31개 이상일 때는 옥외소화전 3개마다 1개 이상의 소화전함을 설치한다.

4 스프링클러설비

1. 개요

(1) 정의

스프링클러설비는 화재가 발생하면 천장이나 반자에 설치된 헤드가 감열 작동하거나 자동적으로 화재를 발견함과 동시에 주변에 적상주수를 하여 효과적으로 화재를 진압할 수 있는 고정식 소화설비이다.

(2) 장점·단점

① 장점

㉠ 사람이 없는 야간에도 자동적으로 화재를 감지하여 소화 및 경보를 해 준다.

㉡ 물을 사용하므로 소화약제의 가격이 저렴하다.

㉢ 조작이 비교적 용이하다.

㉣ 초기소화에 절대적으로 우수하다.

㉤ 감지부에 의한 작동으로 수동과 자동 모두 가능하다.

② 단점

㉠ 시공비가 많이 든다.

㉡ 다른 소화설비보다 구조가 비교적 복잡하다.

㉢ 물로 인한 수손피해가 발생할 수 있다.

㉣ 동절기에 동파될 수도 있다.

㉤ 아파트의 경우에는 시공 시 층고에 영향을 줄 수 있다.

2. 스프링클러설비의 종류

(1) 습식 스프링클러설비

가압송수장치에서 폐쇄형 스프링클러헤드까지 배관 내에 항상 물이 가압되어 있다가 화재로 인한 열로 폐쇄형 스프링클러헤드가 개방되면 배관 내에 유수가 발생하여 습식 유수검지장치가 작동하게 되는 스프링클러설비를 말한다.

(2) 건식 스프링클러설비

건식 유수검지장치 2차측에 압축공기 또는 질소 등의 기체로 충전된 배관에 폐쇄형 스프링클러헤드가 부착된 스프링클러설비로서, 폐쇄형 스프링클러헤드가 개방되어 배관 내의 압축공기 등이 방출되면 건식 유수검지장치 1차측의 수압에 의하여 건식 유수검지장치가 작동하게 되는 스프링클러설비를 말한다.

(3) 준비작동식 스프링클러설비

가압송수장치에서 준비작동식 유수검지장치 1차측까지 배관 내에 항상 물이 가압되어 있고 2차측에서 폐쇄형 스프링클러헤드까지 대기압 또는 저압으로 있다가 화재 발생 시 감지기의 작동으로 준비작동식 유수검지장치가 작동하여 폐쇄형 스프링클러헤드까지 소화용수가 송수되어 폐쇄형 스프링클러헤드가 열에 따라 개방되는 방식의 스프링클러설비를 말한다.

(4) 부압식 스프링클러설비

가압송수장치에서 준비작동식 유수검지장치 1차측까지 항상 정압의 물이 가압되고 2차측 폐쇄형 스프링클러헤드까지 소화수가 부압으로 있다가 화재 시 감지기의 작동에 의해 정압으로 변하여 유수가 발생하면 작동하는 스프링클러설비를 말한다.

(5) 일제살수식 스프링클러설비

가압송수장치에서 일제개방밸브 1차측까지 배관 내에 항상 물이 가압되어 있고 2차측에서 개방형 스프링클러헤드까지 대기압으로 있다가 화재 발생 시 자동감지장치 또는 수동식 기동장치의 작동으로 일제개방밸브가 개방되면 스프링클러헤드까지 소화용수가 송수되는 방식의 스프링클러설비를 말한다.

📋 요약NOTE **스프링클러설비의 종류**

구분	1차측	유수검지장치	2차측	헤드	감지기 유무
습식	가압수	알람밸브 Alam valve	가압수	폐쇄형	X
건식	가압수	드라이밸브 Dry valve	압축공기	폐쇄형	X
준비작동식	가압수	프리액션밸브 Pre-action valve	대기압	폐쇄형	O
부압식	가압수	프리액션밸브 Pre-action valve	부압	폐쇄형	O
일제살수식	가압수	일제살수식밸브 Deluge valve	대기압	개방형	O

구분		구성요소	설비도
폐쇄형 헤드	습식	• 알람(체크)밸브 • 리타팅챔버 • 압력스위치	폐쇄형헤드↑ 가압수← 알람체크밸브 가압수←
	건식	• 드라이 파이프 밸브 • 액셀레이터 • 익져스터 • 에어컴프레셔	폐쇄형헤드↓ 압축공기 건식 밸브 가압수← 에어콤프레셔
	준비작동식	• 프리액션밸브 • 슈퍼비조리패널	감지기 폐쇄형헤드↓ 저압 또는 대기압의 공기← 준비작동식 밸브 전자밸브 가압수←
	부압식	• 진공밸브 • 프리액션밸브 • 슈퍼비조리패널	감지기 폐쇄형헤드↓ 배수배관 부압수 부압식 밸브 전자밸브 가압수←
개방형 헤드	일제살수식	• 델류지 밸브 • 슈퍼비조리패널	감지기 개방형헤드 대기압의 공기 일제개방밸브 D 전자밸브 가압수←

3. 습식 스프링클러설비

(1) 특징(장점·단점)

① 가장 먼저 개발된 시스템으로 신뢰성이 좋다.

② 동결의 위험이 있으므로 시스템 적용에 주의하여야 한다.

③ 2차측 배관에 가압수가 충만되어 있으며, 폐쇄형 헤드의 감열부가 화재로 인해 개방되면 가압수가 방출되는 시스템이다.

④ 헤드 개방 시 즉시 살수가 개시된다.

⑤ 동결의 우려가 있는 장소에는 사용이 제한된다.

(2) 작동순서

화재 발생 → 폐쇄형 헤드 개방 → 2차측 배관의 가압수가 개방된 헤드로 방수 → 알람밸브의 클래퍼가 상승 → 유수검지작동 → 화재경보 발령 → 수신반의 화재표시등 점등 및 펌프의 기동 순이다.

(3) 구성요소

① 알람밸브(Alarm valve)

㉠ 알람밸브에서 알람신호를 발하기 때문에 알람경보밸브라고도 한다.

㉡ 클래퍼는 알람밸브 내부에 설치된 작은 원형판으로 알람밸브에서 1차측과 2차측을 구분하는 기준이 된다.

② 압력스위치(Pressure switch)

㉠ 2차측에 설치되어 있으며, 2차측의 가압수가 방출되면 클래퍼가 열리게 되고 이때 클래퍼 밑 부분의 작은 구멍을 통하여 가압수가 압력스위치에 이르게 된다.

㉡ 이때 압력스위치의 밸로우즈(Bellows)를 가압하여 접점을 이루게 한다. 이러한 유수현상을 수신기에 송신하여 경보가 울리고 밸브개방표시등이 점등되며, 가압펌프를 기동시킨다.

③ 리타딩챔버 또는 지연타이머: 실제 화재가 아닌 경우 화재신호를 발하게 되면 혼란을 야기할 수 있다. 따라서 자동경보밸브에 설치되어 경보밸브의 오동작을 방지한다.

4. 건식 스프링클러설비

(1) 특징

① 건식 스프링클러설비는 2차측이 압축공기로 이루어져 있기 때문에 동파가 우려되는 장소에 설치하는 것이 적합하다. 옥외에서도 사용이 가능하다.

② 화재 시 스프링클러헤드가 개방된 후 압축공기가 빠져나가는 시간이 필요하기 때문에 습식 스프링클러설비에 비하여 보다 많은 스프링클러헤드가 개방될 수 있게 설계되어 있다.

③ 공기압축 및 신속한 개방을 위한 부대설비가 필요하다.

(2) 작동순서

화재 발생 → 열에 의한 폐쇄형 헤드 개방 → 배관 내의 압축공기나 질소가스 방출 → 드라이밸브 작동 → 펌프 기동, 수신반에 화재표시등 점등 → 화재경보 발생 → 개방된 헤드로 방수 순이다.

(3) 구성요소

① 건식밸브(Dry valve, 드라이밸브)

㉠ 건식밸브는 평상시 물이 없는 드라이파이프의 부분에 물이 분출하는 것을 억제하고 있는 밸브이다.

㉡ 실제 압축공기의 압력은 1차측의 가압수보다 낮다. 그럼에도 불구하고 압력균형을 유지하여 클래퍼가 열리지 않는 것은 가압수와 압축공기가 클래퍼와 접촉되는 면적이 차이가 나기 때문이다.

② 공기압축기(Auto air compressor, 자동에어콤프레셔): 건식밸브 2차측에 연결되어 압축공기 상태를 유지시킨다.

③ 액셀러레이터(Accelerator, 가속기)
  ㉠ 건식밸브의 빠른 작동과 배관의 압축공기를 빠르게 배기시키기 위하여 배기가속장치를 설치한다.
  ㉡ 액셀러레이터는 건식밸브에 설치되어 건식밸브 2차측의 압축공기를 빠르게 배기시켜 건식밸브의 클래퍼가 보다 빠르게 개방될 수 있도록 한 것이다.

④ 익져스터(Exhauster, 공기배출기)
  ㉠ 익져스터는 배관에 설치하여 배관의 압축공기를 빠르게 배기시키기 위하여 설치한다.
  ㉡ 이 장치는 2차측 공기가 스프링클러헤드를 통하여 화재지역에 공급되는 것을 막는 역할도 한다.

⑤ 드라이펜던트형 헤드
  ㉠ 건식설비의 헤드는 습식설비의 폐쇄형 헤드를 그대로 사용할 수 있는데, 되도록 상향형 헤드를 사용하여야 한다.
  ㉡ 하향형 헤드를 사용해야 하는 경우에는 드라이펜던트형 헤드를 설치한다(동파 방지).

5. 준비작동식 스프링클러설비

(1) 특징
방호구역 내에 설치되는 배관에 가압수가 없는 빈 배관으로 설치되는 것이 준비작동식 스프링클러설비이다. 동결의 우려가 있는 장소에도 사용이 가능하다.

(2) 작동순서
화재 발생 → 감지기 A·B회로(교차회로) 작동 또는 수동조작함의 작동스위치 누름 → 프리액션(준비작동)밸브 작동 → 화재경보 발생, 수신반에 화재표시등 점등, 펌프가 작동 → 열에 의한 폐쇄형 헤드 개방 → 개방된 헤드로 물이 방수 순이다.

(3) 구성요소
① OS&Y 밸브나 버터플라이밸브
② 압력계
③ 수동기동밸브(긴급해제밸브)
④ 교차회로 감지기
  ㉠ 교차회로 감지기란 방호구역에 2개회로의 감지회로를 서로 엇갈리게(X 배선방식) 설치하고 각각의 회로에 화재감지기를 설치하는 것을 말한다.
  ㉢ 감지기의 오동작에 의한 설비의 작동을 방지하기 위하여 감지기의 회로 구성을 교차방식으로 하는 것이다.
⑤ 슈퍼비조리 패널(Supervisory panel): 준비작동식 밸브와 함께 설치되어 밸브와 전원의 상태를 감시하고 수동으로 직접 밸브를 개방시킬 수 있는 기능을 가지고 있다.
⑥ 솔레노이드밸브: 화재감지기의 화재신호에 의하여 작동되며, 작동과 동시에 가압부의 충압수를 배출함으로써 클래퍼를 개방시키는 역할을 하는 밸브이다.

6. 부압식 스프링클러설비

7. 일제살수식 스프링클러설비

(1) 특징

① 밸브 개방 시 즉시 살수되므로 초기 화재 시 신속하게 대처할 수 있다.

② 층고가 높은 경우에도 적용할 수 있다.

③ 광범위하게 살수되므로 수손에 의한 피해가 크다.

④ 감지장치를 설치하여야 한다.

⑤ 천장이 높아서 폐쇄형 헤드가 작동하기 곤란한 곳에 설치한다.

⑥ 무대부 또는 위험물저장소와 같은 화재가 발생하면 순간적으로 연소 확대가 우려되어 초기에 대량의 주수가 필요한 장소에 설치한다.

⑦ 개방형 스프링클러헤드를 사용한다.

(2) 작동순서

① 화재 발생 → 감지기 A·B회로(교차회로) 작동 또는 수동작동스위치 → 일제개방밸브 작동 → 화재경보 발생, 수신반에 화재표시등 점등, 펌프작동 → 개방형 헤드로 방수 순이다.

② 폐쇄형 스프링클러헤드를 사용하면 화재 시 열에 의하여 개방된 헤드에서만 살수가 이루어지는 국소방출방식인 반면, 일제살수식 스프링클러설비는 살수구역 내의 모든 헤드를 개방형으로 설치하기 때문에 살수구역의 모든 헤드에서 소화수가 살수되는 전역방출방식이다.

8. 스프링클러설비의 화재안전기준(NFPC 103)

(1) 스프링클러설비의 수원

① 폐쇄형 스프링클러헤드를 사용하는 경우에는 스프링클러설비 설치장소별 스프링클러헤드의 기준개수[스프링클러헤드의 설치개수가 가장 많은 층(아파트의 경우에는 설치개수가 가장 많은 세대)에 설치된 스프링클러헤드의 개수가 기준개수보다 작은 경우에는 그 설치개수를 말한다. 이하 같다]에 1.6㎥를 곱한 양 이상이 되도록 할 것

② 개방형 스프링클러헤드를 사용하는 스프링클러설비의 수원은 최대 방수구역에 설치된 스프링클러헤드의 개수가 30개 이하일 경우에는 설치헤드수에 1.6㎥를 곱한 양 이상으로 하고, 30개를 초과하는 경우에는 산출된 가압송수장치의 1분당 송수량에 20을 곱한 양 이상이 되도록 할 것

(2) 헤드의 설치 제외대상

① 스프링클러설비를 설치해야 할 특정소방대상물에 있어서 스프링클러설비 작동 시 소화효과를 기대할 수 없는 장소이거나 2차 피해가 예상되는 장소 또는 화재 발생 위험이 적은 장소에는 스프링클러헤드를 설치하지 않을 수 있다.

② 연소할 우려가 있는 개구부에 드렌처설비를 적합하게 설치한 경우에는 해당 개구부에 한하여 스프링클러헤드를 설치하지 않을 수 있다.

2.12.1 스프링클러설비를 설치해야 할 특정소방대상물에 있어서 다음의 어느 하나에 해당하는 장소에는 스프링클러헤드를 설치하지 않을 수 있다.

2.12.1.1 계단실(특별피난계단의 부속실을 포함한다)·경사로·승강기의 승강로·비상용승강기의 승강장·파이프덕트 및 덕트 피트(파이프·덕트를 통과시키기 위한 구획된 구멍에 한한다)·목욕실·수영장(관람석부분을 제외한다)·화장실·직접 외기에 개방되어 있는 복도·기타 이와 유사한 장소

2.12.1.2 통신기기실·전자기기실·기타 이와 유사한 장소

2.12.1.3 발전실·변전실·변압기·기타 이와 유사한 전기설비가 설치되어 있는 장소

2.12.1.4 병원의 수술실·응급처치실·기타 이와 유사한 장소

2.12.1.5 천장과 반자 양쪽이 불연재료로 되어 있는 경우로서 그 사이의 거리 및 구조가 다음의 어느 하나에 해당하는 부분

2.12.1.5.1 천장과 반자 사이의 거리가 2m 미만인 부분

2.12.1.5.2 천장과 반자 사이의 벽이 불연재료이고 천장과 반자사이의 거리가 2m 이상으로서 그 사이에 가연물이 존재하지 않는 부분

2.12.1.6 천장·반자 중 한쪽이 불연재료로 되어 있고 천장과 반자사이의 거리가 1m 미만인 부분

2.12.1.7 천장 및 반자가 불연재료 외의 것으로 되어 있고 천장과 반자사이의 거리가 0.5m 미만인 부분

2.12.1.8 펌프실·물탱크실 엘리베이터 권상기실 그 밖의 이와 비슷한 장소

2.12.1.9 현관 또는 로비 등으로서 바닥으로부터 높이가 20m 이상인 장소

2.12.1.10 영하의 냉장창고의 냉장실 또는 냉동창고의 냉동실

2.12.1.11 고온의 노가 설치된 장소 또는 물과 격렬하게 반응하는 물품의 저장 또는 취급 장소

2.12.1.12 불연재료로 된 특정소방대상물 또는 그 부분으로서 다음의 어느 하나에 해당하는 장소

2.12.1.12.1 정수장·오물처리장 그 밖의 이와 비슷한 장소

2.12.1.12.2 펄프공장의 작업장·음료수공장의 세정 또는 충전하는 작업장 그 밖의 이와 비슷한 장소

2.12.1.12.3 불연성의 금속·석재 등의 가공공장으로서 가연성물질을 저장 또는 취급하지 않는 장소

2.12.1.12.4 가연성 물질이 존재하지 않는 「건축물의 에너지절약설계기준」에 따른 방풍실

2.12.1.13 실내에 설치된 테니스장·게이트볼장·정구장 또는 이와 비슷한 장소로서 실내바닥·벽·천장이 불연재료 또는 준불연재료로 구성되어 있고 가연물이 존재하지 않는 장소로서 관람석이 없는 운동시설(지하층은 제외한다)

2.12.1.14 「건축법 시행령」 제46조 제4항에 따른 공동주택 중 아파트의 대피공간

2.12.2 2.7.7.6의 연소할 우려가 있는 개구부에 다음의 기준에 따른 드렌처설비를 설치한 경우에는 해당 개구부에 한하여 스프링클러헤드를 설치하지 않을 수 있다.

2.12.2.1 드렌처헤드는 개구부 위 측에 2.5m 이내마다 1개를 설치할 것

2.12.2.2 제어밸브(일제개방밸브·개폐표시형밸브 및 수동조작부를 합한 것을 말한다. 이하 같다)는 특정소방대상물 층마다에 바닥 면으로부터 0.8m 이상 1.5m 이하의 위치에 설치할 것

2.12.2.3 수원의 수량은 드렌처헤드가 가장 많이 설치된 제어밸브의 드렌처헤드의 설치개수에 1.6㎥를 곱하여 얻은 수치 이상이 되도록 할 것

2.12.2.4 드렌처설비는 드렌처헤드가 가장 많이 설치된 제어밸브에 설치된 드렌처헤드를 동시에 사용하는 경우에 각각의 헤드선단에 방수압력이 0.1MPa 이상, 방수량이 80L/min 이상이 되도록 할 것

2.12.2.5 수원에 연결하는 가압송수장치는 점검이 쉽고 화재 등의 재해로 인한 피해우려가 없는 장소에 설치할 것

(3) 폐쇄형 스프링클러설비의 방호구역·유수검지장치

하나의 방호구역의 바닥면적은 3,000㎡를 초과하지 아니할 것. 다만, 폐쇄형 스프링클러설비에 격자형 배관방식(2 이상의 수평주행배관 사이를 가지배관으로 연결하는 방식을 말함)을 채택하는 때에는 3,700㎡ 범위 내에서 펌프용량, 배관의 구경 등을 수리학적으로 계산한 결과 헤드의 방수압 및 방수량이 방호구역 범위 내에서 소화목적을 달성하는 데 충분하도록 해야 된다.

(4) 개방형스프링클러설비의 방수구역 및 일제개방밸브

① 하나의 방수구역은 2개 층에 미치지 않을 것
② 방수구역마다 일제개방밸브를 설치할 것
③ 하나의 방수구역을 담당하는 헤드의 개수는 50개 이하로 할 것. 다만, 2개 이상의 방수구역으로 나누는 경우에는 하나의 방수구역을 담당하는 헤드의 개수는 25개 이상으로 해야 한다.
④ 일제개방밸브의 설치위치는 「스프링클러설비의 화재안전기준」 제6조 제4호의 기준에 따르고, 표지는 '일제 개방밸브실'이라고 표시할 것

9. 스프링클러헤드의 형식승인 및 제품검사의 기술기준 – 헤드의 구성요소

(1) 반사판: 스프링클러헤드의 방수구에서 유출되는 물을 세분시키는 작용을 하는 것
(2) 프레임: 스프링클러헤드의 나사 부분과 디프렉타를 연결하는 이음쇠 부분
(3) 감열체: 정상 상태에서는 방수구를 막고 있으나 열에 의하여 일정한 온도에 도달하면 스스로 파괴·용해되어 헤드로부터 이탈됨으로써 방수구가 열려 스프링클러헤드가 작동되도록 하는 부분
(4) 퓨지블링크: 감열체 중 이융성 금속으로 융착되거나 이융성 물질에 의하여 조립된 것
(5) 유리벌브: 감열체 중 유리구 안에 액체 등을 넣어 봉한 것

> 📖 **참고** 방사특성
>
> 1. RDD(Required Delivered Density, 필요 진화밀도)
>   - 화재를 소화하는 데 필요한 최소 물의 양을 가연물 상단의 표면적으로 나눈 값(lpm/㎡)이다.
>   - RDD는 단위면적당 스프링클러로부터 물 얼마를 방사해야 소화되는지를 결정하는 값이다.
>   - RDD는 시간이 지날수록 화재가 확대되어 더 많은 주수가 요구됨에 따라 시간에 따라 증가하게 된다.
> 2. ADD(Actual Delivered Density, 실제 진화밀도, 침투밀도)
>   - ADD는 스프링클러의 성능을 볼 수 있는 중요한 요소이며, 스프링클러로부터 분사된 물 중에서 화염을 통과하여 연소중인 가연물 상단에 도달한 양을 가연물 상단의 표면적으로 나눈 값(lpm/㎡)으로 침투된 물의 분포밀도를 나타낸다.
>   - ADD란 스프링클러헤드로부터 방출된 물이 화면에 실제 도달한 양을 뜻한다.

4-2 간이스프링클러설비

① 캐비닛형 간이스프링클러설비란 가압송수장치, 수조 및 유수검지장치 등을 집적화하여 캐비닛 형태로 구성시킨 간이 형태의 스프링클러설비를 말한다.
② 상수도직결형 간이스프링클러설비란 수조를 사용하지 아니하고 상수도에 직접 연결하여 항상 기준 압력 및 방수량 이상을 확보할 수 있는 설비를 말한다.

4-3 화재조기진압용 스프링클러설비

1. 정의

(1) 랙크식 창고의 경우는 화재하중이 매우 높은 장소로서 일반헤드는 화세가 강력하여 불길 속으로 물방울의 침투가 용이하지 않다. 이를 보완한 것이 화재조기진압용 헤드이다.

(2) 화재조기진압용 스프링클러헤드란 특정 높은 장소의 화재위험에 대하여 조기에 진화할 수 있도록 설계된 스프링클러헤드를 말한다.

(3) 화재를 초기에 진압하여야 하므로 방사지연시간이 짧은 폐쇄형 습식설비이다.

(4) Fast Response의 감도성능과 함께 화재 발생 초기에 강력한 화세를 침투할 수 있도록 입자가 큰 물방울(오리피스 직경 18mm)을 방사하도록 설계된 헤드를 말한다.

2. 설치장소의 구조(NFTC 103B)

(1) 해당 층의 높이가 13.7m 이하일 것. 다만, 2층 이상일 경우에는 해당 층의 바닥을 내화구조로 하고 다른 부분과 방화구획할 것

(2) 천장의 기울기가 1,000분의 168을 초과하지 않아야 하고, 이를 초과하는 경우에는 반자를 지면과 수평으로 설치할 것

(3) 천장은 평평하여야 하며 철재나 목재트러스 구조인 경우, 철재나 목재의 돌출부분이 102mm를 초과하지 아니할 것

(4) 보로 사용되는 목재·콘크리트 및 철재 사이의 간격이 0.9m 이상 2.3m 이하일 것. 다만, 보의 간격이 2.3m 이상인 경우에는 화재조기진압용 스프링클러헤드의 동작을 원활히 하기 위하여 보로 구획된 부분의 천장 및 반자의 넓이가 28㎡를 초과하지 아니할 것

(5) 창고 내의 선반의 형태는 하부로 물이 침투되는 구조로 할 것

5 물분무소화설비

1. 개요

(1) 특징

① 스프링클러보다 높은 압력을 요구하며, 무상으로 살수가 가능하도록 설계된 특수한 수계 소화설비형태이다.

② 높은 압력으로 방출됨으로써 미세한 물입자의 형태로 방출되어 전기적 절연성을 가진다.

(2) 장점·단점

① 소화효과 이외에 연소제어, 연소확대 방지 등에 효과가 있다.

② 수계 소화설비로서 B급·C급 화재에 사용할 수 있다.

③ 수손피해가 적다.

④ 동절기 및 옥외의 경우 동파관계로 사용이 제한된다.

⑤ 배수처리가 필수적으로 필요하다.

(3) 물분무헤드의 설치 제외

① 물에 심하게 반응하는 물질 또는 물과 반응하여 위험한 물질을 생성하는 물질을 저장 또는 취급하는 장소

② 고온의 물질 및 증류범위가 넓어 끓어 넘치는 위험이 있는 물질을 저장 또는 취급하는 장소

③ 운전 시에 표면의 온도가 260℃ 이상으로 되는 등 직접 분무를 하는 경우 그 부분에 손상을 입힐 우려가 있는 기계장치 등이 있는 장소

(4) 물분무등소화설비 설치대상 특정소방대상물

① 항공기 및 자동차 관련 시설 중 항공기격납고

② 차고, 주차용 건축물 또는 철골 조립식 주차시설: 연면적 800㎡ 이상인 것

③ 건축물 내부에 설치된 차고 또는 주차장: 차고 또는 주차의 용도로 사용되는 부분의 바닥면적이 200㎡ 이상인 층

④ 기계장치에 의한 주차시설: 20대 이상의 차량을 주차할 수 있는 것

⑤ 특정소방대상물에 설치된 전기실·발전실·변전실·축전지실·통신기기실 또는 전산실: 바닥면적이 300㎡ 이상인 것

⑥ 소화수를 수집·처리하는 설비가 설치되어 있지 않은 중·저준위방사성폐기물의 저장시설. 다만, 이 경우에는 이산화탄소 소화설비, 할론 소화설비 또는 할로겐화합물 및 불활성기체 소화설비를 설치하여야 한다.

⑦ 지하가 중 예상 교통량, 경사도 등 터널의 특성을 고려하여 행정안전부령으로 정하는 터널. 다만, 이 경우에는 물분무 소화설비를 설치하여야 한다.

⑧ 「문화재보호법」에 따른 지정문화재 중 소방청장이 문화재청장과 협의하여 정하는 것

2. 미분무 소화설비의 화재안전기준

(1) 개요

① 미분무 소화설비란 가압된 물이 헤드 통과 후 미세한 입자로 분무됨으로써 소화성능을 가지는 설비를 말하며, 소화력을 증가시키기 위하여 강화액 등을 첨가할 수 있다.

② 미분무란 물만을 사용하여 소화하는 방식으로 최소설계압력에서 헤드로부터 방출되는 물입자 중 99%의 누적 체적분포가 400μm 이하로 분무되고 A급·B급·C급 화재에 적응성을 가지는 것을 말한다.

(2) 구분 및 종류

① 저압 미분무 소화설비란 최고사용압력이 1.2MPa 이하인 미분무 소화설비를 말한다.

② 중압 미분무 소화설비란 사용압력이 1.2MPa을 초과하고 3.5MPa 이하인 미분무 소화설비를 말한다.

③ 고압 미분무 소화설비란 최저사용압력이 3.5MPa을 초과하는 미분무 소화설비를 말한다.

6 포 소화설비

1. 개요

(1) 정의

① 포 소화설비는 물만을 이용한 소화약제로는 소화효과가 적거나 오히려 화재를 확대시킬 우려가 있는 인화성 액체물질에서 발생하는 화재를 효과적으로 진압하기 위한 소화설비이다.

② 포 소화설비는 포 소화약제에 물을 가한 수용액에 공기를 혼합하여 거품을 생성하는 소화설비이다.
  ㉠ 포 소화약제는 주원료에 포안정제, 그 밖의 약제를 첨가한 액상의 것으로 물(바닷물 포함)과 일정한 농도로 혼합하여 공기 또는 불활성기체를 기계적으로 혼입함으로써 거품을 발생시켜 소화에 사용하는 약제를 말한다.
  ㉡ 포수용액은 포 소화약제에 물을 가한 수용액을 말한다.

(2) 소화의 기본원리

① 질식소화: 포가 유면에 방사되면 연소면을 뒤덮어 산소 공급을 차단함으로써 질식작용을 하게 된다.

② 냉각소화: 포는 수용액 상태이므로 방호대상물에 방출되면 주위의 열을 흡수하여 연소면의 열을 낮추어 냉각 소화작용을 한다.

(3) 포 소화약제의 구비조건

① 소화력이 우수하여야 한다.

② 내열성과 내유동성이 우수하여야 한다.

③ 독성이 없어야 하며, 안정성이 있어야 한다.

④ 환경오염이 없어야 한다.

(4) 포 소화약제의 구분

① 화학포: 황산알미늄과 중탄산나트륨의 반응 시 포를 발생시켜 소화하는 방식이다. 소화약제의 유지·관리상 일반적으로 고정식 설비에서는 사용하지 않는다.

② 기계포: 단백포나 합성계면활성제포 등을 물에 혼합하여 방사 시 공기를 흡입함으로써 포를 발생시키는 것을 말한다.

참고 포 소화약제 비교

분류	단백포	수성막포	합성계면활성제포	불화단백포
주성분	동식물 단백질 가수분해물질 + 제1철염	안정제 + 불소계면활성제	안정제 + 계면활성제	단백포 + 불소계면활성제
소화성능	• 양친매성 • 점착성이 좋음 • 재연방지효과 우수	• 단친매성 • 내유성·유동성 좋음 • 소화성능 가장 우수	• 양친매성 • 점착성이 좋음 • 고팽창포 사용	• 단친매성 • 내유성·유동성 좋음 • SSI 방식 사용
장소	탱크, Pool fire	탱크, Pool fire, 항공기 유출화재	항공기 격납고 등	탱크, Pool fire

(5) 설비방식

① 고정식 포방출구 방식: 고정식 포방출구 방식은 위험물 저장탱크 등에 설치하는 것으로 탱크의 구조·크기에 따라 일정한 수의 포방출구를 탱크 측면 또는 내부에 설치하는 방식을 말한다.

② 포헤드 방식

③ 이동식

④ 포모니터노즐 방식

⑤ 압축공기포 소화설비: 포수용액에 압축공기 또는 압축질소를 일정비율로 강제주입 혼합하는 방식이다.

합성계면활성제포 소화약제 3%형을 팽창비 300으로 방출하였다. 발포된 포의 체적이 30㎥인 경우 포수용액의 체적과 사용된 소화약제와 물의 사용량은 얼마인가?

팽창비 = $\dfrac{\text{발포된 포의 체적}}{\text{포수용액 체적}}$ (포수용액: 소화약제에 물을 가한 수용액을 말한다)

따라서 포수용액 체적 = $\dfrac{\text{발포된 포의 체적}}{\text{팽창비}}$

포수용액 체적 = $\dfrac{30,000(L)}{300} = 100(L)$

소화약제 3%형, 포수용액 = 소화약제 + 물이므로

소화약제: $100(L) \times 0.03(\%) = 3(L)$

따라서 물 = 포수용액 − 소화약제량

$\qquad = 100(\ell) - 3(\ell) = 97(\ell)$

[정답] 97ℓ

---

(6) 팽창비

① 팽창비란 최종 발생한 포 체적을 원래 포수용액 체적으로 나눈 값을 말한다.

② 저발포는 팽창비가 20 이하인 가장 일반적인 형태의 포로서 저발포의 경우는 홈헤드 및 홈워터스프링클러헤드를 사용한다.

③ 팽창비 80 이상 1,000 미만인 포로서 합성계면활성제포를 사용하며, 발포장치를 사용하여 강제로 발포를 시킨다. 일반적으로 고발포용 고정포방출구를 사용한다.

2. 약제혼합장치의 종류 및 구조

(1) 라인 프로포셔너 방식(Line proportioner)

① 펌프와 발포기의 중간에 설치된 벤추리관의 벤추리 작용에 따라 포 소화약제를 흡입·혼합하는 방식을 말한다.

② 소규모 또는 이동식 간이설비에 사용되는 방식이다.

③ 벤추리 효과를 이용하여 유수 중에 포약제를 흡입시켜 지정농도의 포수용액으로 조정하여 발포기로 보내 주는 방식이다.

(2) 펌프 프로포셔너 방식(Pump proportioner)

① 펌프의 토출관과 흡입관 사이의 배관 도중에 설치한 흡입기에 펌프에서 토출된 물의 일부를 보내고, 농도 조정밸브에서 조정된 포 소화약제의 필요량을 포 소화약제 탱크에서 펌프 흡입측으로 보내어 이를 혼합하는 방식을 말한다.

② 위험물제조소등의 포 소화설비에는 사용하지 않으며, 소방펌프차에 주로 사용되고 있다.

③ 펌프의 흡입측 배관 압력이 거의 없어야 하며 압력이 있을 경우 원액의 혼합비가 차이가 나거나 원액탱크 쪽으로 물이 역류할 수 있다.

④ 화학소방차 등에서 주로 사용하는 방식이다.

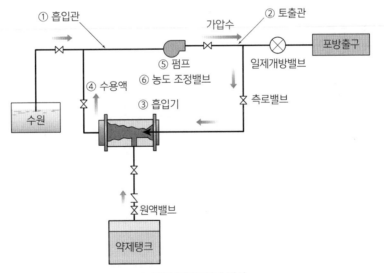

▲ 펌프 프로포셔너 방식

(3) 프레져 프로포셔너 방식(Pressure proportioner)

① 펌프와 발포기의 중간에 설치된 벤추리관의 벤추리작용과 펌프가압수의 포 소화약제 저장탱크에 대한 압력에 따라 포 소화약제를 흡입·혼합하는 방식을 말한다.

② 포 소화설비에서 가장 일반적인 혼합방식으로 일명 가압혼합방식이라고 한다.

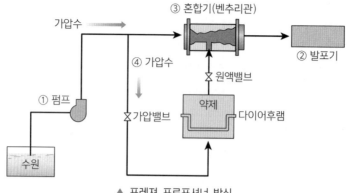

▲ 프레져 프로포셔너 방식

(4) 프레져 사이드 프로포셔너 방식(Pressure proportioner)
① 펌프의 토출관에 압입기를 설치하여 포 소화약제 압입용펌프로 포 소화약제를 압입시켜 혼합하는 방식을 말한다.
② 비행기 격납고, 대규모 유류저장소, 석유화학 Plant 시설 등과 같은 대단위 고정식 포 소화설비에 사용하며 압입혼합방식이라고 한다.
③ 소화용수와 약제의 혼합 우려가 없어 장기간 보존하며 사용할 수 있다.
④ 시설이 거대해지며 설치비가 비싸다.
⑤ 원액펌프의 토출압력이 급수펌프의 토출압력보다 낮으면 원액이 혼합기에 유입되지 못한다.

(5) 압축공기포 믹싱챔버방식
포수용액에 가압원으로 압축된 공기 또는 질소를 일정비율로 혼합하는 방식을 말한다. 물·포 소화약제 및 공기를 믹싱챔버로 강제주입시켜 챔버 내에서 포수용액을 생성한 후 포를 방사하는 방식을 말한다.

3. 고정식 포방출구의 종류

(1) I형 방출구
① 콘루프탱크(Cone roof tank)에 사용된다.
② 통계단(활강로) 등을 설치한 방출구 방식이다.
③ 방출된 포가 유면상에서 신속히 전개되도록 유면 상을 덮어 소화한다.
④ 방출된 포가 위험물과 섞이지 않고 탱크의 액면 위로 흘러 들어가서 소화작용을 한다.

(2) II형 방출구
① 콘루프탱크(Cone roof tank)에 사용된다.
② 반사판(디플렉터)에 의하여 포가 탱크벽면을 따라 소화되도록 설치된다.

(3) 특형 방출구
① 고정포방출구로서 플로우팅루프탱크(Floating roof tank)에 설치한다.
② 부상식 탱크에 사용하는 방출구로서 탱크의 측면과 굽도리판에 의하여 형성된 환상부분에 포를 방출하여 소화작용을 한다.

(4) 표면하 주입방식(SSI방식, Sub-Surface Injection Method)
① 포를 탱크 밑으로 주입하여 포가 탱크 내의 유류를 통하여 표면으로 떠올라 소화하도록 한 것이다.
② 표면하 주입방식은 방사압이 높아 수용성 액체 위험물의 경우 포가 파괴되기 쉬운 관계로 사용하지 않는다.

📋 요약NOTE **고정식 포방출구의 종류**

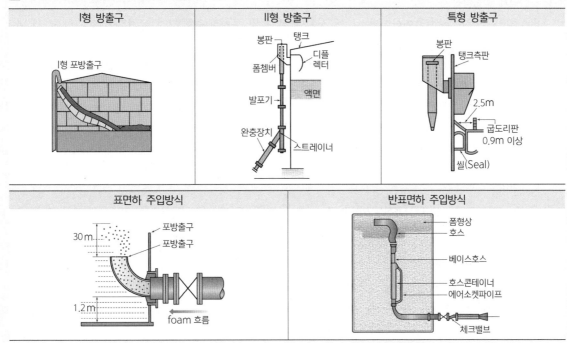

Ⅰ형 방출구	Ⅱ형 방출구	특형 방출구
Ⅰ형 포방출구	봉판 / 탱크 / 디플렉터 / 폼쳄버 / 발포기 / 완충장치 / 스트레이너 / 액면	봉판 / 탱크측판 / 2.5m / 굽도리판 0.9m 이상 / 씰(Seal)

표면하 주입방식	반표면하 주입방식
포방출구 / 30m / 1.2m / foam 흐름	폼형상 / 호스 / 베이스호스 / 호스콘테이너 / 에어소켓파이프 / 체크밸브

7 이산화탄소 소화설비

1. 개요

(1) 특징

① 화학적으로 안정된 소화약제이므로 약제의 변질이 없다.

② 방사 시 산소의 농도 저하로 소방대상물 내에 사람이 있을 경우에는 질식시킬 우려가 있다.

③ 이산화탄소(CO_2) 소화설비는 스프링클러설비나 포 소화설비 등 물에 의한 피해가 예상되는 장소나 전기화재, 유류화재 등에 사용된다.

④ 소화 후에도 잔유물이 남지 않는 것이 특징이다.

(2) 장점·단점

① 가스 상태이어서 화재심부까지 침투가 용이하다.

② 약제 수명이 반영구적이며 가격이 저렴하고 피연소물에 피해가 적다.

③ 비전도성이므로 전기화재에 유효하다.

④ 인체에 질식 및 동상의 우려가 있다.

⑤ 설비가 고압이므로 특별한 주위가 요구된다.

⑥ 방사 시 소음이 매우 심하고 시야를 가리게 된다.

(3) 분류

① 소화약제 방출방식
　　㉠ 전역방출방식: 고정식 이산화탄소 공급장치에 배관 및 분사헤드를 고정 설치하여 밀폐 방호구역 내에 이산화탄소를 방출하는 설비를 말한다.
　　㉡ 국소방출방식: 고정식 이산화탄소 공급장치에 배관 및 분사헤드를 설치하여 직접 화점에 이산화탄소를 방출하는 설비로 화재발생 부분에만 집중적으로 소화약제를 방출하도록 설치하는 방식을 말한다.
　　㉢ **호스릴방식**: 분사헤드가 배관에 고정되어 있지 않고 소화약제 저장용기에 호스를 연결하여 사람이 직접 화점에 소화약제를 방출하는 이동식 소화설비를 말한다.

② 기동방식의 분류
　　㉠ 기계식
　　㉡ 전기식
　　㉢ 가스압력식: 가장 많이 사용하는 방식이다. 액체 이산화탄소가 충전된 기동용기를 별도로 설치하고 화재 시 이 용기를 개방하여 분출된 가스압력 에너지로 약제저장용기의 밸브를 개방한다.

2. 소화약제의 저장용기 등

저장용기 설치장소는 다음과 같다.
(1) 방호구역 외의 장소에 설치(방호구역 내에 설치할 경우에는 피난 및 조작이 용이하도록 피난구 부근에 설치)
(2) 온도가 40℃ 이하이고, 온도변화가 적은 곳에 설치
(3) 직사광선 및 빗물이 침투할 우려가 없는 곳에 설치

3. 분사헤드 설치 제외 등

(1) 분사헤드 설치 제외 장소
① 방재실·제어실 등 사람이 상시 근무하는 장소
② 나이트로셀룰로스·셀룰로이드제품 등 자기연소성 물질을 저장·취급하는 장소
③ 나트륨·칼륨·칼슘 등 활성금속물질을 저장·취급하는 장소
④ 전시장 등의 관람을 위하여 다수인이 출입·통행하는 통로 및 전시실 등

(2) 자동폐쇄장치
전역방출방식의 이산화탄소 소화설비를 설치한 특정소방대상물 또는 그 부분에 대하여는 다음의 기준에 따라 자동폐쇄장치를 설치하여야 한다.
→ 환기장치를 설치한 것은 이산화탄소가 방사되기 전에 해당 환기장치가 정지할 수 있도록 할 것

4. 선택밸브

(1) 정의
"선택밸브"란 둘 이상의 방호구역 또는 방호대상물이 있어 소화수 또는 소화약제를 해당하는 방호구역 또는 방호대상물에 선택적으로 방출되도록 제어하는 밸브를 말한다.

(2) 하나의 특정소방대상물 또는 그 부분에 2 이상의 방호구역 또는 방호대상물이 있어 소화약제 저장용기를 공용하는 경우에는 다음의 기준에 따라 선택밸브를 설치해야 한다.
① 방호구역 또는 방호대상물마다 설치할 것
② 각 선택밸브에는 해당 방호구역 또는 방호대상물을 표시할 것

5. 소화약제량 산정

(1) 설계농도 및 소화농도

① "설계농도"란 방호대상물 또는 방호구역의 소화약제 저장량을 산출하기 위한 농도로서 소화농도에 안전율을 고려하여 설정한 농도를 말한다.

② "소화농도"란 규정된 실험 조건의 화재를 소화하는데 필요한 소화약제의 농도(형식승인대상의 소화약제는 형식승인된 소화농도)를 말한다.

③ 표면화재는 질식소화를 주체로 하며 방사시간 내 소화되는 것이 원칙이나, 심부화재는 질식소화효과 외에 냉각소화효과를 필요로 하기 때문에 표면화재보다 고농도로 장시간 동안 설계농도를 유지하여야 한다.

④ CO_2약제는 표면화재와 심부화재로 구분하여 약제량 및 방사시간을 달리 적용하고 있다.

(2) 방사 후 CO_2의 농도

$$\text{방사 후 } CO_2\text{의 농도 } C(\%) = \frac{21 - O_2}{21} \times 100$$

C: CO_2의 농도(%)
O_2: CO_2 방사 후 실내의 산소농도(%)

(3) 소화약제량 저장방식

① 고압식: 20℃에서 6MPa의 압력으로 CO_2를 액상으로 저장하는 방식으로서 외부온도에 따라 내부압력이 변화하고 밸브개방 시 기화되면서 방사된다.

② 저압식: -18℃에서 2.1MPa의 압력으로 CO_2를 액상으로 저장하는 방식으로서 언제나 -18℃를 유지하여야 하므로 단열조치 및 냉동기가 필요하며 약제용기는 대형용기 1개를 사용한다.

8 할론 소화설비

1. 정의

(1) 할론 소화약제란 지방족 포화탄화수소의 분자 중에 존재하는 수소원자들 중 하나 이상의 할로겐족원소 F(불소), Cl(염소), Br(브로민), I(아이오딘)와 치환되어 생성된 물질 중 현실적으로 소화약제로 사용될 수 있는 것을 총칭하는 것을 말한다.

(2) 할론 소화약제는 상온과 상압에서 기체로 존재하며, 소화원리는 냉각작용 · 질식작용 · 희석작용 · 억제소화작용이 있다.

2. 특징

(1) 저농도로서 소화가 가능하므로 질식 등의 우려가 없다.

(2) 금속에 대한 부식성이 적다.

(3) 부도체이므로 전기화재(C급 화재)에도 매우 효과적이다.

(4) 화재조사가 용이하다.

(5) 소방대상물에 대한 오염이 적다.

(6) 5 ~ 10% 낮은 설계농도로 소화가 가능하다. 저농도로서 소화가 가능하므로 질식 등의 우려가 없다.

(7) 사용압력은 이산화탄소보다 낮고, 이산화탄소설비에 비하여 완전 밀폐할 필요가 없다.

3. 저장용기

(1) 방호구역 외의 장소에 설치(방호구역 내에 설치할 경우에는 피난 및 조작이 용이하도록 피난구 부근에 설치)

(2) 온도가 40℃ 이하이고 온도 변화가 적은 곳에 설치

9 할로겐화합물 및 불활성기체 소화설비

1. 개요

(1) 정의

① 할로겐화합물 소화약제란 불소, 염소, 브로민 또는 아이오딘 중 하나 이상의 원소를 포함하고 있는 유기화합물을 기본성분으로 하는 소화약제를 말한다.

② 불활성기체 소화약제란 헬륨, 네온, 아르곤 또는 질소가스 중 하나 이상의 원소를 기본성분으로 하는 소화약제를 말한다.

(2) 장점·단점

① 장점

　㉠ 오존파괴지수와 지구온난화지수가 할론과 이산화탄소에 비하여 낮다.

　㉡ 화학적으로 안정되어 부패의 우려가 없다.

　㉢ 소화 후 피연소물에 피해를 주지 않는다.

　㉣ 소화 후 지방성 부산물이 발생하지 않는다.

② 단점

　㉠ 수입에 의존하므로 고가이다.

　㉡ 가스계이므로 점검과 유지관리가 어렵다.

2. 할로겐화합물 및 불활성기체 소화약제의 저장

(1) 설치 제외 장소

① 사람이 상주하는 곳으로 최대허용설계농도를 초과하는 장소에는 제외된다.

② 제3류 위험물 및 제5류 위험물을 사용하는 장소에 설치하여서는 아니 된다.

(2) 저장용기 설치장소

① 방호구역 외의 장소에 설치(방호구역 내에 설치할 경우에는 피난 및 조작이 용이하도록 피난구 부근에 설치)

② 온도가 55℃ 이하이고 온도의 변화가 작은 곳에 설치할 것

10 분말 소화설비

1. 개요

(1) 정의

① 분말 소화설비는 연소확대 위험이 크거나 열과 연기가 충만하여 소화기구로는 소화할 수 없는 방호대상물에 설치한다. 기동은 수동과 자동에 의한 작동이 가능하며 불연성가스의 압력을 이용하여 소화분말을 배관으로 압송시켜 분사헤드 또는 노즐을 통해 방호구역에 분말 소화약제를 방출시키는 설비이다.

② 분말 소화설비는 약제저장용기, 정압작동장치, 압력조정기, 클리닝장치, 선택밸브, 분사헤드, 감지장치 등으로 구성되어 있다.

(2) 장점 · 단점

① 장점

　　㉠ 인체에 해가 없고, 약제수명이 반영구적이다.

　　㉡ 전기절연성이 우수하다.

　　㉢ 동결 우려가 없다.

② 단점

　　㉠ 소화 후 잔유물이 남는다.

　　㉡ 고압이 필요하다.

　　㉢ 설치가 복잡하다.

2. 분말 소화설비의 종류

(1) 전역방출방식

(2) 국소방출방식

(3) 호스릴식

(4) 배관

① 배관은 토너먼트 방식으로 분기하여야 한다.

② 수계 소화설비에 토너먼트 방식은 분기하면 마찰이 증가하여 사용할 수 없지만, 분말 소화설비에서 고체는 직진성을 가지고 있어 토너먼트 방식을 사용한다.

1 비상경보설비 및 단독경보형감지기

① 비상경보설비는 비상벨설비와 자동식사이렌설비가 있다. 사람이 화재를 발견하면 건물 내에 있는 사람에게 알리는 설비로 수동으로 작동된다.
② 비상벨설비란 화재발생 상황을 경종으로 경보하는 설비를 말한다.
③ 자동식사이렌설비란 화재발생 상황을 사이렌으로 경보하는 설비를 말한다.

2 자동화재탐지설비

1. 개요

(1) 정의

① 화재 발생 초기단계에서 감지기에 의하여 열 또는 연기를 자동으로 감지하거나 발신기의 조작으로 수동으로 관계인에게 벨, 사이렌 등의 음향 및 시각경보기로 화재를 알리는 설비를 말한다.
② 화재발생을 자동적으로 감지하여 당해 소방대상물의 화재발생을 소방대상물의 관계자에게 통보할 수 있는 설비로서 감지기, 발신기(M형 발신기 제외), 수신기(M형 수신기 제외), 경종 또는 중계기 등으로 구성된다.

(2) 관련용어

① 경계구역: 특정소방대상물 중 화재신호를 발신하고 그 신호를 수신 및 유효하게 제어할 수 있는 구역을 말한다.
② 수신기: 감지기나 발신기에서 발하는 화재신호를 직접 수신하거나 중계기를 통하여 수신하여 화재의 발생을 표시 및 경보하여 주는 장치를 말한다.
③ 중계기: 감지기·발신기 또는 전기적인 접점 등의 작동에 따른 신호를 받아 이를 수신기의 제어반에 전송하는 장치를 말한다.
④ 감지기: 화재 시 발생하는 열, 연기, 불꽃 또는 연소생성물을 자동적으로 감지하여 수신기에 발신하는 장치를 말한다.
⑤ 발신기: 화재발생 신호를 수신기에 수동으로 발신하는 장치를 말한다.
⑥ 시각경보장치: 자동화재탐지설비에서 발하는 화재신호를 시각경보기에 전달하여 청각장애인에게 점멸형태의 시각경보를 하는 것을 말한다.

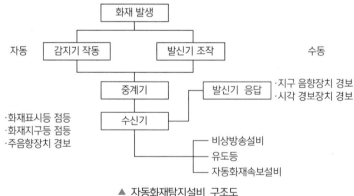

▲ 자동화재탐지설비 구조도

2. 자동화재탐지설비의 경계구역

(1) 개념

① 경계구역은 특정소방대상물 중 화재신호를 발신하고 그 신호를 수신 및 유효하게 제어할 수 있는 구역을 말한다.

② 자동화재탐지설비는 화재발생뿐만 아니라 화재가 건물의 어느 지점에서 발생하였는지도 알려주는 설비이다.

(2) 경계구역 기준

① 화재발생지점은 수신기에서 지구표시등을 점등시키거나 LCD표시창에 문자로 표시해 주는데, 이 지구표시등 또는 문자 하나가 담당하는 구역을 경계구역이라 할 수 있다.

② 자동화재탐지설비의 경계구역은 다음의 기준에 따라 설정해야 한다. 다만, 감지기의 형식승인 시 감지거리, 감지면적 등에 대한 성능을 별도로 인정받은 경우에는 그 성능인정범위를 경계구역으로 할 수 있다.

③ 수평적 경계구역

　㉠ 하나의 경계구역이 2개 이상의 건축물에 미치지 아니하도록 할 것

　㉡ 하나의 경계구역이 2개 이상의 층에 미치지 아니하도록 할 것. 다만, 500㎡ 이하의 범위 안에서는 2개의 층을 하나의 경계구역으로 할 수 있다.

　㉢ 하나의 경계구역의 면적은 600㎡ 이하로 하고 한 변의 길이는 50m 이하로 할 것. 다만, 해당 특정소방대상물의 주된 출입구에서 그 내부 전체가 보이는 것에 있어서는 한 변의 길이가 50m의 범위 내에서 1,000㎡ 이하로 할 수 있다.

　㉣ 외기에 면하여 상시 개방된 부분이 있는 차고·주차장·창고 등에 있어서는 외기에 면하는 각 부분으로부터 5m 미만의 범위 안에 있는 부분은 경계구역의 면적에 산입하지 않는다.

④ 수직적 경계구역

　㉠ 계단·경사로(에스컬레이터경사로 포함)·엘리베이터 승강로(권상기실이 있는 경우에는 권상기실)·린넨 슈트·파이프 피트 및 덕트 기타 이와 유사한 부분에 대하여는 별도로 경계구역을 설정하되, 하나의 경계 구역은 높이 45m 이하(계단 및 경사로에 한함)로 한다.

　㉡ 지하층의 계단 및 경사로(지하층의 층수가 1층일 경우는 제외)는 별도로 하나의 경계구역으로 하여야 한다.

📝 **요약NOTE 경계구역**

1. 수평적 경계구역

구분	원칙	예외사항
층별	층마다	2개 층이 500㎡ 이하일 때: 하나의 경계구역
면적	600㎡ 이하	주된 출입구에서 건물내부 전체가 보일 때: 한 변의 길이 50m 범위 내에서 1,000㎡ 이하 가능
한 변의 길이	50m 이하	–

2. 수직적 경계구역

구분	계단·경사로	E/V승강로·린넨슈트·파이프 피트·덕트
높이	45m 이하	제한 없음
지하층	지상층과 별도로 구분 (지하 1층만 있는 경우는 제외)	제한 없음

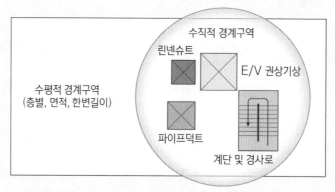

▲ 수평적·수직적 경계구역 구분

3. 감지기

(1) 정의

감지기란 화재 시에 발생하는 열, 불꽃 또는 연소생성물(연기)로 인하여 화재발생을 자동적으로 감지하여 그 자체에 부착된 음향장치로 경보를 발하거나 이를 수신기에 발신하는 것을 말한다. 이 경우 감지기를 부착할 때에 전용기판을 필요로 하는 것에 있어서는 그 기판을 포함한다.

(2) 관련용어

① 열감지기: 화재에 의하여 발생되는 열을 감지하여 화재신호를 발신하는 감지기를 말한다.

② 연기감지기: 화재에 의하여 발생되는 연기를 감지하여 화재신호를 발신하는 감지기를 말한다.

③ 불꽃감지기: 화재에 의하여 발생되는 불꽃(적외선 및 자외선 포함)을 감지하여 화재신호를 발신하는 감지기를 말한다.

④ 복합형감지기: 화재 시 발생하는 열, 연기, 불꽃을 자동적으로 감지하는 기능 중 두 가지 이상의 성능(동일 생성물이나 다른 연소생성물의 감지 기능)을 가진 것으로서 두 가지 이상의 성능이 함께 작동할 때 화재신호를 발신하거나 또는 두 개 이상의 화재신호를 각각 발신하는 감지기를 말한다.

(3) 감지기의 기능

감지기는 물리·화학적 변화량을 검출하는 감지기능, 화재를 판별하는 판단기능, 화재신호를 수신기로 송출하는 발신기능이 있다.

① 감지기능

② 판단기능

③ 발신기능

(4) 감지기의 구분

① 열감지기

　㉠ 차동식 스포트형: 주위온도가 일정 상승율 이상이 되는 경우에 작동하는 것으로서 일국소에서의 열 효과에 의하여 작동되는 것을 말한다.

　㉡ 차동식 분포형: 주위온도가 일정 상승율 이상이 되는 경우에 작동하는 것으로서 넓은 범위 내에서의 열 효과의 누적에 의하여 작동되는 것을 말한다.

ⓒ 정온식 감지선형: 일국소의 주위온도가 일정한 온도 이상이 되는 경우에 작동하는 것으로서 외관이 전선으로 되어 있는 것을 말한다.

ⓔ 정온식 스포트형: 일국소의 주위온도가 일정한 온도 이상이 되는 경우에 작동하는 것으로서 외관이 전선으로 되어 있지 아니한 것을 말한다.

ⓜ 보상식 스포트형: 차동식 스포트형과 정온식 스포트형 성능을 겸한 것으로서 차동식 스포트형의 성능 또는 정온식 스포트형의 성능 중 어느 한 기능이 작동되면 작동신호를 발하는 것을 말한다.

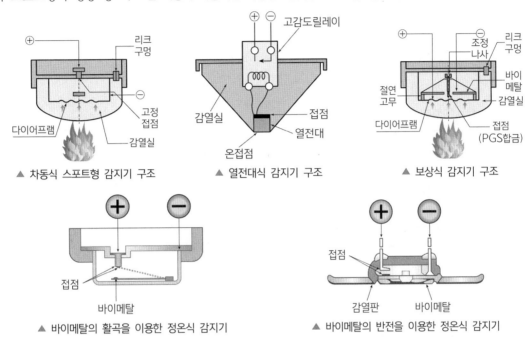

▲ 차동식 스포트형 감지기 구조   ▲ 열전대식 감지기 구조   ▲ 보상식 감지기 구조

▲ 바이메탈의 활곡을 이용한 정온식 감지기   ▲ 바이메탈의 반전을 이용한 정온식 감지기

② 연기감지기

　ⓐ 이온화식 스포트형: 주위공기가 일정한 농도의 연기를 포함하게 되는 경우 작동하는 것으로, 일국소의 연기에 의해 이온전류가 변화하여 작동하는 것을 말한다.

　ⓑ 광전식 스포트형: 주위공기가 일정한 농도의 연기를 포함하게 되는 경우 작동하는 것으로, 일국소의 연기에 의해 광전소자에 접하는 광량의 변화로 작동하는 것을 말한다.

　ⓒ 광전식 분리형: 발광부와 수광부로 구성된 구조로 발광부와 수광부 사이의 공간에 일정한 농도의 연기를 포함하게 되는 경우에 작동하는 것을 말한다.

　ⓓ 공기흡입형: 감지기 내부에 장착된 공기흡입장치로 감지하고자 하는 위치의 공기를 흡입하고 흡입된 공기에 일정한 농도의 연기가 포함된 경우 작동하는 것을 말한다.

(5) 감지기의 설치기준

부착높이	감지기의 종류	부착높이	감지기의 종류
4m 미만	• 차동식(스포트형, 분포형) • 보상식 스포트형 • 정온식(스포트형, 감지선형) • 이온화식 또는 광전식(스포트형, 분리형, 공기흡입형) • 열복합형 • 연기복합형 • 열연기복합형 • 불꽃감지기	8m 이상 15m 미만	• 차동식 분포형 • 이온화식 1종 또는 2종 • 광전식(스포트형, 분리형, 공기흡입형) 1종 또는 2종 • 연기복합형 • 불꽃감지기
4m 이상 8m 미만	• 차동식(스포트형, 분포형) • 보상식 스포트형 • 정온식(스포트형, 감지선형) 특종 또는 1종 • 이온화식 1종 또는 2종 • 광전식(스포트형, 분리형, 공기흡입형) 1종 또는 2종 • 열복합형 • 연기복합형 • 열연기복합형 • 불꽃감지기	15m 이상 20m 미만	• 이온화식 1종 • 광전식(스포트형, 분리형, 공기흡입형) 1종 • 연기복합형 • 불꽃감지기
		20m 이상	• 불꽃감지기 • 광전식(분리형, 공기흡입형) 중 아날로그 방식

비고
1) 감지기별 부착높이 등에 대하여 별도로 형식승인 받은 경우에는 그 성능 인정범위 내에서 사용할 수 있다.
2) 부착높이 20m 이상에 설치되는 광전식 중 아날로그방식의 감지기는 공칭감지농도 하한값이 감광율 5%/m 미만인 것으로 한다.

(6) 감지기 설치 제외 장소(NFTC 203)

① 천장 또는 반자의 높이가 20m 이상인 장소
② 헛간 등 외부와 기류가 통하는 장소로서 감지기에 따라 화재발생을 유효하게 감지할 수 없는 장소
③ 부식성 가스가 체류하고 있는 장소
④ 고온도 및 저온도로서 감지기의 기능이 정지되기 쉽거나 감지기의 유지관리가 어려운 장소
⑤ 목욕실·욕조나 샤워시설이 있는 화장실·기타 이와 유사한 장소
⑥ 파이프덕트 등 그 밖의 이와 비슷한 것으로서 2개 층마다 방화구획된 것이나 수평단면적이 5㎡ 이하인 것
⑦ 먼지·가루 또는 수증기가 다량으로 체류하는 장소 또는 주방 등 평시에 연기가 발생하는 장소(연기감지기에 한함)
⑧ 프레스공장·주조공장 등 화재발생의 위험이 적은 장소로서 감지기의 유지관리가 어려운 장소

3 자동화재속보설비

① 자동화재속보설비란 자동화재탐지설비로부터 화재신호를 받아 통신망을 통하여 음성 등의 방법으로 소방서에 자동적으로 화재발생과 위치를 신속하게 통보하여 주는 설비이다.
② 화재가 발생하였을 시 수동 또는 자동으로 화재발생을 소방서에 통보하기 위한 설비를 말한다.

4 비상방송설비

1. 정의

(1) 비상방송설비는 화재발생 상황을 자동 또는 수동으로 음성이나 비상경보의 방송을 확성기를 통해 알려 주는 설비이다.

(2) 관계인에 의해 수동으로도 기동이 되며, 자동화재탐지설비에 의하여 감지된 화재를 자동으로 신속하게 관계인에게 알려 주어 피난을 도와주는 설비이다.

2. 설치기준 – 음향장치 설치 기준(NFPC 202 및 NFTC 202)

비상방송설비는 다음의 기준에 따라 설치해야 한다. 이 경우 엘리베이터 내부에는 별도의 음향장치를 설치할 수 있다.

(1) 확성기의 음성입력은 3W(실내에 설치하는 것에 있어서는 1W) 이상일 것

(2) 확성기는 각 층마다 설치하되, 그 층의 각 부분으로부터 하나의 확성기까지의 수평거리가 25m 이하가 되도록 하고, 해당 층의 각 부분에 유효하게 경보를 발할 수 있도록 설치할 것

(3) 음량조정기를 설치하는 경우 음량조정기의 배선은 3선식으로 할 것

(4) **층수가 11층(공동주택의 경우에는 16층) 이상의 특정소방대상물**

발화층에 따라 경보하는 층을 달리하여 경보를 발할 수 있도록 한다.

① 2층 이상의 층에서 발화한 때에는 발화층 및 그 직상 4개층에 경보를 발할 것

② 1층에서 발화한 때에는 발화층·그 직상 4개층 및 지하층에 경보를 발할 것

③ 지하층에서 발화한 때에는 발화층·그 직상층 및 기타의 지하층에 경보를 발할 것

(5) **음향장치는 다음의 기준에 따른 구조 및 성능일 것**

① 정격전압의 80 % 전압에서 음향을 발할 수 있는 것을 할 것

② 자동화재탐지설비의 작동과 연동하여 작동할 수 있는 것으로 할 것

구분	우선경보방식
	층수가 11F 이상(공동주택 16F 이상)
2층 이상	발화층 및 그 직상 4개층
1층	발화층, 그 직상 4개층 및 지하층
지하층	발화층, 그 직상층 및 기타의 지하층

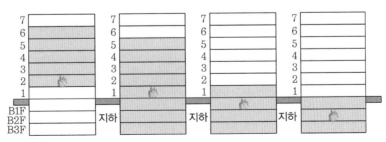

▲ 우선경보방식

5 누전경보기

누전경보기란 내화구조가 아닌 건축물로서 벽, 바닥 또는 천장의 전부나 일부를 불연재료 또는 준불연재료가 아닌 재료에 철망을 넣어 만든 건물의 전기설비로부터 누설전류₁를 탐지하여 경보를 발하며 변류기와 수신부로 구성된 것을 말한다.

6 가스누설경보기

① 가스누설경보기는 가연성 가스가 누설되는 것을 탐지하여 이를 경보하여 가스누출로 인한 피해를 방지하기 위한 설비이다.
② 소방대상물에서 가연성 가스(불완전연소에 의한 가스)가 누출되었을 시 사고가 일어나기 전에 이를 탐지하여 소방대상물 관계자에게 경보를 발하여서 가스폭발이나 가스화재를 방지하거나 유독가스로 인한 중독사고를 예방하기 위한 설비가 가스누설경보기이다.

1 개설

1. 정의

피난구조설비는 화재가 발생할 경우 피난하기 위하여 사용하는 기구 또는 설비를 말한다.

2. 구분

(1) 피난기구
① 피난사다리
② 구조대
③ 완강기
④ 간이완강기
⑤ 그 밖에 화재안전기준으로 정하는 것

(2) 인명구조기구
① 방열복, 방화복(안전모, 보호장갑 및 안전화 포함)
② 공기호흡기
③ 인공소생기

(3) 유도등
① 피난유도선
② 피난구유도등
③ 통로유도등
④ 객석유도등
⑤ 유도표지

(4) 비상조명등 및 휴대용비상조명등

2 피난기구

1. 피난사다리

피난사다리는 화재 시 긴급대피를 위하여 사용하는 사다리를 말한다.

2. 구조대

포지 등을 사용하여 자루형태로 만든 것으로서 화재 시 사용자가 내려옴으로써 대피할 수 있는 것이어야 한다.

3. 완강기

사용자의 몸무게에 따라 자동적으로 내려올 수 있는 기구 중 사용자가 교대하여 연속적으로 사용할 수 있는 것을 말한다.
(1) 사용자의 몸무게에 따라 자동적으로 내려올 수 있는 기구이다.
(2) 사용자가 교대하여 연속적으로 사용할 수 있는 기구이다.

4. 간이완강기

사용자의 몸무게에 따라 자동적으로 내려올 수 있는 기구 중 사용자가 연속적으로 사용할 수 없는 것을 말한다.

5. 공기안전매트

6. 다수인피난장비

화재 시 2인 이상의 피난자가 동시에 해당층에서 지상 또는 피난층으로 하강하는 피난기구를 말한다.

7. 승강식 피난기

사용자의 몸무게에 의하여 자동으로 하강하고 내려서면 스스로 상승하여 연속적으로 사용할 수 있는 무동력 승강식 피난기를 말한다.

8. 하향식 피난구용 내림식 사다리

하향식 피난구 해치에 격납하여 보관하고 사용 시에는 사다리 등이 소방대상물과 접촉되지 아니하는 내림식 사다리를 말한다.

③ 인명구조기구

1. 정의

(1) 방열복
고온의 복사열에 가까이 접근하여 소방활동을 수행할 수 있는 내열피복을 말한다.

(2) 공기호흡기
소화 활동 시에 화재로 인하여 발생하는 각종 유독가스 중에서 일정시간 사용할 수 있도록 제조된 압축공기식 개인호흡장비(보조마스크를 포함)를 말한다.

(3) 인공소생기
호흡 부전 상태인 사람에게 인공호흡을 시켜 환자를 보호하거나 구급하는 기구를 말한다.

(4) 방화복
화재진압 등의 소방활동을 수행할 수 있는 피복을 말한다.

2. 인명구조기구를 설치하여야 하는 특정소방대상물

(1) 방열복 또는 방화복(안전모, 보호장갑 및 안전화 포함), 인공소생기 및 공기호흡기를 각 2개 이상 비치해야 하는 특정소방대상물: 지하층을 포함하는 층수가 7층 이상인 관광호텔

(2) 방열복 또는 방화복(안전모, 보호장갑 및 안전화 포함) 및 공기호흡기를 각 2개 이상 비치해야 하는 특정소방대상물: 지하층을 포함하는 층수가 5층 이상인 병원

(3) 공기호흡기를 설치하여야 하는 특정소방대상물
　① 수용인원 100명 이상인 문화 및 집회시설 중 영화상영관
　② 판매시설 중 대규모점포
　③ 운수시설 중 지하역사
　④ 지하가 중 지하상가
　⑤ 이산화탄소 소화설비(호스릴이산화탄소 소화설비 제외)를 설치하여야 하는 특정소방대상물

4 유도등

1. 유도등 · 유도표지 · 피난유도선

(1) 유도등
화재 시 피난을 유도하기 위한 등으로서 정상상태에서는 상용전원에 따라 켜지고 상용전원이 정전되는 경우에는 비상전원으로 자동전환되어 켜지는 등을 말한다.

(2) 유도표지
피난구유도표지와 통로유도표지로 구분된다.

(3) 피난유도선
햇빛이나 전등불에 따라 축광(축광방식)하거나 전류에 따라 빛을 발하는(광원점등방식) 유도체로서 어두운 상태에서 피난을 유도할 수 있도록 띠 형태로 설치되는 피난유도시설을 말한다.

2. 유도등의 종류

(1) 피난구유도등
피난구 또는 피난경로로 사용되는 출입구를 표시하여 피난을 유도하는 등을 말한다.

(2) 통로유도등
피난통로를 안내하기 위한 유도등으로 복도통로유도등, 거실통로유도등, 계단통로유도등을 말한다.
① 거실통로유도등: 거주, 집무, 작업, 집회, 오락 그 밖에 이와 유사한 목적을 위하여 계속적으로 사용하는 거실, 주차장 등 개방된 통로에 설치하는 유도등으로 피난의 방향을 명시하는 것을 말한다.
② 복도통로유도등: 피난통로가 되는 복도에 설치하는 통로유도등으로서 피난구의 방향을 명시하는 것을 말한다.
③ 계단통로유도등: 피난통로가 되는 계단이나 경사로에 설치하는 통로유도등으로 바닥면 및 디딤 바닥면을 비추는 것을 말한다.

(3) 객석유도등
객석의 통로, 바닥 또는 벽에 설치하는 유도등을 말한다.

5 비상조명등과 휴대용비상조명등

1. 비상조명등
(1) 화재발생 등에 따른 정전 시에 안전하고 원활한 피난활동을 할 수 있도록 거실 및 피난통로 등에 설치되어 자동 점등되는 조명등을 말한다.
(2) 비상조명등은 화재발생 등에 의한 정전 시에 안전하고 원활한 피난활동을 할 수 있도록 거실 및 피난통로 등에 설치하는 조명등으로서 비상전원용 축전지가 내장되어 상용전원이 정전되는 경우에는 비상전원으로 자동전환되어 점등되는 조명등을 말하며 정상상태에서는 상용전원에 의하여 점등되는 것을 포함한다.

2. 휴대용비상조명등
화재발생 등으로 정전 시 안전하고 원활한 피난을 위하여 피난자가 휴대할 수 있는 조명등을 말한다.

POINT 5-5 소화용수설비

1 상수도소화용수설비

화재를 진압하는 데 필요한 물을 공급하거나 저장하는 설비로 상수도소화용수설비와 소화주조, 저수조 및 그 밖의 소화용수설비로 구분된다.

2 소화수조·저수조, 그 밖의 소화용수설비

1. 소화수조 또는 저수조

수조를 설치하고 여기에 소화에 필요한 물을 항시 채워 두는 것을 말한다.

2. 채수구

소방차의 소방호스와 접결되는 흡입구를 말한다.

3. 흡수관투입구

소방차의 흡수관이 투입될 수 있도록 소화수조 또는 저수조에 설치된 원형 또는 사각형의 투입구를 말한다.

4. 소화수조(저수조)설비

대규모의 부지 위에 축조된 건축물·고층건축물 등과 같이 많은 양의 소화용수를 필요로 하는 소방대상물의 인근에 설치하여 소방대상물의 화재 발생 시 소화약제로 사용되는 물을 유효적절하게 사용할 수 있도록 소화수조·저수조 등에 저장하여 두는 설비이다.

5. 소화용수설비의 소화수조 또는 저수조

당해 소방대상물에 따라 지하에 설치하는 지하수조와 건축물의 옥상 또는 옥탑에 설치하는 지상수조로 구분된다.

1 제연설비

1. 개요

(1) 제연설비의 개념

① 「화재안전기준(NFPC 501)」은 거실제연설비의 기준으로 화재실에서 연기와 열기를 직접 배출하고, 배출시킨 만큼 외기를 유입(급기)하여 피난안전성 및 소화활동의 안전성을 확보하는 것이다.

② 제연설비에는 배연과 방연이 있다.

   ㉠ 배연은 연기를 건축물에 설치된 개구부나 기계적 동력에 의하여 신속히 옥외로 배출시키는 것이다.

   ㉡ 방연은 연기를 건축물의 다른 장소로 이동되지 않도록 하고, 동시에 연기가 침입하는 것을 방지하는 것을 말한다.

(2) 정의

① 제연구역: 제연경계(제연설비의 일부인 천장을 포함)에 의하여 구획된 건물 내의 공간을 말한다.

② 예상제연구역: 화재 발생 시 연기의 제어가 요구되는 제연구역을 말한다.

③ 제연경계의 폭: 제연경계의 천장 또는 반자로부터 그 수직하단까지의 거리를 말한다.

④ 수직거리: 제연경계의 바닥으로부터 그 수직하단까지의 거리를 말한다.

⑤ 공동예상제연구역: 2개 이상의 예상제연구역을 말한다.

⑥ 유입풍도: 예상제연구역으로 공기를 유입하도록 하는 풍도를 말한다.

⑦ 배출풍도: 예상제연구역의 공기를 외부로 배출하도록 하는 풍도를 말한다.

▲ 제연방식의 구분

2. 제연방식의 구분

(1) 밀폐제연방식

① 밀폐도가 높은 벽이나 문으로써 화재를 밀폐하여 연기의 유출 및 신선한 공기의 유입을 억제하여 방연하는 방식이다.

② 벽이나 문 등으로 화재실을 밀폐하여 연기 및 공기를 억제하는 방식이고 구획을 작게 할 수 있는 건물에 적합하며 제연의 기본이 되는 방식이다.

③ 기계제연을 행할 경우라도 화재실의 밀폐는 기본적인 전제조건이다.

(2) 자연제연방식

   ① 화재 시 발생한 열의 부력 또는 외부 풍력에 의해 실내의 상부에 설치된 개구부 또는 전용의 배연구를 통하여 연기를 옥외로 배출하는 방식이다.

   ② 이 방식은 전원이나 복잡한 장치가 불필요하며, 평상시의 환기에도 겸용할 수 있다.

(3) 스모크타워제연방식

   ① 소방대상물에 배연전용의 샤프트를 이용하는 방식이다.

   ② 건물 실내와 실외의 온도차, 화재에 의한 부력 및 루프모니터를 이용하여 배연하는 방식으로 고층빌딩에 적합하다.

   ③ 설비가 간단하며, 샤프트의 내열성을 고려하면 고온의 연기도 배연할 수 있다.

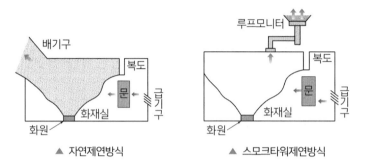

▲ 자연제연방식   ▲ 스모크타워제연방식

(4) 기계제연방식

   ① 제1종 기계제연방식(급기 및 배기)

       ㉠ 화재실에 대하여 기계제연에 의한 배출을 행하는 동시에 복도나 계단실을 통하여 기계력을 통하여 급기를 하는 방식이다.

       ㉡ 급기량을 배기량보다 작게 하여 부압으로 유지한다.

       ㉢ 급기와 배기 모두 기계력에 의존하기 때문에 장치가 복잡하고 풍량의 밸런스에 주의하여야 한다.

   ② 제2종 기계제연방식(급기만)

       ㉠ 복도, 계단실 등 중요한 부분에 신선한 공기를 송풍기에 의하여 급기하고 그 부분의 정압을 화재실보다 높게 하여 연기의 침입을 방지하는 방식으로 가압방연방식이다.

       ㉡ 배출구가 없는 상태에서 가압하면 화재실의 화재가 더욱더 커질 우려가 있으며, 열 및 연기가 복도로 역류할 우려가 있다.

       ㉢ 국내에서는 특별피난계단의 계단실 및 부속실, 비상용승강기에 적용한다.

   ③ 제3종 기계제연방식(배기만)

       ㉠ 화재로 인하여 발생한 연기를 배연기를 통하여 옥외로 배출하는 방식이다.

       ㉡ 방연수직벽 등을 위하여 연기유동을 방지하고 흡인효과를 증대시키기 위하여 요즘 가장 많이 사용하는 방식이다.

       ㉢ 화재가 진행하여 연기의 양이 많아지면 흡입을 다할 수 없는 상황이 발생할 수 있다.

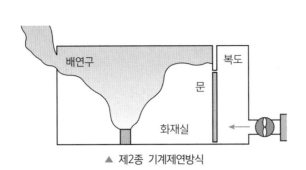
▲ 제2종 기계제연방식

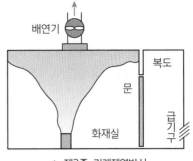
▲ 제3종 기계제연방식

3. 제연구역

(1) 제연구역 구획방법

① 하나의 제연구역의 면적은 1,000㎡ 이내로 할 것

② 거실과 통로(복도를 포함한다. 이하 같다)는 상호 제연구획할 것

③ 통로상의 제연구역은 보행중심선의 길이가 60m를 초과하지 아니할 것

④ 하나의 제연구역은 직경 60m 원내에 들어갈 수 있을 것

⑤ 하나의 제연구역은 2개 이상 층에 미치지 아니하도록 할 것. 다만, 층의 구분이 불분명한 부분은 그 부분을 다른 부분과 별도로 제연구획하여야 한다.

(2) 제연구역의 구획기준

① 재질은 내화재료, 불연재료 또는 제연경계벽으로 성능을 인정받은 것으로서 화재 시 쉽게 변형·파괴되지 아니하고 연기가 누설되지 않는 기밀성 있는 재료로 할 것

② 제연경계는 제연경계의 폭이 0.6m 이상이고, 수직거리는 2m 이내이어야 한다. 다만, 구조상 불가피한 경우는 2m를 초과할 수 있다.

2 연결송수관설비

1. 개요

(1) 정의

① 고층건축물, 지하건축물, 복합건축물 등에 설치해 소화활동을 원활하게 하기 위하여 설치하는 소화활동설비이다.

② 건축물의 3층부터 설치한 방수구에 소방용 호스와 방사형 노즐을 연결형으로 설치한다.

③ 방수구가 가장 많이 설치된 층을 기준으로 하여 3개층마다 방수기구함을 설치하여야 한다.

④ 방수구마다 보행거리는 5m 이내로 설치한다.

(2) 연결송수관설비의 종류

① 습식배관방식: 주로 고층건축물에 설치하는 방식으로 배관에 항상 물이 있도록 하는 방식이다.

② 건식배관방식: 주로 10층 이하의 건축물에 설치하는 방식으로 배관에 물이 충전되어 있지 않은 연결송수관설비로서 수원을 공급받아 건축물 화재를 소화하여야 한다.

2. 연결송수관 송수구 설치기준

(1) 소방차가 쉽게 접근할 수 있고 잘 보이는 장소에 설치할 것

(2) 지면으로부터 높이가 0.5m 이상 1m 이하의 위치에 설치할 것

(3) 송수구는 화재층으로부터 지면으로 떨어지는 유리창 등이 송수 및 그 밖의 소화작업에 지장을 주지 아니하는 장소에 설치할 것

(4) 구경 65mm의 쌍구형으로 할 것

③ 연결살수설비

연결살수설비는 판매시설 및 지하가 또는 건축물 지하층의 연면적이 150㎡ 이상인 곳에 설치하는 시설로, 물을 공급받아 본격적인 소화를 위하여 설치하는 소화활동설비이다.

④ 연소방지설비

연소방지설비는 전력케이블, 통신케이블, 도시가스관, 냉난방 배관 등이 설치되는 지하구에 설치하여 화재 시 피해를 줄이기 위한 설비이다.

⑤ 비상콘센트설비

1. 개요

고층건축물이나 지하가 등의 대규모 건축물에서 화재 시 소방활동 등을 원활하게 할 수 있도록 설치되는 설비이다.

2. 비상콘센트설비의 전원회로 설치 기준

(1) 비상콘센트설비의 전원회로는 단상교류 220볼트인 것으로서, 그 공급용량은 1.5킬로볼트암페어 이상인 것으로 할 것

(2) 전원회로는 각 층에 둘 이상이 되도록 설치할 것

(3) 전원회로는 주배전반에서 전용회로로 할 것

(4) 전원으로부터 각 층의 비상콘센트에 분기되는 경우에는 분기배선용 차단기를 보호함 안에 설치할 것

(5) 콘센트마다 배선용 차단기(KS C 8321)를 설치해야 하며, 충전부가 노출되지 않도록 할 것

⑥ 무선통신보조설비

소방 활동 시 통신을 원활하기 위한 소방활동설비이다.

POINT 6-1 위험물의 개요

1 위험물 개요

1. 위험물 관련 규정

> 「위험물안전관리법」 제2조【정의】① 이 법에서 사용하는 용어의 정의는 다음과 같다.
> 1. "위험물"이라 함은 인화성 또는 발화성 등의 성질을 가지는 것으로서 대통령령이 정하는 물품을 말한다.
> 제3조【적용제외】이 법은 항공기·선박(「선박법」 제1조의2 제1항의 규정에 따른 선박을 말한다)·철도 및 궤도에 의한 위험물의 저장·취급 및 운반에 있어서는 이를 적용하지 아니한다.

2. 위험물의 분류

(1) 산화성 고체(제1류 위험물)
① 다른 물질을 강하게 산화시키는 성질을 가지고 있는 강산화제이다.
② 물질 자체는 연소하지 않는 불연성 물질이다.
③ 가연물과 혼합할 때 열·충격·마찰에 의해 분해하여 매우 강렬하게 연소를 일으키는 물질이다.

(2) 가연성 고체(제2류 위험물)
① 고체로서 화염에 의한 발화의 위험성 또는 인화의 위험성이 큰 고체로서 발화하기 쉽고 비교적 낮은 온도에서 착화하기 쉬운 물질이다.
② 산화제와 접촉하면 마찰 또는 충격으로 급격하게 폭발할 수 있는 가연성(이연성) 물질이다.
③ 모두 산소를 함유하고 있지 않은 강한 환원성 물질이며, 비중이 1보다 크다.

(3) 자연발화성 및 금수성 물질(제3류 위험물)
① 고체 또는 액체로서 공기 중에서 발화의 위험성이 있거나 물과 접촉하여 발화하거나 가연성 가스를 발생하는 성질을 가지는 물질이다.
② 무기화합물과 유기화합물로 구성되어 있다.
③ 가열하거나 강산화성 물질·강산류와 접촉하면 위험성이 현저히 증가한다.

(4) 인화성 액체(제4류 위험물)
① 인화성을 가지는 물질이며 대부분 유기화합물이다.
② 제4류 위험물이 대량으로 연소하고 있을 때는 많은 대류열과 복사열로 인하여 화재가 확대되고 흑색 연기가 많이 발생하며 화재진압이 매우 곤란해진다.
③ 전기적으로 부도체이므로 정전기 축적이 용이하여 점화원으로 작용할 수 있다.

(5) 자기반응성 물질(제5류 위험물)

① 물질 자체에 산소를 포함하고 있어 산소공급원 없이도 연소가 일어난다.

② 고체 또는 액체로서 폭발의 위험성을 가지는 물질이다.

③ 불안정한 물질로서 공기 중에서 장기간 저장 시 분해반응을 일으키며, 분해열의 축적에 의하여 자연발화의 위험이 있다.

(6) 산화성 액체(제6류 위험물)

① 물질 자체는 불연성이다.

② 가연물과 혼합하면 가연물의 연소를 촉진하는 조연성 물질이다.

③ 물질의 액체 비중이 1보다 크므로 물보다 무겁다.

3. 위험물의 위험성

(1) 산화성

① 산화 상태(산화수)라는 개념은 화합물을 구성하는 원자들에 대하여 전하를 할당함으로써 산화 - 환원반응에서 전자들의 이동 행로를 알 수 있게 해 준다. 산화는 산화 상태의 증가(전자를 잃음)를 말하며, 환원은 산화 상태의 감소를 말한다.

② 산화제는 환원(전자를 얻음)되는 원소를 포함하는 반응물로 정의한다. 마찬가지로 환원제는 산화(전자를 잃음)되는 원소를 포함하는 반응물을 말한다.

(2) 인화성

가연성 증기를 발생하는 액체 또는 고체가 공기 중에서 불꽃에 접촉할 때 도화선이 되어 표면 근처에서 연소하기에 충분한 농도의 증기를 발생하여 불이 붙는 성질을 인화성이라 한다.

(3) 자연발화성

① 가연성 물질이 화염이나 전기불꽃 등의 직접적인 점화원을 주지 않고 공기 중에서 가열한 경우 어느 시점에서 열의 축적으로 자연적으로 연소 또는 발화가 개시되는데, 이를 발화성이라 한다. 이때 필요한 최저온도를 발화점 또는 착화점이라고 말한다.

② 발화점은 물질의 비점과 융점 등 물질 특유의 정수(定數)는 아니고 그 수치가 측정방법·조건에 의하여 유동적인 특징이 있다.

(4) 금수성

물과 반응하여 발화하거나 가연성 가스를 발생시키는 성질을 말한다.

(5) 자기반응성

① 외부로부터 산소공급원이 없이도 가열, 충격 등에 의하여 연소하거나 폭발을 일으킬 수 있는 성질을 말한다.

② 자기반응성이 있는 물질은 산소의 농도를 낮추는 질식소화효과가 없다.

4. 위험성이 둘 이상일 경우

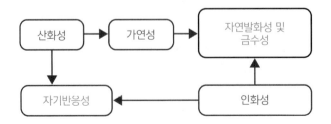

2 위험물의 품명 및 지정수량

「위험물안전관리법 시행령」[별표 1] 위험물 및 지정수량

유별	성질	품명	지정수량	유별	성질	품명		지정수량
제1류	산화성 고체	1. 아염소산염류	50kg	제3류	자연 발화성 물질 및 금수성 물질	10. 칼슘 또는 알루미늄의 탄화물		300kg
		2. 염소산염류	50kg			11. 행정안전부령으로 정하는 것		10kg, 20kg, 50kg 또는 300kg
		3. 과염소산염류	50kg			12. 제1호 내지 제11호의 1에 해당하는 어느 하나 이상을 함유한 것		
		4. 무기과산화물	50kg	제4류	인화성 액체	1. 특수인화물		50L
		5. 브로민산염류	300kg			2. 제1석유류	비수용성 액체	200L
		6. 질산염류	300kg				수용성 액체	400L
		7. 아이오딘산염류	300kg			3. 알코올류		400L
		8. 과망가니즈산염류	1,000kg			4. 제2석유류	비수용성 액체	1,000L
		9. 중크로뮴산염류	1,000kg				수용성 액체	2,000L
		10. 행정안전부령으로 정하는 것	50kg, 300kg 또는 1,000kg			5. 제3석유류	비수용성 액체	2,000L
		11. 제1호 내지 제10호의 1에 해당하는 어느 하나 이상을 함유한 것					수용성 액체	4,000L
제2류	가연성 고체	1. 황화인	100kg			6. 제4석유류		6,000L
		2. 적린	100kg			7. 동식물유류		10,000L
		3. 황	100kg	제5류	자기 반응성 물질	1. 유기과산화물		10kg
		4. 철분	500kg			2. 질산에스터류		10kg
		5. 금속분	500kg			3. 나이트로화합물		200kg
		6. 마그네슘	500kg			4. 나이트로소화합물		200kg
		7. 행정안전부령으로 정하는 것	100kg 또는 500kg			5. 아조화합물		200kg
		8. 제1호 내지 제7호의 1에 해당하는 어느 하나 이상을 함유한 것				6. 다이아조화합물		
		9. 인화성 고체	1,000kg			7. 하이드라진 유도체		200kg
제3류	자연 발화성 물질 및 금수성 물질	1. 칼륨	10kg			8. 하이드록실아민		100kg
		2. 나트륨	10kg			9. 하이드록실아민염류		100kg
		3. 알킬알루미늄	10kg			10. 행정안전부령으로 정하는 것		10kg, 100kg 또는 200kg
		4. 알킬리튬	10kg			11. 제1호 내지 제10호의1에 해단하는 어느 하나 이상을 함유한 것		
		5. 황린	20kg	제6류	산화성 액체	1. 과염소산		300kg
		6. 알칼리금속(칼륨 및 나트륨을 제외한다) 및 알칼리토금속	50kg			2. 과산화수소		300kg
		7. 유기금속화합물(알킬알루미늄 및 알킬리튬을 제외한다)	50kg			3. 질산		300kg
		8. 금속의 수소화물	300kg			4. 행정안전부령으로 정하는 것		300kg
		9. 금속의 인화물	300kg			5. 제1호 내지 제4호의1에 해당하는 어느 하나 이상을 함유한 것		300kg

1. 주요 위험물 정의

(1) 황

순도가 60wt% 이상인 것(이 경우 순도측정에 있어서 불순물은 활석 등 불연성 물질과 수분에 한함)

(2) 철분

철의 분말로서, 53μm의 표준체를 통과하는 것이 50wt% 미만인 것은 제외

(3) 금속분

① 알칼리금속·알칼리토류금속·철 및 마그네슘 외의 금속의 분말

② 구리분·니켈분 및 150μm의 체를 통과하는 것이 50wt% 미만인 것은 제외

(4) 마그네슘 및 마그네슘을 함유한 것

① 2mm의 체를 통과하지 아니하는 덩어리 상태의 것은 제외

② 지름 2mm 이상의 막대 모양의 것은 제외

(5) 인화성 고체

고형알코올 그 밖에 1기압에서 인화점이 40℃ 미만인 고체

(6) 과산화수소

농도가 36wt% 이상인 것

(7) 질산

비중이 1.49 이상인 것

📖 참고 위험물의 유별 정의(「위험물안전관리법 시행령」 [별표 1])

구분	정의
제1류 위험물 (산화성 고체)	고체로서 산화력의 잠재적인 위험성 또는 충격에 대한 민감성을 판단하기 위하여 소방청장이 정하여 고시하는 시험에서 고시로 정하는 성질과 상태를 나타내는 것을 말한다.
제2류 위험물 (가연성 고체)	고체로서 화염에 의한 발화의 위험성 또는 인화의 위험성을 판단하기 위하여 고시로 정하는 시험에서 고시로 정하는 성질과 상태를 나타내는 것을 말한다.
제3류 위험물 (자연발화성 및 금수성 물질)	고체 또는 액체로서 공기 중에서 발화의 위험성이 있거나 물과 접촉하여 발화하거나 가연성 가스를 발생하는 위험성이 있는 것을 말한다.
제4류 위험물 (인화성 액체)	액체(제3석유류, 제4석유류 및 동식물유류에 있어서는 1기압과 섭씨 20도에서 액상인 것에 한함)로서 인화의 위험성이 있는 것을 말한다.
제5류 위험물 (자기반응성 물질)	고체 또는 액체로서 폭발의 위험성 또는 가열분해의 격렬함을 판단하기 위하여 고시로 정하는 시험에서 고시로 정하는 성질과 상태를 나타내는 것을 말한다.
제6류 위험물 (산화성 액체)	액체로서 산화력의 잠재적인 위험성을 판단하기 위하여 고시로 정하는 시험에서 고시로 정하는 성질과 상태를 나타내는 것을 말한다.

제1류	과아이오딘산염류	제1류	퍼옥소이황산염류
	아이오딘산		퍼옥소붕산염류
	크로뮴, 납 또는 아이오딘의 산화물	제3류	염소화규소화합물
	아질산염류	제5류	금속의 아지화합물
	차아염소산염류		질산구아니딘
	염소화아이소시아누르산	제6류	할로겐간화합물

2. 인화성 액체의 분류

(1) 특수인화물

이황화탄소, 디에틸에테르, 그 밖에 1기압에서 발화점이 100℃ 이하인 것 또는 인화점이 –20℃ 이하이고 비점이 40℃ 이하인 것

(2) 제1석유류

아세톤, 휘발유 그 밖에 1기압에서 인화점이 21℃ 미만인 것

(3) 알코올류

1분자를 구성하는 탄소원자의 수가 1개부터 3개까지인 포화1가 알코올(변성알코올 포함)

(4) 제2석유류

등유, 경유 그 밖에 1기압에서 인화점이 21℃ 이상 70℃ 미만인 것(도료류 그 밖의 물품에 있어서 가연성 액체량이 40wt% 이하이면서 인화점이 40℃ 이상인 동시에 연소점이 60℃ 이상인 것은 제외)

(5) 제3석유류

중유, 크레오소트유, 그 밖에 1기압에서 인화점이 70℃ 이상 200℃ 미만인 것(도료류, 그 밖의 물품은 가연성 액체량이 40wt% 이하인 것은 제외)

(6) 제4석유류

기어유, 실린더유, 그 밖에 1기압에서 인화점이 200℃ 이상 250℃ 미만의 것(도료류, 그 밖의 물품은 가연성 액체량이 40wt% 이하인 것은 제외)

(7) 동식물유류

동물의 지육 등 또는 식물의 종자나 과육으로부터 추출한 것으로서 1기압에서 인화점이 250℃ 미만인 것

📖 참고 **인화성 액체 분류(영 제3조)**

인화성 액체	종류	그 밖의 것(1기압 상태에서)
특수인화물	이황화탄소, 디에틸에테르	• 발화점 100℃ 이하 • 인화점 −20℃ 이하이고 비점 40℃ 이하
알코올류	–	탄소원자 수 1~3개 포화1가 알코올 (변성알코올 포함)
제1석유류	아세톤, 휘발유	인화점 21℃ 미만
제2석유류	등유, 경유	인화점 21℃ 이상 ~ 70℃ 미만[1]
제3석유류	중유, 크레오소트유	인화점 70℃ 이상 ~ 200℃ 미만[2]
제4석유류	기어유, 실린더유	인화점 200℃ 이상 ~ 250℃ 미만[2]
동식물유류	동물의 지육·식물의 종자	인화점 250℃ 미만

1) 도료류, 가연성 액체량 40wt% 이하이면서 인화점이 40℃ 이상인 동시에 연소점이 60℃ 이상인 것은 제외
2) 가연성 액체량이 40wt% 이하인 것은 제외

3 위험물제조소등의 구분

1. 위험물제조소등

위험물제조소등은 제조소·저장소 및 취급소를 말한다.

2. 위험물제조소등의 분류

(1) 제조소

위험물을 제조할 목적으로 지정수량 이상의 위험물을 취급하기 위하여 규정에 따른 허가를 받은 장소를 말한다.

(2) 저장소

지정수량 이상의 위험물을 저장하기 위한 대통령령이 정하는 장소로서 규정에 따른 허가를 받은 장소를 말한다. 그 형태에 따라 8가지 저장소를 구분한다.

① 옥내저장소
② 옥외탱크저장소
③ 옥내탱크저장소
④ 지하탱크저장소
⑤ 간이탱크저장소
⑥ 이동탱크저장소
⑦ 옥외저장소
⑧ 암반탱크저장소

(3) 취급소

지정수량 이상의 위험물을 제조 외의 목적으로 취급하기 위한 대통령령이 정하는 장소로서 규정에 따른 허가를 받은 장소를 말한다. 취급소는 주유취급소·판매취급소·이송취급소·일반취급소로 구분된다.

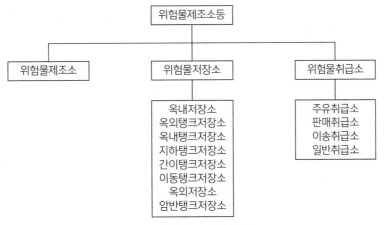

▲ 위험물제조소등의 분류

📖 참고 지정수량 이상의 위험물을 저장하기 위한 장소와 그에 따른 저장소의 구분

지정수량 이상의 위험물을 저장하기 위한 장소	저장소의 구분
옥내에 저장(위험물을 저장하는 데 따르는 취급을 포함)하는 장소(옥내탱크저장소 제외)	옥내저장소
옥외에 있는 탱크에 위험물을 저장하는 장소(지하탱크, 간이탱크, 이동탱크, 암반탱크 제외)	옥외탱크저장소
옥내에 있는 탱크에 위험물을 저장하는 장소	옥내탱크저장소
지하에 매설한 탱크에 위험물을 저장하는 장소	지하탱크저장소
간이탱크에 위험물을 저장하는 장소	간이탱크저장소
차량에 고정된 탱크에 위험물을 저장하는 장소	이동탱크저장소
옥외에 다음에 해당하는 위험물을 저장하는 장소. 다만, 2.의 장소를 제외한다(옥외탱크저장소 제외). • 제2류 위험물 중 황 또는 인화성 고체(인화점이 섭씨 0도 이상인 것에 한함) • 제4류 위험물 중 제1석유류(인화점이 섭씨 0도 이상인 것에 한함)·알코올류·제2석유류·제3석유류·제4석유류 및 동식물유류 • 제6류 위험물 • 제2류 위험물 및 제4류 위험물 중 특별시·광역시 또는 도의 조례에서 정하는 위험물(「관세법」 제154조의 규정에 의한 보세구역 안에 저장하는 경우에 한함) • 「국제해사기구에 관한 협약」에 의하여 설치된 국제해사기구가 채택한 「국제해상위험물규칙」(IMDG Code)에 적합한 용기에 수납된 위험물	옥외저장소
암반 내의 공간을 이용한 탱크에 액체의 위험물을 저장하는 장소	암반탱크저장소

POINT 6-2 위험물 유별 성상 등

1 제1류 위험물(산화성 고체)

1. 위험물의 지정수량 및 품명

품명	지정수량	위험등급
아염소산염류[아염소산($HClO_2$)]	50kg	I
염소산염류[염소산($HClO_3$)]		
과염소산염류[과염소산($HClO_4$)]		
무기과산화물		
브로민산염류[브로민산($HBrO_3$)]	300kg	II
질산염류[질산(HNO_3)]		
아이오딘산염류[아이오딘(HIO_3)]		
과망가니즈산염류[과망가니즈산(HM_nO_4)]	1,000kg	III
중크로뮴산염류[중크로뮴산(HM_nO_4)]		

2. 공통성질

(1) 일반적으로 불연성이며 산소를 함유하고 있는 강산화제이다.

(2) 대부분 무색 결정 또는 백색 분말이며 비중이 1보다 크고, 물에 잘 녹는다.

(3) 물과 반응하여 열과 산소를 발생시키는 것도 있다.

(4) KNO_3, $NaNO_3$, NH_4NO_3와 같은 질산염류는 조해성이 있다.

(5) 열, 충격, 마찰 또는 분해를 촉진하는 약품과의 접촉으로 폭발의 위험성이 있다.

(6) 대부분 산소를 포함하는 무기화합물이다(염소화아이소시아누르산 제외).

(7) 단독으로 분해·폭발하는 경우는 적지만 가연물이 혼합되어 있을 때는 연소·폭발한다.

3. 저장 및 취급방법

(1) 알칼리금속의 과산화물 및 이를 함유한 것은 물과의 접촉을 금지한다.

(2) 화기엄금하고, 가열·충격·타격·마찰을 금지한다.

(3) 대부분 조해성을 가지므로 습기에 주의하며, 밀폐하여 저장한다.

(4) 제2류·제3류·제4류 그리고 제5류 위험물과의 접촉을 막는 조치가 필요하다.

(5) 통풍이 잘 되는 차가운 곳에 저장한다.

(6) 산화되기 쉬운 물질과 화재 위험이 있는 곳으로부터 떨어진 장소에 저장한다.

4. 소화방법 및 화재진압대책

(1) 산소의 분해 방지를 위하여 물과 급격히 반응하지 않는 것은 물로 주수하는 냉각소화가 효과적이다. 화재 주위의 가연물과는 격리하거나 주위 가연물의 소화에 주력하는 것이 바람직하다.

(2) 무기과산화물은 금수성이 있으므로 물을 사용하여서는 아니 된다. 주로 초기단계에서는 마른 모래, 소화질석을 사용한 질식소화가 효과적이다.

(3) 자신은 불연성이기 때문에 가연물 종류에 따라 화재진압대책을 수립하여야 한다.

(4) CO_2, 포, 할론, 분말에 의한 질식소화는 효과가 적으므로 사용에 주의하여야 한다.

5. 종류별 특징

(1) 무기과산화물(Inorganic Peroxide)

① 과산화수소(H_2O_2)의 수소가 금속으로 치환된 화합물을 말한다.

② 알칼리금속의 과산화물(Na_2O_2)과 알칼리토금속의 과산화물(MgO_2)이 있다.

③ **과산화나트륨(Sodium peroxide, Na_2O_2)**: 절대주수엄금, CO_2·할로겐소화 불가, 소화질석·마른 모래로 질식소화한다.

$$2Na_2O_2 \rightarrow 2Na_2O + O_2 \uparrow$$

④ 과산화칼륨(Potassium Peroxide, K_2O_2)

　㉠ 무색 또는 오렌지색의 분말로 흡습성이 있으며 에탄올에 용해된다.

　㉡ 가열하면 분해하여 산소를 방출한다.

$$2K_2O_2 \rightarrow 2K_2O + O_2 \uparrow$$

　㉢ 과산화칼륨 + 물

$$2K_2O_2 + 2H_2O \rightarrow 4KOH + O_2$$

(2) 질산염류(Nitrate)

① 질산(HNO_3)의 수소가 금속 또는 양성원자단으로 치환된 화합물을 말한다.

② 강한 산화제로 폭약의 원료로 사용된다.

③ 조해성이 강하다.

📖 **참고 위험물의 위험등급(시행규칙 [별표 19])**

1. 위험등급 I 의 위험물
   - 제1류 위험물 중 아염소산염류, 염소산염류, 과염소산염류, 무기과산화물 그 밖에 지정수량이 50kg인 위험물
   - 제3류 위험물 중 칼륨, 나트륨, 알킬알루미늄, 알킬리튬, 황린 그 밖에 지정수량이 10kg 또는 20kg인 위험물
   - 제4류 위험물 중 특수인화물
   - 제5류 위험물 중 유기과산화물, 질산에스터류 그 밖에 지정수량이 10kg인 위험물
   - 제6류 위험물
2. 위험등급 II 의 위험물
   - 제1류 위험물 중 브로민산염류, 질산염류, 아이오딘산염류 그 밖에 지정수량이 300kg인 위험물
   - 제2류 위험물 중 황화인, 적린, 황 그 밖에 지정수량이 100kg인 위험물
   - 제3류 위험물 중 알칼리금속(칼륨 및 나트륨을 제외한다) 및 알칼리토금속, 유기금속화합물(알킬알루미늄 및 알킬리튬을 제외한다) 그 밖에 지정수량이 50kg인 위험물
   - 제4류 위험물 중 제1석유류 및 알코올류
   - 제5류 위험물 중 제1호 라목에 정하는 위험물 외의 것
3. 위험등급 III의 위험물
   1. 및 2.에 정하지 아니한 위험물

2 제2류 위험물(가연성 고체)

1. 위험물의 지정수량 및 품명

품명	지정수량	위험등급
황화인[황과 적린의 화합물: 삼황화인(P_4S_3), 오황화인(P_2S_5)]		
적린(성냥의 원료인 붉은 인)	100kg	II
황(순도가 60wt% 이상)		
철분(53μm 표준체 50wt% 이상)		
금속분(알칼리금속·알칼리토금속·철·마그네슘 외)	500kg	III
마그네슘(2mm의 체를 통과하지 아니하는 덩어리 상태의 것과 직경 2mm 이상의 막대 모양의 것은 제외)		
인화성 고체(1기압에서 인화점이 40℃ 미만인 고체)	1000kg	

2. 공통성질

(1) 모두 산소를 함유하고 있지 않은 강한 환원성 물질(환원제)이다.

(2) 비중이 1보다 큰 가연성 고체로서 비교적 낮은 온도에서 착화하기 쉽다.

(3) 산화제와 접촉하면 급격하게 폭발할 수 있는 가연성 물질이며, 연소속도가 빠르고 연소열이 큰 고체이다.

(4) 철분·금속분·마그네슘은 물과 산의 접촉으로 수소가스를 발생하고 발열한다. 금속분은 습기와 접촉할 때 자연발화의 위험성이 있다.

(5) 금속분·황가루·철분은 밀폐된 공간 내에서 점화원이 있으면 분진폭발을 일으킨다.

3. 저장 및 취급방법

(1) 철분·금속분·마그네슘분의 경우는 물 또는 묽은 산과의 접촉을 피한다.

(2) 강산화제(제1류 위험물 또는 제6류 위험물)와 혼합을 피한다.

4. 소화방법 및 화재진압대책

(1) 철분·금속분·마그네슘은 마른 모래·건조분말·금속화재용 분말 소화약제를 사용하여 질식소화한다.

(2) 황화인은 이산화탄소 소화약제·마른 모래·건조분말에 의한 질식소화한다.

(3) 냉각소화가 적당하다(금속분·철분·마그네슘·황화인 제외).

5. 종류별 특징

(1) **황화인(Phosphorus sulfide)**

① 인의 황화물을 통틀어 이르는 말이다.

② 대표적인 황화인은 삼황화인(P_4S_3), 오황화인(P_2S_5), 칠황화인(P_4S_7)이다.

③ 산화제·가연물·강산류·금속분과의 혼합을 방지한다.

④ CO_2·건조분말·마른 모래로 질식소화한다.

(2) 적린(Red phosphorus, P)

① 적린은 암적색 무취의 분말로 황린과 동소체이다. 공기를 차단한 상태에서 황린을 약 260℃로 가열하면 생성된다 (적린의 증기를 냉각시키면 황린이 된다).

② 황린과 달리 안정적이다.

③ 연소하면 황린과 같이 유독성 P_2O_5의 흰 연기를 발생한다.

$$4P + 5O_2 \rightarrow 2P_2O_5 \uparrow (\text{오산화인})$$

④ 화재 시 다량의 물로 냉각소화한다.

(3) 황(Sulfur, Thion, S)

① 순도가 60wt% 이상인 것을 위험물로 분류한다.

② 물에 불용, 알코올에 난용이고 이황화탄소에 잘 녹는다.

③ 미세한 분말상태로 공기 중 부유하면 분진폭발을 일으킨다.

④ 전기의 부도체이며 마찰에 의해 정전기가 발생할 우려가 있다.

⑤ 황 연소반응식: 공기 중에서 연소하면 푸른빛을 내며 아황산가스(SO_2)를 발생한다.

$$S + O_2 \rightarrow SO_2 (\text{아황산가스})$$

(4) 철분(Iron powder, Ferrum powder, Fe)

① 53㎛의 표준체를 통과하는 것이 50wt% 미만인 것은 제외한다.

② 회백색의 광택이 나는 금속분말로서 미세한 분말일수록 작은 점화원에 의해 분진폭발한다. 연소하기 쉽고 절삭유와 같은 기름이 묻은 철분을 장기간 방치하면 자연발화한다.

③ 수증기와 반응하면 수소를 발생하고 경우에 따라 폭발한다.

④ 상온에서 묽은 산과 반응하여 수소를 발생한다.

(5) 금속분(Metal powder)

① 알칼리금속·알칼리토류금속·철 및 마그네슘 외의 금속의 분말을 말하고, 구리분·니켈분 및 150마이크로미터의 체를 통과하는 것이 50중량퍼센트 미만인 것은 제외한다.

② 화재 시 물을 이용한 냉각소화는 부적당하다.

③ 알루미늄+물의 반응

$$2Al + 6H_2O \rightarrow 2Al(OH)_3 + 3H_2$$

④ 알루미늄+산소의 반응

$$4Al + 3O_2 \rightarrow 2Al_2O_3 (\text{산화알루미늄})$$

(6) 마그네슘(Magnesium, Mg)

① 2mm의 체를 통과하지 아니하는 덩어리 상태의 것과 직경 2mm 이상의 막대모양의 것은 위험물에서 제외한다.

② 공기 중 미세한 분말이 부유하면 분진폭발의 위험이 있다.

③ 산이나 더운물에 반응하여 수소를 발생하며, 많은 반응열에 의하여 발화한다.

$$Mg + 2HCl \rightarrow MgCl_2 + H_2 \uparrow + Qkcal$$
(염화마그네슘)

$$Mg + 2H_2O \rightarrow Mg(OH)_2 + H_2$$

④ 가열하면 연소하기 쉽고 백광 또는 푸른 불꽃을 내며, 양이 많은 경우 순간적으로 맹렬히 폭발한다.

$$2Mg + O_2 \rightarrow 2MgO + (2 \times 143.7)kcal$$
(산화마그네슘)

(7) 인화성 고체(Inflammable solid)

① 인화성 고체는 고형알코올 그 밖에 1기압에서 인화점이 40℃ 미만인 고체이다.

② 대부분 유기화합물로서 인화성 고체 또는 반고체 상태이므로 성질은 거의 제4류 위험물과 유사하다.

③ 제조소등의 게시판 및 운반용기 외부에 표시해야 하는 주의사항은 '화기엄금'으로 한다.

❸ 제3류 위험물(자연발화성 및 금수성 물질)

1. 위험물의 지정수량 및 품명

품명	지정수량	위험등급
1. 칼륨(K) 2. 나트륨(Na) 3. 알킬알루미늄: 알킬기(C_nH_{2n+1}, R)와 알루미늄(Al)의 화합물 4. 알킬리튬: 알킬기(C_nH_{2n+1}, R)와 리튬(Li)의 화합물	10kg	I
5. 황린(P_4)	20kg	
6. 알칼리금속 및 알칼리토금속(나트륨, 칼륨, 마그네슘은 제외) 7. 유기금속화합물(알킬알루미늄 및 알킬리튬은 제외)	50kg	II
8. 금속의 수소화물(수소와 금속원소의 화합물) 9. 금속의 인화물(인과 금속원소의 화합물) 10. 칼슘 또는 알루미늄의 탄화물(칼슘의 탄화물 또는 알루미늄의 탄화물)	300kg	III
11. 그 밖에 행정안전부령이 정하는 것(염소화규소화합물)	300kg	
12. 1. ~ 11.의 어느 하나 이상을 함유한 것	10kg, 20kg, 50kg, 또는 300kg	-

2. 공통성질

(1) 무기화합물과 유기화합물로 구성되어 있다.

(2) 칼륨(K)·나트륨(Na)·알킬알루미늄(RAl)·알킬리튬(RLi)을 제외하고 물보다 무겁다.

(3) 대부분이 고체이다(단, 알킬알루미늄·알킬리튬은 고체 또는 액체).

(4) 칼륨·나트륨·알칼리금속·알칼리토금속은 보호액(석유) 속에 보관한다.

(5) 가열 또는 강산화성 물질·강산류와 접촉으로 위험성이 증가한다.

3. 저장 및 취급방법

(1) 제1류 위험물, 제6류 위험물 등 산화성 물질과 강산류와의 접촉을 방지한다.

(2) 용기는 완전히 밀봉하고, 파손 및 부식을 막으며, 수분과의 접촉을 방지한다.

(3) 알킬알루미늄·알킬리튬·유기금속화합물류는 화기를 엄금하고 용기 내압이 상승하지 않도록 한다.

(4) 알킬알루미늄·알킬리튬은 공기나 물을 만나면 격렬하게 반응하여 발화할 수 있다. 특히 저장 시 수분의 접촉을 차단하기 위하여 헥산 속에 저장한다.

(5) 황린은 공기 중에서 산화를 피하기 위하여 물 속에 저장한다. 황린의 저장액인 물의 증발 또는 용기파손에 의한 물의 누출을 방지하여야 한다.

4. 소화방법 및 화재진압대책

(1) 황린을 제외하고는 절대로 물을 사용하여서는 아니 된다.

(2) 금속화재용 분말 소화약제에 의한 질식소화를 한다.

(3) K·Na은 적절한 소화약제가 없으므로 연소확대 방지에 주력하여야 한다.

(4) 마른 모래·팽창질석·팽창진주암·건조석회(생석회·CaO)로 상황에 따라 조심스럽게 질식소화한다.

5. 종류별 특징

(1) 칼륨(Potassium, K)

① 물과 격렬히 반응하여 발열하고 수소와 열을 발생한다.

$$2K + 2H_2O \rightarrow 2KOH + H_2\uparrow + Qkcal$$

② 칼륨의 소화방법은 마른모래 정도가 있으나 대량일 경우 소화가 어렵다. 물·사염화탄소(CCl_4) 또는 CO_2와는 폭발반응하므로 절대 사용할 수 없다.

(2) 나트륨(Sodium, Na)

① 물과 격렬히 반응하여 발열하고 수소를 발생한다.

$$2Na + 2H_2O \rightarrow 2NaOH + H_2\uparrow + Qkcal$$

② 나트륨 연소반응식

$$4Na + O_2 \rightarrow 2Na_2O$$

(3) 알킬알루미늄(Alkyl Aluminium)

① 알킬기 $C_nH_{2n}+1(R)$과 알루미늄의 화합물을 알킬알루미늄(R-Al)이라 하며 할로겐이 들어간 경우가 있다.

② 트리메틸알루미늄(TMA) + 물

$$(CH_3)_3Al + 3H_2O \rightarrow Al(OH)_3 + 3CH_4$$
$$\text{(메탄)}$$

③ 트리에틸알루미늄(Triethyl Aluminium, $(C_2H_5)_3Al$): 물과 반응하여 에탄가스(C_2H_6)를 발생하고 발열·폭발한다.

$$(C_2H_5)_3Al + 3H_2O \rightarrow Al(OH)_3 + 3C_2H_6\uparrow$$
$$\text{(에탄)}$$

(4) 황린(Yellow phosphorus, White phosphorus, P_4, 백린)

① 화재 시에는 물로 냉각소화하되 가급적 분무주수한다. 초기소화에는 포·CO_2, 분말 소화약제도 유효하며, 젖은 모래·흙 등으로 질식소화할 수 있다.

② 미분상의 발화점은 34℃이고, 고형상의 발화점은 60℃(습한 공기 중에서는 30℃)이다.

③ 물에 불용하여 벤젠·이황화탄소에 녹는다. 따라서 물 속에 저장한다(알칼리제를 넣어 pH9 정도 유지).

④ 발화점이 매우 낮아 공기 중에 노출되면 서서히 자연발화를 일으키고 어두운 곳에서 청백색의 인광을 낸다.

⑤ 공기 중에 격렬하게 연소하여 유독성 가스인 오산화인(P_2O_5)의 백연을 낸다.

$$P_4 + 5O_2 \rightarrow 2P_2O_5 \uparrow + Qkcal$$

⑥ NaOH 등 강알칼리 용액과 반응하여 맹독성의 포스핀가스(PH_3)를 발생한다.

$$P_4 + 3KOH + 3H_2O \rightarrow PH_3 \uparrow + 3KH_2PO_2$$

(5) 알칼리금속 및 알칼리토금속(지정수량 50kg)

① 알칼리금속: Li, Rb, Cs, Fr(K·Na 제외)

② 알칼리토금속: Be, Ca, Sr, Ba, Ra(Mg 제외)

③ 공기 중의 산소·수증기·이산화탄소와 반응하여 산화물·탄산염의 표면피막을 만들어 공기를 격리하기 때문에 상온에서 급격한 반응은 일어나지 않는다.

④ 수분에 대해서는 급격한 발열과 수소가스를 동반하여 연소에 이른다.

⑤ 칼슘+물

$$Ca + 2H_2O \rightarrow Ca(OH)_2 + H_2$$

(6) 유기금속화합물류(Organometallic Compounds)

① 알킬기와 아닐기 등 탄화수소기와 금속원자가 결합된 화합물이다.

② 대부분 공기 중에서 자연발화하며, 금수성도 함께 가지는 것이 많다.

③ 공기·물·산화제·가연물과 철저히 격리하고 저장용기에 불활성 가스를 봉입한다.

(7) 금속의 수소화물(Hydride)(지정수량 300kg)

① 금속과 수소의 화합물이다. 무색결정으로 비휘발성이며 녹는점이 높다.

② 수소화나트륨(NaH)은 회백색의 결정 또는 분말이며 불안정하고 유독한 가연성 물질이다. 건조한 공기 중에서는 안정하지만 습한 공기 중에 노출되면 자연발화한다.

③ 수소화칼륨(KH)은 금속염의 환원제·촉매·시약·수소발생원으로 사용된다. 자연발화온도는 300℃ 이하이고 건조공기 중에서는 안정하며, 환원성이 강하다.

$$KH + H_2O \rightarrow KOH + H_2$$
$$\text{(수산화칼륨)}$$

④ 수소화알루미늄리튬(Lithium Aluminium Hydride, $LiAlH_4$): 물과 접촉 시 수소를 발생하고 발화한다.

$$LiAlH_4 + 4H_2O \rightarrow LiOH + Al(OH)_3 + 4H_2 \uparrow + Qkcal$$

(8) 금속의 인화물(Phosphide)(지정수량 300kg)

① 인(P)과 양성원소의 화합물이다.

② 인화칼슘(인화석회, Ca_3P_2)은 건조한 공기 중엔 안정하나 300℃ 이상에서 산화한다.

③ 인화칼슘은 물·산과 격렬하게 반응하여 포스핀(인화수소, PH_3)을 발생한다.

$$Ca_3P_2 + 6H_2O \rightarrow 3Ca(OH)_2 + 2PH_3 \uparrow$$
$$Ca_3P_2 + 6HCl \rightarrow 3CaCl_2 + 2PH_3 \uparrow$$

④ 인화칼륨은 물·산과의 접촉으로 포스핀(PH_3)을 발생한다. 밀폐용기에 넣어 환기가 잘되는 찬 곳에 저장한다.

⑤ 인화알루미늄+물

$$AlP + 3H_2O \rightarrow Al(OH)_3 + PH_3$$

(9) 칼슘 또는 알루미늄의 탄화물(Carbide)(지정수량 300kg)

① 탄화칼슘(CaC_2, 칼슘카바이드, 탄화석회)

㉠ 건조한 공기 중에서는 안정하지만 350℃ 이상으로 가열하면 산화한다.

$$2CaC_2 + 5O_2 \rightarrow 2CaO + 4CO_2 \uparrow$$

㉡ 물과 심하게 반응하여 수산화칼슘(소석회)과 아세틸렌가스를 발생한다.

$$CaC_2 + 2H_2O \rightarrow Ca(OH)_2 + C_2H_2 \uparrow$$
$$\text{(수산화칼슘)} \quad \text{(아세틸렌)}$$

② 탄화알루미늄(Al_4C_3, 알루미늄카바이드): 상온에서 물과 반응하여 메탄가스를 만든다.

$$Al_4C_3 + 12H_2O \rightarrow 4Al(OH)_3 + 3CH_4 \uparrow$$
$$\text{(수산화알루미늄)}$$

4 제4류 위험물(인화성 액체)

1. 위험물의 지정수량 및 품명

종류		지정수량	위험등급
특수인화물	디에틸에테르, 이황화탄소	50L	I
제1석유류	비수용성: 휘발유, 벤젠	200L	II
	수용성: 아세톤, 시안화수소	400L	
알코올류	메틸알코올, 에틸알코올	400L	
제2석유류	비수용성: 등유, 경유	1,000L	III
	수용성: 아세트산, 하이드라진	2,000L	
제3석유류	비수용성: 중유, 크레오소트유	2,000L	
	수용성: 글리세린	4,000L	
제4석유류	기어유, 실린더유	6,000L	
동식물유류	정어리 기름	10,000L	

2. 공통성질

(1) 물보다 가볍고 물에 녹지 않는 것이 많으며, 대부분 유기화합물이다.

(2) 발생증기는 가연성이며 대부분의 증기비중은 공기보다 무겁다. 발생된 증기는 연소하한이 낮아 매우 인화하기 쉽다.

(3) 전기의 불량도체로서 정전기의 축적이 용이하고 이것이 점화원이 되는 때가 많다.

(4) 인화점·발화점이 낮은 것은 위험성이 높다. 비교적 발화점이 낮고 폭발위험성이 공존한다.

(5) 이황화탄소는 발화점(착화점)이 100℃로 매우 낮아 자연발화의 위험이 있다.

(6) 화재 시 많은 대류열과 복사열로 인하여 화재가 확대되고 흑색 연기가 많이 발생하며 화재진압이 매우 곤란해진다.

3. 저장 및 취급방법

(1) 정전기의 발생·축적, 스파크의 발생을 억제하여야 한다.

(2) 인화점이 낮은 석유류에는 불연성 가스를 봉입하여 혼합기체의 형성을 억제하여야 한다.

4. 소화방법 및 화재진압대책

(1) 소규모화재는 CO_2·포·물분무·분말·할론 소화약제를 이용하여 소화하고, 대규모화재는 포 소화약제를 이용하여 질식소화한다.

(2) 수용성과 비수용성, 물보다 무거운 것과 물보다 가벼운 것으로 가연물을 구분하여 진압방안을 연계함으로써 화재를 진압하여야 한다.

(3) 수용성 석유류의 화재는 알코올형포·다량의 물로 희석소화한다.

(4) 물보다 무거운 석유류의 화재는 석유류의 유동을 일으키지 않고 물로 피복하여 질식소화가 가능하다. 직접적인 물에 의한 냉각소화는 적당하지 않다.

5. 종류별 특징

(1) 특수인화물

① 이황화탄소·디에틸에테르 등이 있다.

② 1기압에서 발화점이 100℃ 이하인 액체이거나 인화점이 −20℃ 이하이고 비점이 40℃ 이하인 액체이다.

③ 발화점·인화점·끓는점이 매우 낮아서 휘발하기 쉽다.

④ 이황화탄소(CS_2)는 물에 녹지 않고 물보다 무거우므로 물 속에 저장한다.

⑤ 디에틸에테르는 무색투명한 액체로서 휘발성이 매우 높고 마취성을 가진다.

(2) 제1석유류

① 제1석유류에는 아세톤·휘발유 등이 있으며, 1기압에서 인화점이 21℃ 미만인 것이다.

② 아세톤은 무색의 독특한 냄새(과일냄새)를 내며 휘발성이 강한 액체이다. 증기는 매우 유독하며 아세틸렌을 녹이므로 아세틸렌 저장에 이용된다.

③ 휘발유는 원유에서 끓는점에 의한 분별증류를 하여 얻어지는 유분 중에서 가장 낮은 온도에서 분출되는 것으로 대략적으로 탄소수가 5개에서 9개까지의 포화 및 불포화 탄화수소의 혼합물로, 한 종류의 휘발유에 포함되어 있는 탄화수소 수는 수십 종류에서 수백 종류나 된다(분자식 대략 $C_5H_{12} \sim C_9H_2O$).

④ 휘발유는 전기의 불량도체로서 정전기를 발생·축적할 위험이 있고, 점화원이 될 수 있다.

⑤ 벤젠(C_6H_6)은 무색투명한 액체로 독특한 냄새가 나는 휘발성 액체이다. 방향족 탄화수소 중 가장 간단한 구조를 가진다. 또한, 휘발하기 쉽고 인화점이 낮아서 정전기 스파크와 같은 아주 작은 점화원에 의해서도 인화한다.

(3) 제2석유류

① 제2석유류에는 등유·경유 등이 있으며, 1기압에서 인화점이 21℃ 이상 70℃ 미만인 것이다.

② 하이드라진(N_2H_4)은 물과 비슷한 온도범위에서 액체로 존재하며 외관도 물과 같이 무색투명하다. 일반적으로 암모니아 냄새가 나며, 알칼리성으로 부식성이 큰 맹독성 물질이다.

(4) 제3석유류

① 제3석유류에는 중유·크레오소트유 등이 있다.

② 중유는 갈색 또는 암갈색 액체로 원유 중 300℃ 이상에서 분리되는 유분이다.

③ 에틸렌글리콜은 무색의 끈끈한 액체로서 단맛이 나며 흡습성이 있다. 일반적으로 부동액(자동차용), 글리세린의 대용, 내한 윤활유 등으로 사용된다.

④ 글리세린은 무색의 끈기 있는 액체로 단맛이 나며 흡습성이 있다.

(5) 제4석유류

① 제4석유류에는 기어유·실린더유 등이 있다. 인화점이 높아서 가열하지 않는 한 인화 위험은 없으나 일단 액온이 상승하여 연소되면 소화가 매우 곤란하다.

② 기어유와 실린더유는 윤활유의 한 종류이다.

(6) 동식물유류

① 동식물유류는 동물의 지육 등 또는 식물의 종자나 과육으로부터 추출한 것으로서 1기압에서 인화점이 250℃ 미만인 것이다.

② 건성유가 다공성 가연물에 배어들어 장기 방치될 때 자연발화를 일으키므로 섬유류나 다공성 물질에 스며들지 않도록 하여야 한다.

6. 제4류 위험물 연소반응식

(1) 이황화탄소 연소반응식(특수인화물)

$$CS_2 + 3O_2 \rightarrow CO_2 + 2SO_2$$

(2) 아세트알데히드 산화반응식(특수인화물)

$$2CH_3CHO + O_2 \rightarrow 2CH_3COOH$$
(아세트알데히드)　　(초산, 아세트산)

(3) 아세톤 연소반응식(제1석유류 수용성)

$$CH_3COCH_3 + 4O_2 \rightarrow 3CO_2 + 3H_2O$$
(아세톤)

(4) 메틸알코올 연소반응식(알코올류)

$$2CH_3OH + 3O_2 \rightarrow 2CO_2 + 4H_2O$$

(5) 에틸알코올 연소반응식(알코올류)

$$C_2H_5OH + 3O_2 \rightarrow 2CO_2 + 3H_2O$$

(6) 초산(아세트산) 연소반응식(제2석유류)

$$CH_3COOH + 2O_2 \rightarrow 2CO_2 + 2H_2O$$

5 제5류 위험물(자기반응성 물질)

1. 위험물의 지정수량 및 품명

품명	지정수량	위험등급
유기과산화물: 과산화기(-O-O-)를 가진 유기화합물	10Kg	I
질산에스터류: 질산(HNO_3)의 수소가 알킬기로 치환된 형태의 화합물		
나이트로화합물: 나이트로기(-NO_2)	200Kg	II
나이트로소화합물: 나이트로소기(-NO)		
아조화합물: 아조기(-N=N-)		
다이아조화합물: 다이아조기(=N_2)		
하이드라진 유도체: 하이드라진(N_2H_4)으로부터 유도된 화합물		
하이드록실아민: 하이드록실아민(NH_2OH)	100Kg	
하이드록실아민염류: 하이드록실아민(NH_2OH)과 산의 화합물		

2. 공통성질

(1) 대부분 유기화합물이며 유기과산화물을 제외하고는 질소를 함유한 유기질소화합물이다.

(2) 하이드라진 유도체는 무기 화합물이다.

(3) 자기 자신이 연소에 필요한 산소를 가지고 있기 때문에 외부로부터 산소의 공급이 없어도 점화원만 있으면 연소 또는 폭발을 일으킬 수 있는 자기연소성 물질이다.

(4) 모두 가연성의 액체 또는 고체물질이고 연소할 때는 다량의 유독가스를 발생한다.

(5) 불안정한 물질로서 공기 중 장기간 저장 시 분해하여 분해열이 축적되는 분위기에서는 자연발화의 위험이 있다.

(6) 연소속도가 대단히 빨라서 폭발성이 있다. 화약·폭약의 원료로 많이 쓰인다.

3. 저장 및 취급방법

(1) 위험성이 크고 폭발로 이어지는 것이 많으므로 안전조치가 중요하다.

(2) 점화원의 통제가 요구되고, 충격·마찰·타격 등 요인을 주의하여야 한다.

4. 소화방법 및 화재진압대책

(1) 자기반응성 물질은 자체에 산소를 함유하고 있기 때문에 이산화탄소·할론·분말·포 소화약제에 의한 질식소화는 효과가 없다.

(2) 제5류 위험물의 화재 시에는 많은 양의 물에 의한 냉각소화가 가장 효과적이다. 초기화재 또는 소량의 화재에는 분말로 일시에 화염을 제거하여 소화할 수 있으나 재발화가 염려되므로 결국 최종적으로는 물로 냉각소화하여야 한다.

5. 종류별 특징

(1) 유기과산화물(Organic Peroxide)

① 일반적으로 -O-O- 기를 가진 산화물을 과산화물(Peroxide)이라 하고, 양 끝단에 유기화합물이 붙으면 유기과산화물이 되고 무기화합물이 붙으면 제1류 위험물(산화성 고체)인 무기과산화물이 된다.

② 유기과산화물이 누설되었을 때 액체인 경우 팽창질석과 팽창진주암으로 흡수시키고 고체인 경우 팽창질석·팽창진주암을 혼합하여 제거한다.

(2) 하이드라진 유도체(Hydrazine Derivatives)

① 하이드라진(N_2H_4)은 제4류 위험물(제2석유류)이지만, 하이드라진으로부터 유도된 화합물은 제5류 위험물의 한 품명(하이드라진 유도체)으로 정하고 있다.

② 하이드라진 유도체는 폭발성, 강한 환원성 물질이고 연소속도가 빠르다.

6 제6류 위험물(산화성 액체)

1. 위험물의 지정수량 및 품명

품명	지정수량	위험 등급	주의사항 표시 [운반] [제조소]
과염소산: $HClO_4$			가연물 접촉주의 [제조소] 규정 없음
과산화수소: H_2O_2, 농도가 36wt% 이상인 것	300Kg	I	
질산: HNO_3, 비중이 1.49 이상인 것			

2. 공통성질

(1) 모두 불연성 물질이지만 다른 물질의 연소를 돕는 산화성·지연성 액체이다.

(2) 물질의 액체 비중이 1보다 커서 물보다 무겁다.

(3) 산소를 많이 함유하고 있으며(할로겐간화합물 제외) 물보다 무겁고 물에 잘 녹는다.

(4) 증기는 유독하며(과산화수소 제외) 피부와 접촉 시 점막을 부식시키는 유독성·부식성 물질이다.

(5) 염기와 반응하거나 물과 접촉할 때 발열한다.

(6) 강산성 염류나 물과 접촉 시 발열하게 되며 이때 가연성 물질이 혼재되어 있으면 혼촉발화의 위험이 있다(단, 과산화수소는 물과 반응하지 않는다).

3. 종류별 특징

(1) 과염소산($HClO_4$)

① 무색무취의 기름형태의 액체이며 공기노출 시 발연(HCl 가스)한다.

② 황산이나 질산보다 더 강력한 산이며, 순도 72.4% 이상의 과염소산은 위험해서 상품으로 유통되지 않는다. 염소의 산소산 중 가장 강한 산에 해당한다($HClO < HClO_2 < HClO_3 < HClO_4$).

(2) 과산화수소(H_2O_2)

① 농도가 36wt% 이상인 것이 해당한다.

② 순수한 것은 점성이 있는 무색투명한 액체로 다량인 경우는 청색을 띤다.

③ 표백제·의약품·소독제·로켓연료 등으로 사용된다.

④ 불연성이지만 강한 표백작용과 살균작용하며 반응성이 크다.

⑤ 과산화수소 분해반응식

$$2H_2O_2 \rightarrow 2H_2O + O_2$$

(3) 질산(HNO₃)

비중이 1.49 이상인 것만 위험물로 규정한다.

📋 요약NOTE 위험물 유별 소화방법

유별	특성	소화방법 및 주의사항
제1류 산화성 고체	• 일반적으로는 불연성이지만 분자 내에 산소를 다량 함유하여 그 산소에 의하여 다른 물질을 연소시키는 이른바 산화제이다. • 가열 등에 의하여 급격하게 분해, 산소를 방출하기 때문에 다른 가연물의 연소를 조장(助長)하고 때로는 폭발하는 경우도 있다.	• 직사·분무방수, 포말소화, 건조사가 효과적이다. • 분말소화는 인산염류를 사용한 것을 사용한다. • 알칼리금속의 과산화물에의 방수는 절대엄금이다.
제2류 가연성 고체	• 모두 타기 쉬운 고체이고 비교적 저온에서 발화한다. • 공기 중에서 발화하는 성질을 가지고 있다(황화인). • 산이나 물과 접촉하면 발열한다. • 연소할 때에 유독가스가 발생한다.	• 질식 또는 방수소화 방법을 취한다. • 금수성 물질(금속분 등)은 건조사로 질식소화의 방법을 취한다. • 직사, 분무방수, 포말소화, 건조사로 소화지만 고압방수에 의한 위험물의 비산은 피한다.
제3류 자연발화성 및 금수성 물질	• 물과 작용하여 발열반응을 일으키거나 가연성 가스를 발생하여 연소하는 성질을 가진 금수성 물질이다. • 금속칼륨, 금속나트륨은 공기 중에서 타고 물과 격렬하게 반응하여 폭발하는 경우가 있으므로, 물, 습기에 접촉하지 않도록 석유 등의 보호액 속에 저장한다.	• 방수소화를 피하고 주위로의 연소방지에 중점을 둔다. • 직접 소화방법으로서는 건조사로 질식소화 또는 금속화재용 분말소화제를 사용하는 정도이다. • 보호액인 석유가 연소할 경우에는 CO₂나 분말을 사용해도 좋다.
제4류 인화성 액체	• 액체이며 인화점이 낮은 것은 상온에서도 불꽃이나 불티 등에 의하여 인화한다. • 연소는 폭발과 같은 ʼ비정상 연소도 있지만 보통은 개방적인 액면에서 계속적으로 발생하는 증기의 연소이다. • 제4류 위험물의 대부분은 물보다도 가볍고 물에 녹지 않는다. 따라서 유출된 위험물이 물 위에 떠서 물과 함께 유동하며 광범위하게 확산되어 위험구역을 확대시키는 경우가 있다.	• 소화방법은 질식소화가 효과적이다. • 소화는 포, 분말, CO₂가스, 건조사 등을 주로 사용하지만 상황에 따라서는 탱크용기 등을 외부에서 냉각시켜 가연성 증기의 발생을 억제하는 수단도 생각할 수 있다. • 유류화재에 대한 방수소화의 효과는 인화점이 낮고 휘발성이 강한 것은 방수에 의한 냉각소화는 불가능하다. 그러나 소량이면 분무방수에 의한 화세 억제의 효과가 있다.
제5류 자기반응성 물질	• 유기과산화물을 제외하고 일반적으로 그것 자체는 불연성이며 단독의 경우보다 다른 가연물과 혼재한 경우가 위험성이 높다. • 가열, 마찰, 충격에 의하여 착화하고 폭발하는 것이 많고, 장시간 방치하면 자연발화하는 것도 있다.	• 일반적으로 대량방수에 의하여 냉각소화한다. • 산소함유물질이므로 질식소화는 효과가 없다. • 위험물이 소량일 때 또는 화재의 초기에는 소화가 가능하지만 그 이상일 때는 폭발에 주의하면서 원격소화한다.
제6류 산화성 액체	• 물보다 무겁고 물에 녹지만 그때 격렬하게 발열한다. • 강산류인 동시에 강산화제이다.	• 위험물 자체는 연소하지 않으므로 연소물에 맞는 소화방법을 취한다. • 유출사고 시는 유동범위가 최소화되도록 적극적으로 방어하고 소다회, 중탄산소다, 소석회 등의 중화제를 사용한다. 소량일 때에는 건조사, 흙 등으로 흡수시킨다.

1 제조소

1. 안전거리

안전거리란 건축물의 외벽 또는 이에 상당하는 인공구조물의 외측으로부터 당해 제조소의 외벽 또는 이에 상당하는 인공구조물의 외측까지 사이의 수평거리이다.

참고 안전거리

구분		안전거리(m)
유형문화재와 기념물 중 지정문화재		50
학교·병원·극장 (다수인 수용)	• 학교 • 병원급 의료기관 • 공연장·영화상영관(유사한 시설 300명 이상 수용) • 아동복지시설·노인복지시설·(유사한 시설 20명 이상 수용)	30
고압가스·액화석유가스·도시가스를 저장 또는 취급		20
주거용 건축물·공작물		10
특고압가공전선	사용전압이 35,000V 초과	5
	사용전압이 7,000V 초과 35,000V 이하	3

2. 보유공지

(1) 위험물을 취급하는 건축물, 기타시설의 주위에서 화재 등이 발생하는 경우 연소확대 방지 및 초기소화 등 소화 활동 공간과 피난상 확보하여야 할 절대공지를 말한다. 절대공간(절대공지)이란 어떠한 물건도 놓여 있어서는 안 되는 공간이라는 의미이다. 즉, 안전거리가 단순 거리의 개념이라면 보유공지는 공간의 규제개념이다.

취급하는 위험물의 최대수량	공지의 너비
지정수량의 10배 이하	3m 이상
지정수량의 10배 초과	5m 이상

(2) 보유공지 설정 시 유의사항

▲ 보유공지의 예시

3. 표지 및 게시판

(1) 위험물제조소 표지 설치기준

① 표지는 한 변의 길이 0.3m 이상, 다른 한 변의 길이 0.6m 이상
② 표지의 바탕은 백색으로 문자는 흑색으로 할 것

(2) 게시판 설치

① 게시판은 한 변의 길이가 0.3m 이상, 다른 한 변의 길이가 0.6m 이상인 직사각형
② 위험물의 유별·품명 및 저장최대수량 또는 취급최대수량, 지정수량의 배수 및 안전관리자의 성명 또는 직명을 기재
③ 게시판의 바탕은 백색으로 문자는 흑색으로 할 것

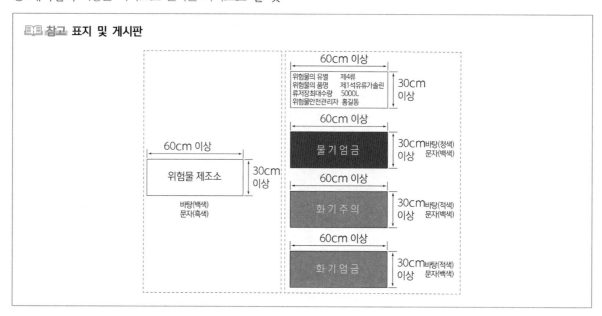

참고 표지 및 게시판

(3) 주의사항을 표시한 게시판 설치

저장 또는 취급 위험물	주의사항	게시판의 색
• 제1류 위험물 중 알칼리금속의 과산화물 • 제3류 위험물 중 금수성 물질	물기엄금	청색바탕에 백색문자
• 제2류 위험물(인화성 고체 제외)	화기주의	적색바탕에 백색문자
• 제2류 위험물 중 인화성 고체 • 제3류 위험물 중 자연발화성 물질 • 제4류 위험물 • 제5류 위험물	화기엄금	적색바탕에 백색문자

위험물의 운반용기 외부에 수납하는 위험물에 따른 주의사항 표시(시행규칙 [별표 19])

1. 제1류 위험물 중 알칼리금속의 과산화물 또는 이를 함유한 것에 있어서는 '화기·충격주의', '물기엄금' 및 '가연물접촉주의', 그 밖의 것에 있어서는 '화기·충격주의' 및 '가연물접촉주의'라 표시한다.
2. 제2류 위험물 중 철분·금속분·마그네슘 또는 이들 중 어느 하나 이상을 함유한 것에 있어서는 '화기주의' 및 '물기엄금', 인화성 고체에 있어서는 '화기엄금', 그 밖의 것에 있어서는 '화기주의'라 표시한다.
3. 제3류 위험물 중 자연발화성 물질에 있어서는 '화기엄금' 및 '공기접촉엄금', 금수성물질에 있어서는 '물기엄금'이라 표시한다.
4. 제4류 위험물에 있어서는 '화기엄금'이라 표시한다.
5. 제5류 위험물에 있어서는 '화기엄금' 및 '충격주의'라 표시한다.
6. 제6류 위험물에 있어서는 '가연물접촉주의'라 표시한다.

4. 건축물의 구조

(1) 지하층이 없도록 하여야 한다.

(2) 벽·기둥·바닥·보·서까래 및 계단을 불연재료로 하고, 연소의 우려가 있는 외벽은 개구부가 없는 내화구조의 벽으로 하여야 한다.

(3) 지붕은 폭발력이 위로 방출될 정도의 가벼운 불연재료로 한다.

5. 채광·조명 및 환기설비

(1) 채광·조명

사고 발생 시 피해를 최소화하기 위하여 채광면적은 최소로 하도록 규정하고 있다.

① 채광설비: 불연재료

② 조명설비

　㉠ 가연성 가스 등이 체류할 우려가 있는 장소의 조명등은 방폭등

　㉡ 전선은 내화·내열전선

(2) 환기설비

실내의 가연성 증기 등 오염된 공기를 환기시켜 사고 발생을 방지하고 작업환경을 쾌적하게 하기 위한 설비이다.

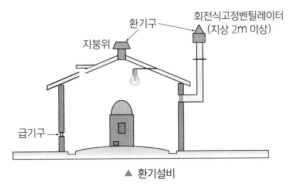

▲ 환기설비

① 환기는 자연배기방식으로 할 것

② 급기구는 당해 급기구가 설치된 실의 바닥면적 150m²마다 1개 이상(급기구의 크기는 800cm² 이상). 다만, 바닥면적이 150m² 미만인 경우에는 다음의 크기로 하여야 한다.

바닥면적	급기구의 면적
60m² 미만	150cm² 이상
60m² 이상 90m² 미만	300cm² 이상
90m² 이상 120m² 미만	450cm² 이상
120m² 이상 150m² 미만	600cm² 이상

③ 급기구는 낮은 곳에 설치하고 가는 눈의 구리망 등으로 인화방지망을 설치할 것

④ 환기구는 지붕 위 또는 지상 2m 이상의 높이에 회전식 고정벤틸레이터 또는 루프팬방식으로 설치할 것

6. 배출설비

(1) 가연성의 증기 또는 미분이 체류할 우려가 있는 건축물에는 배출설비를 설치하여야 한다.

(2) 배출설비

국소방식으로 한다. 단, 다음의 경우에는 전역방식으로 할 수 있다.

① 위험물취급설비가 배관이음 등으로만 된 경우

② 건축물의 구조·작업장소의 분포 등의 조건에 의하여 전역방식이 유효한 경우

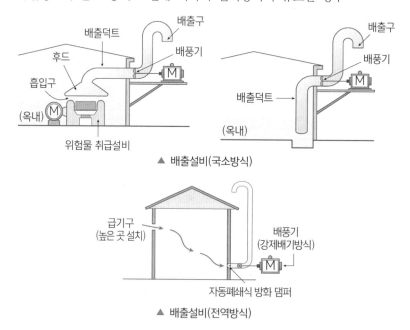

▲ 배출설비(국소방식)

▲ 배출설비(전역방식)

7. 고인화점 위험물의 제조소의 특례

(1) 고인화점위험물의 제조소

인화점이 100℃ 이상인 제4류 위험물만을 100℃ 미만의 온도에서 취급하는 제조소를 말한다.

(2) 완화규정 적용

인화점이 높고 취급하는 주위온도가 낮아 위험성이 적기 때문에 완화된 규정을 적용하고 있다.

2 옥외탱크저장소

1. 안전거리

위험물제조소의 안전거리와 동일하다(p.193 참고).

2. 보유공지

옥외저장탱크의 주위에는 그 저장 또는 취급하는 위험물의 최대수량에 따라 옥외저장탱크의 측면으로부터 다음 표에 의한 너비의 공지를 보유하여야 한다.

저장 또는 취급하는 위험물의 최대수량	공지의 너비
지정수량의 500배 이하	3m 이상
지정수량의 500배 초과 1,000배 이하	5m 이상
지정수량의 1,000배 초과 2,000배 이하	9m 이상
지정수량의 2,000배 초과 3,000배 이하	12m 이상
지정수량의 3,000배 초과 4,000배 이하	15m 이상
지정수량의 4,000배 초과	탱크의 수평단면의 최대지름과 높이 중 큰 것과 같은 거리 이상 (30m 초과: 30m, 15m 미만: 15m)

3 주유취급소

1. 주유공지 및 급유공지

(1) 주유취급소의 고정주유설비의 주위에는 주유를 받으려는 자동차 등이 출입할 수 있도록 너비 15m 이상, 길이 6m 이상의 콘크리트 등으로 포장한 공지(주유공지)를 보유하여야 하고, 고정급유설비를 설치하는 경우에는 고정급유설비의 호스기기의 주위에 필요한 공지(급유공지)를 보유하여야 한다.

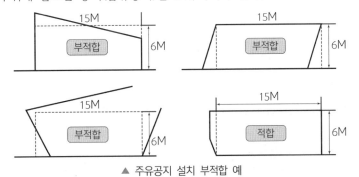

▲ 주유공지 설치 부적합 예

(2) 공지의 바닥은 주위 지면보다 높게 하고, 그 표면을 적당하게 경사지게 하여 새어나온 기름 그 밖의 액체가 공지의 외부로 유출되지 아니하도록 배수구·집유설비 및 유분리장치를 하여야 한다.

2. 표지 및 게시판

(1) **주유 중 엔진 정지**: 황색바탕에 흑색문자

(2) **화기엄금**: 적색바탕에 백색문자

3. 고정주유설비 등

(1) 주유취급소에는 자동차 등의 연료탱크에 직접 주유하기 위한 고정주유설비를 설치하여야 한다.

(2) 주유취급소의 고정주유설비 및 고정급유설비

① 펌프기기 주유관 선단에서의 최대 토출량

종류	토출량
제1석유류	50L/min 이하
경유	180L/min 이하
등유	80L/min 이하

② 이동저장탱크에 주입하기 위한 고정급유설비의 펌프기기는 최대토출량이 분당 300L 이하인 것으로 할 수 있으며, 분당 토출량이 200L 이상인 것의 경우에는 주유설비에 관계된 모든 배관의 안지름을 40mm 이상으로 하여야 한다.

(3) 고정주유설비 등

① 고정주유설비의 중심선을 기점으로 이격거리

ⓐ 도로경계선: 4m 이상

ⓑ 부지경계선·담 및 건축물의 벽까지 2m(개구부가 없는 벽으로부터는 1m) 이상

② 고정급유설비의 중심선을 기점으로 이격거리

ⓐ 도로경계선: 4m 이상

ⓑ 건축물의 벽까지 2m(개구부가 없는 벽까지는 1m) 이상

ⓒ 부지경계선 및 담까지 1m 이상

③ 고정주유설비와 고정급유설비의 사이에는 4m 이상

4 옥내저장소

1. 옥내저장소

옥내저장소란 위험물을 용기에 수납하여 저장창고에서 저장 또는 취급하는 시설을 말한다. 위험물을 대량으로 저장함에 따라 저장창고의 층수, 면적, 처마높이 등을 제한하여 위험성을 증대시키지 않도록 하고 있다.

2. 옥내저장소의 보유공지

옥내저장소의 주위에 그 저장 또는 취급하는 위험물의 최대수량에 따라 다음에 의한 너비의 공지를 보유하여야 한다.

저장 또는 취급하는 위험물의 최대수량	공지의 너비	
	내화구조 건축물	그 밖의 건축물
지정수량의 5배 이하	–	0.5m 이상
지정수량의 5배 초과 10배 이하	1m 이상	1.5m 이상
지정수량의 10배 초과 20배 이하	2m 이상	3m 이상
지정수량의 20배 초과 50배 이하	3m 이상	5m 이상
지정수량의 50배 초과 200배 이하	5m 이상	10m 이상
지정수량의 200배 초과	10m 이상	15m 이상

5 옥내탱크저장소

옥내탱크저장소란 옥내에 있는 탱크에서 위험물을 저장·취급하는 저장소를 말한다. 옥내에 있는 탱크라는 의미에서 이중의 안전장치를 가지고 있는 시설이며, 저장용량을 제한하고 있어 비교적 안전한 저장소라고 볼 수 있다.

6 지하탱크저장소

1. 지하탱크저장소

(1) 지하탱크저장소
지하에 매설되어 있는 탱크에 위험물을 저장·취급하는 저장소를 말한다.

(2) 탱크가 지하 땅 속에 설치되기 때문에 일반적으로 안전한 시설로 알려져 있어 가장 보편적으로 설치되는 시설이다.

2. 지하탱크저장소의 분류

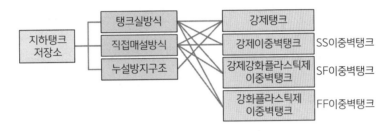

7 간이탱크저장소

1. 간이탱크저장소

간이탱크저장소란 간이탱크에 위험물을 저장하는 저장소를 말한다. 간이탱크는 말 그대로 작은 탱크를 말하며 실제로 용량을 600L 이하로 정하고 있다.

2. 탱크의 수 및 용량

하나의 간이탱크저장소에는 간이저장탱크를 3개까지 설치할 수 있으며 동일한 위험물은 2개 이상 설치할 수 없다. 하나의 탱크 용량은 600L 이하이어야 한다.

8 이동탱크저장소

1. 이동탱크저장소

(1) 이동탱크저장소
차량(견인되는 차 포함)에 고정된 탱크에 위험물을 저장하고 취급하는 장소를 말한다.

(2) 이동탱크저장소의 종류
이동탱크저장소의 종류로는 단일 형식의 것(탱크로리) 및 피견인차형식의 것(세미트레일러)이 있다. 또한 탱크를 탈착하는 구조인지 여부에 따라 컨테이너방식(탱크컨테이너를 적재하는 것) 및 컨테이너방식 이외의 것으로 구분된다.

2. 이동저장탱크의 구조

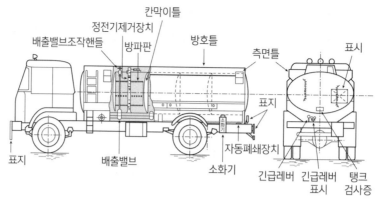

▲ 일반적인 이동탱크저장소의 구조

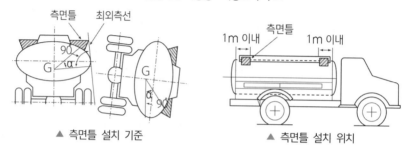

▲ 측면틀 설치 기준　　　　　▲ 측면틀 설치 위치

(1) 방파판

방파판은 주행 중의 이동탱크저장소에 있어서의 위험물의 출렁임을 방지하여, 주행 중 차량의 안전성을 확보하기 위하여 설치하는 것이다. 다만, 칸막이로 구획된 부분의 용량이 2,000L 미만인 부분에는 방파판을 설치하지 아니할 수 있다.

(2) 측면틀 및 방호틀

맨홀, 주입구 및 안전장치 등이 탱크의 상부에 돌출되어 있는 탱크에 있어서는 부속장치의 손상을 방지하기 위한 측면틀 및 방호틀을 설치하여야 한다. 다만, 피견인자동차에 고정된 탱크에는 측면틀을 설치하지 아니할 수 있다.

9 옥외저장소

1. 옥외저장소

(1) 옥외의 장소에서 용기나 드럼 등에 위험물을 넣어 저장하는 장소를 말한다.

(2) 옥외에 저장하게 되면 기상의 영향으로 화재 내지는 폭발이 발생할 수 있기 때문에 다른 저장소에 비하여 비교적 위험성이 높은 저장소라고 할 수 있다.

2. 저장 · 취급품명 제한

(1) 제2류 위험물 중 황 또는 인화성 고체(인화점이 0℃ 이상인 것에 한함)

(2) 제4류 위험물 중 제1석유류(인화점이 0℃ 이상인 것에 한함) · 알코올류 · 제2석유류 · 제3석유류 · 제4석유류 및 동식물유류

(3) 제6류 위험물

(4) 제2류 위험물 및 제4류 위험물물 중 특별시·광역시 또는 도의 조례에서 정하는 위험물(「관세법」 제154조의 규정에 의한 보세구역 안에 저장하는 경우에 한함)

(5) 국제해사기구에 관한 협약에 의하여 설치된 국제해사기구가 채택한 국제해상 위험물 규칙(IMDG Code)에 적합한 용기에 수납된 위험물

3. 위험물을 용기에 수납하여 저장·취급하는 옥외저장소 시설기준

(1) 안전거리
옥외저장소는 위험성이 높은 저장소로서 위험물제조소의 기준에 준하여 안전거리를 두어야 한다.

(2) 보유공지

저장 또는 취급하는 위험물의 최대수량	공지의 너비
지정수량의 10배 이하	3m 이상
지정수량의 10배 초과 20배 이하	5m 이상
지정수량의 20배 초과 50배 이하	9m 이상
지정수량의 50배 초과 200배 이하	12m 이상
지정수량의 200배 초과	15m 이상

🔟 암반탱크저장소

① 암반탱크저장소란 암반 내의 공간을 이용한 탱크에 액체의 위험물을 저장하는 장소를 말한다.

② 지하수면 아래의 천연암반을 굴착하여 공간을 만들어 액체위험물을 저장하며 증기의 발생 및 위험물의 누출을 지하수압으로 조절하는 저장소이다.

⓫ 판매취급소

1. 제1종 판매취급소
제1종 판매취급소란 저장 또는 취급하는 위험물의 수량이 지정수량의 20배 이하인 판매취급소를 말한다.

2. 제2종 판매취급소
제2종 판매취급소란 저장 또는 취급하는 위험물의 수량이 지정수량의 40배 이하인 판매취급소를 말한다.

⓬ 이송취급소

이송취급소란 배관 및 이에 부속하는 설비에 의하여 위험물을 이송하는 취급소를 말한다.

⓭ 일반취급소

일반취급소란 위험물을 취급하기 위한 시설을 설치한 주유취급소, 판매취급소, 이송취급소 외의 장소를 말한다. 일반적으로 제품을 생산하는 공정 중에 위험물을 이용하여 제품을 가공하거나 세척 또는 버너 등을 이용하여 소비하는 취급소가 여기에 해당한다.

POINT 7-1　소방의 역사 및 조직

1 소방의 역사 1

1. 삼국시대

(1) 삼국시대에 들어 화재가 사회적 재앙으로 등장

(2) 미추왕 원년(서기 262년): 금성 서문에서 화재 발생

(3) 진평왕 18년(서기 596년): 영흥사 화재(왕이 친히 이재민을 구제)

2. 통일신라시대

(1) 도시가 번창하고 인가가 조밀해짐에 따라 화재가 자주 발생하였을 것으로 추측되며, 삼국사기 기록에는 경주의 영묘사에서 여러 번의 화재가 발생하였던 것으로 기록되어 있다.

(2) 화재를 담당하는 별도의 조직이 없었으므로 군대와 백성들이 화재를 진화하였다.

(3) 화재에 대한 방화의식: 백성들은 초가 대신 기와 지붕을 하고, 나무 대신 숯을 이용하여 밥을 지었다(헌강왕 6년).

3. 고려시대

국가 차원의 소방 관련 제도는 고려시대에 들어와서 마련되기 시작하였다. 현재와 같이 화재를 담당하는 전문 조직은 없었으며 '금화제도'라는 명칭으로 화기를 단속하고 예방하였다.

(1) 대창의 화재

　① 고려시대에는 별도의 금화관서와 금화조직 없이 군에서 소방업무를 담당하였다.

　② 문종 20년 2월 운흥창의 전소, 선종 7년 3월 신흥창의 화재 등 다수의 대창의 화재가 발생하였다.

　③ 각 관아에서는 금화업무를 엄격히 하도록 하고 화재가 있을 때에는 이를 규찰하며, 대창에는 금화를 담당하는 관리를 배치하였다.

(2) 금화원(금화관리자)제도

고려시대 전기부터 수도 개성과 각 지방 창고 소재지에 화재 예방 관계를 담당하는 관원을 두었던 제도로, 우리나라 최초 소방행정의 근원이라는 점에서 의미가 있다.

　① 고려시대 전기부터 수도 개성과 각 지방 소재지에 화재 예방 관계를 담당하는 관원을 두었던 제도이다.

　② 금화원 제도는 우리나라 최초 소방행정의 근원이다.

　③ 다만, 화재를 담당하는 전문조직이나 관서가 있었던 것은 아니었다.

(3) 화통도감

화약 제조와 사용량이 늘어감에 따라 화통도감을 설치하여 특별관리하였다.

4. 조선시대

(1) 금화조건

궁중 화재에 대비하여 세종 5년(1423년) 6월에 병조에서 금화조건을 규정하여 시행하였다. 궁궐에서 화재가 발생한 경우 진압방법을 구체적으로 규정하였다.

(2) 금화조직의 설치

세종 8년(1426년) 2월경 한성부에서 대화재가 발생하였다. 이를 계기로 그 해 병조에 금화도감을 설치하였다. 상비 소방제도로서의 관서는 아니지만 화재를 방비하는 독자적인 소방관리부서로서 우리나라 최초의 소방관서이다. 금화도감은 제조 7명, 사 5명, 부사 6명, 판관 6명으로 구성되었다.

(3) 수성금화도감으로의 병합

① 성문도감과 금화도감은 상시로 다스릴 일이 없는데 각각 따로 설치하여 모든 사령을 접대하는 폐단이 있어 1426년 6월에 이를 병합하여 공조 소속으로 수성금화도감을 설치하였다. 수성금화도감은 성의 수리와 길과 다리의 수리 및 도량과 하천의 정비를 담당하였으며 제조 4명, 사 2명, 부사 2명, 판관 2명으로 구성되었다.

② 세종 13년(1431년)에는 수성금화도감에서는 금화군을 편성하여 실제적인 금화책을 세웠다.

(4) 금화도감의 한성부 합속

① 세조 6년(1460년) 5월 금화도감을 한성부에 속하는 기구로 하는 관제 개편으로 인하여 최초의 소방관서인 금화도감은 폐지되었다.

② 금화사는 금화도감이 불을 끄기 위한 금화군을 멸화군으로 개칭하여 이들로 하여금 화재를 진압하게 하였다는 기록이 있다.

(5) 구화조직

① 조선왕조실록에 금화도감의 지휘하에 편성된 금화군이라는 기록이 있다.

② 세종 13년(1431년) 4월 금화도감을 설치한 후에도 화재가 그치지 않아 의정부, 6조, 한성부, 금화도감 제조 등이 논의하여 금화군을 만들었다.

③ 세조 13년(1467년) 세종 때의 금화군을 멸화군으로 개편하였다.

④ 멸화군은 도끼, 쇠갈고리, 불 덮개 등 구화기구를 의무적으로 갖춘 50명의 일정 인원으로 구성된 구화조직이다.

⑤ 오가작통제는 세종 13년(1431년)에 시행하였는데, 불을 놓고 물건을 훔치는 화적(火賊)들에 대한 대비로 설치된 제도이다.

(6) 갑오경장의 경찰관제와 소방

① 1894년 갑오경장을 통하여 종래의 좌우 포도청을 없애고 한성 5부의 경찰 사무를 합하여 경무청을 설치하였다. 이때의 경무청은 한성 5부 관내를 담당하는 기구였다.

② 1895년 4월 29일에는 경무청 직제를 제정하여 경무청에 경무사관방 제1·2보 아래 총무국을 두도록 하였으며 총무국에서 수화소방에 관한 사무를 분장하도록 하였다. 그해 5월 3일 「경무청 처무 세칙」을 만들어 수화소방은 난파선 및 출화·홍수 등에 관계하는 구호에 관하는 사항으로 규정하였다. 이때가 현재까지는 소방이라는 용어를 처음으로 사용하였던 기록이다.

(7) 구한말 ~ 일제강점기

① 최초의 장비 수입은 중국으로부터 수입한 수총기이다(경종 3년, 1723년).

② 1906년에 일본인이 한국 내에 화재보험회사 대리점을 설치하기 시작해서 1908년에는 우리나라 최초 화재보험회사를 설립하였으며, 화재보험제도는 1925년경에 실시되었다.

③ 1910년 한일합병 이전부터 상비소방수가 있었고, 소방조에 상비소방수를 둘 수 있도록 명문화하였다.

④ 1922년에는 경성소방조 상비대를 경성소방소로 개편하였다.

⑤ 1925년에는 조선총독부 지방 관제를 개정하여 최초의 소방서인 경성소방서(현 종로소방서)가 설치되었다.

⑥ 1939년 「경방단규칙」을 공포하여 소방조와 수방단을 통합하여 경방단을 설치하였다.

2 소방의 역사 2

1. 미군정시기(1945년 ~ 1948년) - 자치소방체제

(1) 개요

경무국의 경비과를 인수한 미 군정청은 소방업무와 통신업무를 통폐합하여 소방과를 설치하였고, 1945년 11월에는 소방과를 소방부로 개칭하는 동시에 도 경찰부에도 소방과를 설치하였다.

(2) 경찰조직 내의 소방과 자치소방제도의 실시

① 미군정청이 조선총독부를 인수할 당시 소방행정이 경무국 통신과에 속해 있었다. 이에 미군정청은 소방업무를 자치단체에서 관리하도록 1946년 4월 10일에 「소방부 및 소방위원회의 창설에 관한 건」을 공포하였다.

② 1946년 4월 10일 군정법 제66호에 따라 소방부 및 소방위원회를 설치하고 소방조직 및 업무를 경찰로부터 완전 독립하여 자치소방체제로 전환하였다.

③ 이후 중앙 및 도에 소방청을 설립하였다.

④ 중앙소방위원회

㉠ 중앙소방위원회는 상무부 토목국(1946년 8월 7일)을 설치하였다. 위원회는 7인의 위원으로 구성하였다.

㉡ 1947년 남조선 과도정부로 개칭된 후에는 중앙소방위원회 집행기구로 소방청을 설치하였다. 소방청에는 청장 1인, 서기관 1인을 두고 군정고문 1인을 두었으며 조직으로는 총무과·소방과·예방과를 두었다.

⑤ 도 소방위원회

㉠ 각 도에는 소방기관으로 도 소방위원회를 설치하고 소화 및 방화의 전문지식을 가진 인사 중에서 도지사가 임명하는 5인으로 구성하였다.

㉡ 도 소방위원회의 사무집행기구로는 서울에 소방부, 도에는 소방청을 두었으며, 각 도 소방청에는 소방과와 예방과를 두었다.

2. 정부수립 이후 초창기(1948년 ~ 1970년)

(1) 개요

1948년 9월 미군정 시대의 경무부, 소방위원회를 인수한 내무부는 그해 내무부 직제를 확정하였다. 소방행정을 중앙은 내무부 치안국(소방과)에 두었고, 각 도의 소방청은 지방경찰국에 두었다. 미군정 시대의 소방청과 자치소방기구는 경찰기구로 흡수되어 소방행정은 경찰행정체제 속에 두었다.

(2) 중앙 및 지방소방조직

① 정부수립과 동시에 소방은 다시 국가소방체제로 경찰사무에 포함되어 운영되었다.

② 중앙소방위원회는 내무부 치안국 소방과에 소방계와 훈련계를 두고 사무를 분장하였다.

(3) 신분제도

① 1949년 「국가공무원법」 제정 시부터 1969년까지 일반직공무원으로 하였다.

② 1967년 「경찰공무원법」이 제정됨으로써 소방공무원의 신분은 일반직공무원에서 분리되어 별정직인 경찰공무원의 소방직으로 신분이 바뀌게 되었다.

③ 1981년 4월 20일 「국가공무원법」에 소방공무원을 별정직공무원에서 특정직공무원으로 분류하였다.

(4) 소방업무의 법제화

대한민국 정부가 수립되면서 소방업무는 법률이 아닌 내무부령으로 「소방조사규정」을 제정하면서 시작되었다. 체계적인 화재예방과 소방 수요의 증가로 「소방법」 제정의 필요성이 제기됨에 따라 1958년 3월 11일 법률 제485호로 「소방법」이 제정·공포되었다.

① 1958년 「소방법」이 제정·공포되면서 체계적이고 독립적인 소방법이 법제화되기 시작하였다. 제정 당시의 소방의 업무 영역은 풍수해, 설해의 예방·경계·진압으로 규정하여 자연재해까지 소방의 업무로 규정하였다.

② 관련법이 제정(「풍수해대책법」 1967년 2월 28일)되고 1967년 「소방법」에 개정되어 소방의 업무는 화재의 예방과 진압·경계에 국한되었다.

3. 발전기(1970년 ~ 1992년)

(1) 개요

① 1970년 8월 3일 법률 제2210호로 「정부조직법」을 개정하여 내무부의 소방기능을 삭제하고 소방사무를 자치단체에 이양하였다.

② 이후 「정부조직법」 개정으로 자치사무의 근거를 마련한 뒤 1970년 12월 31일 「소방법」을 개정하여 지방자치단체가 소방사무를 집행하도록 하는 조항을 신설하였다. 그러나 이 역시 부칙에 서울특별시와 부산시만 1971년 1월 1일부터 시행하도록 하였다.

(2) 중앙소방조직과 지방소방조직

① 중앙소방조직은 1974년 12월 31일 내무부 치안국이 치안본부로 개편되었으며, 제1부, 제2부, 제3부를 두면서 치안본부의 제2부 내에 소방과를 두어 분장하게 하였다.

② 1972년 서울과 부산의 관련 조례의 제정과 개정을 통해 비로소 서울과 부산에 소방본부를 설치하여 소방사무를 관장하게 하였다.

③ 국가소방과 자치소방의 이원화 시기였다. 서울과 부산은 소방본부를 설치하였고, 다른 지역은 국가소방체제였다.

(3) 신분제도

① 1973년 2월 8일 「지방소방공무원법」이 제정되어 소방공무원의 신분이 이원화되는 소방행정체제에 큰 변화가 있었다. 국가직은 경찰공무원 소방직으로, 지방직은 지방소방공무원으로 이원화되었다.

② 1975년 내무부에 민방위본부 설치로 민방위제도를 실시하게 되면서 치안본부 소방과에서 민방위본부 소방국으로 이관되었고 소방이 경찰로부터 분리되었다.

③ 1977년 12월 31일 「소방공무원법」이 제정되었고, 1978년 3월 1일 시행되어 소방공무원은 국가공무원 및 지방공무원 모두 소방공무원으로 신분이 일원화되었다.

(4) 소방업무의 법제화

① 1983년 12월 30일 「소방법」을 개정하여 소방본부장 또는 소방서장은 구급대를 편성·운영할 수 있다는 규정을 신설하여 구급업무를 소방의 업무 영역으로 명문화하였다.

② 서울올림픽(1988) 개최 시 인명안전을 위한 필요성이 제기됨에 따라 119구조대가 창설되었고 1989년 12월 30일 「소방법」을 개정하여 "소방본부장 또는 소방서장은 구조대를 편성·운영할 수 있다."라는 규정을 마련하여 소방의 기본업무로 법제화하였다.

③ 1999년 2월 5일 「소방법」 제1조를 개정하여 구조·구급 업무까지 소방의 목적으로 명문화하게 되었다.

4. 현재(1992년 이후) – 광역소방행정체계

(1) 개요
① 1991년 5월 31일 「정부조직법」과 「소방법」을 개정하여 광역소방행정체제를 규정하였다.
② 1991년 12월 31일 「소방기관 설치 및 정원에 관한 규정」을 제정하고, 그해 「지방세법」 및 동 시행령을 개정하여 시·군세인 소방공동시설세를 도세로 전환하였다.
③ 1992년부터 광역자치소방으로 전환하여 시·도지사의 책임으로 일원화되는 체계를 가지게 된다.

(2) 광역소방조직
① 1992년 3월 28일 「행정기구와 정원에 관한 규정」을 개정하여 도에 소방본부를 설치할 수 있는 근거를 마련하였다.
② 각 도의 조례와 규칙을 개정하여 1992년 16개 시·도 전체에 소방본부가 설치됨으로써 소방업무를 수행하게 되었다.

(3) 재난관리의 중요성 대두
① 대형 재난사고로 인하여 1994년 12월에 방재국을 신설하였다.
② 1995년 5월에 소방국 내 구조구급과를 신설하였다.
③ 성수대교 붕괴, 삼풍백화점 붕괴 등 대형재난이 발생함에 따라 1995년 7월 18일 「재난관리법」을 제정하여 소방서장에게 지휘권을 부여하였으며, 소방조직이 재난현장에서 주도적으로 임무를 수행할 수 있도록 하였다.
④ 1994년 충주호 유람선 화재로 인한 「수난구호법」의 개정으로 내수면에 의한 수난구호업무도 소방관서에 부여되었다. 2004년 3월 11일 「재난관리법」이 폐지됨과 동시에 「재난 및 안전관리 기본법」이 탄생하였다.
⑤ 삼풍백화점 붕괴 이후인 1995년 7월 18일 「재난관리법」을 제정하고 내무부 민방위본부를 민방위재난통제본부로 확대·개편함과 동시에 재난관리국과 소방국 내 장비통신과를 신설하였다.
⑥ 1998년 2월 총무처와 내무부를 통합하여 행정자치부가 출범하면서 민방위국에 재난관리국이 다시 흡수되어 민방위재난관리국으로 개칭되었다.

5. 소방방재청 출범

(1) 1990년 이후 삼풍백화점 붕괴사고, 성수대교 붕괴사고, 대구 지하철 화재사고 등 대형재난이 연속되면서 국민들의 안전에 대한 불안감이 커져 갔다.

(2) 2002년 태풍 루사와 2003년 태풍 매미 피해 등을 계기로 각종 재난으로부터 국민의 생명과 재산을 보호하기 위한 근본적인 재난관리시스템의 필요성이 대두되었다.

(3) 참여정부에서 재난 없는 안전한국 건설을 국정의 최우선 과제로 설정하고 안정적인 재난관리 기반을 마련하고자 2004년 6월 1일 종합적인 국가 재난관리 전담기구인 소방방재청을 개청하였다.

6. 국민안전처의 출범

(1) 개요
① 2014년 발생한 대형사고의 발생으로 사회 전반에 재난사고의 경각심이 급속히 높아지게 되었다.
② 2014년 11월 7일 국회를 통과한 「정부조직법」 개정안이 11월 18일 국무회의에서 의결을 거쳐 19일 공포·시행됨으로써 공식 출범하게 되었다.

(2) 국민안전처의 조직
육상 재난과 해상 재난을 통합 관리하기 위하여 소방방재청과 해양경찰청을 중앙소방본부와 해양경비안전본부로 개편하여 외청이 아닌 본부로 편제하였다. 전문성과 독립성을 보장하기 위하여 본부장을 차관급으로 하였다.

7. 소방청의 출범(육상재난 대응 총괄기관)

(1) 2017년 7월 26일 개정된 「정부조직법」에서는 소방 정책 및 구조·구급 등 소방에 대한 현장 대응 역량을 위하여 행정안전부장관 소속으로 소방청을 신설하였다.

(2) 소방청의 조직 개편 직제 및 정원은 최종적으로 1관 2국 14과 189명으로 확정되었다.

(3) 국민안전처와 행정자치부를 통합하여 행정안전부를 신설하고, 신설되는 행정안전부에 재난 및 안전관리를 전담할 재난안전관리본부를 설치하였다.

③ 소방행정 및 소방조직

1. 소방의 정의

(1) 협의적 소방과 광의적 소방

① 협의의 소방: 소방관서에서 일상적으로 행하는 업무, 즉 화재를 예방·경계하거나 진압하고, 재난·재해, 그 밖의 위급한 상황에서 구조·구급활동 등을 통하여 국민의 생명·신체 및 재산을 보호하는 것을 말한다.

② 광의의 소방: 「소방기본법」 제1조에 규정된 소방활동을 넘어 현대사회의 다양한 소방서비스 요구에 부합하는, 각종 재난 및 안전관련 업무까지를 포함한다.

(2) 형식적 의미의 소방과 실질적 의미의 소방

① 형식적 의미의 소방: 입법자가 소방기관에 부여한 일체의 사무로서 실정법상 '소방기관'이 수행하는 모든 사무를 의미한다. 즉, 소방기관이 수행하는 입법적 활동과 사법적 활동도 포함된다.

② 실질적 의미의 소방: '소방작용'의 내용 및 성질을 기준으로 한 개념으로 '화재의 예방·경계·진압·조사와 재난·재해, 그 밖의 위급한 상황에서의 구조·구급활동 등을 통해 국민의 생명과 신체 및 재산을 보호하기 위한 작용'을 말한다. 여기에는 타 행정기관이 행하는 행위도 포함된다.

(3) 소방의 기본적 임무와 파생적 임무

① 소방의 기본적 임무: 사회공동체 및 구성원의 안전을 화재로부터 보호하는 것이다. 현대 정부의 기능 중 질서기능, 그중에서도 보안기능에 속한다. 화재의 예방·경계·진압을 통해 국민의 생명·신체 및 재산을 보호하는 임무가 이에 해당한다.

② 소방의 파생적 임무: 정부의 기능 중 봉사기능, 그 가운데에서도 직접적 서비스 기능에 속하는 것으로 구조대 및 구급대의 운영 등이 이에 해당한다.

2. 소방행정

(1) 소방행정의 분류적 특징

① 고도의 공공행정: 소방행정은 화재를 예방·경계하고 진압하여 국민의 생명·신체 및 재산을 보호함을 주된 목적으로 하는 고도의 공공행정이다.

② 국민생명유지행정: 소방행정은 화재뿐만 아니라 각종 재난·재해 및 기타 위급 상황에 처한 국민의 신체와 생명을 구조·구급하는 것을 목적으로 하는 국민생명유지행정이다.

③ 특수전문행정: 소방행정은 화재뿐만 아니라 각종 재난·재해 및 기타 위급한 상황에 대처하는 것을 목적으로 하는 특수전문행정이다.

④ 사회목적적 행정: 소방행정은 사회의 공공안녕, 질서유지 또는 사회의 공공복리증진을 목적으로 하는 사회목적적 행정이다.

(2) 소방행정의 업무적 특성

① 현장성: 현장중심의 업무 특성을 말한다.

② 대기성: 상시적 대응 태세를 확보하여야 한다(↔ 임시성).

③ 신속·정확성: 신속·정확한 대처를 통한 실효성을 확보하여야 한다.

④ 전문성: 소방지식과 다양한 분야의 전문성이 요구되는 종합과학성을 지닌다.

⑤ 일체성: 강력한 지휘·명령권과 기동성이 확립된 일사분란한 지휘체계를 가진다.

⑥ 가외성(잉여성): 현재 필요한 소방력보다 많은 여유자원을 확보하여야 한다.

⑦ 위험성: 소방업무의 전 과정에는 위험성이 내재되어 있다.

⑧ 결과성: 과정·절차를 중시하는 일반행정과 달리 상대적으로 결과가 중요하다.

(3) 소방행정작용의 특성

① 우월성: 소방행정기관이 당사자의 허락을 받지 않고 일방적인 결정에 의하여 행정조치를 취하는 것으로, 화재의 예방조치와 강제처분 등이 해당한다.

② 획일성: 소방대상물의 용도가 같으면 원칙적으로 소방법령의 적용에 있어서 획일적으로 적용되어야 한다는 원칙을 말한다.

③ 기술성: 소방행정은 공공의 위험을 배제하는 수단, 방법을 강구함에 있어서 재난·재해로부터 국민의 생명·재산의 보호를 우선한다는 특성을 가진다.

④ 강제성: 소방행정의 실효성을 확보하기 위하여 행정객체가 소방행정법에 의해 부과된 의무를 위반한 경우에 그에 대해 제재를 가할 수 있고, 직접 자력으로 행정내용을 강제·실현할 수 있다.

3. 소방조직론

(1) 조직의 유형

① 수혜자를 기준으로 한 분류(Scott & Blau)

② 사회적 기능을 기준으로 한 분류(T. Parsons)

③ 조직구성원의 참여도를 기준으로 한 분류(Likert)

④ 복종의 정도를 기준으로 한 분류(Etzioni): 조직관리자의 권력행사정도와 구성

(2) 동기부여 이론

① 욕구이론(A. H. Maslow)

　㉠ 식욕, 휴식·호흡에 대한 욕구 등 인간의 생존에 직결되는 생리적 욕구

　㉡ 외부의 위험, 공포·불안 등에 벗어나고 싶은 욕구, 강력한 보호자를 찾게 되는 욕구 등 육체적·정신적·심리적 안전을 추구하는 안전욕구

　㉢ 타인과의 교류를 통한 애정을 찾게 되는 욕구와 일정 집단에 가입하고 싶은 욕구 등의 사회적 욕구

　㉣ 타인과의 관계에서 존경과 높은 평가를 받고자 하는 존경의 욕구

　㉤ 자기 자신의 잠재력을 최대한 실현하고자 하는 자아실현의 욕구

② 성취욕구이론(D. C. McClelland)

(3) 소방조직의 구조

① 기능중심조직

② 분업중심조직

③ 애드호크라시조직: 해결해야 할 문제를 중심으로 구성된 전문가집단으로, 임시적·역동적·유기적인 조직을 말한다. 애드로호크라시조직의 대표적인 것이 매트릭스조직으로 이중적인 상사의 감독과 명령체계를 가지는 것을 가장 큰 특징으로 한다. 일반적인 업무는 자기가 원래 속한 기능중심 조직부서의 지휘감독을 받으며, 특별한 프로젝트에 대해서는 프로젝트 관리자의 지휘감독을 받는다.

(4) 소방조직의 원리

① 계층제의 원리: 가톨릭의 교권제도에서 유래된 것으로 업무에 대한 권한과 책임의 정도에 따라 상하의 계층을 설정하는 것이다.

② 통솔범위의 원리: 한 명의 상관이 부하를 효과적으로 직접 통솔할 수 있는 부하의 수가 통솔범위이다. 한 사람이 효과적으로 통솔할 수 있는 부하의 수는 7~12명이 적당하고, 비상시에는 3~4명이 적당하다고 본다.

③ 명령통일의 원리: 오직 한 사람의 상관으로부터 명령을 받고 그에게 보고해야 한다는 것이다. 어느 조직에서든 수장이 있어야 하고, 하위 조직에서도 같은 원리가 적용된다. 상관으로 하여금 통제를 용이하게 하여 부하의 안전과 복지를 확보할 수 있다.

④ 분업의 원리: 한 가지 주된 업무를 분담시키는 것이 분업의 원리이다. 기능의 원리 또는 전문화의 원리라고도 한다.

⑤ 조정의 원리: 각 부분이 공동목표를 달성하기 위해 행동을 통일하고 공동체의 노력으로 질서정연하게 배열하는 것을 말한다. 무니(J. Mooney)는 조직의 원리 중 조정의 원리가 제1원리라고 주장한다.

⑥ 계선의 원리: 특정 사안에 대한 결정에 있어서 의사결정과정에서는 개인의 의견이 참여되지만 결정을 내리는 것은 개인이 아닌 소속기관의 장이다.

4. 우리나라의 소방행정조직

(1) 국가소방행정조직

① 소방업무는 광역지방자치단체의 업무이지만 소방업무의 전반적인 분야를 총괄하기 위하여 「정부조직법」에 중앙감독기구인 소방청이 규정되어 있다.

② 소방청장이 소방업무의 책임자이고, 소방행정사무를 관장하는 국가소방행정조직이다.

③ 국가소방행정조직은 직접적 국가소방조직과 간접적 국가소방조직으로 분류할 수 있다.
  ㉠ 직접적 국가소방행정조직: 소방청, 중앙소방학교 및 중앙119구조본부
  ㉡ 간접적 국가소방행정조직: 한국소방안전원, 한국소방산업기술원

(2) 지방소방행정조직

① 우리나라는 소방행정조직을 국가소방과 지방소방으로 이원적 운영을 해 오다가 1992년에 일원적 광역소방체제로 전환하였다.

② 지방소방행정조직은 민주성·효과성·능률성이 있어 소방행정사무를 통일적으로 처리할 수 있다.

중앙소방행정조직	지방소방행정조직	민간소방조직
• 직접적 소방행정조직: 소방청, 중앙소방학교, 중앙119구조본부 • 간접적 소방행정조직: 한국소방안전원, 대한소방공제회, 한국소방산업기술원, 소방산업공제조합	소방본부, 소방서, 119안전센터·구조대·구급대·소방정대, 지방소방학교(8개), 서울종합방재센터, 의무소방대	의용소방대, 소방안전관리조직(소방안전관리자), 위험물안전관리조직(위험물안전관리자·자체소방대), 기타(소방시설업·소방시설관리업·탱크안전성능시험자·위험물안전관리대행기관)

📖 참고 **소방행정체제의 장점·단점**

구분	광역자치 소방행정체제	기초자치 소방행정체제
장점	• 소방업무의 효율적 운영 가능 • 소방인사의 효율성 • 재정이 부족한 시·군에 재정적 부담 경감 • 소방의 균형적 발전에 기여	• 책임과 권한이 명확 • 소방조직의 확대 발전 • 일반행정과 용이한 협조체제 • 각 지역별 특성에 따른 소방서비스 수행
단점	• 도와 시·군의 권한·책임 불분명 • 지역특성에 맞는 소방조직의 육성 및 발전 저해 • 시·군은 자주적 소방력이 미흡하고, 불균형적 소방서비스를 가짐	• 재정자립도가 낮은 시·군에서는 소방력 확보가 어려움 • 소방공무원의 고령화 및 사기 저하 • 소방서 간 협조체제가 미흡 • 기초자치단체장의 관심도에 따라 소방 위상 및 역할에 차이가 발생

5. 소방인사 – 인사행정의 이념

(1) 효율성(생산성)

일반적으로 비용최소화 측면에서의 경제성, 투입–산출 비율로서의 능률성, 목표달성도를 의미하는 효과성을 모두 함축하는 의미이다. 생산성과 유사한 개념으로 이해할 수 있다.

(2) 민주성

인사행정의 민주성이란 입법부가 만든 법과 대통령의 명령을 따르는 합법성을 의미하기도 한다.

(3) 형평성

(4) 공무원의 권익보호

6. 소방재정 – 「국가재정법」상의 원칙

(1) 회계연도 독립의 원칙

각 회계연도(1.1. ~ 12.31.)의 경비는 그 연도의 세입 또는 수입으로 충당하여야 한다.

(2) 예산총계주의

1회계연도 기간 동안의 일체의 수입(세입)과 지출(세출)은 상호간에 상계하여서는 안 되고, 그 전액을 예산에 계상하여 집행하여야 한다.

(3) 결산의 원칙

정부는 결산이 정부회계에 관한 기준에 의하여 재정에 관한 유용하고 적절한 정보를 제공할 수 있도록 객관적인 자료와 증거에 따라 공정하게 이루어지게 하여야 한다.

(4) 기금관리·운영의 원칙

기금관리주체는 그 기금의 설치목적과 공익에 맞게 기금을 관리·운영하여야 한다.

1 국가공무원법

1. 총칙

(1) 목적

이 법은 각급 기관에서 근무하는 모든 국가공무원에게 적용할 인사행정의 근본기준을 확립하여 그 공정을 기함과 아울러 국가공무원에게 국민 전체의 봉사자로서 행정의 민주적이며 능률적인 운영을 기하게 하는 것을 목적으로 한다.

(2) 공무원의 구분

① 국가공무원(공무원)은 경력직공무원과 특수경력직공무원으로 구분한다.

② 경력직공무원: 실적과 자격에 따라 임용되고 그 신분이 보장되며 평생 동안(근무기간을 정하여 임용하는 공무원의 경우에는 그 기간 동안) 공무원으로 근무할 것이 예정되는 공무원을 말한다.

    ㉠ **일반직공무원**: 기술·연구 또는 행정 일반에 대한 업무를 담당하는 공무원

    ㉡ **특정직공무원**: 법관, 검사, 외무공무원, 경찰공무원, 소방공무원, 교육공무원, 군인, 군무원, 헌법재판소 헌법연구관, 국가정보원의 직원, 경호공무원과 특수 분야의 업무를 담당하는 공무원으로서 다른 법률에서 특정직공무원으로 지정하는 공무원

③ 특수경력직공무원: 경력직공무원 외의 공무원을 말하며, 그 종류는 다음과 같다.

    ㉠ **정무직공무원**

    ㉡ **별정직공무원**

(3) 정의

① 직위: 1명의 공무원에게 부여할 수 있는 직무와 책임을 말한다.

② 직급: 직무의 종류·곤란성과 책임도가 상당히 유사한 직위의 군을 말한다.

③ 정급: 직위를 직급 또는 직무등급에 배정하는 것을 말한다.

④ 강임: 같은 직렬 내에서 하위 직급에 임명하거나, 하위 직급이 없어 다른 직렬의 하위 직급으로 임명하거나 고위공무원단에 속하는 일반직공무원을 고위공무원단 직위가 아닌 하위 직위에 임명하는 것을 말한다.

⑤ 전직: 직렬을 달리하는 임명을 말한다.

⑥ 전보: 같은 직급 내에서의 보직 변경 또는 고위공무원단 직위 간의 보직 변경을 말한다.

⑦ 직군: 직무의 성질이 유사한 직렬의 군을 말한다.

⑧ 직렬: 직무의 종류가 유사하고 그 책임과 곤란성의 정도가 서로 다른 직급의 군을 말한다.

⑨ 직류: 같은 직렬 내에서 담당 분야가 같은 직무의 군을 말한다.

⑩ 직무등급: 직무의 곤란성과 책임도가 상당히 유사한 직위의 군을 말한다.

(4) 인사기록

① 국가기관의 장은 그 소속 공무원의 인사기록을 작성·유지·보관하여야 한다.

② ①의 인사기록에 관한 사항은 대통령령 등으로 정한다.

2. 임용과 시험 - 결격사유

(1) 피성년후견인

(2) 파산선고를 받고 복권되지 아니한 자

(3) 금고 이상의 실형을 선고받고 그 집행이 종료되거나 집행을 받지 아니하기로 확정된 후 5년이 지나지 아니한 자

(4) 금고 이상의 형을 선고받고 그 집행유예 기간이 끝난 날부터 2년이 지나지 아니한 자

(5) 금고 이상의 형의 선고유예를 받은 경우에 그 선고유예기간 중에 있는 자

(6) 법원의 판결 또는 다른 법률에 따라 자격이 상실되거나 정지된 자

(7) 공무원으로 재직기간 중 직무와 관련하여 「형법」 제355조 및 제356조에 규정된 죄를 범한 자로서 300만원 이상의 벌금형을 선고받고 그 형이 확정된 후 2년이 지나지 아니한 자

(8) 100만원 이상의 벌금형을 선고받고 그 형이 확정된 후 3년이 지나지 아니한 사람
  ① 「성폭력범죄의 처벌 등에 관한 특례법」 제2조에 따른 성폭력범죄
  ② 「정보통신망 이용촉진 및 정보보호 등에 관한 법률」 제74조 제1항 제2호 및 제3호에 규정된 죄
  ③ 「스토킹범죄의 처벌 등에 관한 법률」 제2조 제2호에 따른 스토킹범죄

(9) 미성년자에 대한 다음의 어느 하나에 해당하는 죄를 저질러 파면·해임되거나 형 또는 치료감호를 선고받아 그 형 또는 치료감호가 확정된 사람(집행유예를 선고받은 후 그 집행유예기간이 경과한 사람을 포함한다)
  ① 「성폭력범죄의 처벌 등에 관한 특례법」 제2조에 따른 성폭력범죄
  ② 「아동·청소년의 성보호에 관한 법률」 제2조 제2호에 따른 아동·청소년대상 성범죄

(10) 징계로 파면처분을 받은 때부터 5년이 지나지 아니한 자

(11) 징계로 해임처분을 받은 때부터 3년이 지나지 아니한 자

3. 신분 보장 및 징계

징계는 견책(譴責)·감봉·정직·강등·해임·파면으로 구분한다.

(1) 견책(譴責)은 전과(前過)에 대하여 훈계하고 회개하게 한다.

(2) 감봉은 1개월 이상 3개월 이하의 기간 동안 보수의 3분의 1을 감한다.

(3) 정직은 1개월 이상 3개월 이하의 기간으로 하고, 정직 처분을 받은 자는 그 기간 중 공무원의 신분은 보유하나 직무에 종사하지 못하며 보수는 전액을 감한다.

(4) 강등은 1계급 아래로 직급을 내리고(고위공무원단에 속하는 공무원은 3급으로 임용하고, 연구관 및 지도관은 연구사 및 지도사로 함) 공무원신분은 보유하나 3개월간 직무에 종사하지 못하며 그 기간 중 보수는 전액을 감한다.

(5) 해임

(6) 파면

2 소방공무원법

1. 목적

이 법은 소방공무원의 책임 및 직무의 중요성과 신분 및 근무조건의 특수성에 비추어 그 임용, 교육훈련, 복무, 신분보장 등에 관하여 「국가공무원법」에 대한 특례를 규정하는 것을 목적으로 한다.

2. 정의

(1) 임용

신규채용 · 승진 · 전보 · 파견 · 강임 · 휴직 · 직위해제 · 정직 · 강등 · 복직 · 면직 · 해임 및 파면을 말한다.

(2) 전보

소방공무원의 같은 계급 및 자격 내에서의 근무기관이나 부서를 달리하는 임용을 말한다.

(3) 강임

동종의 직무 내에서 하위의 직위에 임명하는 것을 말한다.

(4) 복직

휴직 · 직위해제 또는 정직(강등에 따른 정직 포함) 중에 있는 소방공무원을 직위에 복귀시키는 것을 말한다.

📋 **요약NOTE 소방공무원 계급 구분에 따른 주요 내용**

계급	근속승진	계급정년	시보기간	승진소요 최저근무연수	임용권자
소방총감	-	-	1년간	-	소방청장의 제청으로 국무총리를 거쳐 대통령이 임용한다.
소방정감	-	-		-	
소방감	-	4년		-	
소방준감	-	6년		-	
소방정	-	11년		4년	
소방령	-	14년		3년	
소방경	-	-		3년	소방청장
소방위	8년 이상			2년	
소방장	6년 6개월 이상		6개월간	2년	
소방교	5년 이상	-		1년	
소방사	4년 이상			1년	

3. 임용권자

(1) 소방령 이상의 소방공무원은 소방청장의 제청으로 국무총리를 거쳐 대통령이 임용한다. 다만, 소방총감은 대통령이 임명하고, 소방령 이상 소방준감 이하의 소방공무원에 대한 전보, 휴직, 직위해제, 강등, 정직 및 복직은 소방청장이 한다.

(2) 소방경 이하의 소방공무원은 소방청장이 임용한다.

(3) 대통령은 (1)에 따른 임용권의 일부를 대통령령으로 정하는 바에 따라 소방청장 또는 시 · 도지사에게 위임할 수 있다.

(4) 소방청장은 (1) 단서 후단 및 (2) 따른 임용권의 일부를 대통령령으로 정하는 바에 따라 시 · 도지사 및 소방청 소속기관의 장에게 위임할 수 있다.

(5) 시 · 도지사는 (3) 및 (4)에 따라 위임받은 임용권의 일부를 대통령령으로 정하는 바에 따라 그 소속기관의 장에게 다시 위임할 수 있다.

(6) 임용권자(임용권을 위임받은 사람 포함)는 대통령령으로 정하는 바에 따라 소속 소방공무원의 인사기록을 작성 · 보관하여야 한다.

소방공무원 임용령 제3조 【임용권의 위임】 ① 대통령은 「소방공무원법」(이하 "법"이라 한다) 제6조 제3항에 따라 소방청과 그 소속 기관의 소방정 및 소방령에 대한 임용권과 소방정인 지방소방학교장에 대한 임용권을 소방청장에게 위임하고, 시·도 소속 소방령 이상의 소방공무원(소방본부장 및 지방소방학교장은 제외한다)에 대한 임용권을 특별시장·광역시장·특별자치시장·도지사·특별 자치도지사(이하 "시·도지사"라 한다)에게 위임한다.

② 소방청장은 법 제6조 제4항에 따라 중앙소방학교 소속 소방공무원 중 소방령에 대한 전보·휴직·직위해제·정직 및 복직에 관한 권한과 소방경이하의 소방공무원에 대한 임용권을 중앙소방학교장에게 위임한다.

③ 소방청장은 법 제6조 제4항에 따라 중앙119구조본부 소속 소방공무원 중 소방령에 대한 전보·휴직·직위해제·정직 및 복직에 관한 권한과 소방경 이하의 소방공무원에 대한 임용권을 중앙119구조본부장에게 위임한다.

④ 중앙119구조본부장은 119특수구조대 소속 소방경 이하의 소방공무원에 대한 해당 119특수구조대 안에서의 전보권을 해당 119특수구조대장에게 다시 위임한다.

⑤ 소방청장은 법 제6조 제4항에 따라 다음 각 호의 권한을 시·도지사에게 위임한다.

1. 시·도 소속 소방령 이상 소방준감 이하의 소방공무원(소방본부장 및 지방소방학교장은 제외한다)에 대한 전보, 휴직, 직위해 제, 강등, 정직 및 복직에 관한 권한
2. 소방정인 지방소방학교장에 대한 휴직, 직위해제, 정직 및 복직에 관한 권한
3. 시·도 소속 소방경 이하의 소방공무원에 대한 임용권

⑥ 시·도지사는 법 제6조 제5항에 따라 그 관할구역안의 지방소방학교·서울종합방재센터·소방서 소속 소방경 이하(서울소방학교·경 기소방학교 및 서울종합방재센터의 경우에는 소방령 이하)의 소방공무원에 대한 해당 기관 안에서의 전보권과 소방위 이하의 소방 공무원에 대한 휴직·직위해제·정직 및 복직에 관한 권한을 지방소방학교장·서울종합방재센터장 또는 소방서장에게 위임한다.

⑦ 제2항 및 제3항에 따라 임용권을 위임받은 중앙소방학교장 및 중앙119구조본부장은 소속 소방공무원을 승진시키려면 미리 소 방청장에게 보고하여야 한다.

⑧ 소방청장은 소방공무원의 정원의 조정 또는 소방기관 상호간의 인사교류 등 인사행정 운영상 필요한 때에는 제2항, 제3항 및 제5항 제2호에도 불구하고 그 임용권을 직접 행사할 수 있다.

4. 소방공무원인사위원회의 설치

(1) 소방공무원의 인사(人事)에 관한 중요사항에 대하여 소방청장의 자문에 응하게 하기 위하여 소방청에 소방공무 원인사위원회(인사위원회)를 둔다. 다만, 시·도지사가 임용권을 행사하는 경우에는 시·도에 인사위원회를 둔다.

(2) 인사위원회의 구성 및 운영에 필요한 사항은 대통령령으로 정한다.

5. 신규채용 - 공개채용시험

(1) 소방공무원의 신규채용은 공개경쟁시험으로 한다.

(2) 소방위의 신규채용은 대통령령으로 정하는 자격을 갖추고 공개경쟁시험으로 선발된 사람(소방간부후보생)으로서 정하여진 교육훈련을 마친 사람 중에서 한다.

📖 참고 소방공무원채용시험의 응시연령(「소방공무원임용령」 [별표 2])

계급별	공개경쟁채용시험	경력경쟁채용시험 등
소방령 이상	25세 이상 40세 이하	20세 이상 45세 이하
소방경·소방위	-	23세 이상 40세 이하 (사업·운송용 조종사 또는 항공·항공공장정비사는 23세 이상 45세 이하)
소방장·소방교	-	20세 이상 40세 이하 (사업·운송용 조종사 또는 항공·항공공장정비사는 23세 이상 40세 이하)
소방사	18세 이상 40세 이하	18세 이상 40세 이하

6. 교육훈련

(1) 소방청장은 모든 소방공무원에게 균등한 교육훈련의 기회가 주어지도록 교육훈련에 관한 종합적인 기획 및 조정을 하여야 하며, 소방공무원의 교육훈련을 위한 소방학교를 설치·운영하여야 한다.

(2) 시·도지사는 소속 소방공무원의 교육훈련을 위한 교육훈련기관을 설치·운영할 수 있다.

7. 징계위원회

(1) 소방준감 이상의 소방공무원에 대한 징계의결은 「국가공무원법」에 따라 국무총리 소속으로 설치된 징계위원회에서 한다.

(2) 소방정 이하의 소방공무원에 대한 징계의결을 하기 위하여 소방청 및 대통령령으로 정하는 소방기관에 소방공무원 징계위원회를 둔다.

(3) 시·도지사가 임용권을 행사하는 소방공무원에 대한 징계의결을 하기 위하여 시·도 및 대통령령으로 정하는 소방기관에 징계위원회를 둔다.

8. 징계절차

소방공무원의 징계는 관할 징계위원회의 의결을 거쳐 그 징계위원회가 설치된 기관의 장이 하되, 「국가공무원법」에 따라 국무총리 소속으로 설치된 징계위원회에서 의결한 징계는 소방청장이 한다. 다만, 파면과 해임은 관할 징계위원회의 의결을 거쳐 그 소방공무원의 임용권자(임용권을 위임받은 사람 제외)가 한다.

3 의용소방대 설치 및 운영에 관한 법률

1. 총칙

(1) **목적**

이 법은 화재진압, 구조·구급 등의 소방업무를 체계적으로 보조하기 위하여 의용소방대 설치 및 운영 등에 필요한 사항을 규정함을 목적으로 한다.

(2) **의용소방대의 설치 등**

① 시·도지사 또는 소방서장은 재난현장에서 화재진압, 구조·구급 등의 활동과 화재예방활동에 관한 업무(소방업무)를 보조하기 위하여 의용소방대를 설치할 수 있다.

② 의용소방대는 시·도, 시·읍 또는 면에 둔다.

③ 시·도지사 또는 소방서장은 필요한 경우 관할구역을 따로 정하여 그 지역에 의용소방대를 설치할 수 있다.

2. 의용소방대원의 임명·해임 및 조직 등

(1) **의용소방대원의 임명**

시·도지사 또는 소방서장은 그 지역에 거주 또는 상주하는 주민 가운데 희망하는 사람으로서 해당 조건에 충족하는 사람을 의용소방대원으로 임명한다.

(2) **정년**: 65세

(3) **조직**

① 의용소방대에는 대장·부대장·부장·반장 또는 대원을 둔다.

② 대장 및 부대장은 의용소방대원 중 관할 소방서장의 추천에 따라 시·도지사가 임명한다.

(4) 임무
　　① 화재의 경계와 진압업무의 보조
　　② 구조·구급 업무의 보조
　　③ 화재 등 재난 발생 시 대피 및 구호업무의 보조
　　④ 화재예방업무의 보조
　　⑤ 그 밖에 행정안전부령으로 정하는 사항

3. 의용소방대원의 경비 및 재해보상 등

(1) 경비의 부담
　　① 의용소방대의 운영과 활동 등에 필요한 경비는 해당 시·도지사가 부담한다.
　　② 국가는 ①에 따른 경비의 일부를 예산의 범위에서 지원할 수 있다.

(2) 소집수당 등
　　① 시·도지사는 의용소방대원이 임무를 수행하는 때에는 예산의 범위에서 수당을 지급할 수 있다.
　　② ①에 따른 수당의 지급방법 등에 필요한 사항은 행정안전부령으로 정하는 기준에 따라 시·도의 조례로 정한다.

4 소방력 기준에 관한 규칙

1. 목적

이 규칙은 「소방기본법」 제8조 제1항에 따라 소방기관이 소방업무를 수행하는 데에 필요한 인력과 장비 등에 관한 기준을 정함을 목적으로 한다.

2. 정의

(1) 소방기관
　　소방기관이란 소방장비, 인력 등을 동원하여 소방업무를 수행하는 소방서·119안전센터·119구조대·119구급대·119구조구급센터·119항공대·소방정대(消防艇隊)·119지역대·119종합상황실·소방체험관을 말한다.

(2) 소방장비
　　소방장비란 「소방장비관리법」 제2조 제1호에 따른 소방장비를 말한다.

(3) 「소방공무원임용령」·「소방장비관리법」의 소방기관
　　① 「소방공무원임용령」: 소방청, 시·도와 중앙소방학교·중앙119구조본부·국립소방연구원·지방소방학교·서울종합방재센터 및 소방서·119특수대응단·소방체험관
　　② 「소방장비관리법」: 중앙소방학교·중앙119구조본부·소방본부·소방서·지방소방학교·119안전센터·119구조대·119구급대·119구조구급센터·항공구조구급대·소방정대·119지역대 및 소방체험관 등 소방업무를 수행하는 기관

5 소방장비관리법

1. 목적

「소방장비관리법」은 소방업무의 효율적 수행을 위한 소방장비관리에 관한 기본적인 사항을 정함으로써 소방서비스 질의 개선 및 국민안전의 강화에 기여하는 것을 목적으로 한다.

2. 소방장비의 분류와 표준화

(1) 소방청장은 소방장비를 효율적이고 적정하게 관리하기 위하여 소방장비를 용도 및 기능 등에 따라 분류하여야 한다.

(2) 소방장비의 분류에 관하여 필요한 사항은 대통령령으로 정한다.

(3) 대통령령으로 정하는 사항(영 [별표 1])

① 기동장비: 자체에 동력원이 부착되어 자력으로 이동하거나 견인되어 이동할 수 있는 장비

구분	품목
소방자동차	소방펌프차, 소방물탱크차, 소방화학차, 소방고가차, 무인방수차, 구조차 등
행정지원차	행정 및 교육지원차 등
소방선박	소방정, 구조정, 지휘정 등
소방항공기	고정익항공기, 회전익항공기 등

② 화재진압장비: 화재진압활동에 사용되는 장비

구분	품목
소화용수장비	소방호스류, 결합금속구, 소방관창류 등
간이소화장비	소화기, 휴대용 소화장비 등
소화보조장비	소방용 사다리, 소화보조기구, 소방용 펌프 등
배연장비	이동식 송·배풍기 등
소화약제	분말 소화약제, 액체형 소화약제, 기체형 소화약제 등
원격장비	소방용 원격장비 등

⑥ 다중이용업소의 안전관리에 관한 특별법

1. 목적

「다중이용업소의 안전관리에 관한 특별법」은 화재 등 재난이나 그 밖의 위급한 상황으로부터 국민의 생명·신체 및 재산을 보호하기 위하여 다중이용업소의 안전시설등의 설치·유지 및 안전관리와 화재위험평가, 다중이용업주의 화재배상책임보험에 필요한 사항을 정함으로써 공공의 안전과 복리 증진에 이바지함을 목적으로 한다.

2. 정의

(1) 다중이용업

불특정 다수인이 이용하는 영업 중 화재 등 재난 발생 시 생명·신체·재산상의 피해가 발생할 우려가 높은 것으로서 대통령령으로 정하는 영업을 말한다.

(2) 안전시설등

소방시설, 비상구, 영업장 내부 피난통로, 그 밖의 안전시설로서 대통령령으로 정하는 것을 말한다.

POINT 8-1 구조·구급의 개념

1 정의

1. 구조

화재, 재난·재해 및 테러, 그 밖의 위급한 상황(위급상황)에서 외부의 도움을 필요로 하는 사람(요구조자)의 생명, 신체 및 재산을 보호하기 위하여 수행하는 모든 활동을 말한다.

2. 인명구조

급박한 신체적 위험상황 또는 위급한 상황에서 스스로의 힘으로 벗어날 수 없는 사람을 지식·기술·체력 및 각종 장비를 활용하여 생명과 신체를 보호하고 안전한 장소로 구출하는 일체의 활동을 말한다.

3. 구급

응급환자에 대하여 행하는 상담, 응급처치 및 이송 등의 활동을 말한다.

4. 응급구조사

응급환자가 발생한 현장에서 응급환자에 대하여 상담·구조 및 이송업무를 수행하며, 「의료법」 제27조의 무면허 의료행위금지규정에도 불구하고 보건복지부령으로 정하는 범위에서 현장에 있거나 이송 중이거나 의료기관 안에 있을 때에는 응급처치의 업무에 종사할 수 있다.

5. 응급의료종사자

관계 법령에서 정하는 바에 따라 취득한 면허 또는 자격의 범위에서 응급환자에 대한 응급의료를 제공하는 의료인과 응급구조사를 말한다.

6. 응급의료

응급환자가 발생한 때부터 생명의 위험에서 회복되거나 심신상의 중대한 위해가 제거되기까지의 과정에서 응급환자를 위하여 하는 상담·구조·이송·응급처치 및 진료 등의 조치를 말한다.

2 구조·구급활동

1. 구조대원의 임무

(1) 구조대장(현장지휘관)의 임무

① 신속한 상황판단　　② 구조대원의 안전확보
③ 구조작업의 지휘　　④ 유관기관과의 협조 유지

(2) 대원의 임무

평소에 체력·기술을 단련하고 장비가 성능을 발휘할 수 있도록 점검·정비를 하여야 한다. 현장활동을 할 때에는 자의적인 행동을 하지 않고 지휘명령을 지켜 부여된 임무를 수행한다.

2. 구조활동 단계별 행동

(1) 사전대비단계
(2) 출동 시 조치사항

① 사고발생 장소, 사고의 종류 및 개요, 요구조자의 수와 상태 및 도로상황·건물상황을 확인한다.
② 사고정보를 통하여 구출방법을 검토하고 사용할 장비를 선정하고 필요한 장비가 있으면 추가로 적재한다.
③ 출동경로와 현장진입로를 결정한다.
④ 선착대의 행동내용 등을 파악하여 자기대의 임무와 활동요령을 검토한다.
⑤ 선착대로부터 취득하는 정보는 가장 신뢰할 수 있는 최신 정보이므로 사고 개요, 규모 등을 확실히 청취하고 자기임무 등을 확인한 후 대원에게 필요한 임무를 부여한다.

(3) 현장 도착 시 조치사항
(4) 현장활동 조치사항

① 사고현장과 주변부의 상황 확인
② 사고장소의 확인
③ 요구조자의 유무 및 장애요인 판단
④ 활동 중 장해와 2차재해 위험 확인: 현장에 잠재된 2차 재해요인을 파악하여 감전, 유독가스, 낙하물, 붕괴 등 위험성을 경감한

3. 소방 안전관리의 특성

(1) 안전관리의 일체성·적극성

① 화재현장에서 소방활동은 안전관리와 면밀하게 연결되어 있다.
② 화재가 발생한 건물로부터 호스를 분리하여 연장하는 것은 낙하물 방지와 화재에 의한 복사열로부터 호스의 손상방지를 도모하기 위한 것과 동시에 효과적인 소방활동을 전개하여 대원 자신을 지키는 결과를 얻을 수 있다.

(2) 안전관리의 특이성·양면성

① 소방활동은 임무수행과 안전확보의 양립이 요구된다.
② 위험성을 수반하는 임무수행시에 안전관리 개념이 성립된다. 화재현장의 위험을 확인한 후에 임무수행과 안전확보를 양립시키는 특이성·양면성이 있다.

(3) 안전관리의 계속성·반복성

① 안전관리는 반복하여 실행해야 한다.
② 소방활동의 안전관리는 출동에서부터 귀소하기까지 한 순간도 끊임없이 계속된다.
③ 평소의 교육·훈련, 기기점검 등도 안전관리상 중요한 요소이다.

1 구조장비

① 헬멧·안전화·보안경 등 적절한 보호장비를 착용한다.
② 체인톱·헤머드릴 등 고속 회전부분이 있는 장비의 경우 실밥이 말려들어갈 수 있으므로 면장갑은 착용하지 않는다.
③ 고압전류를 사용하는 전동 장비나 고온이 발생하는 용접기 등의 경우에는 반드시 규정된 보호장갑을 착용하여야 한다.
④ 톱날을 비롯하여 각종 절단 날은 항상 잘 연마되어야 한다.
⑤ 공기 중에 인화성 가스가 있거나 인화성 액체가 근처에 있을 때에는 동력장비의 사용을 피한다.
⑥ 장비를 이동시킬 때에는 작동을 중지시킨다. 엔진장비의 경우에는 시동을 끄고 전동장비는 플러그를 뽑는다.
⑦ 전동장비는 반드시 접지가 되는 3극 플러그를 이용한다. 접지단자를 제거하면 감전사고의 위험이 있다.
⑧ 엔진동력 장비를 사용하기 전에는 기기를 흔들어 잘 혼합되도록 한 후 시동을 건다.

2 로프(ROPE)

1. 로프의 종류

(1) 천연섬유로프

① 천연섬유의 특성상 나일론과 달리 여러 가닥의 섬유를 꼬아서 만든 형식이다.
② 잘 늘어나지 않고 마찰에 강하며 태양 및 오염물에 노출 시 나일론보다 강하다.
③ 물에 젖을 경우 강도가 절반 정도 떨어지는 경향이 있다.

(2) 합성섬유로프

📖 참고 **천연섬유와 합성섬유로프의 구분**

천연섬유	종자섬유	무명(면)
	인피섬유	대마(삼베), 저마(모시), 황마, 아마, 라미
	잎섬유	마닐라, 파초, 아바카, 사이실
	과일섬유	야자섬유
합성섬유	폴리아미드계	나일론, 아밀란, 펄론
	폴리에스테르계	데이크론, 데틸린, 테트론
	폴리비닐알콜계	비닐론, 미쿨론

(3) 방수로프

(4) 용도에 따른 구분

종류	신장률	유연성	용도
정적로프	3% 이하	딱딱함	산업용
동적로프	5% 이하	유연함	등반용

2. 로프의 성능 – 매듭

매듭의 고리가 크면 우연히 개폐구가 열리는 확률을 높여 주는 결과가 된다.

> 📖 참고 매듭과 꺾임에 의한 로프의 장력변화

매듭의 종류	매듭의 강도(%)	매듭의 종류	매듭의 강도(%)
매듭하지 않은 상태	100	피셔맨매듭	60 ~ 65
8자 매듭	75 ~ 80	테이프매듭	60 ~ 70
한겹고정 매듭	70 ~ 75	말뚝매듭	60 ~ 65
이중 피셔맨매듭	65 ~ 70	엄지매듭	60 ~ 65

3. 로프 관리

(1) 로프의 세척

천염섬유는 물로 세척하지 않는다.

(2) 로프의 보관

① 로프는 로프가방에 보관한다.

② 배터리액, 탄화수소 연료 또는 자욱한 연기나 이러한 물질의 증기와 같은 화학적 오염에 노출되어서는 안 되며 동력장비 또는 이러한 장비의 예비연료와는 따로 보관하여야 한다.

(3) 로프사리기(로프정리)

원형사리기, 나비형 사리기(한발감기), 나비형 사리기(어깨감기), 8자형 사리기(나비형 사리기)

❸ 공기호흡기(SCBA)

1. 공기호흡기의 사용 가능 시간 – 용기 내 압력과 호흡량의 한계

일반적으로 용기 내의 압력이 약 10kg/cm² 이하가 되면 소방활동 시의 호흡량에 대응할 수 없게 된다. 이 때문에 사용가능시간 및 탈출개시압력을 결정할 때에는 이 압력을 여유압력으로 제외하고 계산하여야 한다.

(1) 사용가능시간(분)

$$\frac{[용기압력(kg/cm^2) - 여유압력(kg/cm^2)] \times 용기부피(L)}{매\ 분당\ 호흡량(L)}$$

(2) 탈출개시압력

$$\frac{탈출소요시간(min) \times 분당\ 호흡량(L)}{용기용량(L)} + 여유압력(kg/cm^2)$$

2. 공기호흡기 사용 중 주의사항

(1) 면체를 착용하기 전에는 양압조정기가 균열되거나 파손된 상태를 확인한 후 사용하여야 한다.

(2) 공기 압력이 떨어지는 과정에서 압력계의 지침이 약 55bar를 가리킬 때 경보음이 작동하는지 확인한다.

POINT 8-3 로프기술

1 로프매듭

1. 매듭의 기본원칙

(1) 매듭의 가장 중요한 조건은 '묶기 쉽고, 자연적으로 풀리지 않고 간편하게 해체할 수 있는 매듭'이다.

(2) 매듭법을 많이 아는 것보다 자주 사용하는 매듭을 정확히 숙지하는 것이 중요하다.

(3) 매듭의 끝부분은 빠지지 않도록 최소한 로프 직경의 10배 정도는 남아 있어야 한다.

(4) 매듭의 크기가 작은 방법을 선택한다.

(5) 타인에게도 능숙하고 안전하게 매듭을 할 수 있어야 한다.

(6) 로프는 매듭 부분에서 강도가 저하된다.

(7) 매듭의 끝 부분이 빠지지 않도록 주매듭을 묶은 후 옭매듭 등으로 다시 마감해 준다.

2. 매듭의 종류

(1) 마디짓기

(2) 이어매기

(3) 움켜매기

■ 기본매듭의 종류

마디짓기(결절)	이어매기(연결)	움켜매기(결착)
• 옭매듭 • 8자매듭 • 줄사다리매듭 • 고정매듭 • 두겹고정매듭 • 나비매듭	• 바른매듭 • 한겹매듭 • 두겹매듭 • 8자연결매듭 • 피셔맨매듭	• 말뚝매기 • 절반매기 • 잡아매기 • 감아매기 • 클램하이스트 매듭

2 기본매듭

1. 마디짓기(결절)

(1) **옭매듭(엄지매듭, Overhand knot)**

로프에 마디를 만들어 구멍으로부터 로프가 빠지는 것을 방지하거나 절단한 로프의 끝에서 꼬임이 풀어지는 것을 방지할 때 사용하는 가장 단순한 형태의 매듭이다.

(2) **8자매듭**

매듭이 8자 모양을 닮아서 '8자매듭'이라고 한다. 옭매듭보다 매듭 부분이 크기 때문에 다루기 편하고 풀기도 쉽다.

(3) **줄사다리매듭**

로프에 일정한 간격을 두고 수개의 옭매듭을 만들어 로프를 타고 오르거나 내릴 때에 지지점으로 이용할 수 있도록 하는 매듭이다.

(4) 고정매듭(Bowline)

로프의 굵기에 관계없이 묶고 풀기가 쉬우며 조여지지 않으므로 로프를 물체에 묶어 지지점을 만들거나 유도로프를 결착하는 경우에 활용한다.

(5) 두겹고정매듭(Bowline on a bight)

로프의 끝에 두 개의 고리를 만들어 활용하는 매듭으로, 수직맨홀 등 좁은 공간으로 진입하거나 요구조자를 구출하는 경우 유용하게 활용할 수 있다.

(6) 나비매듭

로프 중간에 고리를 만들 필요가 있을 경우에 사용하며, 다른 매듭에 비하여 충격을 받은 경우에도 풀기가 쉬운 것이 장점이다.

2. 이어매기(연결)

(1) 바른매듭(맞매듭, Square knot)

① 묶고 풀기가 쉽고 같은 굵기의 로프를 연결하기에 적합한 매듭이다.

② 로프 연결의 기본이 되는 매듭이다.

③ 힘을 많이 받지 않는 곳에 사용하지만 굵기 또는 재질이 서로 다른 로프를 연결할 때에는 미끄러져 빠질 염려가 우려가 있다.

④ 매듭 부분을 완전히 조이고 끝부분은 옭매듭으로 한다.

(2) 한겹매듭(Backet bend)

한겹매듭은 굵기가 다른 로프를 결합할 때에 사용한다.

(3) 두겹매듭(Double backet bend)

두겹매듭은 한겹매듭에서 가는 로프를 한 번 더 돌려감은 것으로 한겹매듭보다 더 튼튼하게 연결할 때에 사용한다.

(4) 8자연결매듭(Figure 8 follow through)

많은 힘을 받을 수 있고 힘이 가해진 경우에도 풀기가 쉽다. 로프를 연결하거나 안전을 확보하기 위한 매듭으로 자주 사용된다.

(5) 피셔맨매듭(Fisherman's knot)

① 두 로프가 서로 다른 로프를 묶고 당겨 매듭 부분이 맞물리도록 하는 방법이다.

② 신속하고 간편하게 묶을 수 있으며 매듭의 크기도 작다. 두 줄을 이을 때 연결매듭으로 많이 활용되는 매듭이지만 힘을 받은 후에는 풀기가 매우 어려워 장시간 고정시켜 두는 경우에 주로 사용한다.

3. 움켜매기(결착)

(1) 말뚝매기(까베스땅 매듭, Clove hitch)

로프의 한쪽 끝을 지지점에 묶는 매듭으로 구조활동을 위하여 로프로 지지점을 설정하는 경우에 많이 사용한다.

(2) 절반매기(Half hitch)

1 개요

1. 응급처치 등

(1) 응급처치

응급의료행위의 하나로서 응급환자의 기도를 확보하고 심장박동의 회복, 그 밖에 생명의 위험이나 증상의 현저한 악화를 방지하기 위하여 긴급히 필요로 하는 처치를 말한다.

(2) 응급의료

응급환자가 발생한 때부터 생명의 위험에서 회복되거나 심신상의 중대한 위해가 제거되기까지의 과정에서 응급환자를 위하여 하는 상담·구조·이송·응급처치 및 진료 등의 조치를 말한다.

(3) 응급환자

질병, 분만, 각종 사고 및 재해로 인한 부상이나 그 밖의 위급한 상태로 인하여 즉시 필요한 응급처치를 받지 아니하면 생명을 보존할 수 없거나 심신에 중대한 위해가 발생할 가능성이 있는 환자 또는 이에 준하는 사람으로서 보건복지부령으로 정하는 사람을 말한다.

(4) 응급의료종사자

관계 법령에서 정하는 바에 따라 취득한 면허 또는 자격의 범위에서 응급환자에 대한 응급의료를 제공하는 의료인과 응급구조사를 말한다.

(5) 의료인

보건복지부장관의 면허를 받은 의사·치과의사·한의사·조산사 및 간호사를 말한다(「의료법」 제2조).

(6) 증상

환자가 "팔이 아프다" 혹은 "어지럽다"라고 말하는 등 환자가 호소하는 사실로서 환자의 주관적인 느낌이다.

(7) 징후

의료인·응급구조사가 환자의 혈압, 맥박, 호흡수, 체온 등을 관찰하거나 의학적인 검사를 통하여 얻은 의료정보를 일컫는다. 이러한 증상과 징후로 환자를 평가하며 평가단계는 현장조사, 1차·2차 평가로 나눌 수 있다.

2. 응급구조사의 업무범위

(1) 1급 응급구조사의 업무범위

① 심폐소생술을 시행하기 위한 기도 유지(기도기의 삽입, 기도삽관, 후두마스크 삽관 등 포함)
② 정맥로의 확보
③ 인공호흡기를 이용한 호흡의 유지
④ **약물투여**: 저혈당성 혼수 시 포도당의 주입, 흉통 시 나이트로글리세린의 혀 아래(설하) 투여,
⑤ 2급 응급구조사의 업무

(2) 2급 응급구조사의 업무범위

① 구강 내 이물질의 제거
② 기도기(airway)를 이용한 기도 유지
③ 기본 심폐소생술
④ 산소 투여

⑤ 부목·척추고정기·공기 등을 이용한 사지 및 척추 등의 고정

⑥ 외부출혈의 지혈 및 창상의 응급처치

⑦ 심박·체온 및 혈압의 측정

⑧ 쇼크방지용 하의 등을 이용한 혈압의 유지

⑨ 자동심장충격기를 이용한 규칙적 심박동의 유도

⑩ 흉통 시 나이트로글리세린의 혀 아래(설하) 투여 및 천식발작 시 기관지확장제 흡입(환자가 해당 약물을 휴대하고 있는 경우에 한함)

2 환자평가 등

1. 응급처치의 일반적 순서

(1) 환자평가 및 도움요청

(2) 기도폐쇄(기도유지)

① 두부후굴 – 하악거상법을 시행한다.

② 경추손상이 의심되면 하악견인법을 시행한다.

(3) 경부고정

① 외상환자의 경우 기도확보와 동시에 경부고정을 시행한다.

② 모든 외상환자에게는 경부고정장비를 이용한다.

(4) 호흡기능유지

① 인공호흡을 시행할 때는 구강 대 구강법을 이용한다.

② 인공호흡 1회에 800 ~ 1,200ml의 공기를 1.5 ~ 2초에 걸쳐 불어 넣는다.

(5) 순환기능유지

① 심박동음이 청진되지 않거나 경동맥이 촉진되지 않는 경우에는 흉부압박을 시행한다.

② 흉부압박을 시행하기 전에 우선 올바른 압박점을 선정한다.

2. 이물질에 의한 기도폐쇄

기도가 완전히 폐쇄된 경우에는 3 ~ 4분 내에 의식을 잃게 되고, 4 ~ 6분이 경과하면 뇌세포의 비가역적인 현상이 발생하여 생명이 위험에 빠질 수 있으므로 빠른 시간 내에 응급처치를 시행한다.

3. 환자평가(1차 평가)

영문 두문자를 따서 이를 응급처치 또는 환자평가 'ABCDE'라고 한다.

(1) 기도확보(Airway)

(2) 호흡평가(Breathing)

(3) 순환(Circulation)

(4) 기능장애평가(Disability)

(5) 의식상태평가(AVPU)

① 의식명료(Alert)

② 언어지시반응(Verbal Response)

③ 통증자극반응(Pain Response)

④ 무반응(Unresponse)

(6) 노출(Exposure)

① 심폐소생술을 할 때는 상의를 벗겨 가슴을 노출시켜야 한다.

② 흉부 압박 지점을 찾는 기준점이 가슴이기 때문이다.

4. 환자평가(2차 평가)

(1) 환자의 상태가 안정되어 있을 때는 현장에서 2차 평가한다.

(2) 위급한 환자는 병원으로 이송하면서 구급차 내에서 시행한다.

(3) 과거병력이나 현재 복용하는 약물을 파악한다.

5. 구급환자의 중증도 분류

분류	치료순서	색깔	심볼	특성 및 증상
Critical (긴급환자)	1	적색 (Red)	토끼 그림	수분·수시간 이내의 응급처치를 요하는 중증환자 • 기도폐쇄, 심한 호흡곤란, 호흡정지 • 심장마비의 순간이 인지된 심정지 • 대량출혈, 수축기 혈압이 80mmHg 이하의 쇼크 • 혼수상태의 중증 두부손상 • 기도화상을 동반한 중증의 화상 • 경추손상이 의심되는 경우
Urgent (응급환자)	2	황색 (Yellow)	거북이 그림	수시간 이내의 응급처치를 요하는 중증환자 • 중증의 화상 • 경추를 제외한 부위의 척추골절 • 중증의 출혈 • 다발성 골절
Minor (비응급환자)	3	녹색 (Green)	구급차 그림에 ×표시	수시간·수일 후 치료해도 생명에 관계가 없는 환자 • 소량의 출혈 • 경증의 열상 혹은 단순 골절 • 경증의 화상 혹은 타박상
Dead (지연환자)	4	흑색 (Black)	십자가 표시	사망하였거나 생존의 가능성이 없는 환자 • 20분 이상 호흡이나 맥박이 없는 환자 • 두부나 몸체가 절단된 경우 • 심폐소생술도 효과가 없다고 판단되는 경우

6. 심폐소생술에 대한 CAB's 단계별 내용

(1) 반응확인(의식확인): 어깨를 두드리면서 "괜찮으세요?"라고 크게 소리쳐서 반응을 확인한다.

(2) 호흡·맥박확인

(3) 순환(가슴압박): 일반인은 호흡 없이 가슴압박만 하는 가슴압박 소생술을 하고, 인공호흡을 할 수 있는 사람은 가슴압박과 인공호흡을 같이 시행한다. 의료제공자는 심폐소생술을 시행한다.

(4) 기도(기도개방): 의료제공자는 인공호흡하기 전 기도개방을 실시한다.

(5) 호흡(인공호흡): 의료제공자는 기도개방 후 인공호흡을 실시한다.

1 총칙

> **제1조【목적】** 화재, 재난·재해 및 테러, 그 밖의 위급한 상황에서 119구조·구급의 효율적 운영에 관하여 필요한 사항을 규정함으로써 국가의 구조·구급 업무 역량을 강화하고 국민의 생명·신체 및 재산을 보호하며 삶의 질 향상에 이바지함을 목적으로 한다.

1-2 정의

1. 구조

화재, 재난·재해 및 테러, 그 밖의 위급한 상황(위급상황)에서 외부 도움을 필요로 하는 사람(요구조자)의 생명, 신체 및 재산을 보호하기 위하여 수행하는 모든 활동을 말한다.

2. 119구조대

탐색 및 구조활동에 필요한 장비를 갖추고 소방공무원으로 편성된 단위조직을 말한다.

3. 구급

응급환자에 대하여 행하는 상담, 응급처치 및 이송 등의 활동을 말한다.

4. 119구급대

구급활동에 필요한 장비를 갖추고 소방공무원으로 편성된 단위조직을 말한다.

3 119구조대 편성과 운영

1. 119구조대 편성 · 운영

소방청장·소방본부장 또는 소방서장은 위급상황에서 요구조자의 생명 등을 신속하고 안전하게 구조하는 업무를 수행하기 위하여 119구조대를 편성하여 운영하여야 한다.

2. 구조대의 종류

(1) 일반구조대

시·도의 규칙으로 정하는 바에 따라 소방서마다 1개 대 이상 설치하되, 소방서가 없는 시·군·구의 경우에는 해당 시·군·구 지역의 중심지에 있는 119안전센터에 설치할 수 있다.

(2) 특수구조대

소방대상물, 지역 특성, 재난 발생 유형 및 빈도 등을 고려하여 시·도의 규칙으로 정하는 바에 따라 구분에 따른 지역을 관할하는 소방서에 설치한다. 다만, 고속국도구조대는 직할구조대에 설치할 수 있다.

① 화학구조대: 화학공장이 밀집한 지역
② 수난구조대:「내수면어업법」에 따른 내수면지역
③ 산악구조대:「자연공원법」에 따른 자연공원 등 산악지역
④ 고속국도구조대:「도로법」에 따른 고속국도
⑤ 지하철구조대:「도시철도법」에 따른 도시철도의 역사(驛舍) 및 역 시설

(3) 직할구조대

대형·특수 재난사고의 구조, 현장 지휘 및 테러현장 등의 지원 등을 위하여 소방청 또는 시·도 소방본부에 설치하되, 시·도 소방본부에 설치하는 경우에는 시·도의 규칙으로 정하는 바에 따른다.

(4) 테러대응구조대

테러 및 특수재난에 전문적으로 대응하기 위하여 소방청과 시·도 소방본부에 각각 설치하며, 시·도 소방본부에 설치하는 경우에는 시·도의 규칙으로 정하는 바에 따른다.

3. 구조대원의 자격기준

(1) 소방청장이 실시하는 인명구조사 교육을 받았거나 인명구조사 시험에 합격한 사람

(2) 국가·지방자치단체 및 공공기관의 구조 관련 분야에서 근무한 경력이 2년 이상인 사람

(3) 응급구조사 자격을 가진 사람으로서 소방청장이 실시하는 구조업무에 관한 교육을 받은 사람

3-2 국제구조대의 편성과 운영

1. 국제구조대의 편성과 운영

소방청장은 국외에서 대형재난 등이 발생한 경우 재외국민의 보호 또는 재난발생국의 국민에 대한 인도주의적 구조활동을 위하여 국제구조대를 편성하여 운영할 수 있다.

2. 국제구조대의 구성

소방청장은 국제구조대를 편성·운영하는 경우 인명 탐색 및 구조, 응급의료, 안전평가, 시설관리, 공보연락 등의 임무를 수행할 수 있도록 구성하여야 한다.

3-3 119구급대의 편성과 운영

1. 119구급대의 편성과 운영권자

소방청장·소방본부장·소방서장(소방청장등)

2. 구급대원의 자격기준

(1) 의료인

(2) 1급 응급구조사 자격을 취득한 사람

(3) 2급 응급구조사 자격을 취득한 사람

(4) 소방청장이 실시하는 구급업무에 관한 교육을 받은 사람

3-4 119구급상황관리센터의 설치·운영 등

소방청장은 소방청과 시·도 소방본부에 119구급상황관리센터(구급상황센터)를 설치·운영하여야 한다.

3-5 119항공대의 편성과 운영

1. 119항공대의 편성과 운영

소방청장 또는 소방본부장은 초고층 건축물 등에서 요구조자의 생명을 안전하게 구조하거나 도서·벽지에서 발생한 응급환자를 의료기관에 긴급히 이송하기 위하여 119항공대(항공대)를 편성하여 운영한다.

2. 119항공운항관제실 설치·운영 등

소방청장은 소방항공기의 안전하고 신속한 출동과 체계적인 현장활동의 관리·조정·통제를 위하여 소방청에 119항공운항관제실을 설치·운영하여야 한다.

4 구조·구급활동

1. 구조·구급활동

소방청장등은 위급상황이 발생한 때에는 구조·구급대를 현장에 신속하게 출동시켜 인명구조, 응급처치 및 구급차등의 이송, 그 밖에 필요한 활동을 하게 하여야 한다.

2. 구조출동요청 거절대상

(1) 단순 문 개방의 요청을 받은 경우

(2) 시설물에 대한 단순 안전조치 및 장애물 단순 제거의 요청을 받은 경우

(3) 동물의 단순 처리·포획·구조요청을 받은 경우

(4) 그 밖에 주민생활 불편해소 차원의 단순 민원 등 구조활동의 필요성이 없다고 인정되는 경우

3. 구급출동요청 거절대상

(1) 단순 치통환자

(2) 단순 감기환자. 다만, 섭씨 38도 이상의 고열 또는 호흡곤란이 있는 경우는 제외한다.

(3) 혈압 등 생체징후가 안정된 타박상 환자

(4) 술에 취한 사람. 다만, 강한 자극에도 의식이 회복되지 아니하거나 외상이 있는 경우는 제외한다.

(5) 만성질환자로서 검진 또는 입원 목적의 이송요청자

(6) 단순 열상(裂傷) 또는 찰과상(擦過傷)으로 지속적인 출혈이 없는 외상환자

(7) 병원 간 이송 또는 자택으로의 이송요청자. 다만, 의사가 동승한 응급환자의 병원 간 이송은 제외한다.

4. 구조거절확인서 및 구급거절·거부확인서

(1) 구조요청을 거절한 구조대원은 구조거절확인서를 작성하여 소속 소방관서장에게 보고하고, 소속 소방관서에 3년간 보관하여야 한다.

(2) 구급요청을 거절한 구급대원은 구급거절·거부확인서를 작성하여 소속 소방관서장에게 보고하고, 소속 소방관서에 3년간 보관하여야 한다.

4-2 감염병환자의 통보 등

1. 감염병환자등의 통보

(1) 질병관리청장 및 의료기관의 장은 구급대가 이송한 응급환자가 감염병환자등인 경우에는 소방청장등에게 즉시 통보하여야 한다.

(2) 이 경우 정보시스템을 활용하여 통보할 수 있다.

2. 소방청장등의 조치

소방청장등은 감염병환자등과 접촉한 구조·구급대원이 적절한 치료를 받을 수 있도록 조치하여야 한다.

POINT 9-1 총칙

1 재난관리

1. 개요

(1) 정의

① 자연재해:「재난 및 안전관리 기본법」제3조 제1호의 자연재난으로 인하여 발생하는 피해를 말한다.

② 재해:「재난 및 안전관리 기본법」제3조의 재난으로 인하여 발생하는 피해를 말한다.

(2) 재난관리의 개념

「재난 및 안전관리 기본법」상 재난관리란 재난의 예방·대비·대응 및 복구를 위하여 하는 모든 활동을 말한다.

2. 재난의 유형

(1) 존스(Jones)의 재해 분류

📋 요약NOTE 존스(Jones)의 재해 분류

구분			재해의 종류
자연재해	지구 물리학적 재해	지질학적 재해	지진, 화산, 쓰나미 등
		지형학적 재해	산사태, 염수토양 등
		기상학적 재해	안개, 눈, 해일, 번개, 토네이도, 폭풍, 태풍, 가뭄, 이상기온 등
	생물학적 재해		세균, 질병, 유독식물, 유독동물 등
준자연재해			스모그, 온난화, 사막화, 염수화 현상, 눈사태, 산성화, 홍수, 토양침식 등
인위재해			공해, 폭동, 교통사고, 폭발사고 전쟁 등

(2) 아네스(Anesth)의 분류

📋 요약NOTE 아네스(Anesth)의 재해 분류

대분류	세분류	재해의 종류
자연재해	기후성 재해	태풍
	지진성 재해	지진, 화산폭발, 해일
인위재해	사고성 재해	교통사고, 산업사고, 폭발사고, 생물학적 재해, 화학적 재해(유독물질), 방사능재해, 화재사고
	계획적 재해	테러, 폭동, 전쟁

(3) 재난의 응급의학적 분류

① 내과적 재난(Medical disaster): 화학물질 누출, 방사능 누출, 유독물질 누출 등의 사고로 호흡기장애, 대사기능장애 등을 유발시키는 화학적 재난(질환재난)을 말한다.

② 외상성 재난(Surgical disaster): 피해자들이 주로 외상을 당하는 재난으로서 물리적 재해로 인한 부상 형태가 외상으로 나타나는 재난을 말한다.

(4) 원인에 의한 분류

① 인위적 재난: 인위재해는 인간과 환경 간 상호작용의 원인으로 재난적인 결과를 가져올 수 있는 상황이며, 전쟁·시민폭동 등에 의하여 발생한 재난도 포함된다.

② 기술적 재난: 인간이 기술을 활용하는 과정 중 부주의나 기술상의 결함에 의하여 발생하는 것으로, 대형 산업사고, 심각한 환경오염, 원자력 사고, 대형 폭발 등이 있다.

3. 재난의 특징

(1) 재난의 예방 가능성

① 인력재난은 자연재해와는 달리 그 발생을 미연에 방지할 수 있다.

② 안전관리에 있어서 예방을 강조하는 것은 예방 가능의 원칙에 근거한 것이다.

(2) 피해범위

① 기술재난은 국소지역에서 인명피해가 집중적으로 일어나며, 대량의 사상자가 발생한다.

② 자연재해는 광범위하게 일어나고 피해와 사상자 발생지역이 넓다.

(3) 대응 및 통제 가능성

① 재난이 돌발적인 대규모 사태의 경우 실질적으로 예측이 불가능하기 때문에 이에 대한 대응 및 통제 가능성은 현실적으로 부족하다.

② 일반적인 사고, 즉 소규모의 사고의 경우 그 지역 등의 대응능력으로 충분히 수습할 수 있다는 측면에서 해당 지역의 대응자원만으로 대응이 가능하다.

(4) 시간적 특성

① 재난은 시간적 급박함을 요구하는 것이며, 재난관리는 재난을 효과적으로 관리하는 관리활동이다.

② 재해 발생 직후 24시간 또는 72시간의 초기 대응 단계와 재해의 복구와 개선에 중점을 두는 단계로 구분할 수 있다.

4. 재난관리의 행정환경

(1) 불확실성

재난관리조직이 합리성을 추구할 때 주된 문제는 불확실성이고, 조직의 업무환경의 불확실성이 지배한다. 불확실한 상황을 대비한 가외성이 확보되어야 한다.

(2) 상호작용성

재난 현장에서는 여러 기관들이 광범위하게 연계된 체제가 존재한다. 재난관리기관의 상호작용성을 토대로 재난관리를 하여야 한다.

(3) 복잡성

재난 발생 시에는 재난관리기관이 다수 존재하기 때문에 조직특성은 복잡하게 혼재되어 있다.

5. 재난관리의 접근방법

(1) 분산적 접근방법

① 재난 발생 유형에 따라 부처별로 국가재난관리책임을 분산시키는 체제이다.

② 재난의 종류에 따라 대응방식 및 대응계획, 매뉴얼에 차이가 있으며, 책임기관이 각각 다르게 배정된다.

③ 재난 시 유관기관 간의 중복적 대응이 있을 수 있다.

④ 재난의 발생 유형에 따라 소관부처별로 업무가 나누어진다.

(2) 통합적 접근방법

체제의 규모의 거대화와 복잡화에 따른 조정의 필요성이 요구되어 통합적으로 조정하는 접근방법을 말한다. 미국의 경우 1979년 민방위준비청에서 10개의 연방기관을 통합하여 연방재난관리청(FEMA)을 창설하였다.

요약NOTE 분산적 접근방법과 통합적 접근방법

구분	분산적 접근방법	통합적 접근방법
관련부처 및 기관	다수부처	병렬적 다수부처(소수부처)
책임범위와 부담	관리책임 및 부담 분산	관리책임 및 부담이 과도함
정보전달체계	다양화	일원화
장점	• 업무수행의 전문성 • 업무의 과다 방지	• 동원과 신속한 대응성 확보 • 인적자원의 효과적 활용
단점	• 재난 대처의 한계 • 업무 중복 및 연계 미흡 • 재원 마련과 배분이 복잡	• 종합관리체계 구축의 어려움 • 업무와 책임의 과도와 집중성

2 안전관리

1. 개요

(1) 물적 요인(불안전한 상태)

건물의 시설·설비의 미비 또는 결함이 있는 경우나 기능 불량 등을 말한다.

(2) 인적 요인(불안전한 행위)

사람의 행동·행위 또는 안전한 상태를 불안전한 상태로 변하게 하는 것을 말한다.

(3) 환경적 요인(안전관리상 결함)

기상조건, 기후, 현장 부근의 입지조건 등 환경이 불안전한 경우를 말한다.

2. 안전사고의 예방

(1) 예방가능의 원칙

① 인력재난은 자연재해와는 달리 그 발생을 미연에 방지할 수 있다.

② 안전관리에 있어서 예방을 강조하는 것은 예방 가능의 원칙에 근거한 것이다.

(2) 손실우연의 법칙

① 하인리히의 법칙에 따르면, 동종의 사고가 되풀이될 경우 상해가 없는 사고는 300회, 경상은 29회가 발생한 뒤에 중상에 이르는 부상이 1회의 비율로 발생한다. 이를 '1 : 29 : 300의 법칙'이라 한다.

② 이 법칙은 사고와 손실 사이에는 언제나 우연적인 확률이 존재한다는 것을 뜻한다.

(3) 원인계기의 원칙

① 손실과 사고와의 관계는 우연적이지만 사고 발생과 원인은 필연적인 인과관계가 있다.

② 사고 발생의 직접적인 원인으로는 인적·물적 원인이 있고, 간접적 원인으로는 기술적·교육적·신체적·정신적 및 사회적 원인 등이 있다.

(4) 대책선정의 원칙

① 사고는 우연하게 반복적으로 발생하고, 원칙적으로 모두 예방이 가능하며, 필연적 원인에 의하여 발생하므로 체계적으로 관리한다면 예방할 수 있다.

② 안전사고의 예방은 3E를 모두 활용함으로써 효과를 얻을 수 있으며 합리적인 관리가 가능하다.

3. 재해원인의 매커니즘

(1) 도미노이론(하인리히)

📋 **요약NOTE 도미노이론**

단계	하인리히 도미노이론	버드의 도미노이론
1단계	사회적·유전적(간접원인)	관리상 결함(관리 부족)
2단계	개인적 결함(간접원인)	기본원인
3단계	불안전한 행동, 불안전한 상태(직접원인)	불안전한 행동, 불안전한 상태(직접원인)
4단계	사고(접촉)	사고(접촉)
5단계	재해(손실)	재해(손실)
재해예방	직접원인의 제거	기본원인의 제거

1단계	2단계	3단계	4단계	5단계
사회적 유전적	개인적 결함	불안전한 행동 불안전한 상태	사고	재해
통제의 부족	기본적원인	직접원인	접촉	손실

▲ 하인리히 연쇄성 이론

(2) 버드의 연쇄성이론(버드의 재해 구성비율)

버드의 연쇄성이론은 안전관리결함과 기본원인인 4M관리 부족으로 연쇄적으로 손실과 재해가 발생된다는 연쇄성이론이다. 재해를 제거하기 위해서는 철저한 안전관리와 기본원인관리가 중요하다.

① 1 : 10 : 30 : 600

 ㉠ '1': 사망 또는 중상

 ㉡ '10': 경상

 ㉢ '30': 무상해 사고

 ㉣ '600': 무상해, 무사고

② 버드의 재해 구성비율: 버드의 재해 구성비율은 641건의 사고는 1 : 10 : 30 : 600의 비율로 발생되며, 재해의 배후에는 630건의 인적·물적 손실이 없는 사고가 존재한다는 의미이다.

❸ 「재난 및 안전관리 기본법」 총칙

1. 목적

제1조 【목적】 이 법은 각종 재난으로부터 국토를 보존하고 국민의 생명·신체 및 재산을 보호하기 위하여 국가와 지방자치단체의 재난 및 안전관리체제를 확립하고, 재난의 예방·대비·대응·복구와 안전문화활동, 그 밖에 재난 및 안전관리에 필요한 사항을 규정함을 목적으로 한다.

2. 자연재난 및 사회재난

자연재난	사회재난
• 태풍, 홍수, 호우(豪雨) • 강풍, 풍랑, 해일(海溢) • 대설, 한파 • 낙뢰 • 가뭄, 폭염 • 지진 • 황사(黃砂) • 조류(藻類) 대발생, 조수(潮水) • 화산활동 • 소행성·유성체 등 자연우주물체의 추락·충돌	• 화재·붕괴·폭발·교통사고(항공사고·해상사고 포함)·화생방사고·환경오염사고 등으로 인하여 발생하는 대통령령으로 정하는 규모 이상의 피해 • 국가핵심기반의 마비 • 「감염병의 예방 및 관리에 관한 법률」에 따른 감염병 • 「가축전염병예방법」에 따른 가축전염병의 확산 • 「미세먼지 저감 및 관리에 관한 특별법」에 따른 미세먼지 등으로 인한 피해

3. 재난관리

(1) 해외재난

대한민국의 영역 밖에서 대한민국 국민의 생명·신체 및 재산에 피해를 주거나 줄 수 있는 재난으로서 정부차원에서 대처할 필요가 있는 재난

(2) 재난관리

재난의 예방·대비·대응 및 복구를 위하여 하는 모든 활동

(3) 안전관리

재난이나 그 밖의 각종 사고로부터 사람의 생명·신체 및 재산의 안전을 확보하기 위하여 하는 모든 활동

(4) 안전기준

① 각종 시설 및 물질 등의 제작·유지관리 과정에서 안전을 확보할 수 있도록 적용하여야 할 기술적 기준을 체계화한 것을 말한다.

② 안전기준의 분야·범위 등에 관하여는 대통령령으로 정한다.

(5) 재난관리책임기관

① 중앙행정기관 및 지방자치단체

② 지방행정기관·공공기관·공공단체 및 재난관리의 대상이 되는 중요시설의 관리기관 등으로서 대통령령으로 정하는 기관

재난관리주관기관	재난 및 사고의 유형	재난관리주관기관	재난 및 사고의 유형
교육부	학교 및 학교시설에서 발생한 사고	환경부	1. 수질분야 대규모 환경오염 사고 2. 식용수 사고 3. 유해화학물질 유출 사고 4. 조류(藻類) 대발생(녹조에 한정한다) 5. 황사 6. 환경부가 관장하는 댐의 사고 7. 미세먼지
과학기술정보 통신부	1. 우주전파 재난 2. 정보통신 사고 3. 위험항법장치(GPS) 전파혼신 4. 자연우주물체의 추락·충돌		
외교부	해외에서 발생한 재난	고용노동부	사업장에서 발생한 대규모 인적 사고
법무부	법무시설에서 발생한 사고	국토교통부	1. 국토교통부가 관장하는 공동구 재난 2. 고속철도 사고 3. 삭제 4. 도로터널 사고 5. 삭제 6. 육상화물운송 사고 7. 도시철도 사고 8. 항공기 사고 9. 항공운송 마비 및 항행안전시설 장애 10. 다중밀집건축물 붕괴 대형사고로서 다른 재난관리주관기관에 속하지 아니하는 재난 및 사고
국방부	국방시설에서 발생한 사고		
행정안전부	1. 정부중요시설 사고 2. 공동구 재난(국토교통부가 관장하는 공동구는 제외한다) 3. 내륙에서 발생한 유도선 등의 수난 사고 4. 풍수해(조수는 제외한다)·지진·화산·낙뢰·가뭄·한파·폭염으로 인한 재난 및 사고로서 다른 재난관리주관기관에 속하지 아니하는 재난 및 사고		
문화체육 관광부	경기장 및 공연장에서 발생한 사고	해양수산부	1. 조류 대발생(적조에 한정한다) 2. 조수(潮水) 3. 해양분야 환경오염 사고 4. 해양 선박 사고
농림축산 식품부	1. 가축 질병 2. 저수지 사고	금융위원회	금융 전산 및 시설 사고
산업통상 자원부	1. 가스 수급 및 누출 사고 2. 원유수급 사고 3. 원자력안전 사고(파업에 따른 가동중단으로 한정한다) 4. 전력 사고 5. 전력생산용 댐의 사고	원자력안전 위원회	1. 원자력안전 사고(파업에 따른 가동중단은 제외한다) 2. 인접국가 방사능 누출 사고
보건복지부	보건의료 사고	소방청	1. 화재·위험물 사고 2. 다중 밀집시설 대형화재
보건복지부 질병관리청	감염병 재난	문화재청	문화재 시설 사고
해양경찰청	해양에서 발생한 유도선 등의 수난사고	산림청	1. 산불 2. 산사태

3-3 긴급구조기관

1. 긴급구조

발생할 우려가 현저하거나 재난이 발생하였을 때에 국민의 생명·신체 및 재산을 보호하기 위하여 긴급구조기관과 긴급구조지원기관이 하는 인명구조, 응급처치, 그 밖에 필요한 모든 긴급한 조치를 말한다.

2. 긴급구조기관

(1) 소방청
(2) 소방본부
(3) 소방서
(4) **해양에서 발생한 재난:** 해양경찰청·지방해양경찰청 및 해양경찰서

3-4 국가재난관리기준 등

1. 국가재난관리기준

모든 유형의 재난에 공통적으로 활용할 수 있도록 재난관리의 전 과정을 통일적으로 단순화·체계화한 것으로서 행정안전부장관이 고시한 것

2. 안전문화활동

안전교육, 안전훈련, 홍보 등을 통하여 안전에 관한 가치와 인식을 높이고 안전을 생활화하도록 하는 등 재난이나 그 밖의 각종 사고로부터 안전한 사회를 만들어가기 위한 활동

3. 안전취약계층

어린이, 노인, 장애인, 저소득층 등 신체적·사회적·경제적 요인으로 인하여 재난에 취약한 사람

4. 재난관리정보

(1) 재난상황정보
(2) 동원가능 자원정보
(3) 시설물정보
(4) 지리정보

5. 재난안전통신망

재난관리책임기관·긴급구조기관 및 긴급구조지원기관이 재난 및 안전관리업무에 이용하거나 재난현장에서의 통합지휘에 활용하기 위하여 구축·운영하는 통신망

6. 국가핵심기반

에너지, 정보통신, 교통수송, 보건의료 등 국가경제, 국민의 안전·건강 및 정부의 핵심기능에 중대한 영향을 미칠 수 있는 시설, 정보기술시스템 및 자산 등

1 중앙안전관리위원회 등

1. 중앙안전관리위원회의 심의사항

(1) 중앙안전관리위원회

재난 및 안전관리에 관한 사항을 심의하기 위하여 국무총리 소속으로 중앙안전관리위원회를 둔다.

(2) 중앙위원회 심의사항

① 재난 및 안전관리에 관한 중요 정책에 관한 사항

② 국가안전관리기본계획에 관한 사항

③ 중기사업계획서, 투자우선순위 의견 및 예산요구서에 관한 사항

④ 중앙행정기관의 장이 수립·시행하는 계획, 점검·검사, 교육·훈련, 평가 등 재난 및 안전관리업무의 조정에 관한 사항

⑤ 안전기준관리에 관한 사항

⑥ 재난사태의 선포에 관한 사항

⑦ 특별재난지역의 선포에 관한 사항

⑧ 재난이나 그 밖의 각종 사고가 발생하거나 발생할 우려가 있는 경우 이를 수습하기 위한 관계 기관 간 협력에 관한 중요사항

⑨ 재난안전의무보험의 관리·운용 등에 관한 사항

⑩ 대통령령으로 정하는 재난 및 사고의 예방사업 추진에 관한 사항

⑪ 「재난안전산업 진흥법」에 따른 기본계획에 관한 사항

⑫ 그 밖에 위원장이 회의에 부치는 사항

2. 중앙안전관리위원회의 구성·운영 등

① 중앙위원회 위원장: 국무총리

② 중앙위원회 간사: 행정안전부장관

③ 위원: 대통령령으로 정하는 중앙행정기관 또는 관계 기관·단체의 장

④ 중앙위원회 위원장의 임무: 중앙위원회를 대표하며, 중앙위원회의 업무를 총괄한다.

3. (안전정책)조정위원회

(1) 안전정책조정위원회(조정위원회)

중앙위원회에 상정될 안건을 사전에 검토하고 사무를 수행하기 위하여 중앙위원회에 조정위원회를 둔다.

① 제9조 제1항 제3호, 제3호의2, 제6호, 제6호의2 및 제7호의 사항에 대한 사전 조정

② 제23조에 따른 집행계획의 심의

③ 제26조에 따른 국가핵심기반의 지정에 관한 사항의 심의

④ 제71조의2에 따른 재난 및 안전관리기술 종합계획의 심의

⑤ 그 밖에 중앙위원회가 위임한 사항

(2) 조정위원회 위원장 및 위원

    ① 조정위원회 위원장: 행정안전부장관

    ② 위원: 위원장이 임명하거나 위촉하는 자

        ㉠ 대통령령으로 정하는 중앙행정기관의 차관 또는 차관급 공무원

        ㉡ 재난 및 안전관리에 관한 지식과 경험이 풍부한 사람

    ③ 간사: 행정안전부의 재난안전관리사무를 담당하는 본부장

4. 실무위원회의 구성

조정위원회의 업무를 효율적으로 처리하기 위하여 조정위원회에 실무위원회를 둘 수 있다.

(1) 실무위원회의 구성

위원장 1명을 포함하여 50명 내외의 위원으로 구성

(2) 실무위원회 심의사항

    ① 재난 및 안전관리를 위하여 관계 중앙행정기관의 장이 수립하는 대책에 관하여 협의·조정이 필요한 사항

    ② 재난 발생 시 관계 중앙행정기관의 장이 수행하는 재난의 수습에 관하여 협의·조정이 필요한 사항

    ③ 실무위원장이 회의에 부치는 사항

(3) 실무위원장

행정안전부의 재난안전관리사무를 담당하는 본부장

5. 지역위원회

(1) 지역위원회

지역별 재난 및 안전관리에 관한 사항을 심의·조정하기 위하여 시·도지사 소속으로 시·도위원회를 두고, 시장·군수·구청장 소속으로 시·군·구위원회를 둔다.

(2) 지역위원회 위원장

    ① 시·도위원회의 위원장: 시·도지사

    ② 시·군·구위원회의 위원장: 시장·군수·구청장

(3) 지역위원회에 안전정책실무조정위원회

지역위원회의 회의에 부칠 의안을 검토하고, 재난 및 안전관리에 관한 관계 기관 간의 협의·조정 등을 위하여 지역위원회에 안전정책실무조정위원회를 둘 수 있다.

6. 재난방송협의회 - 중앙재난방송협의회

재난에 관한 예보·경보·통지나 응급조치 및 재난관리를 위한 재난방송이 원활히 수행될 수 있도록 중앙위원회에 중앙재난방송협의회를 두어야 한다.

(1) 위원장 1명과 부위원장 1명을 포함한 25명 이내의 위원으로 구성한다.

(2) 중앙재난방송협의회의 위원장은 위원 중에서 과학기술정보통신부장관이 지명하는 사람이 되고, 부위원장은 중앙재난방송협의회의 위원 중에서 호선한다.

7. 안전관리민관협력위원회

(1) 안전관리민관협력위원회 구성·운영
① 중앙민관협력위원회 구성·운영권자: 조정위원회 위원장
② 지역민관협력위원회 구성·운영권자: 지역위원회 위원장

(2) 중앙민관협력위원회 회의 소집
중앙민관협력위원회의 회의는 다음 어느 하나에 해당하는 경우 공동위원장이 소집할 수 있다.
① 대규모 재난의 발생으로 민관협력 대응이 필요한 경우
② 재적위원 4분의 1 이상이 회의 소집을 요청하는 경우
③ 공동위원장이 회의 소집이 필요하다고 인정하는 경우

(3) 중앙민관협력위원회의 구성·운영
① 공동위원장 2명을 포함하여 35명 이내의 위원으로 구성한다.
② 중앙민관협력위원회의 공동위원장은 행정안전부의 재난안전관리사무를 담당하는 본부장과 위촉된 민간위원 중에서 중앙민관협력위원회의 의결을 거쳐 행정안전부장관이 지명하는 사람이 된다.

(4) 재난긴급대응단
재난 발생 시 신속한 재난대응활동 참여 등 중앙민관협력위원회의 기능을 지원하기 위하여 중앙민관협력위원회에 대통령령으로 정하는 바에 따라 재난긴급대응단을 둘 수 있다.

2 중앙재난안전대책본부 등

1. 중앙재난안전대책본부 등

(1) 중앙재난안전대책본부(중앙대책본부)
대통령령으로 정하는 대규모 재난의 대응·복구(수습) 등에 관한 사항을 총괄·조정하고 필요한 조치를 하기 위하여 행정안전부에 중앙재난안전대책본부를 둔다.

(2) 중앙대책본부의 구성
① 중앙대책본부에 본부장과 차장을 둔다.
② 중앙대책본부장: 행정안전부장관
③ 해외재난과 방사능재난의 경우
　　㉠ 해외재난의 경우: 외교부장관
　　㉡ 방사능재난의 경우: 중앙방사능방재대책본부의 장
④ 재난의 효과적인 수습을 위하여 국무총리가 중앙대책본부장의 권한을 행사할 수 있는 경우는 다음과 같다 (행정안전부장관, 외교부장관 또는 원자력안전위원회 위원장이 차장이 된다).
　　㉠ 국무총리가 범정부적 차원의 통합 대응이 필요하다고 인정하는 경우
　　㉡ 행정안전부장관이 국무총리에게 건의하거나 수습본부장의 요청을 받아 행정안전부장관이 국무총리에게 건의하는 경우
⑤ ④에도 불구하고 국무총리가 필요하다고 인정하여 지명하는 중앙행정기관의 장은 행정안전부장관, 외교부장관(해외재난의 경우에 한정) 또는 원자력안전위원회 위원장(방사능 재난의 경우에 한정)과 공동으로 차장이 된다.

2. 중앙 및 지역사고수습본부

(1) 중앙사고수습본부(수습본부)

재난관리주관기관의 장은 재난이 발생하거나 발생할 우려가 있는 경우에는 대통령령으로 정하는 바에 따라 재난 상황을 효율적으로 관리하고 재난을 수습하기 위한 중앙사고수습본부를 신속하게 설치·운영하여야 한다.

(2) 수습본부장: 재난관리주관기관의 장

(3) 수습본부장의 임무 및 지휘 등

① 수습본부장은 재난정보의 수집·전파, 상황관리, 재난발생 시 초동조치 및 지휘 등을 위한 수습본부상황실을 설치·운영하여야 한다.

② 이 경우 제18조 제3항에 따른 재난안전상황실과 인력, 장비, 시설 등을 통합·운영할 수 있다.

3. 지역재난안전대책본부

(1) 지역재난안전대책본부

해당 관할 구역에서 재난의 수습 등에 관한 사항을 총괄·조정하고 필요한 조치를 하기 위하여 시·도지사는 시·도 대책본부를 두고, 시장·군수·구청장은 시·군·구대책본부를 둔다.

① 시·도대책본부의 본부장: 시·도지사

② 시·군·구대책본부 본부장: 시장·군수·구청장

(2) 통합지원본부 등

① 시·군·구대책본부의 장은 재난현장의 총괄·조정 및 지원을 위하여 재난현장 통합지원본부(이하 "통합지원본 부"라 한다)를 설치·운영할 수 있다.

② 이 경우 통합지원본부의 장은 긴급구조에 대해서는 제52조에 따른 시·군·구긴급구조통제단장의 현장지휘 에 협력하여야 한다.

③ 통합지원본부의 장은 관할 시·군·구의 부단체장이 되며, 실무반을 편성하여 운영할 수 있다.

3 재난안전상황실

1. 상시 재난안전상황실

(1) 행정안전부장관: 중앙재난안전상황실

(2) 시·도지사: 시·도별 재난안전상황실

(3) 시장·군수·구청장: 시·군·구별 재난안전상황실

2. 중앙행정기관의 재난안전상황실

소관 업무분야의 재난상황을 관리하기 위하여 재난안전상황실을 설치·운영하거나 재난상황을 관리할 수 있는 체계 를 갖추어야 한다.

1 국가안전관리기본계획의 수립 등

1. 국가안전관리기본계획의 수립 등

(1) 국무총리는 5년마다 국가안전관리기본계획의 수립지침을 작성하여 관계 중앙행정기관의 장에게 통보하여야 한다.

(2) 관계 중앙행정기관의 장은 수립지침에 따라 5년마다 그 소관에 속하는 재난 및 안전관리업무에 관한 기본계획을 작성한 후 국무총리에게 제출하여야 한다.

(3) 국무총리는 관계 중앙행정기관의 장이 제출한 기본계획을 종합하여 국가안전관리기본계획을 작성하여 중앙위원회의 심의를 거쳐 확정한 후 이를 관계 중앙행정기관의 장에게 통보하여야 한다.

2. 국가안전관리기본계획 수립

국무총리는 국가안전관리기본계획의 수립지침을 5년마다 작성해야 한다.

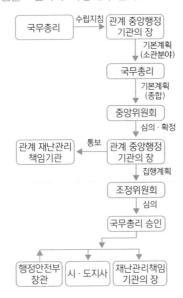

2 집행계획

국가안전관리기본계획에 따른 집행계획은 다음과 같다.

① 관계 중앙행정기관의 장은 통보받은 국가안전관리기본계획에 따라 매년 그 소관 업무에 관한 집행계획을 작성하여 조정위원회의 심의를 거쳐 국무총리의 승인을 받아 확정한다.

② **세부집행계획:** 재난관리책임기관의 장은 통보받은 집행계획에 따라 세부집행계획을 작성하여 관할 시·도지사와 협의한 후 소속 중앙행정기관의 장의 승인을 받아 이를 확정하여야 한다.

해커스소방 김정희 소방학개론 핵심정리 + OX문제

1 재난관리책임기관의 장의 재난예방조치 등

1. 재난관리책임기관의 장의 재난예방조치 등

(1) 재난에 대응할 조직의 구성 및 정비

(2) 재난의 예측 및 예측정보 등의 제공·이용에 관한 체계의 구축

(3) 재난 발생에 대비한 교육·훈련과 재난관리예방에 관한 홍보

(4) 재난이 발생할 위험이 높은 분야에 대한 안전관리체계의 구축 및 안전관리규정의 제정

(5) 국가기반시설의 관리

(6) 특정관리대상지역에 관한 조치

(7) 재난방지시설의 점검·관리

(8) 재난관리자원의 관리

(9) 재난을 예방하기 위하여 필요하다고 인정되는 사항

2. 재난관리책임기관의 장의 재난예방조치 등을 위한 임무

(1) 재난예방조치를 효율적으로 시행하기 위하여 필요한 사업비의 확보

(2) 다른 재난관리책임기관의 장에게 재난을 예방하기 위하여 필요한 협조의 요청

(3) 재난관리의 실효성을 확보할 수 있도록 안전관리체계 및 안전관리규정의 정비·보완

📖 참고 재난의 예방·대비, 응급조치, 대응단계 긴급구조

재난의 예방	대응단계(응급조치)
1. 재난예방조치 2. 국가핵심기반시설의 지정 3. 특정관리대상지역 4. 재난방지시설의 관리 5. 재난안전분야 종사자 교육 6. 긴급안전점검 7. 재난예방을 위한 안전조치 8. 정부합동 안전 점검 9. 재난관리 실태 공시	1. 재난사태 선포 2. 응급조치 3. 위기경보의 발령 4. 재난 예보, 경보체계 구축·운영 등 5. 동원명령 등 6. 대피명령 7. 위험구역의 설정 8. 강제대피조치 9. 통행제한 등 10. 응원 11. 응급조치 등
재난의 대비	**대응단계(긴급구조)**
1. 재난관리자원의 비축·관리 2. 재난현장 긴급통신수단의 마련 3. 국가재난관리기준 제정·운영 4. 기능별 재난대응 활동계획 작성·활용 5. 재난분야 위기관리 매뉴얼 작성·운용 6. 다중이용시설 등의 위기상황 매뉴얼 작성·운용 7. 안전기준의 등록 및 심의 8. 재난안전통신망 구축·운영 9. 재난대비훈련 기본계획 수립 10. 재난대비훈련 실시	1. 중앙긴급구조통제단 2. 지역긴급구조통제단 3. 긴급구조 4. 긴급구조 현장지휘 5. 긴급대응협력관 6. 긴급구조활동에 대한 평가 7. 긴급구조대응계획의 수립 8. 재난대비능력 보강 9. 해상에서의 긴급구조 등

---

2 국가핵심기반의 지정 및 관리 등

관계 중앙행정기관의 장은 소관 분야의 국가핵심기반을 지정기준을 다음의 기준에 따라 조정위원회의 심의를 거쳐 지정할 수 있다.
① 다른 기반시설이나 체계 등에 미치는 연쇄효과
② 둘 이상의 중앙행정기관의 공동대응 필요성
③ 재난이 발생하는 경우 국가안전보장과 경제·사회에 미치는 피해 규모 및 범위
④ 재난의 발생 가능성 또는 그 복구의 용이성

3 특정관리대상지역 지정 및 관리 등

1. 특정관리대상지역의 지정 및 관리 등

(1) 중앙행정기관의 장 또는 지방자치단체의 장은 재난이 발생할 위험이 높거나 재난예방을 위하여 계속적으로 관리할 필요가 있다고 인정되는 지역을 특정관리대상지역으로 지정할 수 있다.
(2) 재난관리책임기관의 장은 지정된 특정관리대상지역에 대하여 재난 발생의 위험성을 제거하기 위한 조치 등 특정관리대상지역의 관리·정비에 필요한 조치를 하여야 한다.
(3) 중앙행정기관의 장, 지방자치단체의 장 및 재난관리책임기관의 장은 지정 및 조치결과를 행정안전부장관에게 보고하거나 통보하여야 한다.
(4) 행정안전부장관은 보고받거나 통보받은 사항을 정기적으로 또는 수시로 국무총리에게 보고하여야 한다.
(5) 국무총리는 보고받은 사항 중 재난을 예방하기 위하여 필요하다고 인정하는 사항에 대해서는 중앙행정기관의 장, 지방자치단체의 장 또는 재난관리책임기관의 장에게 시정조치나 보완을 요구할 수 있다.

2. 특정관리대상지역의 안전등급 및 안전점검 등

(1) 재난관리책임기관의 장은 지정된 특정관리대상지역을 특정관리대상지역의 지정·관리 등에 관한 지침에서 정하는 안전등급의 평가기준에 따라 등급으로 구분하여 관리하여야 한다.
　　① A등급: 안전도가 우수한 경우
　　② B등급: 안전도가 양호한 경우
　　③ C등급: 안전도가 보통인 경우
　　④ D등급: 안전도가 미흡한 경우
　　⑤ E등급: 안전도가 불량한 경우
(2) 재난관리책임기관의 장의 특정관리대상지역에 대한 안전점검
　　① 정기안전점검
　　　　㉠ A등급, B등급 또는 C등급에 해당하는 특정관리대상지역: 반기별 1회 이상
　　　　㉡ D등급에 해당하는 특정관리대상지역: 월 1회 이상
　　　　㉢ E등급에 해당하는 특정관리대상지역: 월 2회 이상
　　② 수시안전점검: 재난관리책임기관의 장이 필요하다고 인정하는 경우

4 재난방지시설의 관리

① 재난관리책임기관의 장은 안전관리계획에서 정하는 바에 따라 대통령령으로 정하는 재난방지시설을 점검·관리하여야 한다.

② 행정안전부장관은 재난방지시설의 관리 실태를 점검하고 필요한 경우 보수·보강 등의 조치를 재난관리책임기관의 장에게 요청할 수 있다. 이 경우 요청을 받은 재난관리책임기관의 장은 신속하게 조치를 이행하여야 한다.

5 재난안전분야 종사자 교육

1. 재난안전분야 종사자 교육

재난관리책임기관에서 재난 및 안전관리업무를 담당하는 공무원이나 직원은 행정안전부장관이 실시하는 전문교육을 정기적으로 또는 수시로 받아야 한다.

2. 재난안전분야 종사자 교육 종류 등

(1) 관리자 전문교육

7시간 이상

(2) 실무자 전문교육

14시간 이상

(3) 전문교육기간

해당 업무를 맡은 후 6개월 이내에 신규교육을 받아야 하며, 신규교육을 받은 후 매 2년마다 정기교육을 받아야 한다.

6 재난예방을 위한 긴급안전점검 등

① 행정안전부장관 또는 재난관리책임기관의 장(행정기관만을 말한다)은 대통령령으로 정하는 시설 및 지역에 재난이 발생할 우려가 있는 등 대통령령으로 정하는 긴급한 사유가 있으면 소속 공무원으로 하여금 긴급안전점검을 하게 하여야 한다.

② 행정안전부장관은 다른 재난관리책임기관의 장에게 긴급안전점검을 하도록 요구할 수 있다.

　㉠ 긴급안전점검의 대상이 되는 시설 및 지역은 특정관리대상지역

　㉡ 행정안전부장관, 시·도지사 또는 시장·군수·구청장이 긴급안전점검이 필요하다고 인정하는 시설 및 지역

7 재난예방을 위한 안전조치

행정안전부장관 또는 재난관리책임기관의 장은 긴급안전점검 결과 재난 발생의 위험이 높다고 인정되는 시설 또는 지역에 대하여는 대통령령으로 정하는 바에 따라 소유자·관리자 또는 점유자에게 안전조치할 것을 명할 수 있다.

① 정밀안전진단(시설만 해당)

② 보수 또는 보강 등 정비

③ 재난을 발생시킬 위험요인의 제거

8 안전취약계층에 대한 안전 환경 지원

재난관리책임기관의 장은 안전취약계층이 재난이나 그 밖의 각종 사고로부터 안전을 확보할 수 있는 생활환경을 조성하기 위하여 안전용품의 제공 및 시설 개선 등 필요한 사항을 지원하기 위하여 노력하여야 한다.

1 재난관리자원의 비축·관리

1. 재난관리자원

(1) 재난관리책임기관의 장은 재난관리자원을 비축하거나 지정하는 등 체계적이고 효율적으로 관리하여야 한다.

(2) 재난관리자원: 재난관리를 위하여 필요한 물품, 재산 및 인력 등의 물적·인적자원

(3) 재난관리자원의 관리에 관하여는 따로 법률로 정한다.

2. 재난현장 긴급통신수단

(1) 재난관리책임기관의 장은 긴급통신수단을 마련하여야 한다.

(2) 행정안전부장관은 재난현장에서 긴급통신수단이 공동 활용될 수 있도록 하기 위하여 재난관리책임기관, 긴급구조기관 및 긴급구조지원기관에서 보유하고 있는 긴급통신수단의 보유 현황 등을 조사하고, 긴급통신수단을 관리하기 위한 체계를 구축·운영할 수 있다.

2 국가재난관리기준 제정·운용

1. 국가재난관리기준의 제정·운용

행정안전부장관은 재난관리를 효율적으로 수행하기 위하여 다음의 사항이 포함된 국가재난관리기준을 제정하여 운용하여야 한다.

(1) 재난분야 용어정의 및 표준체계 정립

(2) 국가재난 대응체계에 대한 원칙

(3) 재난경감·상황관리·유지관리 등에 관한 일반적 기준

(4) 대통령령으로 정하는 사항

2. 국가재난관리기준의 적용 권고

행정안전부장관은 재난관리책임기관의 장이 재난관리업무를 수행함에 있어 국가재난관리기준을 적용하도록 권고할 수 있다.

3 기능별 재난대응 활동계획 작성·활용

① 재난관리책임기관의 장은 재난관리가 효율적으로 이루어질 수 있도록 대통령령으로 정하는 바에 따라 기능별 재난대응 활동계획을 작성하여 활용하여야 한다.

② 행정안전부장관은 재난대응활동계획의 작성에 필요한 작성지침을 재난관리책임기관의 장에게 통보할 수 있다.

4 재난분야 위기관리 매뉴얼

1. 위기관리 표준매뉴얼

(1) 국가적 차원에서 관리가 필요한 재난에 대하여 재난관리 체계와 관계 기관의 임무와 역할을 규정한 문서이다.
(2) 위기대응 실무매뉴얼의 작성 기준이 된다.
(3) 재난관리주관기관의 장이 작성한다.

2. 위기대응 실무매뉴얼

(1) 위기관리 표준매뉴얼에서 규정하는 기능과 역할에 따라 실제 재난대응에 필요한 조치사항 및 절차를 규정한 문서이다.
(2) 재난관리주관기관의 장과 관계 기관의 장이 작성한다.
(3) 재난관리주관기관의 장은 위기대응 실무매뉴얼과 위기관리 표준매뉴얼을 통합하여 작성할 수 있다.

3. 현장조치 행동매뉴얼

(1) 재난현장에서 임무를 직접 수행하는 기관의 행동조치 절차를 구체적으로 수록한 문서이다.
(2) 위기대응 실무매뉴얼을 작성한 기관의 장이 지정한 기관의 장이 작성하되, 시장·군수·구청장은 재난유형별 현장조치 행동매뉴얼을 통합하여 작성할 수 있다.

4-2 재난분야 위기관리 매뉴얼 협의회 등

1. 위기관리 매뉴얼 협의회

(1) 구성·운영권자: 행정안전부장관
(2) 목적: 재난유형별 위기관리 매뉴얼의 표준화 및 실효성 제고

2. 위기관리 매뉴얼 협의회의 구성·운영

위기관리 매뉴얼 협의회(협의회)는 위원장 1명을 포함하여 200명 이내의 위원으로 구성한다.

5 다중이용시설 등의 위기상황 매뉴얼 작성·운용

1. 위기상황 매뉴얼

(1) 다중이용시설 등의 소유자·관리자 또는 점유자는 위기상황 매뉴얼을 작성·관리하여야 한다.
(2) 다중이용시설 등의 소유자·관리자 또는 점유자는 위기상황 매뉴얼에 따른 훈련을 주기적으로 실시하여야 한다.
(3) 행정안전부장관, 관계 중앙행정기관의 장 또는 지방자치단체의 장은 위기상황 매뉴얼의 작성·관리 및 훈련실태를 점검하고 필요한 경우에는 개선명령을 할 수 있다.

2. 대통령령으로 정하는 다중이용시설

(1) 「건축법 시행령」에 따른 다중이용 건축물
(2) 다중이용 건축물에 따른 건축물에 준하는 건축물 또는 시설로서 행정안전부장관이 위기상황에 대비한 매뉴얼 (위기상황 매뉴얼)의 작성·관리가 필요하다고 인정하여 고시하는 건축물 또는 시설

3. 「건축법 시행령」에 따른 다중이용 건축물

(1) 다음에 해당하는 용도로 쓰는 바닥면적의 합계가 5,000m² **이상인 건축물**

    ① 문화 및 집회시설(동물원 및 식물원 제외)

    ② 종교시설

    ③ 판매시설

    ④ 운수시설 중 여객용 시설

    ⑤ 의료시설 중 종합병원

    ⑥ 숙박시설 중 관광숙박시설

(2) 16층 이상인 건축물

6 안전기준의 등록 및 심의

1. 안전기준의 등록 및 심의 등

(1) 행정안전부장관

    안전기준을 통합적으로 관리할 수 있는 체계를 구축하여야 한다.

(2) 중앙행정기관의 장

    안전기준을 신설·변경하는 때 행정안전부장관에게 안전기준의 등록을 요청하여야 한다.

2. 안전기준심의회(심의회)의 구성 및 운영

(1) 의장을 포함한 20명 이내의 위원으로 구성한다.

(2) 심의회 의장: 행정안전부의 재난안전관리사무를 담당하는 본부장

7 재난안전통신망 구축·운영

1. 재난안전통신망

(1) 구축·운영: 행정안전부장관

(2) 재난관련기관: 재난관리책임기관·긴급구조기관 및 긴급구조지원기관

(3) 재난관리기관은 재난관리에 재난안전통신망을 사용하여야 한다.

2. 재난안전통신망의 운영 및 사용

행정안전부장관은 재난안전통신망의 상시적인 운영을 위하여 필요한 인력·시설 및 장비를 갖추어야 한다.

8 재난대비훈련 실시

① 훈련주관기관의 장은 매년 정기적으로 또는 수시로 훈련참여기관과 합동으로 재난대비훈련을 실시하여야 한다.

    ㉠ 훈련주관기관: 행정안전부장관, 중앙행정기관의 장, 시·도지사, 시장·군수·구청장 및 긴급구조기관

    ㉡ 훈련참여기관: 재난관리책임기관, 긴급구조지원기관 및 군부대 등 관계 기관

② 훈련주관기관의 장은 재난대비훈련을 실시하려면 자체계획을 토대로 재난대비훈련 실시계획을 수립하여 훈련참여기관의 장에게 통보하여야 한다.

POINT 9-6 | 재난의 대응

1 응급조치 등

1. 재난사태 선포

(1) 재난사태 선포

    ① 선포권자: 행정안전부장관

    ② 재난사태 심의: 중앙위원회

    ③ 재난사태: 대통령령으로 정하는 재난이 발생하거나 발생할 우려가 있는 경우 사람의 생명·신체 및 재산에 미치는 중대한 영향이나 피해를 줄이기 위하여 긴급한 조치가 필요하다고 인정되는 경우

(2) 재난사태가 선포된 지역의 조치사항

    ① 재난경보의 발령, 재난관리자원의 동원, 위험구역 설정, 대피명령, 응급지원 등 이 법에 따른 응급조치

    ② 해당 지역에 소재하는 행정기관 소속 공무원의 비상소집

    ③ 해당 지역에 대한 여행 등 이동 자제 권고

    ④ 유치원, 초·중등학교, 대학의 휴업명령 및 휴원·휴교 처분의 요청

    ⑤ 재난예방에 필요한 조치

(3) 행정안전부장관의 재난사태 즉시 해제

    ① 재난으로 인한 위험이 해소되었다고 인정하는 경우

    ② 재난이 추가적으로 발생할 우려가 없어진 경우

2. 응급조치

(1) 응급조치

    지역통제단장과 시장·군수·구청장은 재난이 발생할 우려가 있거나 재난이 발생하였을 때에는 즉시 수방(水防)·진화·구조 및 구난, 그 밖에 재난 발생을 예방하거나 피해를 줄이기 위한 응급조치를 하여야 한다.

(2) 시장·군수·구청장의 응급조치

    ① 경보의 발령 또는 전달이나 피난의 권고 또는 지시

    ② 재난예방을 위한 안전조치

    ③ 진화·수방·지진방재, 그 밖의 응급조치와 구호

    ④ 피해시설의 응급복구 및 방역과 방범, 그 밖의 질서 유지

    ⑤ 긴급수송 및 구조 수단의 확보

    ⑥ 급수 수단의 확보, 긴급피난처 및 구호품 등 재난관리자원의 확보

    ⑦ 현장지휘통신체계의 확보

    ⑧ 재난 발생을 예방하거나 줄이기 위하여 필요한 사항으로서 대통령령으로 정하는 사항

(3) 지역통제단장의 응급조치

    ① 진화에 관한 응급조치

    ② 긴급수송 및 구조 수단의 확보

    ③ 현장지휘통신체계의 확보

3. 위기경보의 발령

(1) 위기경보의 발령 등
① 위험경보 발령권자: 재난관리주관기관의 장
② 다수의 재난관리주관기관이 관련되는 재난(제34조의5 제1항 제1호 단서)에 대해서는 행정안전부장관이 위기경보를 발령할 수 있다.

(2) 위험경보의 구분: 관심·주의·경계·심각

(3) 심각경보의 발령 및 해제
① 재난관리주관기관의 장은 행정안전부장관과 사전에 협의하여야 한다.
② 긴급한 경우에 재난관리주관기관의 장은 우선 조치한 후 지체 없이 행정안전부장관과 협의하여야 한다.

4. 재난 예보·경보체계 구축·운영 등

(1) 구축·운영
재난관리책임기관의 장

(2) 위험정보의 통보
재난관리책임기관의 장은 재난과 관련한 위험정보를 얻으면 즉시 행정안전부장관, 재난관리주관기관의 장, 시·도지사 및 시장·군수·구청장에게 통보하여야 한다.

5. 동원명령 등

(1) 동원명령권자
중앙대책본부장과 시장·군수·구청장

(2) 대피명령
① 대피명령권자: 시장·군수·구청장과 지역통제단장
  ㉠ 해당 지역 주민이나 그 지역 안에 있는 사람에게 대피명령
  ㉡ 선박·자동차 등을 대피명령
② 대피명령의 경우 미리 대피장소를 지정할 수 있다.
③ 대피명령을 받은 경우에는 즉시 명령에 따라야 한다.

(3) 위험구역의 설정
① 위험구역 설정권자: 시장·군수·구청장과 지역통제단장
② 응급조치에 종사하지 아니하는 사람에 대한 조치
  ㉠ 위험구역에 출입하는 행위나 그 밖의 행위의 금지 또는 제한
  ㉡ 위험구역에서의 퇴거 또는 대피

(4) 강제대피조치
① 강제대피조치권자: 시장·군수·구청장과 지역통제단장
② 강제 대피·퇴거시킬 수 있는 경우
  ㉠ 대피명령을 받은 사람이 명령을 이행하지 아니하는 경우
  ㉡ 퇴거·대피명령을 받은 사람이 명령을 이행하지 아니하는 경우

(5) 통행제한권자
시장·군수·구청장과 지역통제단장

(6) 응원

① **응원요청권자:** 시장·군수·구청장

② 다른 시·군·구나 관할 구역에 있는 군부대 및 관계 행정기관의 장, 그 밖의 민간기관·단체의 장에게 재난 관리자원의 지원 등 필요한 응원(應援)을 요청할 수 있다.

③ 응원에 종사하는 사람은 그 응원을 요청한 시장·군수·구청장의 지휘에 따라 응급조치에 종사하여야 한다.

(7) 응급부담

① **응급부담권자:** 시장·군수·구청장과 지역통제단장

② **응급부담상황:** 관할 구역에서 재난이 발생하거나 발생할 우려가 있어 응급조치를 하여야 할 급박한 사정이 있는 경우

③ 응급부담

㉠ 재난현장에 있는 사람이나 인근에 거주하는 사람에게 응급조치 종사 명령

㉡ 다른 사람의 토지·건축물·인공구조물, 그 밖의 소유물의 일시 사용

㉢ 장애물의 변경 또는 제거

6. 응급조치 등

(1) 시·도지사가 실시하는 응급조치 등

① 시·도지사는 응급조치, 위기경보의 발령 등, 재난예보·경보체계의 구축·운영 등, 동원명령 등, 대피명령, 위험구역의 설정, 강제대피조치, 통행제한 등, 응원, 응급부담의 규정에 따른 응급조치를 할 수 있다.

② 시·도지사가 응급조치를 할 수 있는 경우

㉠ 관할 구역에서 재난이 발생하거나 발생할 우려가 있는 경우로서 대통령령으로 정하는 경우

㉡ 둘 이상의 시·군·구에 걸쳐 재난이 발생하거나 발생할 우려가 있는 경우

(2) 재난관리책임기관의 장의 응급조치

재난관리책임기관의 장은 재난이 발생하거나 발생할 우려가 있으면 즉시 그 소관 업무에 관하여 필요한 응급조치를 하여야 한다.

---

2 긴급구조

1. 중앙긴급구조통제단 및 지역긴급구조통제단

(1) 중앙긴급구조통제단(중앙통제단)

① **소속:** 소방청

② **중앙통제단 단장:** 소방청장

③ 목적

㉠ 긴급구조에 관한 사항의 총괄·조정

㉡ 긴급구조기관 및 긴급구조지원기관이 하는 긴급구조활동의 역할 분담과 지휘·통제

(2) 시·도긴급구조통제단과 시·군·구긴급구조통제단(지역통제단)

① 지역통제단 소속

㉠ **시·도긴급구조통제단:** 시·도의 소방본부

㉡ **시·군·구긴급구조통제단:** 시·군·구의 소방서

② 지역통제단 단장

    ㉠ 시·도긴급구조통제단장: 소방본부장

    ㉡ 시·군·구긴급구조통제단장: 소방서장

③ 목적

    ㉠ 지역별 긴급구조에 관한 사항의 총괄·조정

    ㉡ 해당 지역에 소재하는 긴급구조기관 및 긴급구조지원기관 간의 역할분담과 재난현장에서의 지휘·통제

(3) 중앙통제단의 기능

① 국가 긴급구조대책의 총괄·조정

② 긴급구조활동의 지휘·통제

③ 긴급구조지원기관간의 역할분담 등 긴급구조를 위한 현장활동계획의 수립

④ 긴급구조대응계획의 집행

⑤ 중앙통제단의 장이 필요하다고 인정하는 사항

(4) 중앙통제단의 구성 및 운영

① 중앙통제단 부단장: 소방청 차장

② 중앙통제단 조직: 대응계획부·현장지휘부·자원지원부

(5) 통제단의 운영기준(「긴급구조대응활동 및 현장지휘에 관한 규칙」 제15조)

통제단장은 다음의 어느 하나에 해당하는 경우에는 영 제55조 제4항 또는 영 제57조에 따라 중앙통제단 또는 지역통제단(이하 "통제단"이라 한다)을 구성하여 운영해야 한다.

① 영 제63조 제1항 제2호 각 목의 어느 하나에 해당하는 기능의 수행이 필요한 경우

② 긴급구조관련기관의 인력 및 장비의 동원이 필요하고, 동원된 자원 및 그 활동을 통합하여 지휘·조정·통제할 필요가 있는 경우

③ 그 밖에 통제단장이 재난의 종류·규모 및 피해상황 등을 종합적으로 고려하여 통제단의 운영이 필요하다고 인정하는 경우

(6) 현장응급의료소의 설치 등(「긴급구조대응활동 및 현장지휘에 관한 규칙」 제20조)

① 현장응급의료소 설치권자: 통제단장

② 목적

    ㉠ 재난현장에 출동한 응급의료관련자원의 총괄·지휘·조정·통제

    ㉡ 사상자의 분류·처치·이송

③ 의료소: 소장 1명, 분류반·응급처치반·이송반

④ 의료소의 소장(의료소장): 의료소가 설치된 지역의 보건소장

⑤ 분류반·응급처치반 및 이송반에는 반장을 두되, 반장은 의료소 요원 중에서 의료소장이 임명한다.

⑥ 의료소 편성: 의사 3명, 간호사 또는 1급응급구조사 4명, 지원요원 1명 이상

2. 긴급구조

(1) 긴급구조

지역통제단장은 재난이 발생하면 소속 긴급구조요원을 재난현장에 신속히 출동시켜 필요한 긴급구조활동을 하게 하여야 한다.

(2) 민간 긴급구조지원기관 경비의 지원

긴급구조활동에 참여한 민간 긴급구조지원기관에 대하여는 대통령령으로 정하는 바에 따라 경비의 전부 또는 일부를 지원할 수 있다.

3. 긴급구조 현장지휘

(1) 긴급구조 현장지휘

① 시·군·구긴급구조통제단장이 긴급구조활동을 지휘한다.

② 긴급구조 현장지휘사항

    ㉠ 재난현장에서 인명의 탐색·구조

    ㉡ 긴급구조기관 및 긴급구조지원기관의 긴급구조요원·긴급구조지원요원 및 재난관리자원의 배치와 운용

    ㉢ 추가 재난의 방지를 위한 응급조치

    ㉣ 긴급구조지원기관 및 자원봉사자 등에 대한 임무의 부여

    ㉤ 사상자의 응급처치 및 의료기관으로의 이송

    ㉥ 긴급구조에 필요한 재난관리자원의 관리

    ㉦ 현장접근 통제, 현장 주변의 교통정리

    ㉧ 그 밖에 긴급구조활동을 효율적으로 하기 위하여 필요한 사항

③ 시·도긴급구조통제단장은 필요하다고 인정하면 직접 현장지휘를 할 수 있다.

④ 중앙통제단장은 대통령령으로 정하는 대규모 재난이 발생하거나 그 밖에 필요하다고 인정하면 직접 현장지휘를 할 수 있다.

(2) 재난현장의 구조활동 등 초동 조치상황에 대한 언론 발표는 각급통제단장이 지명하는 자가 한다.

(3) 각급통제단장의 지휘·통제

① **각급통제단장:** 중앙통제단장, 시·도(시·군·구)긴급구조통제단장

② **재난현장에서의 지휘·통제:** 긴급구조활동을 하는 긴급구조요원과 긴급구조지원기관의 재난관리자원에 대한 운용은 각급통제단장의 지휘·통제에 따라야 한다.

(4) 현장지휘소 설치·운영

① 각급통제단장은 재난현장에 현장지휘소를 설치·운영할 수 있다.

② 이 경우 요청받은 기관의 장은 최대한 협조하여야 한다.

(5) 긴급구조활동의 종료

각급통제단장은 긴급구조활동을 종료하려는 때에는 재난현장에 참여한 지역사고수습본부장, 통합지원본부의 장 등과 협의를 거쳐 결정하여야 한다.

4. 긴급대응협력관

(1) 긴급대응협력관의 지정·운영

긴급구조기관의 장은 긴급구조지원기관의 장에게 긴급대응협력관을 대통령령으로 정하는 바에 따라 지정·운영하게 할 수 있다.

(2) 긴급대응협력관의 업무

① 평상시 해당 긴급구조지원기관의 긴급구조대응계획 수립 및 재난관리자원의 관리

② 재난대응업무의 상호 협조 및 재난현장 지원업무 총괄

5. 긴급구조대응계획의 수립 등

(1) 긴급구조대응계획의 수립

① 긴급구조기관의 장은 재난이 발생하는 경우 긴급구조기관과 긴급구조지원기관이 신속하고 효율적으로 긴급구조를 수행할 수 있도록 대통령령으로 정하는 바에 따라 재난의 규모와 유형에 따른 긴급구조대응계획을 수립·시행하여야 한다.

  ㉠ 긴급구조기관의 장: 긴급구조대응계획 수립·시행

  ㉡ 목적: 긴급구조기관과 긴급구조지원기관이 신속·효율적 긴급구조 수행

② 긴급구조대응계획의 수립(영 제63조): 법 제54조에 따라 긴급구조기관의 장이 수립하는 긴급구조대응계획은 기본계획, 기능별 긴급구조대응계획, 재난유형별 긴급구조대응계획으로 구분한다.

  ㉠ 기본계획

  ㉡ 기능별 긴급구조대응계획

  ㉢ 재난유형별 긴급구조대응계획

(2) 기본계획 포함사항

① 긴급구조대응계획의 목적 및 적용범위

② 긴급구조대응계획의 기본방침과 절차

③ 긴급구조대응계획의 운영책임에 관한 사항

(3) 기능별 긴급구조대응계획 포함사항

① **지휘통제**: 긴급구조체제 및 중앙통제단과 지역통제단의 운영체계

② **비상경고**: 긴급대피·상황 전파·비상연락

③ **대중정보**: 주민보호를 위한 비상방송시스템 가동 등 긴급 공공정보 제공 및 재난상황 등에 관한 정보 통제에 관한 사항

④ **피해상황분석**: 재난현장상황 및 피해정보의 수집·분석·보고

⑤ **구조·진압**: 인명 수색 및 구조, 화재진압 등

⑥ **응급의료**: 대량 사상자 발생 시 응급의료서비스 제공

⑦ **긴급오염통제**: 오염 노출 통제, 긴급 감염병 방제 등 재난현장 공중보건

⑧ **현장통제**: 재난현장 접근 통제 및 치안 유지 등

⑨ **긴급복구**: 긴급구조차량 접근 도로 복구 등

⑩ **긴급구호**: 긴급구조요원 및 긴급대피 수용주민에 대한 위기 상담, 임시 의식주 제공 등

⑪ **재난통신**: 긴급구조기관 및 긴급구조지원기관 간 정보통신체계 운영 등

(4) 재난유형별 긴급구조대응계획 포함사항

① 재난 발생 단계별 주요 긴급구조 대응활동사항

② 주요 재난유형별 대응 매뉴얼에 관한 사항

③ 비상경고 방송메시지 작성 등에 관한 사항

6. 재난대비능력 보강

(1) 재난대비능력 보강

① 재난대비능력 보강: 국가와 지방자치단체

② 재난관리에 필요한 재난관리자원의 확보·확충, 통신망의 설치·정비 등

(2) 긴급구조지휘대 구성 · 운영

긴급구조기관의 장은 긴급구조지휘대 등 긴급구조체제를 구축하고, 상시 소속 긴급구조요원 및 장비의 출동태세를 유지하여야 한다.

① 긴급구조지휘대의 구성(영 제65조 제1항)
- ㉠ 현장지휘요원
- ㉡ 자원지원요원
- ㉢ 통신지원요원
- ㉣ 안전관리요원
- ㉤ 상황조사요원
- ㉥ 구급지휘요원

② 긴급구조지휘대 설치기준(영 제65조 제2항)
- ㉠ **소방서현장지휘대**: 소방서별로 설치 · 운영
- ㉡ **방면현장지휘대**: 2개 이상 4개 이하의 소방서별로 소방본부장이 1개를 설치 · 운영
- ㉢ **소방본부현장지휘대**: 소방본부별로 현장지휘대 설치 · 운영
- ㉣ **권역현장지휘대**: 2개 이상 4개 이하의 소방본부별로 소방청장이 1개를 설치 · 운영

(3) 긴급구조에 관한 교육 등

① 긴급구조업무와 재난관리책임기관의 재난관리업무에 종사하는 사람은 긴급구조에 관한 교육을 받아야 한다.

② 긴급구조에 관한 교육(영 제66조)
- ㉠ 신규교육: 해당 업무를 맡은 후 1년 이내에 받는 긴급구조교육
- ㉡ 정기교육: 신규교육을 받은 후 2년마다 받는 긴급구조교육

(4) 긴급구조지휘대 구성(「긴급구조대응활동 및 현장지휘에 관한 규칙」 제16조)

긴급구조지휘대는 [별표 5]의 규정에 따라 구성 · 운영하되, 소방본부 및 소방서의 긴급구조지휘대는 상시 구성 · 운영하여야 한다.

① 긴급구조지휘대의 업무
- ㉠ 통제단이 가동되기 전 재난 초기 시 현장지휘
- ㉡ 주요 긴급구조지원기관과의 합동으로 현장지휘의 조정 · 통제
- ㉢ 광범위한 지역에 걸친 재난 발생 시 전진지휘
- ㉣ 화재 등 일상적 사고의 발생 시 현장지휘

② 긴급구조지휘대 요원의 통제단 배치: 긴급구조지휘대를 구성하는 다음에 해당하는 자는 통제단이 설치 · 운영되는 경우에는 다음의 구분에 따라 통제단의 해당 부서에 배치된다.
- ㉠ **현장지휘요원**: 현장지휘부
- ㉡ **자원지원요원**: 자원지원부
- ㉢ **통신지원요원**: 현장지휘부
- ㉣ **안전관리요원**: 현장지휘부
- ㉤ **상황조사요원**: 대응계획부
- ㉥ **구급지휘요원**: 현장지휘부

1 피해복구 및 복구계획

1. 재난피해 신고 및 조사

(1) 재난으로 피해를 입은 사람은 시장·군수·구청장에게 신고할 수 있다.

(2) 피해 신고를 받은 시장·군수·구청장은 피해상황을 조사한 후 중앙대책본부장에게 보고하여야 한다.

(3) 재난관리책임기관의 장은 재난으로 인하여 피해가 발생한 경우에는 피해상황을 신속하게 조사한 후 그 결과를 중앙대책본부장에게 통보하여야 한다.

2. 중앙재난피해합동조사단(재난피해조사단)

(1) 중앙대책본부장

중앙행정기관 및 관계 재난관리책임기관의 장과 합동으로 중앙재난피해합동조사단을 편성하여 재난피해상황을 조사할 수 있다.

(2) 재난피해조사단 구성·운영

① 단장: 행정안전부 소속 공무원

② 단장은 중앙대책본부장의 명을 받아 재난피해조사단에 관한 사무를 총괄하고 재난피해조사단에 소속된 직원을 지휘·감독한다.

2 특별재난지역 선포 및 지원

1. 특별재난지역의 선포

(1) 특별재난지역

중앙대책본부장은 대통령령으로 정하는 규모의 재난이 발생하여 국가의 안녕 및 사회질서의 유지에 중대한 영향을 미치거나 피해를 효과적으로 수습하기 위하여 특별한 조치가 필요하다고 인정하거나 지역대책본부장의 요청이 타당하다고 인정하는 경우에는 중앙위원회의 심의를 거쳐 해당 지역을 특별재난지역으로 선포할 것을 대통령에게 건의할 수 있다.

(2) 대통령령으로 재난의 규모를 정할 때 고려사항

① 인명 또는 재산의 피해 정도

② 재난지역 관할 지방자치단체의 재정 능력

③ 재난으로 피해를 입은 구역의 범위

(3) 특별재난지역 선포권자

① 제청권자: 중앙대책본부장

② 심의기구: 중앙위원회

③ 선포권자: 대통령

(4) 지역대책본부장의 선포 건의

관할지역에서 발생한 재난으로 인하여 특별재난지역 선포 사유가 발생한 경우에는 중앙대책본부장에게 특별재난지역의 선포 건의를 요청할 수 있다.

2. 특별재난지역에 대한 지원

(1) 국가 또는 지방차치단체 특별재난지역으로 선포된 지역에 대하여 특별지원을 할 수 있다.

(2) 특별재난지역에 대한 지원(영 제70조 제6항)

중앙대책본부장 및 지역대책본부장은 특별재난지역이 선포되었을 때에는 재난응급대책의 실시와 재난의 구호 및 복구를 위하여 법 제59조 제2항에 따른 재난복구계획의 수립·시행 전에 재난대책을 위한 예비비, 재난관리 기금·재해구호기금 및 의연금을 집행할 수 있다.

1. 안전문화 진흥을 위한 시책의 추진

(1) **안전문화 진흥을 위한 추진:** 중앙행정기관의 장과 지방자치단체의 장

(2) **안전문화활동 총괄·조정 업무권자:** 행정안전부장관

2. 국민안전의 날 등

(1) **국민안전의 날:** 매년 4월 16일

(2) **안전점검의 날:** 매월 4일

(3) **방재의 날:** 매년 5월 25일

3. 안전관리헌장 제정·고시권자: 국무총리

1 재난관리기금의 적립 등

1. 재난 및 안전관리를 위한 특별교부세 교부

행정안전부장관이 교부 등을 행한다.

2. 재난관리기금

(1) 지방자치단체의 장: 매년 재난관리기금의 적립

(2) 재난관리기금의 매년도 최저적립액: 최근 3년 동안의 「지방세법」에 의한 보통세의 수입결산액의 평균연액의 100분의 1에 해당하는 금액

3. 재난관리기금의 운용

재난관리기금에서 생기는 수입은 전액 재난관리기금으로 편입된다.

2 재난원인조사

행정안전부장관은 직접 재난원인조사를 실시하거나, 재난관리책임기관의 장으로 하여금 재난원인조사를 실시하고 그 결과를 제출하게 할 수 있다.

3 재난상황의 기록 관리

재해연보(재난연감) 작성권자 및 작성기준은 다음과 같다.
① **작성권자**: 행정안전부장관
② **작성기준**: 매년 작성하여야 한다.

Ⅱ

OX 문제

PART 1 연소론

POINT 1-1 연소

001
☐☐☐
가연물·산소공급원·점화원을 연소의 3요소라고 하며, 연소의 3요소에 순조로운 연쇄반응을 포함하여 연소의 4요소
라고 한다.   O | X

O 연소의 3요소 상태에서는 표면연소를 하며, 연소의 4요소 조건에서는 불꽃연소를 한다.

002
☐☐☐
연소는 빛과 열의 발생을 수반하는 급격한 산화반응이며, 연소의 3요소는 가연물, 산소공급원 및 점화원이다. O | X

O

003
☐☐☐
연소란 가연물이 공기 중의 산소와 결합하여 빛과 열을 발생하는 급격한 산화반응과 빛과 열을 발하지 않는 느린 산
화반응으로 구분할 수 있다.   O | X

X 연소는 급격한 산화반응이다. 철이 녹스는 현상은 산화반응이지만 빛과 열을 발하지 않기 때문에 연소라고 할 수 없다.

004
☐☐☐
산화제란 자신은 산화되고 다른 물질을 환원시키는 물질을 말한다.   O | X

X 산화제란 자신은 환원되고 다른 물질을 산화시키는 물질을 말한다.

005
☐☐☐
산화수(Oxidation number)는 하나의 물질(홑원소 물질, 분자, 이온화합물)에서 전자의 교환이 완전히 일어났다고 가
정하였을 때 물질을 이루는 특정 원자가 가지는 전하수를 말하며 산화 상태(Oxidation state)라고도 한다. 산화수가
감소하는 것을 산화라 한다.   O | X

X 산화수가 증가하는 것을 산화 반응이라 한다.

006

□□□

염화 나트륨은 Na$^+$와 Cl$^-$이온들을 함유하고 있기 때문에 나트륨 원자로부터 염소원자로 전자 이동이 포함되어야 한다. Na$^+$과 같이 전자를 잃는 것을 환원이라고 정의하고, Cl$^-$과 같이 전자를 얻는 것을 산화라고 정의한다. O | X

X 전자를 잃는 것을 산화라고 정의하고, 전자를 얻는 것을 환원이라고 정의한다.

---

23. 간부

007

□□□

가연성물질이 되기 쉬운 조건으로, 활성화에너지가 크고 발열량이 작아야 한다. O | X

X 활성화에너지가 작고 발열량이 커야 한다.

빈출문제

008

□□□

가연물의 구비조건 중 활성화에너지는 크고 발열량은 작아야 한다. O | X

X 활성화에너지는 작고 발열량은 커야 한다.

빈출문제

009

□□□

가연성 물질이 되기 쉬우려면, 열전도도 값이 작아야 하고 산소와 접촉할 수 있는 표면적이 커야 한다. O | X

O 열전도율 또는 열전도도는 작아야 하고, 비표면적은 커야 한다.

빈출문제

010

□□□

한계산소농도(LOI)가 낮을수록 낮은 농도의 산소 조건에서도 연소가 가능하므로 가연물이 되기 어렵다. O | X

X 한계산소농도(LOI)가 낮을수록 가연물이 되기 쉽다.

빈출문제

011

□□□

열전도율은 열을 전도의 방식으로 전달하는 능력을 말한다. 가연물의 열전도율이 낮으면 열의 전달이 잘 발생하지 않으므로 열을 축적하기 어렵게 된다. O | X

X 가연물의 열전도율이 낮으면 열의 전달이 잘 발생하지 않으므로 열을 축적하기 쉽게 된다.

빈출문제

012

□□□

비표면적은 단위질량당 표면적을 말하는 것이다. 가연물질의 질량이 일정할 때 표면적이 커지면 비표면적도 커진다. O | X

O

013
□□□

열의 축적이 용이하려면 열전도율이 작아야 한다. 일반적으로 열전도율은 기체 → 액체 → 고체 순으로 크다(기체 상태가 가장 크다).　　O | X

X 기체 상태의 열전도율이 가장 작다. 기체 상태보다는 액체, 액체 상태보다는 고체상태의 열전도율이 크다.

014
□□□

가연물은 일반적으로 산화되기 쉬운 물질로서 산소와 결합할 때 발열량이 커야 한다.　　O | X

O

015
□□□

CO_2(이산화탄소), P_2O_5(오산화인) 및 HCN(시안화수소)은 불연성 물질에 해당한다.　　O | X

X HCN(시안화수소)는 가연성가스이면서 독성가스에 해당한다.

> 📖 핵심정리 **가연물이 될 수 없는 물질**
> 1. **완전산화물질**: 이산화탄소(CO_2), 오산화인(P_2O_5), 삼산화크로뮴(CrO_3), 삼산화황(SO_3) 산화알루미늄(Al_2O_3), 규조토(SiO_2), 물(H_2O) 등
> 2. **산화흡열반응물질**: 질소
> 3. **주기율표 18족(0족, 8A족)의 비활성 기체**: 헬륨(He), 네온(Ne), 아르곤(Ar), 크립톤(Kr), 크세논(Xe), 라돈(Rn) 등
> 4. **자체가 연소하지 않는 불연성 물질**: 흙, 돌 등

016
□□□

질소는 산화흡열반응물질로 산소와 결합하여 흡열반응을 하는 물질에 해당한다.　　O | X

O 질소와 산소는 화학적으로 안정되어 있어 쉽게 화학반응을 일으키지 않고, 고온·고압 상태에서 화학반응이 일어나게 된다. 산소와 화합하여 산화물을 생성하나 발열반응을 하지 않고 흡열반응하는 물질은 가연물이 될 수 없는 조건에 해당한다.

017
□□□

헬륨(He), 네온(Ne), 아르곤(Ar), 크립톤(Kr), 크세논(Xe), 라돈(Rn) 등은 산소와의 친화력이 좋아 가연물이 되기 쉽다.　　O | X

X 주기율표 18족(0족, 8A족)의 비활성 기체에 해당하는 헬륨(He), 네온(Ne), 아르곤(Ar), 크립톤(Kr), 크세논(Xe), 라돈(Rn) 등은 가연물이 될 수 없는 물질에 해당한다.

018

□□□

조연성 가스는 가연성 가스와 함께 산소와 결합하여 급격한 연소반응을 일으킬 수 있는 물질이다. O | X

X 조연성 가스는 자기 자신은 타지 않고 연소를 도와주는 역할을 하는 가스이다.

019

□□□

조연성 가스로는 산소(O_2), 일산화탄소(CO), 이산화질소(NO_2), 산화질소(NO), 불소(F_2), 오존(O_3), 염소(Cl_2) 등이 있다. O | X

X 일산화탄소(CO)는 가연성 가스에 해당한다.

19. 간부

020

□□□

연쇄반응이 일어나기 쉬운 물질, 열전도율이 높은 물질, 활성화에너지가 낮은 물질은 가연물이 되기 위한 조건에 해당한다. O | X

X 열전도율이 낮은 물질이다.

021

□□□

제1류 위험물, 제2류 위험물 및 제5류 위험물은 연소의 필수요소인 산소공급원에 해당한다. O | X

X 제2류 위험물 가연성 고체는 환원제에 해당한다.

022

□□□

연소를 증대시키는 가연물의 특성으로 인화점, 점성, 비점 및 비중은 작을수록 위험하다. O | X

O

23. 간부

023

□□□

분해열, 압축열, 연소열 및 산화열은 열에너지원의 종류에서 화학열로 분류된다. O | X

X 압축열(단열압축)은 기계적 점화원에 해당한다.

핵심정리 **점화원의 종류**

열적 점화원	고온표면, 적외선, 복사열
기계적 점화원	단열압축(압축열), 마찰스파크, 충격
화학적 점화원	용해열, 연소열, 분해열, 자연발화에 의한 열
전기적 점화원	정전기, 전기저항열, 낙뢰에 의한 열, 전기스파크, 유도열, 유전열

024
□□□

도체 주위의 자기장 변화에 의해 발생된 유도전류는 전기화재의 점화원으로 작용할 수 있다.　　O | X

O

025
□□□

정전기 예방대책으로 접촉하는 전기의 전위차를 크게 하는 것이 있다.　　O | X

X 접촉하는 전기의 전위차를 작게 해야 한다.

> 📖 **핵심정리 정전기의 예방대책**
> 1. 공기를 이온화하여 방지한다.
> 2. 전기전도성이 큰 물체를 사용하여 전하의 발생을 방지한다.
> 3. 접지시설을 한다.
> 4. 상대습도를 70% 이상으로 한다.
> 5. 전기의 전위차를 작게 하여 정전기 발생을 억제한다.

026
□□□

정전기의 예방대책으로 공기를 이온화하고, 전기전도성이 큰 물체를 사용하는 것이 있다.　　O | X

O

027
□□□

기화(잠)열, 융해열은 화학적 점화원에 해당한다.　　O | X

X 점화원은 열적 점화원, 기계적 점화원, 화학적 점화원, 전기적 점화원 및 원자력 점화원 등으로 구분할 수 있다. 기화(잠)열, 융해열, 단열팽창, 절연저항의 증가 등은 점화원에 해당하지 않는다.

028
□□□

유도열, 연소열, 분해열은 전기적 점화원에 해당한다.　　O | X

X 연소열과 분해열은 화학적 점화원에 해당한다. 정전기, 전기저항열, 전기불꽃, 유도열, 유전열, 아크, 코로나 등은 전기적 점화원에 해당한다.

029

점화원에 의해 가연성 혼합기가 발화하기 위해서는 점화원이 일정 크기 이상의 에너지를 가할 수 있어야 한다. 이러한 착화에 필요한 최소에너지를 최소위치에너지라 한다. O | X

□□□

X 최소발화에너지(MIE)에 대한 설명이다.

030

최소발화에너지는 물질의 종류, 혼합기의 온도, 압력, 농도(혼합비) 등에 따라 변화하지 않는 물질의 고유한 값이다. O | X

□□□

X 최소발화에너지는 물질의 종류, 혼합기의 온도, 압력, 농도(혼합비) 등에 따라 변화한다. 또한 공기 중의 산소가 많은 경우 또는 가압하에서는 일반적으로 작은 값이 된다.

031

가연물의 최소발화에너지가 클수록 더 위험하다. O | X

□□□

X 가연물의 최소발화에너지가 작을수록 더 위험하다.

032

가연성 혼합기의 농도가 양론농도 부근일 때 MIE가 가장 크다. 일반적으로 이것보다 상한계나 하한계로 향함에 따라 MIE는 감소한다. O | X

□□□

X 가연성 혼합기의 농도가 양론농도 부근일 때 MIE가 작아진다. 일반적으로 이것보다 상한계나 하한계로 향함에 따라 MIE는 증가한다.

033

압력이 높을수록 분자 간의 거리가 가까워져 MIE가 작아진다. O | X

□□□

O 온도가 높을수록 분자 운동이 활발해져 MIE가 작아진다. 열전도율이 낮으면 MIE가 작아진다.

034

마찰전기의 발화과정은 전하의 발생 – 전하의 축적 – 방전 – 발화의 순이다. O | X

□□□

O 어떤 물질이 다른 물질과 마찰 또는 접촉하면서 각 물질 표면에 양(+)전하와 음(–)전하가 축적되는데, 이 축적된 전기를 정전기(마찰전기)라고 한다. 축적된 정전기가 방전될 경우 점화원(전기적 점화원)의 역할을 할 수 있다.

035
☐☐☐

충전이란 대전체가 전하를 잃는 과정으로 대전체에서 전기가 방출되는 현상을 말한다.　　O | X

X 방전에 대한 설명이다. 대전체가 전하를 잃는 과정으로 대전체에서 전기가 방출되는 현상을 말하며, 충전의 반대 과정이다. 일반적으로는 충전되어 있는 전지(電池)로부터 전류가 흘러 기전력(起電力)이 감소하는 현상을 말한다. 쉽게 말해 일상생활에서 전지가 닳는 것을 말한다.

036
☐☐☐

정전기는 전도성 부유물질이 많을 때 발생한다.　　O | X

X 비전도성 부유물질이 많을 때 발생한다.

> **핵심정리 정전기의 발생원인**
>
> 1. 비전도성 부유물질이 많을 때 발생한다.
> 2. 휘발유, 경유 등의 비전도성 유류의 유속이 빠를 때 발생한다.
> 3. 좁은 공간·필터 등을 통과할 때 쉽게 발생한다.
> 4. 낙차가 크거나 와류가 생성될 때 발생하기도 한다.

037
☐☐☐

전기전도성이 큰 물체를 사용하거나 전기의 전위차를 크게 하여 정전기의 발생을 억제한다.　　O | X

X 전기의 전위차를 작게 하여 정전기 발생을 억제한다.

038
☐☐☐

공기를 이온화하거나 상대습도를 70% 이하로 하여 정전기의 발생을 억제한다.　　O | X

X 상대습도를 70% 이상으로 한다.

039
☐☐☐

전기장 안에서 단위 전하에 대한 전기적 위치에너지를 전위라 한다. 전위차란, 두 지점 사이의 전위의 차이를 의미하는 것으로 기준점에 대한 상대적인 차이로 나타낸다.　　O | X

O 전압, 즉 전위차는 전하당 에너지로 표현한다. 볼트(volt)는 1쿨롱당 1줄(Joule)과 같다($1V = 1J/C$). 기호는 $\triangle V$이지만 V라고 쓴다.

040
☐☐☐

정전기를 방지하기 위한 예방대책으로 전기의 저항이 큰 물질은 대전이 용이하므로 부도체 물질을 사용한다.

O | X

X 전기전도성이 큰 물질을 사용하여야 한다.

041
☐☐☐

자연발화가 되기 쉬운 가연물의 조건은 발열량과 표면적은 작아야 하고, 열전도율은 낮아야 한다.

O | X

X 발열량과 표면적은 커야 한다.

042
☐☐☐

일반적으로 정전기는 화학적 점화원, 자연발화는 전기적 점화원으로 분류한다.

O | X

X 일반적으로 정전기는 전기적 점화원, 자연발화는 화학적 점화원으로 분류한다.

043
☐☐☐

외부로부터의 점화원이 없이도 장시간 일정한 장소에서 저장하면 열이 발생되며, 발생된 열을 축적함으로써 발화점까지 온도가 상승되어 불이 붙는 현상을 유도발화라고 한다.

O | X

X 자연발화에 대한 설명이다.

044
☐☐☐

중합반응은 저분자 물질(단위체)에서 고분자 물질로 바뀌는 화학반응이다.

O | X

O 고분자화학에서 중합은 단량체 분자들이 화학적 반응에 의해 고분자 사슬을 만들거나 삼차원 망상구조가 생성되는 것이다.

045
☐☐☐

금속분과 건성유는 산화열에 자연발화를 일으킨다.

O | X

O 산화하는 과정에서 발생하는 열을 축적함으로써 자연발화가 일어난다. 종류로는 황린, 기름걸레, 석탄, 원면, 고무분말, 금속분, 건성유 등이 있다.

046

□□□

거름과 퇴비는 분해열에 의한 자연발화를 일으킨다.　　　　　　　　　　　O | X

X 미생물열(발효열)이다. 미생물열은 물질이 발효되는 과정에서 발생하는 열을 축적함으로써 발생한다. 종류로는 거름, 퇴비, 먼지, 곡물, 비료 등이 있다.

047

□□□

제5류 위험물, 아세틸렌(C_2H_2), 산화에틸렌(C_2H_4O)은 분해열에 의한 자연발화를 일으킨다.　　O | X

O

048

□□□

적당한 수분은 촉매 역할을 하기 때문에 반응속도를 빠르게 하여 자연발화가 쉽게 만든다.　　O | X

O

049

□□□

유지류(동식물유류)는 아이오딘가가 클수록 자연발화가 되기 쉽다. 불포화도가 크고 아이오딘가가 클수록 산화되기 쉽고 자연발화의 위험성이 크다.　　　　　　　　　　　　　　　　　　　　　　　　O | X

O

> 📖 핵심정리 **아이오딘가와 불포화도**
>
> 1. 아이오딘가(아이오딘값, lodine Value): 유지를 구성하고 있는 지방산에 함유된 이중결합의 수를 나타내는 수치이다. 유지 100g에 흡수되는 아이오딘의 g수를 말한다.
> 2. **불포화도**: 불포화 탄화수소가 추가로 결합 가능한 수소의 양을 말한다.

050

□□□

단열압축 및 단열팽창은 기계적 점화원에 해당한다.　　　　　　　　　　　　O | X

X 단열팽창은 점화원에 해당하지 않는다.

> 📖 핵심정리 **단열압축 및 디젤엔진**
>
> 1. 단열압축은 내부와 외부와의 열의 출입을 차단하여 압축하는 형태로서 기체를 높은 압력으로 압축하면 온도가 상승한다. 대표적인 예로 디젤엔진이 있다.
> 2. **디젤엔진**: 내연기관의 연소실에서 가연성 혼합가스를 주입하여 점화하는 방법으로 불꽃점화방식과 압축점화방식이 있다. 가솔린 엔진기관에서는 불꽃점화방식을 사용하고, 디젤엔진기관에서는 압축점화방식을 사용한다.

051

도체 주위에 변화하는 자기장이 있을 때 전위차가 발생하고 이로 인해 전류흐름이 일어난다. 이 유도전류에 의하여 발생되는 열이 유전열이다. O | X

X 유도(가)열에 대한 설명이다.

> **핵심정리 유전열**
>
> 유전체는 절연체를 의미하며 전선 피복과 같은 절연체가 절연능력을 갖추지 못해 발생하는 열이다. 즉, 누설전류를 말한다.

052

라디칼(radical) 또는 자유라디칼(freeradical)은 홀전자(unpairedelectron)를 가진 원자 또는 분자이다. O | X

O

> **핵심정리 라디칼**
>
> 원자 간의 공유결합은 공유 전자쌍으로 이루어져 있으며, 이 결합이 균일 분해 과정을 거치면 각각의 원자는 홀전자를 갖게 되는데, 이 원자는 라디칼이 된다. 예를 들어 탄소 간의 공유결합이 균일 분해가 되면 탄소 라디칼이 형성된다. 일반적으로 원자 간 공유결합에서 불균일 분해가 유발되며, 이 경우에는 한 원자가 결합에 관여한 모든 전자를 가져가게 된다.

053

억제소화는 심부화재에는 효과적이나, 연쇄반응이 없는 표면화재에는 효과적이지 않다. O | X

X 억제소화는 불꽃화재에는 효과적이나, 연쇄반응이 없는 작열연소 또는 심부화재에는 효과적이지 않다.

054

연소범위는 물질이 연소하기 위한 물적 조건과 관련이 크다. O | X

O 연소범위는 가연성가스가 공기 중에서 연소할 수 있는 적적정한 농도범위를 말한다.

> **핵심정리 연소범위에 영향을 주는 요인**
>
> 1. **온도**: 온도가 올라가면 분자의 운동이 활발해지므로 분자 간 유효충돌 가능성이 커지며, 연소범위는 넓어져 위험성은 증가된다.
> 2. **압력**
>   - 압력이 높아지면 분자 간의 평균거리가 축소되어 유효충돌이 증가되며 화염의 전달이 용이하여 연소범위가 넓어진다.
>   - 연소하한계 값은 크게 변하지 않으나 연소상한계가 높아져 전체적으로 범위가 넓어진다.
>   - 예외적으로 수소(H_2)와 일산화탄소(CO)는 압력이 높아질 때 일시적으로 연소범위가 좁아진다.
> 3. **산소농도**: 산소농도가 증가하면 연소하한계의 변화는 거의 없고, 연소상한계가 넓어져 연소범위가 넓어진다.
> 4. **비활성 가스**: 가연성 가스의 혼합가스에 비활성 가스를 투입하면 공기 중 산소농도가 저하되므로 연소상한계는 크게 낮아지고 연소하한계는 작게 높아져 전체적으로 연소범위가 좁아진다.

055
□□□

일산화탄소는 압력이 증가하면 연소범위가 넓어진다. O | X

X 일산화탄소는 압력이 증가하면 연소범위가 일시적으로 좁아진다.

056
□□□

불활성기체가 첨가되면 연소범위가 좁아진다. O | X

O 가연성 가스의 혼합가스에 비활성 가스를 투입하면 공기 중 산소농도가 저하되므로 연소상한계는 크게 낮아지고 연소하한계는 작게 높아져 전체적으로 연소범위가 좁아진다.

057
□□□

수소, 아세틸렌, 메탄, 프로판 중 연소범위가 가장 넓은 것은 아세틸렌이고, 위험도가 가장 낮은 것은 프로판이다.
O | X

X 연소의 범위가 가장 넓은 것은 아세틸렌이고, 위험도가 가장 낮은 것은 메탄이다.

📖 **핵심정리 연소범위와 위험도**

구분	연소범위(%)		위험도	
수소	4~75	71.0	$\frac{75-4}{4}$	17.8
아세틸렌	2.5~81	78.5	$\frac{81-2.5}{2.5}$	31.4
메탄	5~15	10.0	$\frac{15-5}{5}$	2.0
프로판	2.1~9.5	7.4	$\frac{9.5-2.1}{2.1}$	3.5

058
□□□

일반적으로 가연성 가스의 온도와 압력이 높아지면 연소범위는 넓어진다. 반면에 불활성 가스의 농도가 높아지면 연소범위는 좁아진다. O | X

O

059
□□□

메탄의 연소범위는 5~15%이고, 프로판의 연소범위는 2.1~9.5%이다. 위험도는 프로판이 메탄보다 더 크다. O | X

O

060

□□□

폭발(연소)범위는 초기온도 및 압력이 상승할수록 분자 간 유효충돌할 가능성이 높아지기 때문에 넓어진다. O | X

O

061

□□□

가연성 가스의 위험도는 연소범위를 MOC 값으로 나눈 값을 말한다. O | X

X 위험도는 연소범위를 연소범위 하한계 값으로 나눈 값을 말한다.

062

□□□

아세틸렌(연소범위: 2.5~81%)의 위험도는 이황화탄소(연소범위: 1.2~44%)의 위험도 보다 크다. O | X

X 이황화탄소의 위험도가 35.7로 아세틸렌의 31.4보다 크다. 따라서 이황화탄소가 아세틸렌보다 더 위험하다고 할 수 있다.

063

□□□

수소, 메탄, 아세틸렌, 이황화탄소 및 산화에틸렌 중에서 산화에틸렌의 위험도가 가장 크다(단, 1기압, 25℃ 공기 중의 연소범위를 기준으로 한다). O | X

X 이황화탄소가 가장 크다.

📖 핵심정리 **위험도**

1. 수소: 4 ~ 74(vol)% → $\dfrac{74-4}{4} = 17.50$

2. 메탄: 5 ~ 15(vol)% → $\dfrac{15-5}{5} = 2.00$

3. 아세틸렌: 2.5 ~ 81(vol)% → $\dfrac{81-2.5}{2.5} = 31.40$

4. 이황화탄소: 1.2 ~ 44(vol)% → $\dfrac{44-1.2}{1.2} = 35.7$

5. 산화에틸렌:: 3 ~ 80(vol)% → $\dfrac{80-3}{3} = 25.7$

064
☐☐☐

> - 르샤틀리에 공식을 이용한다.
> - 혼합기체의 부피비율은 A기체 60%, B기체 30%, C기체 10%이다.
> - 연소하한계는 A기체 3.0%, B기체 1.5%, C기체 1.0%이다.

위 조건에 따른 연소하한계는 1.0%이다. ○ | X

X 혼합기체의 연소하한계 = $\dfrac{100}{\dfrac{60}{3} + \dfrac{30}{1.5} + \dfrac{10}{1}}$ = 2.0%

📖 **핵심정리 르샤틀리에 공식**

$$LFL(\%) = \dfrac{100}{\dfrac{V_1}{L_1} + \dfrac{V_2}{L_2} + \dfrac{V_3}{L_3} + \cdots}$$

LFL: 혼합가스의 폭발하한계(vol%)
V_1: 각 단독성분의 혼합가스 중의 농도(vol%)
L_1: 혼합가스를 형성하는 각 단독 성분의 폭발하한계(vol%)

065
☐☐☐

가연성 가스를 공기 중에서 연소시키고자 할 때 공기 중의 산소농도가 증가하면 연소속도는 빨라지고, 발화점과 화염의 온도가 높아진다. ○ | X

X 발화점은 낮아진다.

066
☐☐☐

가연성 물질의 연소형태로 나프탈렌과 황은 확산연소를 하고, 가솔린엔진과 분젠버너는 예혼합연소를 한다. ○ | X

X 나프탈렌과 황은 증발연소를 한다.

067
☐☐☐

가연성 액체의 연소와 관련된 온도는 발화점, 연소점, 인화점 순으로 높다(발화점이 가장 높다). ○ | X

○

📖 **핵심정리 발화점[Ignition point(temperature)]**

1. 점화원 없이도 스스로 불이 붙을 수 있는 최저온도이다.
2. 착화점, 발화온도, 자연발화점, 착화온도라 부르기도 한다.
3. 실내장식물의 모양, 가연성 가스의 비중은 발화점과 관계없다.

068

인화점과 발화점이 가까운 액체일수록 재점화가 어렵고 냉각에 의한 소화활동이 용이하다.　　O | X

X　인화점과 발화점이 가까운 액체일수록 재점화가 쉽고 냉각에 의한 소화활동이 용이하지 않다.

069

인화점과 연소점의 차이는 외부 점화원을 제거했을 경우 화염 전파의 지속성 여부에 따라 구분된다.　　O | X

O

> **핵심정리 인화점 및 연소점**
> 1. 인화점: 가연물에 점화원을 가하였을 때 불이 붙을 수 있는 최저온도를 말한다.
> 2. 연소점: 점화원을 제거한 후에도 계속적으로 연소를 일으킬 수 있는 최저온도를 말한다.

070

점화원을 제거해도 자력으로 연소를 지속할 수 있는 최저 온도를 연소점(Fire point)이라고 한다.　　O | X

O

071

점화원에 의해서 가연물이 발화하기 시작하는 최저 온도를 발화점(Ignition point)이라고 한다.　　O | X

X　인화점에 대한 설명이다.

072

가연물의 연소점은 발화점보다 높다.　　O | X

X　일반적인 온도 관계는 인화점 < 연소점 < 발화점이다.

073
☐☐☐

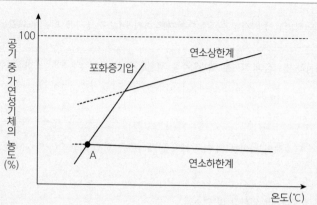

그림에서 'A'는 물질적 조건과 에너지 조건이 만나는 최저연소온도를 말하며, 화학양론비에서의 최저연소온도를 말한다.

O | X

X 'A'은 인화점을 말한다. 인화점은 점화원(외부에너지)에 의해 발화하기 시작하는 최저연소온도이다. 즉, 온도(에너지조건)와 가연성기체의 농도(물적조건)가 충족된 상황에서 점화원이 주어지면 연소할 수 있는 최저연소온도이다. 화학양론농도는 연소 하한계 농도보다 높다.

> **핵심정리 화학양론농도(조성비, Stoichiometric ratio)**
> 1. 화학양론농도는 물질의 반응이 가장 잘 일어나는 완전연소 혼합비율 말한다[NTP(21℃, 1기압) 상태에서 가연성 가스, 공기계에서 완전연소에 필요한 농도비율이다].
> 2. 연료와 공기의 최적합의 조성 비율이다.

확인학습문제

074
☐☐☐

온도가 낮아질 때 열의 발열속도가 방열속도보다 커지므로 연소의 범위는 넓어진다.

O | X

X 열의 발열속도가 방열속도보다 작아지므로 연소범위는 좁아진다.

확인학습문제

075
☐☐☐

물질이 발화·연소하는 데는 가연물·산소공급원·점화원·연쇄반응의 4요소가 필요하다. 이때 물적 조건과 에너지 조건을 만족하여야 하는데 연소범위는 물적 조건, 발화온도·발화에너지·충격감도는 에너지 조건이라 할 수 있다.

O | X

O

076

가연성 물질은 비열, 연소열, 비점이 작거나 낮을수록 위험하다.

O | X

X 연소열은 높을수록 위험하다.

> 📘 핵심정리 **가연성 물질의 화재 위험성 인자**
> 1. 비열, 비점(끓는점), 비중, 융점(녹는점), 증발열은 낮(작)을수록 위험하다.
> 2. 연소열, 압력은 높을수록 위험하다.
> 3. 연소속도는 빠를수록 위험하다.
> * 열전도도, 활성화에너지는 작을수록 위험하고 온도, 열량, 화학적활성도, 폭발범위는 높을수록(넓을수록) 위험하다.

077

가연성 물질은 표면장력, 인화점, 발화점이 작거나 낮을수록 위험하다.

O | X

O

078

가연성 물질은 비중, 압력, 융점이 크거나 높을수록 위험하다.

O | X

X 비중, 융점(녹는점), 증발열은 낮(작)을수록 위험하다.

079

가연성 물질은 증발열, 연소열, 연소속도가 크거나 빠를수록 위험하다.

O | X

X 증발열은 낮(작)을수록 위험하다.

080

연소반응은 열생성률(Heat production rate)이 외부로의 열손실률(Heat loss rate)보다 큰 조건에서 지속된다. O | X

O

해커스소방 김정희 소방학개론 핵심정리 + OX문제

081

☐☐☐

파라핀계의 탄화수소는 탄소 수의 증가에 따라 인화점과 발화점이 낮아진다. O | X

X 인화점은 높아진다. 발화점은 탄소수가 많을수록 표면적이 커져서 열에 의해 그 구조가 파괴되기 쉬워진다. 따라서 파라핀계의 탄화수소는 탄소 수의 증가에 따라 발화점이 낮아진다.

📖 핵심정리 **파라핀계 탄화수소의 인화점 및 발화점**

파라핀계 탄화수소	인화점	발화점
메탄	-188℃	537℃
에탄	-135℃	515℃
프로판	-104℃	466℃

24. 간부

082

☐☐☐

파라핀계 탄화수소는 분자량이 클수록 발화온도가 높아진다. O | X

X 파라핀계 탄화수소는 분자량이 클수록 발화온도가 낮아진다.

📖 핵심정리 C_xH_y 수의 증가(파라핀계)

1. 인화점이 높아진다.
2. 발열량이 증가한다.
3. 발화점이 낮아진다.
4. 분자구조가 복잡해진다.
5. 휘발성(증기압)이 감소하고 비점은 상승한다.
6. 연소범위가 좁아지고 하한계는 낮아진다.

083

☐☐☐

파라핀계의 탄화수소는 탄소 수의 증가에 따라 휘발성(증기압)은 감소하고 비점도 낮아진다. O | X

X 비점은 상승한다.

084
□□□
파라핀계의 탄화수소는 탄소수가 증가하면 연소범위가 좁아지고 하한계는 낮아진다.   O | X

O

📖 핵심정리 **파라핀계 탄화수소의 연소범위**	
파라핀계 탄화수소	연소범위(vol%)
메탄	5~15
에탄	3~12.5
프로판	2.1~9.5
부탄	1.8~8.4

085
□□□
액체가연물의 인화점은 액면에서 증발된 증기의 농도가 연소하한계에 도달하여 점화되는 최저온도이다.   O | X

O

086
□□□
디에틸에테르의 인화점은 -45℃, 이황화탄소의 인화점은 11℃이다.   O | X

X 이황화탄소의 인화점은 -30℃이다.

087
□□□
가솔린, 벤젠, 톨루엔의 순으로 인화점이 낮다.   O | X

O 가솔린의 인화점은 -43~-20℃이고, 벤젠은 -11℃, 톨루엔은 4℃이다.

088
□□□
아세톤의 인화점은 메틸알코올보다 높다.   O | X

X 아세톤의 인화점은 -18℃이고, 메틸알코올은 11℃이다.

089
□□□
등유의 인화점은 크레오소트유보다 낮다.   O | X

O 등유의 인화점은 30~60℃이고, 경유는 50~70℃, 크레오소트유는 약 74℃이다.

090
□□□

가솔린의 발화점은 등유 및 경유의 발화점보다 낮다. O | X

X 가솔린의 발화점은 300℃이고, 등유는 200℃, 경유는 210℃이다.

091
□□□

발화점이 낮을수록 발화의 위험성이 크다. 황린의 발화점은 34℃이고 CS_2(이황화탄소)의 발화점은 100℃이다. O | X

O

092
□□□

발화점은 발화 지연시간, 압력, 산소농도, 촉매물질 등의 영향을 받는다. 발화점이 낮을수록 발화의 위험성은 커진다. O | X

O

┌───
📖 **핵심정리 발화점이 낮아질 수 있는 조건**

1. 분자구조가 복잡할 때
2. 압력과 화학적 활성도가 클수록
3. 발열량·농도가 클수록
4. 산소와 친화력이 클수록
5. 접촉금속의 열전도율이 작을수록
6. 최소점화에너지(활성화에너지)가 작을수록
7. 증기압이 낮을수록
8. 탄화수소의 분자량이 클수록
└───

093
□□□

최소발화에너지는 가연성 혼합기를 발화시키는 데 필요한 최저에너지를 말한다. 압력이 상승하면 최소발화에너지는 작아진다. O | X

O

┌───
📖 **핵심정리 최소발화에너지(Minimun Ignition Energy) 영향 인자**

1. 압력이 높을수록 분자 간의 거리가 가까워진다.
2. 온도가 높을수록 분자 운동이 활발해져 MIE가 작아진다.
3. 가연성 혼합기의 농도가 양론농도 부근일 때 상한계나 하한계로 향함에 따라 MIE는 증가한다.
4. 열전도율이 낮으면 MIE가 작아진다. 일반적으로 이것보다 상한계나 하한계로 향함에 따라 MIE는 증가한다.
5. 전극 간 거리가 짧을수록 MIE가 감소되나 어떤 거리 이하로 짧아지면 방열량이 커져서 아무리 큰 에너지를 가해도
   인화되지 않는다. 이 거리를 소염거리라 한다.
6. 일반적으로 연소속도가 클수록 MIE값은 작아진다.
7. 매우 압력이 낮아서 착화원에 의해 점화하여도 점화할 수 없는 한계가 있는데 이를 최소착화압력이라 한다.
└───

094
☐☐☐

연소속도에 영향을 미치는 요인으로는 가연성 물질의 종류, 촉매의 존재 유무와 농도, 공기 중 산소량 및 가연성 물질과 산화제의 당량비가 해당된다. O | X

O

095
☐☐☐

숯, 코크스, 목탄 및 금속분은 열분해 반응에 의한 가연성가스가 표면에서 산소와 반응하여 연소한다. O | X

X 열분해 반응을 하지 않고 표면에서 산소와 반응하여 연소한다.

096
☐☐☐

작열연소는 화염이 없는 표면연소이다. O | X

O

097
☐☐☐

셀룰로이드 및 트리나이트로톨루엔은 분자 내에 산소를 가지고 있어 가열 시 열분해에 의해 가연성 증기와 함께 산소를 발생시키켜, 자신의 분자 속에 포함되어 있는 산소에 의해 연소한다. O | X

O

098
☐☐☐

고체연료의 분해연소란 목재, 종이, 섬유, 플라스틱 등과 같은 고체가연물에 충분한 열이 공급되면 복잡한 열분해 과정을 통하여 발생된 가연성 가스가 공기와 혼합되어 연소하는 형태를 말한다. O | X

O

099
☐☐☐

석탄, 종이, 종이, 목재, 합성수지 및 파라핀은 고체 가연물의 연소 중 분해연소를 하는 물질이다. O | X

X 파라핀은 증발연소를 한다.

100

□□□

상온에서 고체 상태로 존재하는 가연물의 연소 형태에는 표면연소, 분무연소, 폭발연소, 자기연소 및 예혼합연소가 있다.

O | X

X 고체연료의 연소형태는 표면연소, 분해연소, 자기연소 및 증발연소의 형태가 있다. 분무연소는 액체연료, 폭발연소와 예혼합연소는 일반적으로 기체연소의 형태로 분류된다.

📖 핵심정리 **가연물 상태에 따른 연소의 형태**

고체연료(가연성 고체)	표면연소, 분해연소, 자기연소, 증발연소
액체연료(가연성 액체)	증발연소, 분해연소, 분무연소
기체연료(가연성 기체)	확산연소, 예혼합연소

101

□□□

역화는 연료의 연소속도가 분출속도보다 빠를 때 불꽃이 연료노즐 속으로 빨려 들어가 연료노즐 속에서 연소하는 현상이다.

O | X

O

📖 핵심정리 **비정상연소 등**

비정상연소	연소속도와 분출속도의 관계
역화	연소속도 > 가스분출속도
선화	연소속도 < 가스분출속도
블로우오프	연소속도 ≪ 가스분출속도

102

□□□

연료노즐에서 흐름이 난류(turbulent)인 경우, 확산연소에서 화염의 높이는 분출속도에 비례한다.

O | X

X 연료노즐에서 흐름이 층류인 경우, 확산연소에서 화염의 높이는 분출속도에 비례한다. 연료노즐에서 흐름이 완전성장 난류화염인 경우, 분출속도가 증가하여도 화염의 높이는 일정하다.

📖 핵심정리 **난류연소**
1. 층류일 때보다 연소가 잘되며 화염이 짧아진다.
2. 난류유동은 화염 전파를 증가시키지만 화학적 내용은 거의 변하지 않는다.
3. 유속이나 유량이 증대할 경우 시간의 지남에 따라 화염의 높이는 거의 변화가 없다.

103

□□□

황염은 분출하는 기체연료와 공기의 화학양론비에서 공기량이 적을 때 발생한다.

O | X

O

104

노즐구멍의 확대 또는 노즐이 부식되었을 때, 용기 밖의 압력이 낮을 때 역화현상이 발생하기 쉽다.　　O | X

□□□

X 용기 밖의 압력이 높을 때 역화현상이 발생하기 쉽다.

105

황염이란 혼합가스의 분출속도가 연소속도보다 빠른 선화현상 상태를 유지하다가 공기의 유동이 강하거나 혼합가스의 분출속도가 더욱 증가하여 불꽃이 노즐에 정착하지 않고 꺼지는 현상을 말한다.　　O | X

□□□

X 블로우 오프(Blow off)에 대한 설명이다.

22. 공채

106

선화는 불꽃이 연료노즐 위에 들뜨는 현상으로 연료노즐에서 연료기체의 연소속도가 분출속도보다 느릴 때 발생하는 현상이다.　　O | X

□□□

O

18. 상반기 공채

107

역화(Back fire)란 연료가스의 분출속도가 연소속도보다 클 때, 주위 공기의 움직임에 따라 불꽃이 노즐에서 정착하지 않고 떨어져 꺼지는 현상이다.　　O | X

□□□

X 블로우 오프에 대한 설명이다.

24. 공채

108

불완전연소는 산소 과잉 상태에서 발생하고, 일산화탄소, 그을음과 같은 연소생성물이 발생한다.　　O | X

□□□

X 산소가 충분히 공급되지 않았을 때 불완전한 연소가 진행된다.

📖 핵심정리 **불완전연소**

1. 산소가 충분히 공급되지 않아 불완전한 연소가 진행되면, 가연물질로부터 열분해가 되어 발생되는 생성물에 가연성 물질이 남아 있는 것을 말한다.
2. 불완전연소할 때의 대표적인 생성물은 일산화탄소(CO), 그을음, 유리탄소 등이다.

109
☐☐☐

불완전연소는 "연소실 내 배기가스의 배출이 불량할 때", "불꽃이 저온 물체와 접촉하여 온도가 내려갈 때" 발생한다.

O | X

O

📖 핵심정리 불완전연소의 발생 원인

1. 연소가스의 배출 불량 등으로 유입공기가 부족할 때
2. 공급되는 가연물의 양이 많을 때
3. 가스량과 공기량의 균형이 맞지 않을 때
4. 불꽃이 낮은 온도의 물질과 접촉할 때
5. 연소 초기에 공급되는 공기의 양이 부족할 때
6. 연소생성물의 배기가 충분하지 않을 때

빈출문제

110
☐☐☐

숯, 목탄, 금속분 및 코크스는 표면화재의 특성을 보인다.

O | X

X 심부화재의 특성을 보인다.

빈출문제

111
☐☐☐

고체연료는 표면연소, 확산연소 및 증발연소를 한다.

O | X

X 확산연소는 기체연료의 연소이다. 일반적으로 고체연료는 표면연소, 분해연소, 자기연소 및 증발연소를 한다.

빈출문제

112
☐☐☐

고체 연료의 외부에서 열을 가하면 가연물 자체 내에서 가연성 기체와 산소가 발생하면서 연소하는 것을 증발연소라 한다.

O | X

X 자기연소에 대한 설명이다. 증발연소는 고체 가연물이 분해연소와 같이 열분해를 일으키지 않고 증발하여 연소하는 것을 말한다.

113
☐☐☐

자기연소는 제3류 위험물과 같이 물질 자체 내의 산소를 소모하는 연소로서 연소속도가 빠르다.

O | X

X 자기연소는 제5류 위험물이 해당한다.

114
□□□

황 및 승홍(HgCl₂)은 고체연료의 분해연소를 하는 대표적인 물질이다. O | X

X 황, 나프탈렌($C_{10}H_8$), 승홍($HgCl_2$), 아이오딘, 장뇌 등은 승화성 고체의 형태를 보이는 가연물로 증발연소한다. 참고로 양초(파라핀)는 열에 녹아 액체상태를 거쳐 증발연소하는 융해성 고체에 해당한다.

115
□□□

황이나 나프탈렌이 열분해되면서 일어나는 연소를 분해연소라 한다. O | X

X 황이나 나프탈렌은 증발연소한다. 증발연소는 고체 가연물이 분해연소와 같이 열분해를 일으키지 않고 증발하여 연소하는 것을 말한다.

116
□□□

증발연소는 액체에서만 발생하는 연소형태로서 액면에서 비등하는 기체에서 발생한다. O | X

X 증발연소는 주로 휘발유, 경유 및 등유의 액체연료에서 발생하지만, 황이나 나프탈렌과 같은 고체연료에서도 증발연소를 한다.

117
□□□

액체 가연물질이 연소할 때는 액체 자체가 빠른 속도로 산소와 결합하여 연소하는 특성을 보인다. O | X

X 액체 가연물질의 연소는 액체 자체가 연소하는 것이 아니다. 증발이라는 과정을 거쳐 발생된 가연성 기체가 일정한 공간에서 연소 가능한 농도를 조성하였을 때 점화원에 의해 연소한다.

118
□□□

액체의 온도가 인화점 이상이 되면 액체표면으로부터 많은 양의 증기가 증발되어 연소가 활발해진다. 이러한 증발연소를 액면연소라고도 한다. O | X

O

119
□□□

증발연소하는 액체 가연물질의 종류로는 휘발유, 등유, 경유, 알코올류 및 중유 등이 있다. O | X

X 중유는 분해연소의 특성을 보인다.

120
☐☐☐

분해연소하는 물질의 종류로는 중유, 글리세린, 벙커C유 등으로 제3석유류, 제4석유류, 동식물유류 등이 있다.

O | X

O

121
☐☐☐

확산연소의 연소속도는 예혼합연소보다 빠르다.

O | X

X 확산연소의 연소속도는 가연성 기체가 공기와의 혼합되는 과정이 필요하기 때문에 예혼합연소보다 느리다.

122
☐☐☐

예혼합연소(Premixed burning)는 동일한 농도의 혼합 상태가 유지되는 상태에서 균일하게 진행되므로 균질연소를 한다.

O | X

O

123
☐☐☐

불꽃점화식의 내연기관 연소실 내에서의 연소와 분젠버너의 연소는 확산연소를 한다.

O | X

X 예혼합연소를 한다.

124
☐☐☐

불꽃연소는 예열대의 존재유무에 따라 예열대가 존재하지 않는 확산연소와 예열대가 존재하여 화염을 자력으로 수반하는 예혼합연소가 있다.

O | X

O

> 📖 **핵심정리** **화염대**
>
> 화염대가 온도곡선의 변곡점을 경계로 하여 예열대와 반응대로 구분한다. 예열대는 반응대에 유입 직전의 영역으로 화학반응은 일어나지 않고 온도만 상승한다. 반면 반응대에서 연소반응이 발생한다.
>

확인학습문제

125
☐☐☐

연소는 발열반응을 통해 연소생성물을 생성하고 가연물의 고온화를 통해 연소를 지속시킨다. 연소생성물에는 열, 연기, 빛, 화염(불꽃), 연소가스 등이 있다.　O | X

O

확인학습문제　고압가스안전관리법 시행규칙

126
☐☐☐

가연성 가스는 지정품목 외에 공기 중에서 연소하는 가스로서 폭발한계의 하한이 10퍼센트 이하인 것과 폭발한계의 상한과 하한의 차가 50퍼센트 이상인 것을 말한다.　O | X

X 폭발한계의 상한과 하한의 차가 20퍼센트 이상인 것을 말한다.

빈출문제　고압가스안전관리법 시행규칙

127
☐☐☐

독성가스는 암모니아, 일산화탄소 등 지정품목 외에 공기 중에 일정량 이상 존재하는 경우 인체에 유해한 독성을 가진 가스로서 허용농도가 100만분의 5,000 이하인 것을 말한다.　O | X

O 허용농도는 해당 가스를 성숙한 흰 쥐 집단에게 대기 중에서 1시간 동안 계속하여 노출시킨 경우 14일 이내에 그 흰 쥐의 2분의 1 이상이 죽게 되는 가스의 농도를 말한다.

확인학습문제　고압가스안전관리법 시행규칙

128
☐☐☐

암모니아·일산화탄소·이황화탄소는 가연성 가스이면서 독성가스이다.　O | X

O

21. 간부

129
☐☐☐

가연물이 연소할 때 발생하는 독성가스 중 일산화탄소는 인체 내의 헤모글로빈과 결합하여 산소의 운반기능을 약화시켜 질식하게 한다.　O | X

O

23. 공채

130
☐☐☐

황화수소는 화재 시 연소생성물로, 썩은 달걀과 비슷한 냄새가 난다.　O | X

O

131

TLV(Threshold Limit Value)로 측정한 독성가스의 허용농도는 불화수소, 시안화수소, 암모니아, 포스겐 순으로 높다.

O | X

X 독성가스의 허용농도는 암모니아, 시안화수소, 불화수소, 포스겐 순으로 높다.

> **📖 핵심정리 독성가스의 허용농도**
> 1. **불화수소**: 3ppm
> 2. **시안화수소**: 10ppm
> 3. **암모니아**: 25ppm
> 4. **포스켄**: 0.1ppm

132

일산화탄소는 산소와 헤모글로빈의 결합을 방해하여 질식에 이르게 할 수 있다.

O | X

O

133

시안화수소(HCN)는 청산가스라고도 하며, 인체에 대량 흡입되면 헤모글로빈과 결합되지 않고도 질식을 유발하는 연소가스이다.

O | X

O

134

가연물이 연소할 때 발생하는 독성가스 중 브로민화수소(HBr)는 방염수지류 등이 연소할 때 발생하며, 상온·상압에서 물에 잘 용해되지 않는다.

O | X

X 브로민화수소는 상온·상압에서 물에 잘 용해된다.

135

암모니아(NH_3)는 질소 함유물이 연소할 때 발생한다. 냉동시설의 냉매로 많이 쓰이고 있으므로 냉동창고 화재 시 누출 가능성이 크며, 독성의 허용 농도는 25ppm이다.

O | X

O

136

포스겐($COCl_2$)은 폴리염화비닐(PVC)과 같이 염소가 함유된 수지류가 탈 때 주로 생성되는데 독성의 허용 농도는 5ppm이며 향료, 염료, 의약, 농약 등의 제조에 이용되고 있고, 자극성이 아주 강해 눈과 호흡기에 영향을 준다.

O | X

X 염화수소에 대한 설명이다.

137
☐☐☐

화재 시 발생하는 연기(smoke)의 수직 이동속도는 수평 이동속도보다 느리다. O | X

X 연기의 수직 이동속도는 수평 이동속도보다 빠르다.

138
☐☐☐

중성대는 실내 화재 시 실내와 실외의 온도가 같은 면을 의미하고, 굴뚝효과는 건축물의 내부와 외부의 온도차에 의해 내부의 더운 공기가 상승하는 현상이다. O | X

X 중성대는 건물 내부의 압력이 외부의 압력과 일치하는 위치를 말한다.

139
☐☐☐

기체는 중성대 상부에서는 실내에서 외부로 유출되고 중성대 하부에서는 외부에서 실내로 유입된다. 중성대 상부는 열과 연기로부터 생존이 어려운 지역이고 중성대 하부는 신선한 공기로 인해 생존 가능성이 높은 지역이다. O | X

O

140
☐☐☐

감광계수는 연기로 인한 빛의 감소를 나타내며, 가시거리와 반비례한다. O | X

O

141
☐☐☐

연기의 농도가 진할수록 감광계수가 커지고, 가시거리도 증가한다. O | X

X 감광계수는 커지고, 가시거리는 감소한다.

142
☐☐☐

화재 시 연기는 처음에는 백색연기, 나중에는 흑색연기로 변한다. O | X

O 수소가 많으면 백색연기, 탄소수가 많으면 흑색연기로 변한다. 화재초기 발연량은 화재성숙기의 발연량보다 많다고 할 수 있다.

143
□□□

탄소의 함량이 많을수록, 공기의 공급량이 적을수록 연기의 발생량은 증가한다. O | X

O

144
□□□

연기 속을 투과하는 빛의 양을 측정하는 연기농도 측정법은 입자농도 측정법이다. O | X

X 투과율법(감광계수법)에 대한 설명이다. 입자농도 측정법은 연기 입자의 개수를 측정하는 방법이다.

145
□□□

감광계수는 연기 속을 빛이 투과하는 데 저하되는 빛의 비율을 측정하여 계수로 나타낸 것을 말한다. O | X

O 감광계수(Cs)의 단위는 m-1 = $\frac{m^2}{m^3}$ 이다. 즉, 단위체적당의 연기에 의한 빛의 흡수 단면적을 말한다.

146
□□□

감광계수로 표시한 연기의 농도와 가시거리의 상관관계는 비례 관계이다. O | X

X 감광계수로 표시한 연기의 농도와 가시거리의 상관관계는 반비례 관계이다.

147
□□□

감광계수가 0.3일 때 가시거리는 5m 정도이고, 어두침침한 것을 느낄 정도이다. O | X

X 감광계수가 0.3일 때는 건물 내부에 익숙한 사람이 피난에 지장을 느낄 정도이다.

148
□□□

감광계수가 10일 때는 출화실에서 연기가 분출될 때의 연기 농도이다. O | X

X 감광계수 10은 화재 최성기 때의 정도이다.

149
□□□

고층건축물의 연기유동요인으로는 부력효과, 바람에 의한 압력차, 굴뚝효과, 공기조화설비의 영향 등이 있다. O | X

O 굴뚝효과는 고층건축물에서 건물 내부와 외부의 밀도와 온도차에 의한 압력의 차이로 인해 건물 내부의 더운 공기는 상승하고 외부의 차가운 공기는 아래로 내려 오는 현상이다.

150
□□□

외벽의 기밀도 및 건물 내부와 외부의 온도차는 굴뚝효과의 영향인자에 해당한다.　　　　O | X

O

> 📖 핵심정리 **굴뚝효과에 영향을 주는 인자**
>
> 1. 건물의 높이
> 2. 외벽의 기밀도
> 3. 건물 내부와 외부의 온도차
> 4. 건물의 층간 공기누설

151
□□□

굴뚝효과가 발생할 때는 개구부에 형성된 중성대 상부에서 공기가 유입되고, 중성대 하부에서 연기가 유출된다.　　　　O | X

X 굴뚝효과가 발생할 때는 개구부에 형성된 중성대 하부에서 공기가 유입되고, 중성대 상부에서 연기가 유출된다.

152
□□□

건축물 굴뚝효과의 크기에 직접적인 영향을 주는 요소로는 층의 높이와 면적, 화재실의 온도 및 건축물 내·외의 온도차 등이 있다.　　　　O | X

X 층의 면적은 직접적인 영향을 주는 요소에 해당하지 않는다.

153
□□□

중성대의 아래쪽으로 계속해서 공기가 유입되어 화재가 확대되면 중성대의 위치는 높아지게 된다.　　　　O | X

X 중성대의 위치는 낮아지게 된다.

154
□□□

중성대 하부 개구부를 개방하면 공기가 유입되면서 연기가 외부로 배출되어 중성대가 위로 상승하고 중성대 하부 면적이 커져 소화활동이 용이하게 된다.　　　　O | X

X 공기가 유입되면서 화재의 확대가 이루어지고 실내 상부의 압력 상승에 따른 영향으로 중성대는 아래로 내려온다.

155
□□□

건물 내부의 압력이 외부의 압력과 일치하는 수직적인 위치가 생기는데, 이 위치를 중성대라 한다.　　　　O | X

O

156

☐☐☐

중성대 상부는 기체가 외부에서 실내로 유입되고 중성대 하부는 내부에서 외부로 기체가 유출된다.　O | X

X 중성대 상부는 기체가 실내에서 외부로 유출되고 중성대 하부는 외부에서 실내로 기체가 유입된다.

157

☐☐☐

중성대 상부는 열과 연기로부터 생존이 어려운 지역이고 중성대 하부는 신선한 공기로 인해 생존 가능성이 높은 지역이다.　O | X

O

158

☐☐☐

열의 전달 방법 중 복사는 중간 매개체 도움 없이 발생하는 전자파에 의한 에너지의 전달이다.　O | X

O

159

☐☐☐

전도(Conduction)의 열전달 방식에서 단면적이 일정한 도체일 경우 열전달량은 전열면적과 온도차에 비례하고 두께차에 반비례한다.　O | X

O

160

☐☐☐

복사열전달 현상은 열에너지가 전자기파의 형태로 전달되는 현상이고, 진공상태에서는 복사열은 전달되지 않는다.　O | X

X 복사열전달 현상은 진공상태에서도 전달된다.

161

□□□

복사열전달 현상은 푸리에의 법칙을 따른다.

O | X

X 푸리에의 법칙은 전도와 관련이 있다. 열전달속도는 열전달면적, 고온부와 저온부의 온도차이에 비례하고 열이 전달되는 거리에 반비례한다.

> **핵심정리 푸리에의 법칙에 의한 열전달량**
>
> $$열전달량 \ \dot{Q} = kA\frac{(T_1 - T_2)}{L}$$
>
> k: 열전도율(W/mK)
> L: 물체의 두께
> A: 열전달 부분의 면적
> $(T_1 - T_2)$: 각 벽면의 온도 차
> T_1: 고온 측 표면온도(K)
> T_2: 저온 측 표면온도(K)

162

□□□

복사열전달 현상은 열전달이 고체 또는 정지상태의 유체 내에서 매질을 통해 이루어진다.

O | X

X 전도에 의한 열의 전달 현상이다.

> **핵심정리 전도에 의한 열의 전달 현상**
>
> 1. 물질의 이동 없이 고온의 물체와 저온의 물체를 직접 접촉시킬 때 고온의 물체에서 활발하게 일어나는 분자운동이 접촉면에서의 충돌에 따른 자유전자의 이동이나 분자의 진동운동에 의해 저온 물체의 분자운동을 활발하게 하여 에너지를 전달한다.
> 2. 금속이 비금속에 비해 열전도율이 큰 이유는 자유전자의 이동성 때문이다.
> 3. 열전도도는 고체 → 액체 → 기체의 순서이다.
> 4. 콘크리트가 철근보다 열전도율이 작다.

163

화염의 직경이 0.1m인 화원의 중심으로부터 1m 떨어진 물체에 전달되는 복사열유속은 5[kW/m²]이다. (단, 화염의 열방출률은 120kW, 총 열방출에너지 중 복사된 열에너지 분율은 0.5, 원주율은 3으로 계산한다) O | X

O $Q = \dfrac{0.5 \times 120kW}{4 \times 3 \times 1m^2} = 5[kW/m^2]$

핵심정리 화염직경의 두 배 이상 떨어진 목표물에 대한 복사열 계산

$$Q = \frac{Xr\,\dot{Q}}{4\pi r^2}$$

$\dot{Q}$: 화재의 연소에너지 방출(kw)
Xr: 총 방출에너지 중 복사된 에너지 분율(0.15~0.6)
r: 화재중심과 목표물의 거리(m)
$4\pi r^2$: 구의 표면적

164

유체입자의 유동에 의해 열에너지가 전달되는 현상은 대류에 의한 열의 전달현상이다. O | X

O

핵심정리 대류

1. 유체의 흐름이 층류일 때보다는 난류일 때 열전달이 잘 이루어진다.
2. 열복사 수준이 낮은 화재초기 상태에서 중요한 현상으로 부력의 영향을 받는다.

165

화재플럼이 천장과 충돌하면 고온의 플럼가스는 충돌점(Stagnation point)을 중심으로 축대칭으로 퍼져나가게 되는데 이를 연돌효과라 한다. O | X

X 천장제트(Ceiling jet)에 대한 설명이다.

166

천장제트흐름의 두께는 천장에서 화염까지 높이의 5~12% 내외 정도 범위이다. O | X

O 천장제트흐름은 화재 플럼의 부력에 의하여 발생되며 천장면을 따라 빠르게 흐르는 기류이다. 화원의 크기와 위치 그리고 화원에서 천장까지의 높이에 영향을 받는다.

167

□□□

스프링클러헤드와 화재감지기는 천장제트흐름의 영향범위를 피하여 부착한다.　O | X

X　스프링클러헤드와 화재감지기는 천장제트흐름이 유효범위 내에 설치한다.

168

□□□

가연물질의 완전연소 시에는 공기의 공급량이 충분하기 때문에 연소불꽃은 암적색으로 나타난다.　O | X

X　휘백색(1,500℃)으로 나타난다. 암적색은 약 520℃이다.

169

□□□

가연물의 온도, 혼합물의 조성 및 난류는 연소속도에 영향을 미치는 주요 요인이다.　O | X

O

📖 핵심정리 **연소속도에 영향을 주는 요인**

1. 가연물의 온도
2. 산소의 농도에 따라 가연물질과 접촉하는 속도
3. **혼합물의 조성**: 연소속도는 화학양론적 혼합조성에서 최고가 된다. 혼합물이 연소한계에 가까워질수록 연소속도는 느려진다.
4. **난류**: 난류에 의해 주름잡힌 화염은 큰 표면적과 에너지를 가지게 되어 연소속도를 증가시킨다.

확인학습문제

170
□□□

원자량이란 질량수가 12인 탄소의 원자량을 12로 정해 놓고 이를 기준으로 한 원자들의 상대적 질량을 말한다.

O | X

O

> 📋 **핵심정리** **1몰의 질량과 몰의 개수**
> 1. 1몰의 질량은 원자량에 g을 붙인 값을 말한다. 따라서 탄소 1몰의 질량은 12g이다.
> 2. 1몰의 개수(아보가드로 수)란 1몰의 질량 안에 들어 있는 입자수를 말한다. 1몰의 입자수는 6.02×10^{23}개이다.

확인학습문제

171
□□□

서로 결합된 원자들의 집합체인 분자는 화합물 고유의 화학적 성질을 지닌 최소단위이다.

O | X

O

확인학습문제

172
□□□

화학식의 실험식이란 분자의 특성을 알 수 있도록 작용기를 사용하여 나타낸 식이다.

O | X

X 시성식에 대한 설명이다.

> 📋 **핵심정리** **화학식의 표현**
> 1. 분자식(Molecular formula): 한 분자를 이루는 원자의 종류와 수를 나타낸 식이다.
> 2. 실험식(Empirical formula): 물질을 구성하는 원자나 이온의 종류와 수를 가장 간단한 정수비로 나타낸 식이다.
> 3. 시성식(Rational formula): 분자의 특성을 알 수 있도록 작용기를 사용하여 나타낸 식이다.
> 4. 구조식(Structural formula): 화합물을 이루는 원자 사이의 결합이나 배열 상태를 결합선을 사용하여 나타낸 식이다.

확인학습문제

173
□□□

비금속원소와 비금속원소가 만나 비금속원소들이 서로 전자를 내어 놓아 전자를 공유하는 형태로, 원자들의 결합이 이루어지는 결합을 이온결합이라 한다.

O | X

X 공유결합에 대한 설명이다. 이온결합은 금속양이온과 비금속음이온이 만나 이루어지는 결합이다. 나트륨원자(Na)는 염소에 전자 1개를 주고 이온(Ion)이라 부르는 전하를 띤 두 개의 입자를 형성한다.

확인학습문제

174
□□□

비활성 기체는 모두 반응성이 가장 큰 비금속으로서, 실제로 모든 금속 및 대부분의 비금속들과 서로 반응한다.

O | X

X 할로겐족 원소에 대한 설명이다.

175
☐☐☐

극성 분자끼리, 무극성 분자끼리는 잘 녹지 않는다. 반면, 극성분자와 무극성 분자는 잘 녹는다. O | X

X 극성 분자끼리, 무극성 분자끼리는 녹기 쉽다. 반면, 극성분자와 무극성 분자는 잘 녹지 않는다.

176
☐☐☐

이온결합이란 전기음성도가 다른 두 원자가 공유결합을 할 때, 전기음성도가 큰 원자 쪽으로 공유 전자쌍이 끌려 부분 전하를 띠는 결합을 말한다. O | X

X 극성공유결합에 대한 설명이다. 물은 산소와 수소원자가 극성공유결합을 하고 있다. 전기음성도란 원자와 원자가 공유 전자쌍을 끌어당기는 강도를 말한다.

177
☐☐☐

물(H_2O) 분자는 3개의 원자가 접힌 선형으로 결합한 무극성 분자가 된다. O | X

X 물(H_2O) 분자는 3개의 원자가 접힌 선형으로 결합하므로 결합의 극성이 지워지지 않고 극성 분자가 된다.

178
☐☐☐

배수비례의 법칙에 따라, 순수한 화합물에서 성분 원소 간의 질량비는 항상 일정하다. O | X

X 일정성분비의 법칙을 의미한다.

> **핵심정리 배수비례의 법칙(돌턴)**
> 두 원소가 결합하여 두 가지 이상의 화합물을 만들 때 한 원소의 일정량과 결합하는 다른 원소의 질량 사이에는 간단한 질량비가 성립한다. 이것은 원자가 쪼개지지 않은 채로 항상 정수의 개수비로 화학결합을 하기 때문이다.

179
☐☐☐

화학반응에서 발열반응은 반응물질 에너지가 생성물질 에너지보다 더 작을 때 나타난다. O | X

X 발열반응은 반응물질 에너지가 생성물질 에너지보다 더 클 때 나타난다.

180
☐☐☐

비중이란 어떤 물체의 단위질량 1[g(kg)]을 1[℃(℉)] 올리는 데 필요한 열량[cal(kcal)]을 말한다. O | X

X 비열에 대한 설명이다. 비중은 물질의 고유 특성으로서 기준이 되는 물질에 대한 상대적인 비를 말한다. 일반적으로 액체의 경우 1기압하에서 4℃ 물을 기준으로 하고, 기체의 경우에는 20℃ 공기를 기준으로 한다.

181

잠열이란 열의 출입이 상(태)변화에 사용되지 않고 온도변화 현상으로 나타나는 열을 말한다.　　O | X

X 현열에 대한 설명이다.

> 📖 핵심정리 **현열 및 잠열**
>
> 1. 현열
>
> Q(현열: kcal) = C(비열: kcal/kg · ℃)×m(질량: kg)×t(온도차: ℃)
>
> 2. 잠열
>
> Q(잠열: kcal) = m(질량: kg)×ç(잠열: kcal/kg)
>
> • 물의 기화열(증발잠열: 액체 → 기체): 539kcal/kg
> • 얼음의 융해열(용융잠열: 고체 → 액체): 80kcal/kg

182

열역학 2법칙에 따라, 어떠한 방법으로든 절대영도(-273.15℃)에는 도달할 수 없다.　　O | X

X 열역학 3법칙을 말한다.

> 📖 핵심정리 **열역학 2법칙칙(에너지흐름의 법칙)**
>
> 1. 실제적으로 일은 열로 변환이 쉽게 일어나는 자연현상이지만, 열이 일로 변환하는 데에는 제한이 따른다. 열역학 2법칙은 에너지흐름의 법칙으로 비가역적인 현상을 말한다.
> 2. 일은 열로의 전환이 가능하나 열은 일로 전부 전환시킬 수 없다.
> 3. 열은 스스로 저온에서 고온으로 이동할 수 없다.

183

열역학 1법칙은 에너지변환의 양적 관계를 명시한 것으로 비가역적인 법칙이다.　　O | X

X 열역학 1법칙은 가역적인 법칙이다.

> 📖 핵심정리 **열역학 1법칙**
>
> 1. 열과 일은 에너지의 일종으로 열과 일은 상호 변환이 가능하다.
> 2. 밀폐계가 임의의 사이클을 이룰 열전달의 총합은 이루어진 일의 총합과 같다.
> 3. 열역학 1법칙은 에너지변환의 양적 관계를 명시한 것으로 가역적인 법칙이다.

184

샤를(Charles)의 법칙에 따르면 일정한 온도에서 기체의 질량을 고정하였을 때 기체의 부피는 기체의 압력에 반비례한다.　　O | X

X 보일(Boyle)의 법칙에 관한 내용이다. 샤를(Charles)의 법칙에 따르면 일정한 압력에서 일정량의 기체의 부피는 그 절대온도 T에 정비례한다.

185
☐☐☐

이상기체 상태방정식은 $PV = nRT$, $PV = \dfrac{w}{M}RT$이다.

P: 압력(atm), V: 부피(m^3), n: 몰수(Kmol), R: 기체상수($atm \cdot m^3/Kmol \cdot K$)

T: 절대온도(K), M: 분자량(kg/Kmol), w: 질량(kg)

O | X

O 일정한 온도에서 'PV = 일정', 일정한 압력에서 'V/T = 일정', 일정 온도와 압력에서 '기체의 부피는 몰수에 비례($n \propto V$)' 한다는 아보가드로의 법칙 등을 포함한다.

186
☐☐☐

질량보존의 법칙은 표준상태(0℃, 1atm)에서 모든 기체 1kmol(mol)이 차지하는 부피는 22.4m^3(L)이며, 그 속에는 6.023×10^{23}개의 분자가 존재하는 것을 의미한다.

O | X

X 아보가드로의 법칙을 의미한다. 기체는 온도와 압력이 같다면 같은 체적 속에는 같은 수의 분자수를 갖는다.

187
☐☐☐

이상기체 상수 값은 0.082($atm \cdot L/mol \cdot K$[$atm \cdot m^3/Kmol \cdot K$]이다.

O | X

O 이상기체 상수(R) = $1atm \times 22.4m^3/1Kmol \times 273K$
  = $0.082atm \cdot m^3/Kmol \cdot K$

188
☐☐☐

화씨온도는 물의 어는점이나 끓는점을 사용하지 않고 에너지에 비례하도록 온도를 정의한 것으로, 열역학적으로 생각 할 수 있는 최저온도로서 기체평균 운동에너지가 0으로 측정된 −273℃를 0K로 정한 온도이다.

O | X

X 절대온도에 대한 설명이다. 화씨온도(Fahrenheit)는 1기압에서 순수한 물의 어는점을 32°F, 끓는점(비점)을 212°F로 하여 그 사이를 180등분한 것이다.

189
☐☐☐

섭씨온도를 화씨온도로 환산변환식은 '°F = $\dfrac{5}{9}$°C + 32'이다.

O | X

X 환산변환식은 °F = $\dfrac{9}{5}$°C + 32 이다.

190
☐☐☐

1몰의 메탄이 완전연소할 때에는 2몰의 산소가 필요하며, 1몰의 프로판은 3몰의 산소가 필요하다.

O | X

X 1몰의 프로판이 완전연소하기 위해선 5몰의 산소가 필요하다. 즉, 프로판이 완전연소하려면 메탄보다 2.5배의 산소가 더 필요한 것을 알 수 있다.

191

이론공기량은 $\dfrac{\text{이론산소량}}{0.21}$ (단, 공기 중의 산소의 농도는 21vol%)이다.

O | X

O 이론산소량 = 이론공기량 × $\dfrac{21}{100}$

192

메탄계 탄화수소는 탄소 간의 하나의 이중결합을 포함하고 있다.

O | X

X 메탄계 탄화수소(파라핀계)는 탄소 간에 단일결합을 하고 있다. 에틸렌계보다 반응성이 작다.

> 📖 핵심정리 **지방족 탄화수소의 분류**
>
> 1. 메탄계 탄화수소(파라핀계, AlKane족): 단일결합, 반응성이 작아 안정된 화합물
> 2. 에틸렌계 탄화수소(올레핀계, AlKene족): 이중결합, 메탄계보다 반응성이 큼
> 3. 아세틸렌계 탄화수소(AlKyne족): 3중결합, 반응성이 매우 큼
> 4. 알킬기의 일반식: C_nH_{2n+1}

193

산소농도를 최소산소농도보다 낮게 하면 연료의 농도에 관계없이 더 이상 연소가 진행되지 못한다.

O | X

O 최소산소농도는 화염전파를 위한 최소한의 산소농도를 말한다.

$$MOC = LFL(\%) \times \dfrac{\text{산소의 몰수}}{\text{연료의 몰수}}$$

194

불활성화(Inerting)는 가연성 혼합기체에 불활성 물질을 첨가하여 산소의 농도를 낮추어 연소를 멈추게 하는 것이다.

O | X

O

> 📖 핵심정리 **불활성화에 의한 퍼지방법**
>
> 1. 진공 퍼지(Vacuum purging)
> 2. 압력 퍼지(Pressure purging)
> 3. 스위프 퍼지(Sweep through purging)
> 4. 사이폰 퍼지(Siphon purging)

195

☐☐☐

한계산소지수가 클수록 위험도가 높다고 할 수 있다.

O | X

X 한계산소지수가 클수록 안전도가 높다고 할 수 있다.

> **핵심정리 한계산소지수(LOI; Limited Oxygen Index)**
>
> 1. 시료가 발화되어 열원을 제거하였을 때 3분간 꺼지지 않고 연소하는 데 필요한 공기 중의 최소산소부피(%)를 말한다. 즉, 시료가 연소를 지속하는데 필요한 최소한의 산소체적분율(%)을 말한다.
> 2. 한계산소지수(LOI)(%) = $\dfrac{O_2}{O_2 + N_2} \times 100$

196

☐☐☐

공기비는 실제공기량을 이론공기량으로 나눈 값을 말한다.

O | X

O 공기비 = $\dfrac{실제공기량}{이론공기량}$ = $\dfrac{실제공기량}{실제공기량 - 과잉공기량}$

197

☐☐☐

이론공연비는 단위질량의 연료를 완전연소시키는 데 필요한 공기량을 말한다.

O | X

O 이론공연비 $S = (\dfrac{A}{F})st = \dfrac{m_{air}}{m_{fuel}}$

198

☐☐☐

탄소·수소비가 클수록 이론공연비는 커진다.

O | X

X 탄소·수소비가 클수록 이론공연비는 작아진다.

199

☐☐☐

연소과정의 공기과잉 혹은 연료과잉의 정도를 정량적으로 나타내기 위하여 이론연공비에 대한 연소과정의 연료공기비(실제연공비)를 당량비(Equivalence ratio, φ)로 정의한다.

O | X

O 당량비 $\dfrac{실제연공비(F/A)}{이론연공비(F/A)st} = \dfrac{이론공기량}{실제공기량}$

200

대부분의 화재에서 초기 화재 발생 시 당량비(φ)는 1보다 작은 상태로 시작하며, 화재가 성장하면서 증가하고, 화재성 장단계를 거치는 동안 1보다 큰 상태가 된다.   O | X

O '당량비(φ) < 1'인 경우 실제공기량이 이론공기량보다 크고, 공기과잉상태로 연료지배형 화재의 특성을 보인다. '당량 비(φ) > 1'인 경우 이론공기량이 실제공기량보다 큰 상태이며, 공기부족상태이므로 불완전연소를 한다. 따라서, 환기지 배형 화재의 특성을 갖는다.

21. 공채

201

최소산소농도(MOC; Minimum Oxygen Concentration)는 연소상한계에 의해 결정된다.   O | X

X 연소하한계에 의해 최소산소농도가 결정된다.

23. 공채

202

화학양론비 부근에서 가연성 혼합기의 최소발화에너지(MIE; Minimum Ignition Energy)는 최저가 된다.   O | X

O 가연성 혼합기의 농도가 양론농도 부근일 때 MIE가 작아진다. 일반적으로 이것보다 상한계나 하한계로 향함에 따라 MIE는 증가한다.

23. 공채

203

열전도율이 낮아지면 최소발화에너지는 커진다.   O | X

X 열전도율이 낮아지면 최소발화에너지는 작아진다.

204

화염을 전파하기 위해서는 최소한의 산소농도가 요구되며 이를 최소산소농도(MOC; Minimum Oxygen Concentration) 라 한다. 가연성가스의 농도와 상관없이 산소 농도를 MOC 이하로 낮추면 연소는 불가능하게 된다.   O | X

O

> **핵심정리** **최소산소농도(MOC)**
>
> 1. 화염을 전파하기 위해서는 최소한의 산소농도가 요구되며 이를 최소산소농도(MOC; Minimum Oxygen Concentration)라 한다.
> 2. 가연성가스 농도가 얼마든지 산소 농도를 MOC 이하로 낮추면 연소는 불가능하게 된다.
> 3. 불활성기체가 첨가되면 연소범위가 좁아진다.
> 4. 실험 데이터가 충분하지 못할 때 MOC 값은 연소반응식 중의 산소의 양론계수와 연소하한계의 곱을 이용하여 추산되며 이 방법은 많은 탄화수소에 적용된다. 즉, 'MOC = 산소몰수 × 연소하한계'이다.

205

☐☐☐

메틸알코올(CH_3OH)의 최소산소농도(MOC; Minimum Oxygen Concentration)는 14.0%이다(단, CH_3OH의 연소상한계는 37%, 연소범위의 상·하한 폭은 30%이다). O | X

X 최소산소농도(MOC) = 연소하한계 × $\dfrac{\text{산소의 몰수}}{\text{가연물의 몰수}}$ 이므로, 최소산소농도는 $7 \times 1.5 = 10.5$%이다.

> 📖 핵심정리 **메틸알코올의 완전연소반응식**
>
> $$2CH_3OH + 3O_2 \rightarrow 2CO_2 + 4H_2O$$

206

☐☐☐

에틸알코올(C_2H_5OH)의 최소산소농도(MOC)는 12.9%이다(단, 에틸알코올의 연소범위는 4.3~19Vol%이며, 완전연소생성물은 CO와 H_2O이다). O | X

O $C_2H_5OH + 3O_2 \rightarrow 2CO_2 + 3H_2O$
에틸알코올의 연소 범위는 4.3~19Vol%이다.

최소산소농도(MOC) = 연소의 하한계 × $\dfrac{\text{산소의 몰수}}{\text{가연물의 몰수}}$ 이다.

따라서, 에틸알코올의 최소산소농도 = $4.3 \times \dfrac{3}{1} = 12.9$%이다.

207

☐☐☐

1기압, 20℃인 조건에서 메탄(CH_4) $2m^3$가 완전연소하는 데 필요한 산소 부피는 $4m^3$이다. O | X

O

208

☐☐☐

0℃, 1기압인 조건에서 1mol의 프로페인(C_3H_8)이 완전연소하는 데 23.8mol의 공기가 필요하고, 0.5mol의 프로페인(C_3H_8)이 완전연소하는 데 필요한 공기 중 질소의 양은 18.8mol이다. O | X

X 프로페인(C_3H_8)의 완전연소 반응식은 $C_3H_8 + 5O_2 \rightarrow 3CO_2 + 4H_2O$이다.
프로페인 1mol 완전연소할 때
- 5mol의 O_2 [$5 \times 36 = 180(g)$]
- 3mol의 CO_2 [$3 \times 44 = 132(g)$]
- 4mol의 H_2O [$4 \times 18 = 72(g)$]
- 필요한 공기량 5 / 0.21 ≒ 23.8[mol]
- 필요한 공기량 중 질소의 양 23.8[mol] × 0.79[vol%] ≒ 18.8[mol]

프로판 0.5mol 완전연소할 때 필요한 공기 중 질소의 양은 18.8[mol] × $\dfrac{1}{2}$ = 9.4[mol]%이다.

209
□□□

비열은 단위질량의 물체 1g을 1℃ 올리는 데 필요한 열량과 물 1g의 온도를 1℃ 올리는 데 필요한 열량과의 비율을 말한다. O | X

O

210
□□□

현열은 온도의 변화를 수반하지 않고 상의 변화에 필요한 에너지를 말한다. O | X

X 잠열에 대한 설명이다.

22. 공채

211
□□□

황의 연소반응식은 $S + O_2 = SO_2$이다. O | X

O

22. 공채

212
□□□

800℃, 1기압에서 황(S) 1kg이 공기 중에서 완전 연소할 때 발생되는 이산화황의 발생량은 2.75(m³)이다. O | X

O 이상기체반응식 $PV = nRT$
$V = nRT/p$
$= 31.25(몰) \times 0.082(atm \cdot L/K \cdot 몰) \times (800 + 273)K/1atm$
$= 2,749(L) \times (\dfrac{1m^3}{1000L}: 환산인자)$
따라서, 이산화황의 발생량은 2.75(m³)이다.

확인학습문제

213
□□□

액체를 주입하면 다시 증발되어 증발과 액화가 평행 상태에 이른다. 이때의 증기압을 최소증기압이라고 한다. O | X

X 이때의 증기압을 포화증기압이라고 한다.

확인학습문제

214
□□□

어떤 액체의 절대압력이 그 액체의 온도에 상당하는 포화증기압보다 낮아지면 비등(Boiling)하게 된다. 따라서 수계시스템에서 국소압력이 포화증기압보다 낮으면 기포가 발생한다. 이러한 현상을 공동현상(Cavitation)이라 한다. O | X

O

215
☐☐☐

유체의 표면에 작용하여 표면적을 최소화하려는 힘으로 액체 상태에서 외력이 없는 경우 거의 구형을 유지하려는 데 작용하는 장력을 부력이라 한다. O | X

X 표면장력이라 한다. 부력은 중력이 작용하는 공간에서 높이 차이에 따른 압력의 차이로 생기는 힘이다.

> **핵심정리 표면장력**
>
> 소화에서 가장 중요한 물의 특성인자 중의 하나이며, 물 표면에서 물분자 사이의 응집력 증가는 물의 온도와 전해질 함유량에 좌우된다.
> 1. 물에 함유된 염분은 표면장력을 증가시킨다.
> 2. 비누·알코올·산과 같은 유기물질은 표면장력을 감소시킨다. 즉, 비누나 샴푸 등의 계면활성제는 표면장력을 적게 해 주기 때문에 소화효과를 증대시킨다.
> 3. 표면장력은 분자 간의 응집력과 직접적인 관계가 있으므로 온도의 상승에 따라 그 크기는 감소한다.
> 4. 가연성 물질의 표면장력이 작을수록 위험성이 커진다.

216
☐☐☐

표면장력은 온도에 따라 변화하며, 온도가 높을수록 증가하게 된다. O | X

X 표면장력은 온도에 따라 변화하며, 온도가 높을수록 응집력이 떨어지므로 감소하게 된다.

217
☐☐☐

밀도는 물체의 구성입자가 얼마나 조밀하게 들어 있는가를 나타내는 물리량으로서 단위 체적(단위 부피)이 가지는 유체의 질량 또는 비질량(Specific mass)이라 한다. O | X

O

218
☐☐☐

비중이란 기준물질에 대한 단위 체적당 질량비로 나타낸다. O | X

O 기준물질과 어떤 물질과의 밀도의 비를 나타낸다.

219
☐☐☐

어떤 물질의 증기압이 대기압과 같아질 때의 온도를 융점이라고 한다. O | X

X 비점(비등점, 끓는점)에 대한 설명이다. 비등점이 낮은 가연물은 증기압이 커서 기체가 되기 쉬우므로 화재의 위험성이 크다고 볼 수 있다.

220
☐☐☐
일반적으로 액체의 점도가 크면 유동성이 좋지 못하므로 화재의 확대가 느릴 수 있다.　　O | X

O 가연성 액체의 점도는 액체의 유동성에 영향을 주어 화재가 확대되는 요인이 되기도 한다.

221
☐☐☐
온도가 상승하면 액체의 점도는 감소하지만, 기체의 점도는 증가한다.　　O | X

O 기체의 점도는 온도 상승에 따라 분자의 진동과 충돌이 증가하여 점도가 증가하는 특징을 보인다.

222
☐☐☐
SI기본단위로는 미터(m), 킬로그램(kg), 초(s), 암페어(A), 켈빈(K), 몰(mol), 칸델라(cd)의 7개 단위가 있다.　　O | X

O

POINT 2-1 폭발의 개관

001

폭발은 압력상승의 원인에 따라 물리적 폭발, 화학적 폭발 등으로 분류한다. O | X

O

> 📖 **핵심정리** **압력상승에 따른 분류**
>
> 1. **물리적 폭발**: 증기폭발, 수증기폭발, 보일러폭발, 전선폭발, 감압폭발
> 2. **화학적 폭발**: 산화폭발, 분해폭발, 중합폭발, 촉매폭발
> 3. **물리·화학적 폭발**: 블레비(BLEVE) 현상
> 4. 핵폭발

002

물리적 폭발은 물질의 상태가 변하거나 온도, 압력 등의 조건의 변화에 의한 폭발로써 화염을 수반하지 않는다. O | X

O 반면에 화학적 폭발은 화학반응의 결과로 급격한 압력 상승을 수반한 폭발로써 화염을 동반한다.

003

폭발의 원인물질의 분류에 따라 기상폭발과 응상폭발로 분류한다. O | X

O

> 📖 **핵심정리** **원인물질의 상태에 따른 분류**
>
> 1. **기상폭발**: 가스폭발, 분진폭발, 분해폭발, 분무폭발, 증기운폭발
> 2. **응상폭발**: 증기폭발, 수증기폭발, 전선폭발

004

분해폭발, 증기운폭발 및 증기폭발은 기상폭발의 범주에 해당한다. O | X

X 증기폭발은 응상폭발에 해당한다.

005

☐☐☐

폭연과 폭굉을 구분하는 기준은 화염의 전파속도이다.

O | X

O 폭연과 폭굉은 일반적으로 반응속도가 음속 이하인 것은 폭연, 음속 이상인 것은 폭굉으로 구분한다.

---

23. 간부

006

☐☐☐

폭연은 충격파를 형성하지 않고, 화염의 전파속도가 음속보다 느린 것을 말하며, 그 화염의 전파속도는 0.1~10m/sec 정도이다.

O | X

O

---

23. 공채

007

☐☐☐

예혼합가스의 초기압력이 높을수록 폭굉 유도거리가 길어진다.

O | X

X 예혼합가스의 초기압력이 높을수록 폭굉 유도거리가 짧아진다.

---

23. 공채

008

☐☐☐

화염전파속도는 폭연의 경우 음속보다 느리며, 폭굉의 경우 음속보다 빠르다.

O | X

O

> **핵심정리 폭연과 폭굉**
>
> 1. **폭연**
>   - 폭연에서는 반응면이 열의 분자확산 이동, 반응물과 연소생성물의 난류혼합에 의해 전파된다.
>   - 폭연은 폭굉으로 변화될 수 있으며, 에너지 방출속도가 열전달속도(물질의 전달속도)에 영향을 받는다.
>   - 폭연은 폭굉과 달리 충격파를 형성하지 않는다.
> 2. **폭굉**
>   - 에너지 방출속도는 열전달속도에 기인하지 않고 압력파에 의존한다.
>   - 폭굉파는 음파와 달리 폭굉파가 통과한 곳은 화학적 조성이 변하므로, 가역적인 탄성파로 취급되지 않는다.

---

24. 간부

009

☐☐☐

폭굉은 급격한 압력의 상승 또는 개방에 의해 가스가 격한 음을 내면서 팽창하는 현상이고, 화염의 전파속도는 약 0.1~10m/s이다.

O | X

X 폭굉은 폭발적 연소반응으로서 화염의 전파속도가 음속보다 빠른 것을 말하며 일반적으로 화염의 전파속도는 1,000~3,500m/s이다. 이때의 온도의 상승은 열에 의한 전파라기보다는 충격파의 압력에 기인한다.

010

폭연은 폭굉으로 전이될 수 없으나 폭굉은 폭연으로 전이될 수 있다.   O | X

X 폭연은 폭굉으로 전이될 수 있다.

> **핵심정리 폭굉유도거리(DID)**
>
> 1. 점화에너지가 강할수록 짧아진다.
> 2. 연소속도가 큰 가스일수록 짧아진다.
> 3. 관경이 가늘거나 관 속에 이물질이 있을 경우 짧아진다.
> 4. 압력이 높을수록 짧아진다.

011

압력이 높을수록 폭굉으로의 전이가 쉽다.   O | X

O

012

폭굉유도거리가 짧아질수록 위험도는 커진다.   O | X

O

013

폭연은 화염면에서 온도, 압력, 밀도의 변화가 불연속적으로 나타난다.   O | X

X 폭굉은 화염면에서 온도, 압력, 밀도의 변화가 불연속적으로 나타난다. 폭연은 화염면에서 상대적으로 완만한 에너지 변화에 의해서 온도, 압력, 밀도가 연속적으로 나타난다.

014

폭연은 반응 또는 화염면의 전파가 분자량이나 공기 등의 난류확산에 영향을 받는다.   O | X

O

015

폭굉은 충격파를 형성하지 않는다.   O | X

X 폭굉은 폭발적 연소반응으로서 화염의 전파속도가 음속보다 빠른 것을 말하며 일반적으로 화염의 전파속도는 1,000~3,500m/s이다. 이때의 온도의 상승은 열에 의한 전파라기보다는 충격파의 압력에 기인한다.

016
□□□

폭굉은 온도, 압력, 밀도 등이 화염면에서 불연속적으로 나타난다. O | X

O 반면에 폭연은 온도, 압력, 밀도 등이 화염면에서 연속적으로 나타난다.

24. 간부

017
□□□

폭굉유도거리란 최초의 완만한 연소에서 폭굉까지 발전하는 데 필요한 거리를 말한다. O | X

O

24. 간부

018
□□□

폭굉유도거리는 관경이 가늘수록, 점화에너지가 작을수록 짧아진다. O | X

X 폭굉유도거리는 점화에너지가 강할수록 짧아진다.

> 📖 핵심정리 **폭굉유도거리 영향요인**
> 1. 점화에너지가 강할수록 짧아진다.
> 2. 연소속도가 큰 가스일수록 짧아진다.
> 3. 관경이 가늘수록 짧아진다.
> 4. 관속에 이물질(장애물)이 있을 경우에 짧아진다.
> 5. 배관의 상용 압력이 높을수록 짧아진다.

23. 간부

019
□□□

폭연은 에너지 방출속도가 물질전달속도에 영향받지 않고 매우 빠르다. O | X

X 폭연은 폭굉으로 변화될 수 있으며, 에너지 방출속도가 열전달속도(물질의 전달속도)에 영향을 받는다.

18. 간부

020
□□□

폭굉 시의 온도 상승은 열에 의한 전파보다 충격파의 압력에 기인하고, 화염면에서 온도와 압력 그리고 밀도가 연속적으로 나타난다. O | X

X 폭굉 시 화염면에서는 급격한 에너지의 변화에 의해서 온도와 압력 그리고 밀도가 불연속적으로 나타난다.

021
□□□

폭연은 물질의 전달속도에 영향을 받고, 화염면의 전파가 물질의 분자량이나 공기의 난류확산에 영향을 받는다. O | X

O

빈출문제

022
☐☐☐

과열액체의 증기폭발(비등액체팽창증기폭발)은 화학적 폭발에 해당한다.　　　O | X

X 물리적 폭발에 해당한다. 액체가 들어 있는 밀폐용기가 화재 시 외부로부터 가열되면 증기압이 상승되어 용기가 파열되면서 기체와 액체 간의 평형이 깨지는 현상이 발생할 수 있다. 일반적으로 이러한 현상을 물리적 폭발로 분류한다.

빈출문제

023
☐☐☐

전선폭발은 물리적 폭발로 분류한다.　　　O | X

O 미세한 금속선에 큰 용량의 전류가 흘러 전선의 온도 상승으로 용해되어 갑작스러운 기체의 팽창이 짧은 시간 내에 발생하는 전선의 폭발도 물리적 폭발에 해당한다.

빈출문제

024
☐☐☐

화학적 폭발은 산화폭발, 분해폭발, 중합폭발 등으로 분류한다.　　　O | X

O 화학적 폭발은 물질의 화학반응에 의하여 온도가 상승·과열되어 단시간 내에 급격한 압력 상승이 발생하여 폭발하는 현상을 말한다.

빈출문제

025
☐☐☐

화학적 폭발 중 산화폭발에는 분진폭발, 분해폭발, 분무폭발 등이 있다.　　　O | X

X 분해폭발은 산소에 관계없이 단독으로 발열·분해반응을 하는 물질에 의하여 발생하는 폭발현상이다. 압력과 온도의 영향을 받아 분해되며, 분해반응 시 발생하는 열과 압력에 의하여 주위에 많은 재해를 주는 폭발을 말한다.

22. 공채

026
☐☐☐

밀폐공간에서 조연성가스가 폭발범위를 형성하면 점화원에 의해 가스폭발이 일어난다.　　　O | X

X 조연성가스는 자신은 연소하지 않으면서 다른 물질이 타는 것을 도와주는 역할을 한다. 조연성가스는 가스폭발을 일으키지 않는다.

20. 공채

027
☐☐☐

폭발은 물리적, 화학적 변화의 결과로 발생된 급격한 압력 상승에 의한 에너지가 외계로 전환되는 과정에서 파열, 폭음 등을 동반하는 현상을 말한다.　　　O | X

O

028

☐☐☐

증기폭발은 액체의 급속한 기화로 인해 체적이 팽창되어 발생하는 현상이다.

O | X

O

029

☐☐☐

증기폭발은 폭발물질의 물리적 상태에 따른 분류 중 기상폭발에 해당한다.

O | X

X 증기폭발은 응상폭발에 해당한다. 기상폭발에 해당하는 폭발은 가스폭발, 분진폭발, 분해폭발, 분무폭발 및 증기운폭발 등이 있다.

030

☐☐☐

산화폭발, 분해폭발, 중합폭발은 화학적 폭발에 해당한다.

O | X

O

031

☐☐☐

아세틸렌과 산화에틸렌은 분해폭발을 일으키기 쉬운 물질이다.

O | X

O

> 📖 핵심정리 **분해폭발**
> 1. 공기가 섞이지 않은 상태에서도 폭발이 가능하므로 폭발상한계는 100%가 될 수 있다.
> 2. 아세틸렌, 산화에틸렌, 하이드라진, 에틸렌, 오존, 아산화질소, 산화질소, 시안화수소

032

☐☐☐

중합폭발은 가연성 액체의 무적(霧滴, mist)이 일정 농도 이상으로 조연성 가스 중에 분산되어 있을 때 착화하여 발생한다.

O | X

X 분무폭발에 대한 설명이다. 중합폭은 단량체의 중축합반응에 따른 발열량에 의한 폭발로 대표적인 예로는 산화에틸렌, 시안화수소, 염화비닐 등이 있다.

033

☐☐☐

분해폭발은 공기나 산소와 섞이지 않더라도 가연성 가스 자체의 분해 반응열에 의해 폭발하는 현상이다.

O | X

O

034
☐☐☐

분해폭발은 산소에 관계없이 단독으로 발열·분해반응을 하는 물질에서 발생하고, 물리적 폭발은 물질의 상태(기체, 액체, 고체)가 변하거나 온도, 압력 등 조건의 변화에 따라 발생한다. O | X

O

035
☐☐☐

수증기폭발은 밀폐 공간 속의 물이 급속히 기화하면서 많은 양의 수증기가 발생함으로써 증기압이 높아져 이것이 공간을 구획하고 있는 용기나 구조물의 내압을 초과하여 파열되는 현상이다. O | X

O

036
☐☐☐

가스폭발은 가연성 가스가 폭발범위 내의 농도로 공기나 조연성 가스 중에 존재할 때 점화원에 의해 폭발하는 현상으로 물리적 폭발에 해당한다. O | X

X 가스폭발은 화학적 폭발에 해당한다. 화학적 폭발은 화학반응의 결과로 급격한 압력이 발생하여 발생되는 폭발이다.

037
☐☐☐

상온에서 탱크에 저장된 중유가 유출되면 자유공간 증기운폭발이 일어난다. O | X

X 상온에서 탱크에 저장된 중유가 유출되어 증기운 폭발이 발생하기는 어렵다.

038
☐☐☐

다량의 고온물질이 물속에 투입되었을 때 물의 갑작스러운 상변화에 의한 폭발현상을 반응폭주라 한다. O | X

X 수증기폭발에 대한 설명이다.

> 📖 **핵심정리 반응폭주에 의한 폭발**
>
> 화학공장에서는 화합, 분해, 중합, 치환 등의 반응을 이용하는데 이러한 반응을 제어하는 데 실패할 경우 반응폭주가 일어나며, 폭발로 이어질 수 있다.

039
☐☐☐

보일러와 같이 고압의 포화수를 저장하고 있는 용기가 파손 등의 원인으로 동체의 일부분이 열리면 용기 내압이 급속히 하락되어 일부 액체가 급속히 기화하면서 증기압이 급상승하여 용기가 파괴되는 폭발은 기상폭발에 해당한다. O | X

X 보일러폭발은 응상폭발에 해당한다.

해커스소방 김정희 소방학개론 핵심정리 + OX문제

040
☐☐☐

공기 중에 분출된 가연성 액체가 미세한 액적이 되어 무상으로 부유하고 있을 때 착화에너지가 주어지면 폭발하는 현상은 기상폭발이다. O | X

O

041
☐☐☐

가스폭발에 비해 분진폭발은 발생에너지와 발열량은 크고, 연쇄폭발(2차 폭발)이 일어나지 않는다. O | X

X 분진폭발은 연쇄폭발이 발생할 수 있다.

042
☐☐☐

가연성 고체의 미분 상태에서 분진 입자와 밀도가 작을수록, 비표면적이 클수록 분진폭발이 잘 발생할 수 있다. O | X

O

043
☐☐☐

일반적으로 아세틸렌과 산화에틸렌은 분해폭발, 금속분과 밀가루는 분진폭발의 위험이 있다. O | X

O

044
☐☐☐

가스폭발은 가연성 고체의 미분이 공기 중에 부유하고 있을 때에 어떤 점화원에 의해 에너지가 주어지면 폭발하는 현상을 말한다. O | X

X 분진폭발에 대한 설명이다.

045
☐☐☐

가스폭발은 분진폭발보다 최소발화에너지가 크다. O | X

X 가스폭발은 분진폭발보다 최소발화에너지가 작다.

> 📖 **핵심정리 분진폭발의 특징**
>
> 1. 가스폭발과 같이 조연성 가스의 균일한 상태에서 반응하는 것이 아니고 가연물 주위에서 불균일한 상태에서 반응한다. 즉, 분진폭발은 가스폭발에 비하여 불완전연소가 많이 발생하기 때문에 일산화탄소의 발생량이 상대적으로 크다고 볼 수 있다.
> 2. 가스폭발보다 착화를 일으킬 수 있는 최소발화에너지가 크다.
> 3. 2차 폭발, 3차 폭발을 일으킬 수 있다.
> 4. 일반적으로 연소속도와 폭발압력은 가스폭발에 비교하여 작다고 할 수 있다. 반면에 연소시간이 길고 발생에너지가 크기 때문에 연소규모가 크다고 할 수 있다.

046
☐☐☐

분진의 단위체적당 표면적이 작아지면 폭발이 용이해진다. O | X

X 입도가 작을수록 비표면적이 증가하므로 폭발성이 증가한다. 분진의 단위체적당 표면적이 작아지면 비표면적이 감소하므로 폭발이 용이하지 않다.

> 📖 핵심정리 **분진폭발의 영향인자**
> 1. 입도가 작을수록 비표면적이 증가하므로 폭발성이 증가한다.
> 2. 분진폭발을 일으키는 분진입자의 크기는 약 100마이크로(μ) 또는 $76\mu m$(200mesh) 이하이다.
> 3. 입도가 동일한 경우 구상 → 침상 → 평편상 순으로 폭발성이 증가한다.

047
☐☐☐

분진의 발열량이 클수록, 휘발성분의 함유량이 많을수록 분진폭발하기 쉽다. O | X

O

048
☐☐☐

입자의 크기가 작고 밀도가 클수록 표면적이 크고 분진폭발이 용이해진다. O | X

X 입도가 작을수록 비표면적이 증가하므로 폭발성이 증가한다.

049
☐☐☐

평균 입경이 동일한 분진일 경우 분진의 형상에 따라 폭발성이 달라진다. O | X

O

050
☐☐☐

알루미늄과 마그네슘 금속분진의 경우 분진 속 수분량이 증가하면 폭발성이 증가한다. O | X

O

051

열분해가 용이할수록, 기체 반응속도가 빠를수록 분진 폭발하기 쉽다

O | X

⬜⬜⬜

O

📖 핵심정리 고체연료의 연소형태

표면연소	숯, 목탄, 금속분, 코크스
분해연소	목재, 종이, 석탄, 플라스틱
자기연소	셀룰로이드, TNT
증발연소	황, 나프탈렌, 파라핀(양초)

052

분진의 부유성이 클수록, 분진의 발열량이 클수록 폭발하기 쉽다.

O | X

⬜⬜⬜

O

053

증기운폭발은 대기 중에 기화하기 쉬운 가연성 액체가 유출되어 가연성 혼합기체가 대량으로 형성되었을 때 점화원에 의해 착화되어 일어나는 폭발현상을 말한다.

O | X

⬜⬜⬜

O

054

극저온 액화가스의 증기폭발과 과열액체의 증기폭발은 기상폭발에 해당한다.

O | X

⬜⬜⬜

X 응상폭발에 해당한다.

📖 핵심정리 증기폭발

1. **극저온 액화가스의 증기폭발**: 저온의 액화가스가 상온의 물 위에 분출되었을 때와 같이 액상에서 기상으로 급격한 상변화에 의하여 발생하는 폭발현상을 말한다.
2. **과열 액체의 증기폭발**: 보일러와 같이 고압의 포화수를 저장하고 있는 용기가 파손 등의 원인으로 동체의 일부분이 개방되면 용기 내압이 급속도로 하락되어 일부 액체가 급속히 기화하면서 증기압이 급상승하여 용기가 폭발(파괴)되는 현상을 말한다.

055

분진폭발, 분해폭발 및 분무폭발은 응상폭발에 해당한다.

O | X

⬜⬜⬜

X 기상폭발에 해당한다.

056

□□□

저온의 액화가스가 상온의 물 위에 분출되었을 때와 같이 액상에서 기상으로 급격한 상변화에 의해 발생하는 폭발현상은 응상폭발에 해당한다. O | X

O

057

□□□

분진폭발, 증기운폭발 및 증기폭발은 화학적 폭발에 해당한다. O | X

X 증기폭발은 물리적 폭발에 해당한다.

핵심정리 **압력상승에 원인에 따른 분류**	
물리적 폭발	**화학적 폭발**
• 양적변화 • 상변화에 따른 폭발 • 액화가스 증기폭발 • 수증기폭발 • 전선폭발(알루미늄 전선) • 감압폭발 • 과열액체 증기폭발(블래비) • 고상간 전이에 의한 폭발	• 질적변화 • 화학반응에 따른 폭발 • 분진폭발 • 분해폭발 • 가스폭발 • 분무폭발 • 박막폭발

058

□□□

전선폭발 및 감압폭발은 물리적 폭발에 해당한다. O | X

O

059

□□□

양적변화에 따른 화학반응에 의한 폭발은 화학적 폭발에 해당한다. O | X

X 질적변화에 따른 화학반응에 의한 폭발은 화학적 폭발에 해당한다.

060

□□□

과열액체 증기폭발(블레비)와 고상간 전이에 의한 폭발 및 UVCE(증기운폭발)는 물리적 폭발에 해당한다. O | X

X UVCE(증기운폭발)는 화학적 폭발에 해당한다.

21. 공채

061
□□□

블레비(BLEVE; Boiling Liquid Expanding Vapor Explosion) 현상은 액화가스저장탱크에서 물리적 폭발이 순간적으로 화학적 폭발로 이어지는 현상이다. 직접 열을 받은 부분이 액화가스저장탱크의 인장 강도를 초과할 경우 기상부에 면하는 지점에서 파열하게 된다. O | X

O

17. 공채

062
□□□

액화가스탱크에 외부에서 가해지는 열에 의해 액체가 비등하면서 내부의 압력이 상승하여 액화가스용기의 물리적 폭발이 발생되고 순간적으로 화학적 폭발로 이어지는 현상을 보일오버라 한다. O | X

X 블레비(BLEVE) 현상에 대한 설명이다.

17. 간부

063
□□□

블레비(BLEVE) 현상에 영향을 주는 인자로는 저장된 물질의 종류와 형태, 저장용기의 재질, 주위의 온도와 압력상태 등이 있다. O | X

O

빈출문제

064
□□□

블레비(BLEVE) 현상은 물리적 폭발이 순간적으로 화학적 폭발로 이어진다. 그 화학적 폭발의 결과로 파이어 볼(Fire ball)이 발생되기도 한다. O | X

O

빈출문제

065
□□□

증기폭발은 대기 중에 기화하기 쉬운 액체가 유출되어 대량의 가연성 혼합기체가 형성되어 발화원에 의하여 폭발하는 현상을 말한다. O | X

X 증기운폭발(UVCE; Unconfined Vapor Cloud Explosion)에 대한 설명이다.

066

⬜⬜⬜

블레비(BLEVE) 현상으로 저장탱크 균열로 인한 액상, 기상의 동적 평형 상태가 유지된다.　　　　O | X

X 블레비(BLEVE) 현상으로 탱크 균열로 인한 액상, 기상의 동적 평형상태가 깨지는 물리적 폭발을 말한다.

> 📖 핵심정리 **블레비(BLEVE; Boiling Liquid Expanding Vapor Explosion)**
>
> 블레비 현상(비등액체팽창 증기폭발)은 가연성 액체가 들어있는 액화가스저장탱크가 화재로부터 열을 공급받아 압력 상승하여 탱크의 일부가 파열되고, 탱크 균열로 인한 액상, 기상의 동적 평형상태가 깨지는 물리적 폭발을 말한다. 블레비 현상으로 대기 중으로 기화된 가스가 점화원에 의하여 폭발할 수 있다.

067

⬜⬜⬜

블레비(BLEVE) 현상은 가연물이 비점 이상으로 가열될 때, 저장탱크의 기계적 강도 이상의 압력이 형성될 때 발생한다.　　　　O | X

O

> 📖 핵심정리 **블레비(BLEVE) 발생의 메커니즘**
>
> 1. 저장탱크의 온도가 상승한다.
> 2. 내부 압력이 상승한다.
> 3. 탱크의 벽면에 연성파괴가 발생한다.
> 4. 일시적인 압력감소 현상이 발생한다.
> 5. 급격한 비등팽창이 발생한다.
> 6. 압력이 급격히 재상승한다.
> 7. 탱크 외벽의 취성이 파괴되는 현상까지이다.

068

⬜⬜⬜

블레비(BLEVE) 현상은 저장탱크의 외부 표면에 열전도성이 작은 물질로 단열 조치하여 예방한다.　　　　O | X

O

> 📖 핵심정리 **블레비(BLEVE) 발생의 방지대책**
>
> 1. 탱크 내의 압력을 감압시킨다.
> 2. 내압강도를 높게 한다.
> 3. 열전도도가 좋은 물질로 탱크 내벽을 제작한다.
> 4. 화염으로부터 탱크로의 가열을 방지한다.
> 5. 경사를 지어서 화염이 직접 탱크에 접하지 않도록 한다.
> 6. 탱크표면에 냉각장치를 설치하여 탱크내부의 증기발생을 감소시킨다.
> 7. 외부의 저장탱크의 물리적 충격·충돌의 발생을 방지한다.
> 8. 폭발방지장치를 설치한다.

22. 간부

069
□□□

정상시 및 사고시(단선, 단락, 지락 등)에 발생하는 전기불꽃, 아크 또는 고온에 의하여 폭발성 가스 또는 증기에 점화되지 않는 것이 점화시험 및 기타에 의하여 확인된 방폭구조는 안전증가 방폭구조이다.　　O | X

X　본질안전 방폭구조에 대한 설명이다.

빈출문제

070
□□□

안전증가 방폭구조는 정상운전 중에 폭발성 가스 또는 증기에 점화원이 될 전기불꽃, 아크 또는 고온이 되어서는 안될 부분에 이러한 것의 발생을 방지하기 위하여 기계적·전기적 구조 상 또는 온도 상승에 대해서 특히 안전도를 증가한 구조이다.　　O | X

O

빈출문제

071
□□□

내압 방폭구조는 점화원이 될 우려가 있는 부분을 용기 내에 넣고 신선한 공기 또는 불연성 가스 등의 보호기체를 용기의 내부에 넣어 줌으로써 용기 내부에는 압력이 형성되어 외부로부터 폭발성 가스 또는 증기가 침입하지 못하도록 한 구조이다.　　O | X

X　압력 방폭구조에 대한 설명이다.

> 📖 핵심정리 **내압 방폭구조**
>
> 전폐구조로 용기 내부에서 폭발성 가스 또는 증기가 폭발하였을 때 용기가 그 폭발압력에 파손되지 않고 견디며, 폭발한 고열의 가스가 접합면, 개구부 등을 통하여 외부로 나가는 일이 발생하여도 그 동안에 냉각되어 외부의 폭발성 가스에 인화될 우려가 없도록 한 구조이다.

빈출문제

072
□□□

압력 방폭구조는 전기설비 용기 내부에 공기, 질소, 탄산가스 등의 보호가스를 대기압 이상으로 봉입(封入)하여 당해 용기 내부에 가연성 가스 또는 증기가 침입하지 못하도록 한 구조를 말한다.　　O | X

O

확인학습문제

073
□□□

위험장소의 분류 중 0종 장소는 비정상상태에서만 폭발분위기가 유지되는 지역을 말한다.　　O | X

X　2종 장소에 대한 설명이다. 0종 장소는 항상 폭발분위기이거나, 장기간 위험성이 존재하는 지역, 인화성 액체용기나 탱크내부, 가연성 가스용기 내부의 장소를 말한다.

POINT 3-1 화재의 개요

001
☐☐☐

A급 화재는 일반화재로 면화류, 합성수지 등의 가연물에 의한 화재를 말한다.　　　　O | X

O

002
☐☐☐

외출 시 전원이 차단된 콘센트에서 불이 난 경우, 통전 중인 배전반에서 불이 난 경우는 전기화재에 해당한다.

O | X

X 외출 시 전원이 차단된 콘센트에서 불이 난 경우는 일반화재에 해당한다.

> 📖 핵심정리 **전기화재(C급 화재)**
> 1. 전기화재는 전류가 흐르는 전기장비와 관련된 화재이다.
> 2. 전기화재의 발생원인으로는 단락(합선), 전기스파크, 과전류, 접속부 과열, 지락, 낙뢰, 누전, 열적경과, 절연불량 등이 있다.
> 3. 전기화재는 할로겐화합물 소화약제, 분말소화약제 또는 이산화탄소와 같은 비전도성 소화약제를 사용하여 진압할 수 있다.

003
☐☐☐

실외 난로가 넘어지면서 새어 나온 석유에 불이 붙은 경우는 일반화재에 해당한다.　　　　O | X

X 유류화재에 해당한다. 유류화재는 가솔린, 등유 등과 같은 인화성 액체(제4류 위험물)의 화재이다.

> 📖 핵심정리 **유류화재(B급 화재)**
> 1. 유류화재는 가솔린, 등유 등과 같은 인화성 액체(제4류 위험물)의 화재이다. 그 외에 오일, 라커, 페인트 등과 같은 가연성 액체와 관련된 화재도 포함된다.
> 2. 연소 후 재를 남기지 않으며, 연소열이 크고 인화성이 좋기 때문에 일반화재보다 위험하다.
> 3. 포를 이용한 질식소화가 효과적이다.

004

실험실 시험대 위 나트륨 분말에서 불이 난 경우는 일반화재에 해당한다. O | X

X 나트륨 분말에서 불이 난 경우는 금속화재에 해당한다.

> **핵심정리 금속화재(D급 화재)**
>
> 1. 금속분자가 적절히 집중되어 있는 상태에서 적절한 발화원이 제공된다면 강력한 폭발을 일으킬 수 있다.
> 2. 가연성 금속화재는 알루미늄, 마그네슘, 티타늄 등과 같은 가연성 금속과 관련된 화재이다.
> 3. 금속화재를 통제하기 위한 특수한 D형 소화약제들을 이용할 수 있다.

빈출문제

005

유류화재는 포를 이용한 질식소화 또는 물 소화약제를 이용한 냉각소화 한다. O | X

X 유류화재는 연소확대의 위험 등 물을 이용한 냉각소화는 적응성이 없다.

빈출문제

006

전기화재의 발생원인은 단락, 전기스파크, 단선 등이 있다. O | X

X 단선은 전기화재의 발생원인에 해당하지 않는다. 전기화재의 발생원인으로는 단락(합선), 전기스파크, 과전류, 접속부 과열, 지락, 낙뢰, 누전, 열적경과, 절연불량 등이 있다.

007

이산화탄소 소화약제, 고체에어로졸화합물, 팽창질석·팽창진주암은 전기화재에 적응성이 있는 소화약제이다. O | X

X 팽창질석·팽창진주암의 적응대상은 일반화재와 유류화재이다. 이산화탄소 소화약제는 유류화재 및 전기화재, 고체에어로졸화합물은 일반화재, 유류화재, 전기화재 적응성이 있다.

008

가스화재는 가스가 누설되어 공기와 일정 비율로 혼합된 상태에서 점화원에 착화되어 발생하며, 주된 소화 방법은 밸브류 등을 잠그거나 차단시킴으로 인한 제거소화법이다. O | X

O

009
□□□

낮은 산소분압에서 화재가 발생하였을 때 초기에 화염 없이 일어나는 연소를 훈소연소라 한다. O | X

O

010
□□□

보일오버(Boil over)은 유류저장탱크 내 유류 표면에 화재 발생 시 뜨거운 열류층이 형성되고 그 열파가 장시간에 걸쳐 바닥까지 전달되어 하부의 물이 비점 이상으로 가열되면서 부피가 팽창해 저장된 유류가 탱크 외부로 분출되는 현상을 말한다. O | X

O

011
□□□

보일오버(Boil over)는 중질유 탱크 내에 화재로 연소유의 표면온도가 물의 비점 이상 상승했을 때, 물분무 또는 포(foam) 소화약제를 뜨거운 연소유 표면에 방사하면 물이 수증기가 되면서 급격한 부피 팽창으로 연소유를 탱크 외부로 비산시키는 현상을 말한다. O | X

X 슬롭오버에 대한 설명이다.

012
□□□

유류화재의 오일오버 현상은 저장탱크 내에 저장된 제4류 위험물의 양이 내용적 가득 충전되어 있을 때 화재로 인한 증기압력이 상승하면서 저장탱크 내의 유류를 외부로 분출하고 탱크가 파열되는 것을 말한다. O | X

X 오일오버 현상은 제4류 위험물의 양이 내용적의 2분의 1 이하로 충전되어 있을 때 발생한다.

013
□□□

유류화재의 보일오버 현상은 상부에 지붕이 없는 저장탱크에 점성이 크고 단일성분 액체의 경질유에서 화재가 발생하여 장기간 화재에 노출되는 경우 발생할 수 있다. O | X

X 점성이 크고 비점이 다른 성분의 중질유에 화재가 발생하여 장기간 화재에 노출되는 경우 발생할 수 있다.

> 📖 **핵심정리 보일오버 현상**
> 1. 단일성분 액체인 경질유는 열류층을 형성하지 못한다. 반면에 다성분 액체인 중질유는 끓는점이 달라 200~300℃의 열류층(Heat Layer)을 형성한다.
> 2. 열류층이 천천히 하강하며 탱크 바닥으로 도달하게 되는데, 이때 물이 수증기로 변하면서 급작스런 부피팽창이 발생하여 유류가 외부로 분출되는 현상을 보일오버라고 한다.

014

☐☐☐

슬롭오버 현상은 점성을 가진 뜨거운 유류 표면의 아래 부분에서 물이 비등할 경우 비등하는 물이 저장탱크 내의 유류를 외부로 넘쳐흐르게 하는 현상으로, 다른 이상현상보다는 발생 횟수가 많으나 직접적으로 화재를 발생시키지는 않는다.

O | X

X 프로스오버 현상에 대한 설명이다.

23. 공채

015

☐☐☐

주방화재의 가연물 중 하나인 식용유의 발화점은 비점보다 낮다.

O | X

O

23. 공채

016

☐☐☐

식용유로 인한 화재 시 유면상의 화염을 제거하면 복사열에 의한 기화를 차단하여 재발화를 방지할 수 있다.

O | X

X 식용유로 인한 화재 시 발화점이 비점보다 낮은 상태이므로 유면상의 화염을 제거하는 것만으로는 충분하지 않다. 재발화할 가능성이 높으므로 산소를 차단하는 질식소화와 함께 온도를 발화점 이하로 낮추는 냉각소화가 요구된다.

> **핵심정리 식용유(주방)화재(K급 화재)**
>
> 1. 식용유화재는 끓는점보다 발화점이 낮아 불꽃을 제거하더라도 재발화할 가능성이 높다.
> 2. K급 소화기는 산소를 차단하는 질식소화와 함께 온도를 발화점 이하로 낮추는 냉각소화에 적합한 강화액 약제로 비누처럼 막을 형성하여 재발화를 차단한다.

23. 공채

017

☐☐☐

전기화재의 발생 원인 중 누전은 전류가 전선이나 기구에서 절연 불량 등의 원인으로 정해진 전로(배선) 밖으로 흐르는 현상이다.

O | X

O

> **핵심정리 전기화재(C급 화재)**
>
> 1. 전류가 흐르는 전기장비와 관련된 화재를 말한다.
> 2. 전기화재의 발생원인으로는 단락(합선), 전기스파크, 과전류, 접속부 과열, 지락, 낙뢰, 누전, 열적경과, 절연불량 등이 있다.
> 3. 할로겐화합물 소화약제, 분말 소화약제 또는 이산화탄소와 같은 비전도성 소화약제를 사용하여 진압할 수 있다.

018

지락은 다리미 등과 같은 발열체에서 나오는 열이 축적되어 주위의 가연물을 발화시키는 것을 말한다. O | X

X 열적경과에 대한 설명이다. 열적경과는 전기화재의 발생원인에 해당한다. 지락은 전류가 대지를 통하여 흐르는 것을 의미한다.

019

식용유화재에 K급 소화기를 사용하는 이유는 산소를 차단하는 질식소화와 함께 온도를 발화점 이하로 낮추는 냉각소화에 적합한 강화액 약제로 비누처럼 막을 형성하여 재발화를 차단하기 위한 목적이다. O | X

O 주방에서 사용하는 식용유는 끓는점보다 발화점이 낮아 불꽃을 제거하더라도 재발화할 가능성이 높다. 따라서 K급 소화기를 사용하여 식용유의 온도를 발화점 이하로 낮추어야 한다.

020

액화천연가스는 액화석유가스에 비하여 연소속도가 상대적으로 빠르며, 액체에서 기체로의 체적변화는 일반적으로 250~300배이다. O | X

X 액화천연가스의 체적변화는 600배 정도이다.

021

액화석유가스의 주성분은 메탄이다. O | X

X 액화석유가스의 주성분은 프로판 및 부탄이다.

022

액화천연가스는 상온·상압에서 기체이며, 10~15℃, 10Kg/cm²에서 액화 보관한다. O | X

X 액화천연가스는 상온·상압에서 기체이며, -162℃에서 액화 보관한다.

023

액화석유가스는 기체는 공기보다 가볍고, 액체는 물보다 가볍다. O | X

X 액화석유가스의 기체는 공기보다 무겁고, 액화천연가스는 공기보다 가볍다.

024

☐☐☐

화재하중을 산출하는 요소에는 가연물의 배열 상태, 가연물의 질량, 가연물의 단위발열량, 목재의 단위발열량, 화재실의 바닥면적 등이 있다.   O | X

X 화재하중을 산출하는 요소에 가연물의 배열 상태는 해당하지 않는다.

---

22. 공채

025

☐☐☐

화재가혹도는 화재실이나 화재구획의 단열성에 영향을 받지 않는다.   O | X

X 화재가혹도는 최고온도(화재강도)와 그 온도의 지속시간(화재하중)이 주요요인이다. 화재실의 벽, 천장, 바닥 등의 단열성은 화재실의 최고온도에 영향을 준다. 구조물이 가지는 단열효과가 클수록 열의 외부누출이 쉽지 않고, 화재실 내에 축적상태로 유지된다.

---

22. 공채

026

☐☐☐

화재실의 환기요소($A\sqrt{H}$)는 화재가혹도에 영향을 준다.   O | X

O

---

22. 공채

027

☐☐☐

화재가혹도의 크기는 화재강도와 화재하중의 영향을 받으며, 화재실의 최고온도와 지속시간은 화재가혹도를 판단하는 중요한 인자이다.   O | X

O

---

20. 공채

028

☐☐☐

화재가혹도는 화재발생으로 당해 건물과 내부 수용재산 등을 파괴하거나 손상을 입히는 정도를 말하며, 화재가혹도에 영향을 미치는 환기요소는 개구부 면적의 제곱근에 비례하고 개구부 높이에 비례한다.   O | X

X 환기인자는 개구부 면적에 비례하고 개구부 높이의 평방근(제곱근)에 비례한다.

029
□□□

화재강도란 화재실의 단위시간당 축적되는 열의 양을 의미한다.　　　　O | X

O

030
□□□

건물 내 수용재산 및 건물 자체에 손상이 생기는 정도를 화재가혹도라 한다.　　　　O | X

O

031
□□□

화재하중은 화재의 발생으로 건물 내 수용재산 및 건물 자체에 손상을 입히는 정도를 나타내는 용어로 최고온도×연소(지속)시간이며 화재심도라고도 한다.　　　　O | X

X 화재가혹도에 대한 설명이다.

23. 공채

032
☐☐☐

구획실의 크기가 가로 10,000 mm, 세로 8,000 mm, 높이 3,000 mm이며 가연물 200kg[2,000(kcal/kg)]와 가연물 100kg[9,000(kcal/kg)]일 때 구획실의 화재하중은 3.61[kg/m²]이다[단, 목재의 발열량은 4,500(kcal/kg)이다].

O | X

O 화재하중(Q) = $\dfrac{\Sigma(G_t H_t)}{HA}$ [kg/m²] (Σ: 합)

화재하중(Q) = $\dfrac{200kg \times 2,000kcal/kg + 100kg \times 9,000kcal/kg}{8 \times 10 \times 4,500kcal/kg}$

≒ 3.61 [kg/m²]

빈출문제

033
☐☐☐

구획실 화재를 화재진행 단계별(화재성장과정)로 구분하면 발화기, 성장기, 플래시오버, 최성기, 쇠퇴기 등으로 나눌 수 있다.

O | X

O 구획화재에 있어서 시간과 온도에 관련된 진행단계들은 화재진압활동이 이루어지지 않은 상태에서의 구분이다. 구획실 화재의 발화와 진행은 매우 복잡하며 다양한 요인에 영향을 받는다.

빈출문제

034
☐☐☐

구획화재의 발화기 단계는 다량의 백색연기가 발생하고, 훈소가 발생하기도 한다.

O | X

O 발화기(초기단계)는 연소가 시작될 때의 시기를 말한다. 발화시점에는 화재 규모는 작고 처음 발화된 가연물에 한정된다.

빈출문제

035
☐☐☐

최성기 이후 구획실의 발열량이 최대인 시점에 플래시오버 현상이 발생한다.

O | X

X 최성기 직전에 연소확대현상인 플래시오버가 발생한다.

24. 공채

036
☐☐☐

실내 일반화재의 진행 단계 중 최성기에는 실내 화염이 최고조에 도달하나 실내 산소 부족으로 연소속도가 느려진다.

O | X

O 최성기는 구획실 내의 모든 가연성 물질들이 화재에 관련될 때의 단계를 의미한다. 구획실 내에서 연소하는 모든 가연물은 최대의 열량을 발산한다. 또한 많은 양의 연소가스를 발생한다. 플래시오버 현상으로 연료지배화재에서 환기지배 화재로 전이될 수 있다.

037
□□□

실내 일반화재의 진행 단계 중 화재 초기에는 실내 온도가 급격하게 상승하기 시작한다.　　　　O | X

X 발화기(초기단계)는 연소가 시작될 때의 시기를 말한다. 발화시점에는 화재 규모는 작고 처음 발화된 가연물에 한정된다.

> **핵심정리 실내 일반화재의 진행 단계**
> 1. **초기**: 발화기(초기단계)는 연소가 시작될 때의 시기를 말한다. 발화시점에는 화재 규모는 작고 처음 발화된 가연물에 한정된다.
> 2. **성장기**: 급속한 연소 진행으로 연료지배형 화재 양상이 나타난다. 화재의 진행 변화가 급속히 이루어지고, 개구부에서는 검은 연기가 분출된다.
> 3. **플래시오버**: 연료지배화재에서 환기지배화재로 전이될 수 있다.
> 4. **최성기**: 실내 화염이 최고조에 도달하나 실내 산소 부족으로 연소속도가 느려진다.
> 5. **감쇠기**: 화염의 급격한 소멸로 훈소 상태가 되어 백드래프트(Back draft)의 위험성이 있다.

038
□□□

구획실의 성장기 단계에 구획실의 최대 열량을 발산한다.　　　　O | X

X 최성기에 구획실의 최대 열량을 발산한다.

039
□□□

플래시오버 현상은 점화원의 위치와 크기, 가연물의 양과 성질, 개구부의 크기, 실내 마감재 등에 영향을 받는다.　　　　O | X

O

040
□□□

플래시오버(Flash over)는 최성기와 감쇠기 사이에서 발생하며 충격파를 수반한다.　　　　O | X

X 플래시오버(Flash over)는 성장기와 최성기 사이에서 발생하며 충격파를 수반하지 않는다.

041
□□□

철근콘크리트 건축물에서 발생한 화재현장에서 플래시오버가 발생하면 일반적으로 연료지배형 화재로부터 환기지배형 화재로 전이된다.　　　　O | X

O

042
□□□

구획실의 창문과 문손잡이의 온도로 백드래프트의 발생 가능성을 예측할 수 없다.　　　　　　　　　O | X

X　구획실의 창문과 문손잡이의 온도로 백드래프트의 발생 가능성을 예측할 수 있다(방화문의 온도가 높아 방화문이 뜨겁다).

043
□□□

백드래프트(Back draft) 현상은 실내화재에서 산소가 부족하고 밀폐된 공간에 갑자기 산소가 유입되어 발생하는 고열 가스의 폭발현상이다.　　　　　　　　　O | X

O

044
□□□

화재 시 구획실에서 발생하는 현상으로 개구부의 크기는 플래시오버 발생과 관련이 없다.　　　　　　　　　O | X

X　개구부의 크기는 플래시오버 발생과 관련이 있다.

045
□□□

준불연성이나 불연성의 내장재를 사용할 경우 플래시오버 발생까지의 소요시간이 길어진다.　　　　　　　　　O | X

O

046
□□□

구획실 내의 산소가 부족하여 훈소 상태에서 공기가 갑자기 다량 공급될 때 가연성 가스가 순간적으로 폭발하듯 발화하는 현상은 플래시오버이다.　　　　　　　　　O | X

X　구획실 내의 산소가 부족하여 훈소 상태에서 공기가 갑자기 다량 공급될 때 가연성 가스가 순간적으로 폭발하듯 발화하는 현상은 백드래프트이다.

047

□□□

플래시오버 이후에는 연료지배형 화재보다 환기지배형 화재가 지배적이다.　　　　　O | X

O

> 📖 핵심정리 **연료지배형 화재(Fuel controlled fire)**
>
> 1. 일반적으로 연료지배형 화재는 발화 이후 전실화재(Flash over) 이전까지 초기화재 성장단계에서 주로 형성된다.
> 2. 화재실 내부에 연소에 필요한 공기량은 충분한 상태이기 때문에 화재특성은 연료 자체에 의존하며 연료지배형 화재로 불린다.
> 3. 가연물(연료량)에 비해 환기량(공기량)이 충분한 경우에 해당한다. 즉, 환기는 정상이나 연료가 부족한 상태이다.
> 4. 연료지배형 화재는 공기공급이 충분한 조건에서 발생한 화재가 일반적이다.

048

□□□

목조건축물 화재는 유류나 가스 화재와는 달리 일반적으로 무염착화 없이 발염착화로 이어진다.　　　　　O | X

X 목조건축물은 일반유류 화재와 달리 무염착화를 거친 후 발염착화로 이어진다.

049

□□□

연료지배형 화재는 주로 큰 창문이나 개방된 공간에서, 환기지배형 화재는 내화구조 및 콘크리트 지하층에서 발생하기 쉽다.　　　　　O | X

O

050

□□□

환기가 잘되지 않으면 환기지배형 화재에서 연료지배형 화재로 바뀌며 연기 발생이 줄어든다.　　　　　O | X

X 환기가 잘되지 않으면 가연물(연료량)에 비해 환기량이 부족한 경우에 해당한다. 따라서, 연료지배형 화재에서 환기지배형 화재로 바뀌며 연기 발생이 늘어난다.

051

□□□

연료지배형 화재는 환기지배형 화재보다 산소 공급이 원활하고 연소속도가 빠르다.　　　　　O | X

O

052

☐☐☐

환기량은 개구부의 면적과 개구부의 높이의 제곱근(평방근)에 반비례한다. O | X

X 환기량은 개구부의 면적과 개구부의 높이의 제곱근(평방근)에 비례한다. 구획화재에서 환기량을 결정하는 인자는 개구부의 면적과 개구부 높이의 평방근이다.

> 📖 핵심정리 **환기인자**
>
> $$R = KA\sqrt{H}$$
> R: 연소속도(환기량), K: 환기계수, A: 개구부 면적, H: 개구부 높이

053

☐☐☐

내화건축물의 화재성상은 목조건축물과 비교하여 저온 장기형이다(목조건축물의 화재성상은 고온 단기형이다). O | X

O 목조건축물은 1,100~1,300℃, 내화건축물은 900~1,000℃이다. 목조건축물은 내화건축물보다 연소속도가 빠르고 연소시간이 비교적 짧다. 또한 화재 최고온도는 높지만 유지시간은 짧다.

054

☐☐☐

내화건축물의 화재의 진행과정은 초기 → 성장기 → 최성기 → 종기이다. O | X

O

055

☐☐☐

폭렬은 압축강도와 밀접한 관계가 있다. 일반적으로 보통 콘크리트가 고강도 콘크리트보다 폭렬현상이 더 잘 발생한다. O | X

X 일반적으로 보통 콘크리트보다 고강도 콘크리트에서 폭렬현상이 더 잘 발생한다.

056

☐☐☐

목조건축물의 화재확대요인으로 접촉, 복사열, 비화 등이 있다. O | X

O

> 📖 핵심정리 **목조건축물의 화재확대요인**
>
> 1. **접촉**: 화염의 접촉이라고 하며 불꽃의 직접접촉을 말한다.
> 2. **복사열**: 열이 전자파 형태로 이동하는 현상으로 화재 시 가장 크게 작용한다.
> 3. **비화**: 불티가 되어 날아가 발화하는 것을 말한다.

057
□□□

목조건축물 화재의 진행 과정 중 발염착화 ~ 발화 단계는 연기의 색이 백색에서 흑색으로 변하며, 개구부가 파괴되어 공기가 공급되면서 급격한 연소가 이루어져 연기가 개구부로 분출하게 된다.　　　　　　　O | X

X 발화 ~ 최성기 단계에 해당한다.

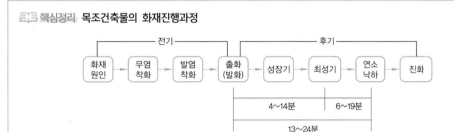

📖 핵심정리 목조건축물의 화재진행과정

| 4~14분 | 6~19분 |

13~24분

1. **발염착화에서 발화(출화):** 출화(발화)란 단순히 가연물에 불이 붙은 것을 의미하는 것이 아니고 천장이나 벽 속에 착화되었을 때를 말한다. 그러므로 가옥의 천장까지 불이 번져 가옥 전체에 불기가 확대되는 단계이다.

옥내출화	옥외출화
• 가옥구조 시 천장면에서 발염착화 • 불연천장인 경우 뒷면 판에 발염착화 • 천장 속 및 벽 속에 발염착화	• 가옥의 벽 및 지붕에 발염착화 • 가옥의 추녀 밑에서 발염착화 • 창, 출입구 등에서 발염착화

2. **발화(출화)에서 최성기**
   • 플래시오버가 발생하는 단계로, 연기의 색은 백색에서 흑색으로 변한다.
   • 최고온도가 1,300℃까지 올라가게 된다.

빈출문제

058
□□□

목조건축물은 무염착화없이 발화착화로 되기 때문에 연소속도가 빠르고 연소시간이 짧다.　　　　　　　O | X

X 목조건축물의 제1성장기는 무염착화로부터 발화착화로 되기 때문에 연소가 빠르다.

빈출문제

059
□□□

훈소란 가연물이 연소할 때 숯불모양으로 불꽃 없이 착화하는 현상으로 공기가 주어질 때 언제든 불꽃발생이 가능한 단계를 말한다.　　　　　　　O | X

O

빈출문제

060
□□□

목조건축물의 옥내출화란 천장 속 및 벽 속에 발염착화를 말한다.　　　　　　　O | X

O 출화(발화)란 단순히 가연물에 불이 붙은 것을 의미하는 것이 아니고 천장이나 벽 속에 착화되었을 때를 말한다. 그러므로 가옥의 천장까지 불이 번져 가옥 전체에 불기가 확대되는 단계이다. 출화는 옥내출화와 옥외출화로 구분한다. 옥외출화는 가옥의 벽 및 지붕의 발염착화, 창 및 출입구 등에서의 발염착화 등이 있다.

061
□□□

BLEVE 현상은 복도와 같은 통로공간에서 벽, 바닥 표면의 가연물에 화염이 급속하게 확산되는 현상을 말한다. O | X

X 플래임오버 현상에 대한 설명이다. 플래임오버 현상은 화재진압 시 통로나 복도 등에서 소방관 뒤쪽에 갑자기 연소 확대가 일어나 고립되는 위험한 상황을 만들 수 있다. 플래임오버 현상 방지대책으로는 통로 내부 벽과 천장의 마감재료를 불연재료로 하는 방법이 있다.

062
□□□

백드래프트 현상은 연소과정에서 발생된 가연성 가스가 공기 중 산소와 혼합되어 천장부분에 집적된 상태에서 발화온도에 도달하여 발화함으로써 화재의 선단부분이 매우 빠르게 확대되는 현상이다. O | X

X 롤오버 현상에 대한 설명이다.

063
□□□

화재플룸(Fire plume)은 실내 공기의 압력 차이로 가연성 가스가 천장을 따라 화재가 발생하지 않은 복도 쪽으로 굴러다니는 것처럼 뿜어져 나오는 현상이다. O | X

X 롤오버 현상에 대한 설명이다.

> **핵심정리 롤오버(Roll over) 현상**
>
> 1. 롤오버 현상은 연소과정에서 발생된 가연성 가스가 공기 중 산소와 혼합되어 천장부분에 집적된 상태에서 발화온도에 도달하여 발화함으로써 화재의 선단부분이 매우 빠르게 확대되는 현상이다.
> 2. 롤오버 현상은 화재지역의 상층(천장)에 집적된 고압의 뜨거운 가연성 가스가 화재가 발생되지 않은 저압의 다른 부분으로 이동하면서 화재가 매우 빠르게 확대되는 원인이 된다.

> **핵심정리 화재플룸(Fire plume)**
>
> 1. 부력이란 무거운 유체 속에 가벼운 유체(물체)가 잠겨 있는 경우 밀도 차에 의하여 가벼운 유체가 중력의 반대방향으로 상승하려는 힘을 말한다.
> 2. 주변보다 가벼워진 고온기체는 상대적으로 차가운 주변기체와의 밀도 차에 의하여 수직으로 상승하는 고온연소가스 유동을 형성하게 되는데 이를 화재플룸(Fire plume)이라고 한다.
> 3. 부력에 의하여 연소가스와 유입되는 공기가 상승하면서 화염이 섞인 기둥형태를 나타내는 현상이다.

064
□□□

플래시오버 현상은 롤오버 현상의 전조현상이다. O | X

X 롤오버 현상은 이상연소현상인 플래시오버(Flash over) 현상보다 먼저 일어난다. 즉, 롤오버 현상은 플래시오버 현상의 전조현상이다.

065

☐☐☐

롤오버 현상에 비하여 플래시오버 현상의 복사열은 상대적으로 약하다.　　　　　O | X

X 플래시오버 현상에 비하여 롤오버 현상의 복사열은 상대적으로 약하다. 플래시오버 현상은 순간에 실내 전체의 공간으로 확대되며, 롤오버 현상은 화염선단 부분이 주변 공간으로 확대된다.

066

☐☐☐

플래시오버란 실내의 온도 상승에 의하여 일시에 연소하면서 화재의 진행을 순간적으로 실내 전체에 확산시키는 현상으로, 실내 모든 가연물의 동시발화현상이 나타난다. 전실화재(순발연소)라고도 한다.　　　　　O | X

O 국부화재로부터 구획 내 모든 가연물이 연소되기 시작하는 큰 화재로 전이된다. 플래시오버 시점에서 실내의 온도는 약 800~900℃가 된다.

067

☐☐☐

플래시오버 현상으로 환기지배화재에서 연료지배화재로 전이될 수 있다.　　　　　O | X

X 플래시오버 현상으로 연료지배화재에서 환기지배화재로 전이될 수 있다.

068

☐☐☐

플래시오버 현상은 개구율이 작을수록 빠르게 발생한다.　　　　　O | X

X 개구율이 1/3~1/2일 때 가장 빠르다. 반면에 1/8일 때 가장 느리다.

069

☐☐☐

플래시오버 현상은 초기 가연물의 발열량이 클수록 발생이 용이하다.　　　　　O | X

O 플래시오버 현상의 영향요소는 가연물의 발열량, 실내 산소분압, 개구율, 화원의 크기 등이 있다.

070

☐☐☐

창문 등을 개방하여 배연함으로써 공간 내부에 쌓인 열을 방출시켜 플래시오버 현상을 지연시킬 수 있다.　　O | X

O 배연지연법에 대한 설명이다. 플래시오버 현상의 대응전술로는 공기차단 지연법, 배연지연법 및 냉각지연법 등이 있다.

071

□□□

백드래프트 현상은 밀폐된 공간에서 불꽃연소 상태에 있을 때 급격한 화염의 확산에 의하여 발생한다.　O | X

X 백드래프트 현상은 밀폐된 공간에서 훈소 상태에 있을 때 유입되는 공기가 가연성 가스와 혼합되면서 발생한다.

072

□□□

백드래프트 현상은 폭발이 아니지만 플래시오버 현상은 강한 폭발현상으로 강한 충격파가 발생한다.　O | X

X 플래시오버 현상은 폭발이 아니지만 백드래프트 현상은 폭발현상으로 볼 수 있다. 백드래프트 현상이 발생하면 강한 충격파가 발생한다.

073

□□□

균열된 틈이나 작은 구멍을 통하여 건물 밖으로 연기가 밀려 나오는 경우는 백드래프트(Back draft)의 발생 징후에 해당한다.　O | X

X 문 주위 또는 개구부의 틈에서 압력차에 의하여 공기가 빨려들어 오는 특이한 소리(휘파람 소리) 또는 심한 진동이 발생한다.

> **핵심정리 백드래프트(Back draft)의 발생 징후**
> 1. 폐쇄된 공간에서 산소의 부족으로 불꽃이 약화되어 가는 상태가 된다.
> 2. 거의 완전히 폐쇄된 건물에서 훈소 상태가 지속되며 높은 열이 집적되는 상태가 지속된다.
> 3. 외부에 설치되어 있는 개구부의 유리창 안쪽에서 타르와 같은 물질이 흘러내린다.
> 4. 건물 내 연기가 소용돌이치거나 맴도는 현상이 나타난다.
> 5. 문 주위 또는 개구부의 틈에서 압력차에 의하여 공기가 빨려들어 오는 특이한 소리(휘파람 소리) 또는 심한 진동이 발생한다.

074

□□□

폭연에서 폭굉으로 전이되는 과정은 "착화 → 화염전파 → 충격파 → 압축파 → 폭굉파"의 단계이다.　O | X

X "착화 → 화염전파 → 압축파 → 충격파 → 폭굉파"의 단계로 전이된다.

> **핵심정리 폭연에서 폭굉으로의 전이과정(메커니즘)**
> 1. 점화원에 의하여 화재가 발생하면 미연소부분으로의 화염전파가 시작된다.
> 2. 연소파에 의하여 화염의 전방에서 압축파가 발생한다.
> 3. 압축파는 계속해서 발생하는 압축파와 중첩되면서 강한 충격파로 전이된다.
> 4. 충격파는 단열압축을 수반하면서 발화점 이상으로 온도가 상승하게 되어 발화를 촉진한다.
> 5. 충격파가 배후에 연소를 수반하면서 엄청난 폭굉파를 발생한다.
>
>

075
☐☐☐

연료지배형 화재는 구획실 내 가연물의 연소에 필요한 산소가 충분히 공급되는 조건의 화재이다.　O | X

O

076
☐☐☐

성장기에는 천장 부분에서 축적된 뜨거운 가스층이 발화원으로부터 떨어져 있는 가연성 물질에 복사열을 공급하여 플래시오버를 초래할 수 있다.　O | X

O

077
☐☐☐

훈소는 산소와 고체의 표면에서 발생하는 매우 빠른 불꽃연소의 한 형태를 말한다.　O | X

X 훈소는 산소와 고체의 표면에서 발생하는 매우 느린 연소이지만 일산화탄소가 생성되기 때문에 매우 위험하다. 훈소화재는 연료표면에서 반응이 일어나고 이 표면에서 작열과 탄화현상이 일어난다. 공기의 유입이 많을 경우 유염연소로 변화할 수 있다.

078
☐☐☐

훈소는 내부에서는 백열연소를 하고 있다는 점에서 표면연소와 같다.　O | X

O

079
☐☐☐

훈소는 불꽃연소에 비하여 온도가 높고, 발연량은 비교적 적다.　O | X

X 불꽃연소에 비하여 온도가 낮으며, 발연량은 높다.

16. 공채

080
☐☐☐

피난계획은 어느 곳에서도 2개 이상의 방향으로 피난할 수 있으며, 그 말단은 화재로부터 안전한 장소이어야 한다. 건축물의 평면 구성에 있어서 중앙코어식이 안전하다. O | X

X 소방학적 측면에서 피난계획은 중앙코어식의 평면계획보다는 분산 형태의 코어를 계획하는 것이 바람직하다.

확인학습문제

081
☐☐☐

건축물의 방재시스템과 관련하여 공간적 대응은 건축적인 대응을 보조하는 소방 설비적 시스템을 말한다. O | X

X 공간적 대응은 건축적인 방재 시스템을 말한다.

확인학습문제

082
☐☐☐

설비적 대응시스템 중 대항성은 발생된 화재를 소방 설비적 시스템으로 국한시키거나 진압하는 성능이다. O | X

O 방화문·방화셔터, 스프링클러설비, 옥내소화전설비 등이 해당한다.

23. 간부　　건축물의 피난·방화구조 등의 기준에 관한 규칙

083
☐☐☐

고온·고압의 증기로 양생된 경량기포 콘크리트 패널 또는 경량기포 콘크리트 블록조로서 두께가 5cm 이상인 벽은 내화구조에 해당한다(단, 외벽 중 비내력벽인 경우는 제외한다). O | X

X 고온·고압의 증기로 양생된 경량기포 콘크리트 패널 또는 경량기포 콘크리트 블록조로서 두께가 10cm 이상인 것이 해당된다.

23. 간부　　건축물의 피난·방화구조 등의 기준에 관한 규칙

084
☐☐☐

철재로 보강된 콘크리트블록조·벽돌조 또는 석조로서 철재에 덮은 콘크리트블록등의 두께가 5cm 이상인 벽은 내화구조에 해당한다(단, 외벽 중 비내력벽인 경우는 제외한다). O | X

O

> **핵심정리 내화구조(내력벽)**
>
> 1. 철근콘크리트조·철골철근콘크리트조로서 두께가 10cm 이상인 것
> 2. 골구를 철골조로 하고 그 양면을 두께 4cm 이상의 철망모르타르(그 바름바탕을 불연재료로 한 것으로 한정한다. 이하 같다) 또는 두께 5cm 이상의 콘크리트블록·벽돌 또는 석재로 덮은 것
> 3. 벽돌조로서 두께가 19cm 이상인 것
> 4. 고온·고압의 증기로 양생된 경량기포 콘크리트패널 또는 경량기포 콘크리트블록조로서 두께가 10cm 이상인 것
> 5. 철재로 보강된 콘크리트블록조·벽돌조 또는 석조로서 철재에 덮은 콘크리트블록등의 두께가 5센티미터 이상인 것

085
☐☐☐

철근콘크리트조 또는 철골철근콘크리트조로서 그 작은 지름이 20cm 이상인 것은 기둥의 내화구조에 해당한다. 다만, 고강도 콘크리트(설계기준강도가 50MPa 이상인 콘크리트)를 사용하는 경우에는 국토교통부장관이 정하여 고시하는 고강도 콘크리트 내화성능 관리기준에 적합하여야 한다. O | X

X　그 작은 지름이 25cm 이상인 것이 해당한다.

086
☐☐☐

철근콘크리트조·철골철근콘크리트조로서 두께가 7cm 이상인 것은 바닥의 내화구조에 해당한다. O | X

X　철근콘크리트조·철골철근콘크리트조로서 두께가 10cm 이상인 것이다.

087
☐☐☐

방화구조는 화재 시 불에 견디는 성능은 없어도 화염의 확산을 막을 수 있는 정도와 성능을 가진구조를 말한다. O | X

O

088
☐☐☐

주요구조부가 내화구조 또는 불연재료로 된 건축물로서 연면적이 1,000m²를 넘는 것은 내화구조로 된 바닥·벽 및 60분 또는 60+ 방화문(자동방화셔터 포함)으로 구획(방화구획)하여야 한다. O | X

O

089
☐☐☐

60분 방화문이란 연기 및 불꽃을 차단할 수 있는 시간이 60분 이상이고, 열을 차단할 수 있는 시간이 30분 이상인 방화문을 말한다. O | X

X　60분+ 방화문에 대한 설명이다. 60분 방화문은 연기 및 불꽃을 차단할 수 있는 시간이 60분 이상인 방화문을 말한다. 30분 방화문은 연기 및 불꽃을 차단할 수 있는 시간이 30분 이상 60분 미만인 방화문을 말한다.

090
☐☐☐

피난구조설비는 이동식 설비의 설치를 원칙으로 하며, 위험성이 크다고 인정되는 부분에 한하여 고정식 설비를 설치한다. O | X

X　피난구조설비는 고정식 설비이어야 한다. 이동식 기구와 장치 등은 최후의 소수인원을 위한 보조수단이어야 한다.

091

□□□

피난수단은 아이들 또는 청소년들이 쉽게 사용할 수 없도록 복잡한 조작을 통하여 사용할 수 있도록 제한적 조치를 취해야 한다.　　O | X

X 피난수단은 원시적 방법으로 하여야 한다. 비상시 복잡한 조작을 필요로 하는 것은 부적당하다.

092

□□□

Fail safe는 피난구 유도등 및 유도표지 등은 문자보다는 그림과 색을 사용하여 직감적으로 알 수 있도록 하는 것을 의미한다.　　O | X

X Fool proof를 의미한다. Fail safe는 하나의 수단이 고장 등으로 실패하여도 다른 수단에 의하여 그 기능이 발휘될 수 있는 것을 의미한다.

093

□□□

피난계획 시 고려하여야 할 인간의 피난본능은 우회본능, 귀소본능, 추종본능, 퇴피본능, 지광본능 등이 있다.　O | X

X 우회본능이 아니라 좌회본능이다. 오른손잡이인 경우 오른손·오른발이 발달해 있기 때문에 무의식적으로 왼쪽으로 도는 것이 자연스럽다. 이를 피난로의 관리에 적용할 수 있다.

094

□□□

건물의 중심부에서 연기와 불꽃이 상승하면 외주(外周) 방향으로, 외주부가 위험하면 중앙 방향으로 퇴피하려는 인간의 피난본능을 지광본능이라 한다.　　O | X

X 퇴피본능에 대한 설명이다. 지광본능은 화재 시 정전 또는 검은 연기의 유동으로 주위가 어두워지면 사람들은 밝은 곳으로 피난하고자 한다는 것이다.

095

□□□

건축계획적 측면에서 Z형 피난방향의 평면 계획은 피난자의 집중으로 패닉현상이 일어날 우려가 있는 형태이므로 피해야 한다.　　O | X

X Z형 피난방향의 평면 계획은 중앙복도형 건축물에서의 피난경로로서 코너식 중 제일 안전한 형태이다. 피난자의 집중으로 패닉현상이 일어날 우려가 있는 형태는 H형(CO형)이다.

096

□□□

방염성능 기준으로 버너의 불꽃을 제거한 때부터 불꽃을 올리며 연소하는 상태가 그칠 때까지 시간은 20초 이상이다.　　O | X

X 20초 이내이다.

22. 공채

097

□□□

소방기관에서 실시하는 화재조사는 관계 공무원이 화재사실을 인지하는 즉시 실시한다.　　O | X

O

22. 공채

098

□□□

화재조사는 강제성을 지니며, 프리즘식으로 진행한다.　　O | X

O

> **핵심정리 화재조사의 특징**
> 1. **현장성**: 화재현장에서 조사가 이루어져야 하므로 현장성을 갖는다.
> 2. **강제성**: 화재현장에서 관계인의 동의를 얻기는 쉽지 않으므로 강제성의 특징이 있다.
> 3. **프리즘식**: 다양한 측면에서 화재조사를 하여 정확한 조사가 이루어져야 한다.

빈출문제

099

□□□

화재조사의 목적 중의 하나는 화재피해를 알리고 유사화재의 방지와 피해의 경감에 이바지함이다.　　O | X

O

> **핵심정리 화재조사의 목적**
> 1. 화재조사를 통하여 화재 발생에 대한 책임규명을 할 수 있다.
> 2. 발화원인을 규명하고 예방행정의 자료로 활용한다.
> 3. 사상자의 발생원인과 방화관리상황을 규명하여 소방행정 자료로 활용한다.
> 4. 화재의 발생상황·원인·피해상황을 통계화하여 소방홍보 자료 및 소방정책수립의 자료로 활용한다.
> 5. 화재피해를 알리고 유사화재의 방지와 피해의 경감에 이바지한다.

빈출문제　　소방의 화재조사에 관한 법률

100

□□□

화재란 사람의 의도에 반하거나 고의 또는 과실에 의하여 발생하는 연소현상으로서 소화할 필요가 있는 현상 또는 사람의 의도에 반하여 발생하거나 확대된 물리적 폭발현상을 말한다.　　O | X

X 사람의 의도에 반하여 발생하거나 확대된 화학적 폭발현상을 말한다.

101
□□□

감정이란 화재원인의 판정을 위하여 전문적인 지식, 기술 및 경험을 활용하여 주로 시각에 의한 종합적인 판단으로 구체적인 사실관계를 명확하게 규명하는 것을 말한다.　　O | X

X 감식에 대한 설명이다. 감정은 화재와 관계되는 물건의 형상, 구조, 재질, 성분, 성질 등 이와 관련된 모든 현상에 대하여 과학적 방법에 의한 필요한 실험을 행하고 그 결과를 근거로 화재원인을 밝히는 자료를 얻는 것을 말한다.

102
□□□

연소란 열원에 의하여 가연물질에 지속적으로 불이 붙는 현상을 말한다.　　O | X

X 발화에 대한 설명이다.

> **핵심정리 발화 등**
>
> 1. **발화**: 열원에 의하여 가연물질에 지속적으로 불이 붙는 현상을 말한다.
> 2. **발화열원**: 발화의 최초 원인이 된 불꽃 또는 열을 말한다.
> 3. **발화지점**: 열원과 가연물이 상호작용하여 화재가 시작된 지점을 말한다.
> 4. **발화장소**: 화재가 발생한 장소를 말한다.

103
□□□

연소확대물은 발화열원에 의해 불이 붙은 최초의 가연물을 말한다.　　O | X

X 최초착화물에 대한 설명이다. 연소확대물은 연소가 확대되는 데 있어 결정적 영향을 미친 가연물을 말한다.

104
□□□

사용연수는 고정자산을 경제적으로 사용할 수 있는 연수를 말한다.　　O | X

X 내용연수에 대한 설명이다.

105
□□□

손해율은 화재 당시에 피해물의 재구입비에 대한 현재가의 비율을 말한다.　　O | X

X 잔가율에 대한 설명이다. 손해율은 피해물의 종류, 손상 상태 및 정도에 따라 피해금액을 적정화시키는 일정한 비율을 말한다.

106

잔불정리는 화재를 진화한 후 화재가 재발되지 않도록 감시조를 편성하여 일정 시간 동안 감시하는 것을 말한다.

O | X

X 재발화감시에 대한 설명이다. 잔불정리는 화재 초진 후 잔불을 점검하고 처리하는 것을 말한다. 이 단계에서는 열에 의한 수증기나 화염 없이 연기만 발생하는 연소현상이 포함될 수 있다.

107

완진은 소방대에 의한 소화활동의 필요성이 사라진 것을 말한다.

O | X

O 참고로, 초진은 소방대의 소화활동으로 화재확대의 위험이 현저하게 줄어들거나 없어진 상태를 말한다.

108

동일범이 아닌 각기 다른 사람에 의한 방화, 불장난은 동일 대상물에서 발화했더라도 각각 별건의 화재로 한다.

O | X

O

> **핵심정리 화재건수 결정**
>
> 1건의 화재란 1개의 발화지점에서 확대된 것으로 발화부터 진화까지를 말한다. 다만, 다음 경우는 각 기준에 따른다.
> 1. 동일범이 아닌 각기 다른 사람에 의한 방화, 불장난은 동일 대상물에서 발화했더라도 각각 별건의 화재로 한다.
> 2. 동일 소방대상물의 발화점이 2개소 이상 있는 다음의 화재는 1건의 화재로 한다.
>   - 누전점이 동일한 누전에 의한 화재
>   - 지진, 낙뢰 등 자연현상에 의한 다발화재
> 3. 발화지점이 한 곳인 화재현장이 둘 이상의 관할구역에 걸친 화재는 발화지점이 속한 소방서에서 1건의 화재로 산정한다. 다만, 발화지점 확인이 어려운 경우에는 화재피해금액이 큰 관할구역 소방서의 화재 건수로 산정한다.

109

1건의 화재란 1개의 발화지점에서 확대된 것으로 발화부터 진화까지를 말한다. 동일 소방대상물의 발화점이 2개소 이상 있는 지진, 낙뢰 등 자연현상에 의한 다발화재는 1건의 화재로 한다.

O | X

O

110

발화지점이 한 곳인 화재현장이 둘 이상의 관할구역에 걸친 화재에 대해서는 소방서마다 각각 별건의 화재로 한다.

O | X

X 발화지점이 한 곳인 화재현장이 둘 이상의 관할구역에 걸친 화재는 발화지점이 속한 소방서에서 1건의 화재로 정한다. 다만 발화지점의 확인이 어려운 경우에는 화재피해금액이 큰 관할구역 소방서의 화재 건수로 산정한다.

111
□□□

사상자는 화재현장에서 사망한 사람과 부상당한 사람을 말한다. 다만, 화재현장에서 부상을 당한 원인으로 1년 이내에 사망한 경우에는 당해 화재로 인한 사망으로 본다.　　　O | X

X 화재현장에서 부상을 당한 후 72시간 이내에 사망한 경우에는 당해 화재로 인한 사망으로 본다.

---

23. 공채　　　화재조사 및 보고규정

112
□□□

발화일시의 결정은 관계인등의 화재발견 상황통보(인지)시간 및 화재발생 건물의 구조, 재질 상태와 화기취급 등의 상황을 종합적으로 검토하여 결정한다. 다만, 자체진화 등 사후인지 화재로 그 결정이 곤란한 경우에는 발화시간을 추정할 수 있다.　　　O | X

O
> 📖 핵심정리 **발화일시 결정**
>
> 1. 발화일시의 결정은 관계인등의 화재발견 상황통보(인지)시간 및 화재발생 건물의 구조, 재질 상태와 화기취급 등의 상황을 종합적으로 검토하여 결정한다.
> 2. 다만, 자체진화 등 사후인지 화재로 그 결정이 곤란한 경우에는 발화시간을 추정할 수 있다.

---

23. 공채　　　화재조사 및 보고규정

113
□□□

건물의 소실면적 산정은 소실 입체면적으로 산정한다.　　　O | X

X 건물의 소실면적 산정은 소실 바닥면적으로 산정한다.

> 📖 핵심정리 **소실정도**
>
> 1. **전소**: 건물의 70% 이상(입체면적에 대한 비율을 말한다. 이하 같다)이 소실되었거나 또는 그 미만이라도 잔존부분을 보수하여도 재사용이 불가능한 것
> 2. **반소**: 건물의 30% 이상 70% 미만이 소실된 것
> 3. **부분소**: 1., 2.에 해당하지 아니하는 것

---

23. 공채　　　화재조사 및 보고규정

114
□□□

건물의 소실정도에서의 반소는 건물의 30% 이상 70% 미만이 소실된 것을 말한다.　　　O | X

O

115
☐☐☐

건물 등 자산에 대한 최종잔가율은 건물·부대설비·구축물·가재도구는 20%로 하며, 그 이외의 자산은 10%로 정한다. 　O | X

O

> 📖 **핵심정리** **최종잔가율**
>
> 1. 화재피해금액은 화재 당시의 피해물과 동일한 구조, 용도, 질, 규모를 재건축 또는 재구입하는데 소요되는 가액에서 경과연수 등에 따른 감가공제를 하고 현재가액을 산정하는 실질적·구체적 방식에 따른다. 다만, 회계장부상 현재가액이 입증된 경우에는 그에 따른다.
> 2. 1.의 규정에도 불구하고 정확한 피해물품을 확인하기 곤란한 경우에는 소방청장이 정하는 '화재피해금액 산정매뉴얼'(이하 "매뉴얼"이라 한다)의 간이평가방식으로 산정할 수 있다.
> 3. 건물 등 자산에 대한 최종잔가율은 건물·부대설비·구축물·가재도구는 20%로 하며, 그 이외의 자산은 10%로 정한다.
> 4. 건물 등 자산에 대한 내용연수는 매뉴얼에서 정한 바에 따른다.

116
☐☐☐

화재조사에는 화재원인조사와 화재피해조사가 있다. 화재조사는 관계 공무원이 화재 사실을 인지하는 즉시 실시하여야 한다. 　O | X

O

117
☐☐☐

최초착화물이란 열원에 의하여 가연물질에 지속적으로 불이 붙는 현상을 말한다. 　O | X

X 발화에 대한 설명이다.

118
☐☐☐

감식이란 화재와 관계되는 물건의 형상, 구조, 재질, 성분, 성질 등 이와 관련된 모든 현상에 대하여 과학적 방법에 따라 필요한 실험을 행하고 그 결과를 근거로 화재원인을 밝히는 자료를 얻는 것을 말한다. 　O | X

X 감정에 대한 설명이다. 감식이란 화재원인의 판정을 위하여 전문적인 지식, 기술 및 경험을 활용하여 주로 시각에 의한 종합적인 판단으로 구체적인 사실관계를 명확하게 규명하는 것을 말한다.

119
☐☐☐

건축·구조물 화재에서 전소는 건물의 입체면적 70% 이상이 소실되었거나, 또는 그 미만이라도 잔존부분을 보수하여도 재사용이 불가능한 것을 말한다. 　O | X

O

120
☐☐☐

화재조사 시 건물의 동수 산정기준으로 주요구조부가 하나로 연결되어 있는 것은 1동으로 한다. 다만, 건널 복도 등으로 2 이상의 동에 연결되어 있는 것은 그 부분을 절반으로 분리하여 각 동으로 본다.   O | X

O

121
☐☐☐

내화조 건물의 외벽을 이용하여 목조 또는 방화구조건물이 별도로 설치되어 있고 건물 내부와 구획되어 있는 경우 다른 동으로 한다.   O | X

O

122
☐☐☐

소방청장은 사상자가 30명 이상이거나 2개 시·도 이상에 걸쳐 발생한 화재(임야화재는 제외한다)는 화재합동조사단을 구성하여 운영하는 것을 원칙으로 한다.   O | X

O

> **📖 핵심정리 화재합동조사단 구성·운영**
>
> **1. 소방청장:** 사상자가 30명 이상이거나 2개 시·도 이상에 걸쳐 발생한 화재(임야화재는 제외한다. 이하 같다)
> **2. 소방본부장:** 사상자가 20명 이상이거나 2개 시·군·구 이상에 발생한 화재
> **3. 소방서장:** 사망자가 5명 이상이거나 사상자가 10명 이상 또는 재산피해액이 100억원 이상 발생한 화재

123
☐☐☐

사망자가 5명 이상이거나 사상자가 10명 이상 또는 재산피해액이 50억원 이상 발생한 화재는 소방서장이 화재합동조사단을 구성·운영하는 것을 원칙으로 한다.   O | X

X   재산피해액이 100억원 이상 발생한 화재가 해당한다.

124

선착대는 화재를 방어할 필요가 없는 경우는 방어할 필요가 없는 경우는 지휘자의 명령에 따라 급수 및 비화경계, 수
손방지 등의 업무를 수행한다. O | X

X 후착대의 업무에 해당한다.

> **핵심정리 선착대의 업무**
>
> 1. 인명검색 및 구조활동을 우선시한다.
> 2. 연소위험이 가장 큰 방면에 포위 부서한다.
> 3. 화점 근처의 소방용수시설을 점유한다.
> 4. 사전 경방계획을 충분히 고려하여 행동한다.
> 5. 재해실태, 인명위험, 소방활동상 위험요인 등과 같은 상황을 신속히 후착대에게 적극적 정보를 제공한다.

125

농연 내에서의 진입요령으로 내화조건물이나 지하실, 터널 등 연기가 충만하기 쉬운 건물 화재에서는 자세를 낮추어
서 중성대 아래쪽으로부터 진입하는 것이 원칙이다. O | X

O

126

저속분무주수는 간접공격법(로이드레만 전법)에 가장 적합한 주수방법이다. O | X

O

> **핵심정리 간접공격법**
>
> 1. **간접공격법**: 연기와 열을 제거할 때 물의 흡열작용에 의한 냉각과 환기로 옥내 고온기체 및 연기의 배출을 보다 유
>   효하게 하기 위한 안개모양의 주수법이다.
> 2. 물의 큰 기화잠열과 기화 시의 체적팽창력을 활용하여 배연·배열하는 방법이다.

127
☐☐☐

소방전술의 기본원칙 중 포위공격의 원칙은 화세에 비추어 소방력이 부족하여 불가피한 경우에는 가장 피해가 적을 것으로 판단되는 부분의 희생을 감수하더라도 보다 중요한 부분을 집중적으로 방어하여야 한다는 수세적인 원칙이다.

O | X

X 중점주의의 원칙이다. 포위공격의 원칙은 소방대가 화재의 전후·좌우·상하에서 입체적으로 공격하거나 방어하는 방안을 강구하여, 한 방향에서만 화재를 공격함으로써 다른 방향으로 화재가 확대되는 것을 막을 수 있다는 원칙이다.

> 📖 **핵심정리** **소방전술의 기본원칙**
>
> 1. 신속대응의 원칙
> 2. 인명구조의 최우선의 원칙
> 3. 선착대 우위의 원칙
> 4. 포위공격의 원칙
> 5. 중점주의의 원칙

128
☐☐☐

소방전술에 있어서 소방력이 화세보다 약한 경우 화면을 포위하고 직접방수 등에 의한 방법에 의하여 일시에 소화할 수 있도록 공격전술을 취하여야 한다.

O | X

X 소방력이 화세보다 약한 경우 화면을 포위하고 방수 등에 의하여 화세를 저지하는 것을 의미하며, 소방대가 현장도착 후 화세가 소방력보다 우세한 경우 먼저 수비전술을 취하고 점점 공격전술로 전환한다.

PART 4 소화론

POINT 4-1 소화이론

001
□□□

화학적 소화방법은 가연물의 화학적 연쇄반응 속도를 줄이기 위한 할론 소화약제를 사용하는 방법, 다량의 물을 주수하여 소화하는 방법이 해당한다.　　　　　　　　　　　　　　　　O | X

X 다량의 물을 주수하여 소화하는 방법의 주된 소화작용은 냉각소화이다. 화학적 소화효과와는 관련이 없다.

002
□□□

유류화재는 포 소화약제를 방사하여 유류 표면에 얇은 층을 형성함으로써 공기 공급을 차단해 소화한다.　　O | X

O

003
□□□

산림화재 시 화재 진행방향의 나무를 벌목하는 것은 제거소화의 방법 중 하나이다.　　　　　　　　O | X

O

004
□□□

전기화재 시 전원차단, 가스화재 시 가스공급 차단 및 산불화재 시 방화선(도로) 구축은 제거소화방법에 해당한다.　　　　　　　　　　　　　　　　O | X

O

005
□□□

촛불을 입으로 불어 소화하는 방법은 소화원리 중 제거소화의 사례에 해당한다.　　　　　　　　O | X

O

006
□□□

식용유 화재 시 주변의 야채를 집어넣어 소화하는 방법은 소화원리 중 제거소화의 사례에 해당한다.　　O | X

X　냉각소화에 해당한다.

007
□□□

황화인, 질산에스터류, 알칼리금속의 과산화물은 화재진압 시 주수소화에 적응성이 있는 위험물에 해당한다.
　　O | X

X　오황화인(오산화인)의 경우 물과 반응하여 황화수소와 인산을 발생한다. 황화인 등은 마른 모래, 건조분말에 의한 질식
소화를 한다. 알칼리금속의 과산화물(무기과산화물), 무수크로뮴산(삼산화크로뮴)은 금수성이 있으므로 물을 사용하여
서는 안 되고 마른 모래 등을 사용한다.

008
□□□

질식소화방법이란 일반적으로 공기 중의 산소농도를 15% 이하로 희석하거나 저하시키면 연소 중인 가연물은 산소의
양이 부족하여 연소가 중단된다는 것이다.　　O | X

O

009
□□□

냉각소화로 많이 이용되는 물은 비열, 증발잠열의 값이 다른 물질에 비해 커서 가연성 물질을 발화점 혹은 인화점 이
하로 냉각하는 효과가 있다.　　O | X

O

010
□□□

부촉매 소화는 화학적 소화에 해당한다.　　O | X

O

011
□□□

피복소화는 유류표면에 유화층을 형성하여 산소의 공급을 차단하여 소화하는 방법을 말한다.　　O | X

X　유화소화에 대한 설명이다.

012

□□□

유화소화의 주된 소화원리는 냉각소화이다.

O | X

X 유화소화의 주된 소화원리는 질식소화이다.

013

□□□

중질유화재 시 무상주수를 함으로써 기대할 수 있는 소화효과는 질식소화와 유화소화이다.

O | X

O

> 📖 핵심정리 **유화소화**
>
> 1. 유화소화는 유류표면에 유화층을 형성하여 산소의 공급을 차단하여 소화하는 방법을 말한다.
> 2. 유화층은 유류표면에 물과 유류의 중간 성질을 가지는 엷은 층을 말한다.
> 3. 일반적으로 비중이 물보다 큰 중유 화재 시 무상으로 주수하면 유화층을 형성하고 공기 중의 산소의 공급을 차단시켜 질식소화효과를 기대할 수 있다.

014

□□□

할론 소화약제, 이산화탄소 소화약제를 사용한 소화기구 및 자동소화장치는 일반화재, 유류화재 및 전기화재에 소화적응성이 있다.

O | X

X 이산화탄소 소화약제를 사용한 소화기구 및 자동소화장치는 일반화재에 소화적응성이 없다.

015

□□□

중탄산염류 소화약제를 사용한 분말소화기는 일반화재, 유류화재 및 전기화재에 소화적응성이 있다.

O | X

X 일반화재에 소화적응성이 없다.

20. 공채

016
☐☐☐

물 소화약제 첨가제 중 주요 기능이 물의 표면장력을 작게 하여 심부화재에 대한 적응성을 높여 주는 것은 증점제이다.

O | X

X 침투제에 대한 설명이다.

23. 공채

017
☐☐☐

물에 침투제를 첨가하는 이유는 표면장력을 증가시켜 소화능력을 향상하기 위함이다.

O | X

X 물에 침투제를 첨가하는 이유는 표면장력을 감소시켜 소화능력을 향상하기 위함이다.

23. 공채

018
☐☐☐

물은 비열, 증발잠열의 값이 작아서 주로 냉각소화에 사용된다.

O | X

X 물의 비열과 증발잠열은 비교적 크다.

> 📖 **핵심정리 물리적 특성**
> 1. 물의 비열은 1cal/g℃로 다른 물질에 비하여 상대적으로 크다.
> 2. 물의 증발잠열(기화열)은 539.6cal/g으로 다른 물질에 비하여 크고, 물의 용융열 79.7cal/g과 비교하여도 기화열은 상당히 크다.
> 3. 대기압하에서 100℃의 물이 액체에서 수증기의 상태로 변할 때 체적은 약 1,700배 정도 증가한다.
> 4. 물의 비중은 1기압을 기준으로 4℃일 때 가장 크고 이를 기준으로 높아지거나 낮아질 때 비중은 작아진다.
> 5. 물의 표면장력은 온도가 상승하면 작아진다.

24. 간부

019
☐☐☐

물의 증발잠열은 100℃, 1기압에서 539kcal/kg이므로 냉각소화에 효과적이다.

O | X

O

19. 간부

020
☐☐☐

비중이 물보다 큰 중유 등 비수용성 유류화재 시 무상주수하거나 포 소화약제를 방사하여 유류표면에 엷은 층이 형성되어 공기 중의 산소 공급을 차단시켜 소화하는 방법은 냉각소화를 이용한 원리이다.

O | X

X 유화소화법에 대한 설명이다.

021
☐☐☐

물을 분무주수할 때 얻을 수 있는 가장 큰 소화효과 부촉매소화효과이다.   O | X

X 질식소화이다.

022
☐☐☐

물 소화약제는 자연으로부터 쉽게 얻을 수 있으며, 저장 및 취급이 용이하고, 간단한 조작에 의해서 사용이 가능하여 빠른 시간 내에 화재를 소화할 수 있는 장점이 있다.   O | X

O

023
☐☐☐

물은 A급 화재에서는 우수한 소화능력이 발휘되나, B급 화재에서는 오히려 화재가 확대될 수 있고, C급 화재에서는 소화가 가능 하지만 감전사고의 위험성이 있으므로 주의하여야 한다.   O | X

O

024
☐☐☐

물 소화약제를 알코올 등과 같은 수용성 액체 위험물 화재에 사용하면 희석작용을 하여 소화효과가 있다.   O | X

O

> 📖 **핵심정리 물 소화약제**
>
> 1. 물의 증발잠열은 100℃, 1기압에서 539kcal/kg이므로 냉각소화에 효과적이다.
> 2. 물의 주수형태 중 무상은 전기화재에도 적응성이 있다.
> 3. 물 소화약제를 알코올 등과 같은 수용성 액체 위험물 화재에 사용하면 희석작용을 하여 소화효과가 있다.
> 4. 중질유화재에 물을 무상으로 주수 시 급속한 증발에 의한 질식효과와 함께 에멀션(Emulsion) 형성에 의한 유화효과가 있다.

025
☐☐☐

강화액 소화약제는 물과 탄산칼륨을 혼합하여 만든 소화약제로 냉각소화작용이 있다. 그리고 물과 탄산칼륨의 OH^-에 의하여 많은 효과는 아니지만 부촉매효과도 가지고 있다.   O | X

X 탄산칼륨의 K^+에 의하여 부촉매효과가 있다.

026
☐☐☐

표면하 주입방식에 의한 설비에 가장 적합한 포 소화약제는 단백포 소화약제 및 합성계면활성제포 소화약제가 해당한다.   O | X

X 표면하 주입방식은 유류에 오염을 주지 않는 수성막포와 불화단백포가 적합한 포 소화약제이다.

027
□□□

물의 점도는 온도가 올라가면 작아지고, 표면장력은 온도가 상승하면 커진다. O | X

X 물의 표면장력은 온도가 상승하면 작아진다.

028
□□□

물에 심하게 반응하는 물질인 나트륨과 마그네슘의 금속화재에는 물 소화약제를 사용하여서는 안 된다. O | X

O 물에 심하게 반응하는 물질인 Na · K · Mg · Al · Ca · Zn 등의 금속화재는 물 소화약제를 사용하여서는 안 된다.

029
□□□

물입자의 직경이 0.5~4mm인 물방울 모양의 형상으로 주수되는 적상주수는 전기화재 소화적응성이 우수하다.
O | X

X 스프링클러설비의 스프링클러헤드로부터 물이 방사될 경우 방사되는 물입자의 형태로 적상으로 방사되는 물입자는 봉상의 물입자와 같이 전기의 전도성이 있으므로 전기화재(C급 화재)에는 부적합하다.

030
□□□

무상주수는 고압으로 방사할 때 물입자가 무상의 형태로 물입자가 이격되는 특징이 있어, 전기의 전도성이 없어 전기화재의 소화도 가능하다. O | X

O 무상주수 시 전기화재에 소화효과가 있다.

031
□□□

물방울 입자의 크기는 스프링클러 → 물분무 → 미분무 순으로 미분무가 가장 작다. O | X

O

032
□□□

강화액 소화약제는 동절기 물 소화약제가 동결되는 단점을 보완하고 물의 소화력을 높이기 위하여 화재에 억제효과가 있는 염류를 첨가한 것으로 염류로는 알칼리금속염의 탄산칼륨(K_2CO_3)과 인산암모늄[$(NH_4)H_2PO_4$] 등이 사용된다.
O | X

O 강화액 소화약제는 한랭지역 및 겨울철에 사용 가능하다. −20℃에서도 동결되지 않아 추운지방에도 사용이 가능하다.

033

물 소화약제의 첨가제인 침투제는 물의 표면장력을 낮추어 심부화재, 원면화재의 소화효과를 극대화할 수 있다.

O | X

O 물의 침투성을 증가시키기 위하여 합성계면활성제를 사용한다.

---

24. 간부

034

물은 분자 내에서는 수소결합을, 분자 간에는 극성공유결합을 하여 소화약제로써의 효과가 뛰어나다

O | X

X 물은 수소 2원자와 산소 1원자로 이루어져 있으며 이들 사이의 화학결합은 극성 공유결합이고, 물은 극성 분자이기 때문에 분자 간의 결합은 수소결합에 의하여 이루어진다.

> **핵심정리 물의 화학적 특성**
> 1. 물은 수소 2원자와 산소 1원자로 이루어져 있으며 이들 사이의 화학결합은 극성 공유결합이다.
> 2. 물은 극성 분자이기 때문에 분자 간의 결합은 수소결합에 의하여 이루어진다.
> 3. 물이 비교적 큰 표면 장력을 가지는 것도 분자 간의 인력의 세기와 직접적인 관계가 있으며, 비교적 큰 비열도 수소 결합을 끊는 데 큰 에너지가 필요하기 때문이다.

---

22. 간부

035

단백포 소화약제는 내유성이 강하여 표면하 주입방식에 효과적이며, 내약품성으로 분말 소화약제와 Twin Agent System이 가능하다. 반면에 내열성이 약해 탱크 내벽을 따라 잔불이 남게 되는 윤화현상이 일어날 우려가 있으며, 대형화재 또는 고온화재 시 수성막 생성이 곤란한 단점이 있다.

O | X

X 수성막포 소화약제에 대한 설명이다.

> **핵심정리 기계포 소화약제**
> 1. **단백포 소화약제**: 단백질을 가수분해한 것을 주원료로 하는 포 소화약제를 말한다.
> 2. **합성계면활성제포 소화약제**: 합성계면활성제를 주원료로 하는 포 소화약제를 말한다.
> 3. **수성막포 소화약제**: 수합성계면활성제를 주원료로 하는 포 소화약제 중 기름표면에서 수성막을 형성하는 포 소화약제를 말한다.
> 4. **알코올형포 소화약제**: 단백질의 가수분해물이나 합성계면활성제 중에 지방산 금속염이나 타계통의 합성계면활성제 또는 고분자겔 생성물 등을 첨가한 포 소화약제로서 제4류 위험물 중 수용성용제의 소화에 사용하는 약제를 말한다.
> 5. **불화단백포 소화약제**: 단백포 소화약제의 소화성능을 향상시키기 위하여 불소계통의 계면활성제를 첨가한 포 소화약제를 말한다.

---

24. 공채

036

불화단백포 소화약제는 불소계 계면활성제를 첨가하여 단백포 소화약제의 단점인 유동성을 보완하였다.

O | X

O 단백포 소화약제에 불소계 계면활성제를 첨가하여 단백포와 수성막포의 단점을 보완한 약제이다. 유동성이 나쁜 단백포의 단점과 표면에 형성된 수성막이 적열된 탱크 벽에 약한 수성막포의 단점을 개선한 것이다.

17. 공채

037
☐☐☐

포 소화약제 중 분말 소화약제와 병용하면 소화효과가 7~8배 증가되는 포 소화약제는 단백포 소화약제이다.

O | X

X 수성막포 소화약제이다.

23. 간부

038
☐☐☐

수성막포 소화약제는 불소계 계면활성제를 주성분으로 한 것으로 안정성이 좋아 장기보존이 가능하다.

O | X

O

23. 간부

039
☐☐☐

수성막포 소화약제는 알코올류, 케톤류, 에스테르류 등과 같은 수용성 위험물 화재에 소화적응성이 아주 우수하다.

O | X

X 알코올형포 소화약제에 대한 설명이다.

23. 간부

040
☐☐☐

알코올형 포 소화약제는 내유성이 있어 탱크 하부에서 발포하는 표면하주입방식이 가능하며 분말 소화약제와 함께 사용 시 소화능력이 강화된다.

O | X

X 수성막포 소화약제에 대한 설명이다.

24. 공채

041
☐☐☐

알콜형포 소화약제는 케톤류, 알데히드류, 아민류 등 수용성용제의 소화에 사용할 수 있다.

O | X

O

042
☐☐☐

불소를 함유하고 있는 합성계면활성제포는 친수성이므로 유동성과 내유성이 좋다.   O | X

X 합성계면활성제포는 유동성이 양호하나 내유성이 약하다.

> **핵심정리 합성계면활성제포 소화약제의 장점·단점**
>
> 1. 장점
>   - 유류표면에 대해 유동성이 양호하여 소화속도가 빠름
>   - 저발포·고발포로 사용 가능
>   - 일반화재·유류화재에 모두 적용
>   - 소화약제의 보존기간이 반영구적
> 2. 단점
>   - 단열성·내유성이 약하고, 윤화가 발생될 우려가 있음
>   - 유류저장탱크의 시설에 부적합함
>   - 환경오염 우려가 있고 사정거리가 비교적 짧음

043
☐☐☐

합성계면활성제포 소화약제는 유동성과 저장성이 우수하며 저팽창포부터 고팽창포까지 사용할 수 있다.   O | X

O

044
☐☐☐

불화단백포 및 수성막포는 표면하 주입방식에 사용할 수 있다.   O | X

O

045
☐☐☐

단백포 소화약제는 유동성은 좋으나, 내화성은 나쁘다.   O | X

X 단백포는 내열성이 우수하나 유동성이 좋지 않아서 소화속도가 느리다.

> **핵심정리 단백포 소화약제의 장점·단점**
>
> 1. 장점
>   - 내열성이 우수함
>   - 봉쇄성 및 내화성이 우수함
>   - 윤화(Ring fire)의 발생 위험이 없음
> 2. 단점
>   - 유동성이 좋지 않아서 소화속도가 느림
>   - 소화약제의 저장기간이 짧음(3년 이내)
>   - 분말과 병용할 수 없으며, 유류를 오염시킴

046

☐☐☐

단백포 소화약제는 단백질을 가수분해 한 것을 주원료로 하며 내유성이 뛰어나 소화속도가 빠르다. O | X

X 단백포 소화약제는 포의 유동성이 좋지 않아 유면을 신속하게 덮지 못하므로 소화 속도가 느리다. 또한 분말소화약제와 병용할 수 없다는 단점이 있고, 유류를 오염시킨다.

> 📖 핵심정리 **단백포 소화약제(Protein foaming agents)**
> 1. 동물의 뿔, 발톱 등을 알칼리로 가수분해한 생성물에 금속염인 염화철과 그 밖의 첨가제 등을 혼합·제조하여 사용한다.
> 2. 신속하게 다량의 포가 연소유면에 전개되면 단백질과 안정제가 결합하여 내열성이 우수한 포가 유면을 질식소화한다.
> 3. 포의 유동성이 좋지 않아 유면을 신속하게 덮지 못하므로 소화속도가 느리다.
> 4. 부패의 우려가 있어 저장기간이 길지 않다.
> 5. 단백포는 점성이 있어 안정되고 두꺼운 포막을 형성하기 때문에 인화성·가연성 액체의 위험물 저장탱크, 창고, 취급소 등의 포소화설비에 사용된다.
> 6. 분말소화약제와 병용할 수 없다는 단점이 있고, 유류를 오염시킨다.

047

☐☐☐

기계포 소화약제 중 단백포 소화약제는 유동성이 좋고, 내열성은 나쁘다. O | X

X 내열성은 우수하나 유동성이 좋지 않아서 소화속도가 느리다.

048

☐☐☐

기계포 소화약제 중 단백포 소화약제는 유류를 오염시키고, 유면 봉쇄성이 좋지 않아 윤화현상이 발생한다. O | X

X 유면 봉쇄성이 좋아 윤화현상이 잘 발생하지 않는다.

빈출문제

049

☐☐☐

포 소화약제의 구비조건으로 내유성, 유동성, 내열성 등이 있다. O | X

O 내유성은 포의 유류에 오염되지 않는 능력을 의미한다. 불화단백포는 내유성이 강하다. 내유성이 낮은 포 소화약제는 표면하 주입방식을 적용하기 어렵다.

빈출문제

050

☐☐☐

포팽창비는 방출 전 포수용액의 체적에 대한 발포 후 포의 체적비를 말한다. O | X

O 포팽창비 $= \dfrac{\text{발포 후 포의 체적}}{\text{방출 전 포수용액의 체적}}$

051

□□□

포 소화약제의 저발포는 포의 팽창비율이 80배 이하인 것을 말한다.　　　　　　　　　　O | X

X　저발포는 포의 팽창비율이 20배 이하인 것을 말한다.

052

□□□

포의 팽창비율이 700배인 것은 고발포 제3종에 해당한다.　　　　　　　　　　　　O | X

O

> 📖 **핵심정리** **고발포**
>
> 1. 제1종 기계포 80배 이상 250배 미만
> 2. 제2종 기계포 250배 이상 500배 미만
> 3. 제3종 기계포 500배 이상 1,000배 미만

053

□□□

포의 팽창비가 커지면 환원시간의 길어진다. 환원시간이 길면 내열성이 좋아진다.　　　　O | X

X　팽창비가 커지면 환원시간이 짧아진다. 25(%) 환원시간은 방사된 포 중량의 25%가 수용액으로 환원되어 물이 배수되는 시간을 말한다. 25(%) 환원시간이 긴 포 소화약제는 거품지속시간이 길어 소화성능이 우수하다고 볼 수 있다.

054

□□□

팽창비가 커지면 포의 유동성이 증가한다.　　　　　　　　　　　　　　　　　　O | X

O

055

□□□

팽창비가 커지면 함수율이 적어져 내열성이 감소한다.　　　　　　　　　　　　　O | X

O

19. 공채

056
□□□

소화 후 소화약제에 의한 오손이 없고, 비전도성이며, 자체 압력으로 방출이 가능하고, 불연성 기체로서 주된 소화효과는 질식효과의 특성이 있는 소화약제는 이산화탄소 소화약제이다.　　　　　　　　　　O | X

O

24. 공채

057
□□□

이산화탄소 소화약제는 질식소화 효과와 기화열 흡수에 의한 냉각효과가 있다.　　　　　　　　　　O | X

O

핵심정리 이산화탄소 소화약제의 특성

1. 무색, 무취로 비전도성이며 독성이 없다.
2. 질식소화 효과와 기화열 흡수에 의한 냉각효과가 있다.
3. 제3류 위험물, 제5류 위험물의 소화에 사용을 금한다.
4. 자체 증기압이 매우 높아 별도의 가압원이 필요하지 않다.

24. 공채

058
□□□

이산화탄소 소화약제는 제5류 위험물 소화에 사용한다.　　　　　　　　　　O | X

X 제5류 위험물을 저장·취급하는 장소에는 사용을 금한다.

핵심정리 이산화탄소 소화약제 사용제한장소

1. 방재실·제어실 등 사람이 상시 근무하는 장소
2. 소화약제에 의해 질식 또는 인체의 위해가 발생할 우려가 있는 밀폐장소
3. 제5류 위험물을 저장·취급하는 장소
4. 이산화탄소를 분해시키는 반응성이 큰 금속(Na, K, Mg, Ti, Zr 등)과 금속수소화물(LiH, NaH, CaH$_2$)

18. 상반기 공채

059
□□□

공기 중 산소의 농도가 20vol%라고 가정한다면 산소농도를 10vol%로 하기 위한 이산화탄소의 농도는 50vol%이다.　　　　　　　　　　O | X

O

060

☐☐☐

이산화탄소 소화약제는 소화 후 소화약제에 의한 손실은 없으나 방출 시 인명피해가 우려되는 밀폐된 공간에는 사용을 제한하고 있다.　　O | X

O

061

☐☐☐

이산화탄소 소화약제는 산소농도의 희석에 의한 질식소화를 주목적으로 한다. 따라서 사람이 거주하는 곳에선 개방된 상태에서 사용하여야 한다.　　O | X

X 사람이 있는 곳에서는 사용하여서는 아니된다. 산화탄소 소화약제는 산소농도의 희석에 의한 질식소화를 주목적으로 하므로 개방된 장소에서의 일반가연물화재의 소화에는 부적합하다. 그러나 개구부에 자동폐쇄장치가 설치된 전역방출 방식인 경우 일반 가연물질에 대하여 가연물질의 내부까지 침투하여 심부화재에도 소화효과가 있다.

062

☐☐☐

CO_2 소화약제는 사용 후 소화약제에 의한 오손이 없기 때문에 통신기기실, 전산기기실, 변전실 등의 전기 설비, 물에 의한 오손이 걱정되는 도서관이나 미술관 등에 유용하다.　　O | X

O

063

☐☐☐

이산화탄소 소화약제는 제5류 위험물을 저장·취급하는 장소 및 이산화탄소를 분해시키는 반응성이 큰 금속과 금속수소화물에서는 사용이 제한된다.　　O | X

O

064

☐☐☐

이산화탄소의 주된 소화효과는 부촉매 소화효과이다.　　O | X

X 이산화탄소의 주된 소화효과는 산소농도 저하에 의한 질식효과이다.

065

☐☐☐

모든 가연성 가스는 산소의 농도를 14% 이하로 낮추면 소화된다.　　O | X

X 소화에 필요한 이산화탄소의 농도는 가연성 기체와 액체의 종류에 따라 다르다. 수소의 한계산소농도는 7.98%이고, 일산화탄소의 한계산소농도는 9.87%이다.

066
☐☐☐

이산화탄소의 최소 설계농도는 이론적으로 구한 최소 소화농도의 90% 이상으로 하면 된다.

O | X

X 최소 설계농도는 이론적으로 구한 최소 소화농도에 일정량의 여유분(최소 소화농도의 20%)을 더한 값이다.

067
☐☐☐

이산화탄소의 최소 소화농도(Theoretical minimum CO_2 concentration)는 다음 식을 통해 구한다.

$$CO_2 = \frac{21 - O_2}{21} \times 100(\%) \text{(단, 공기 중의 산소농도는 21%인 경우)}$$

O | X

O

068
☐☐☐

할로겐화합물 소화약제는 불소, 염소, 브로민 또는 아이오딘 중 하나 이상의 원소를 포함하고 있는 유기화합물을 기본성분으로 하는 소화약제를 말한다.

O | X

O

📖 **핵심정리 할로겐화합물 및 불활성기체 소화약제**

1. 할로겐화합물 소화약제: 순도가 99% 이상이고 불소, 염소, 브로민, 아이오딘 중 하나 이상의 원소를 포함하고 있는 유기화합물을 기본성분으로 하는 소화약제이다.
2. 불활성기체 소화약제: 헬륨, 네온, 아르곤, 질소 중 하나 이상의 원소를 기본성분으로 하는 소화약제를 말한다.

069
☐☐☐

IG-01, IG-55, IG-100, IG-541 중 질소를 포함하지 않은 약제는 IG-100이다.

O | X

X IG-01, IG-55, IG-100, IG-541 중 질소를 포함하지 않은 약제는 IG-01이다.

📖 **핵심정리 IG-01 · IG-55 · IG-100(불연성 · 불활성기체 혼합가스)**

1. IG-01은 아르곤이 99.9vol% 이상이다.
2. IG-55는 질소가 50vol%, 아르곤이 50vol%인 성분으로 되어 있다.
3. IG-100은 질소가 99.9vol% 이상이다.

소화약제	화학식
IG-01	Ar
IG-100	N_2
IG-541	N_2(52%), Ar(40%), CO_2(8%)
IG-55	N_2(50%), Ar(50%)

070

$\square\square\square$

할로겐화합물 소화약제 중 HFC - 23(트리플루오르메탄)의 화학식은 CHF_3이다.   O | X

O

071

$\square\square\square$

부촉매 소화효과는 불활성기체 소화약제에는 없으나 할로겐화합물 소화약제는 있다.   O | X

O

072

할로겐화합물 소화약제 중 'HCFC BLEND A'의 구성 요소는 HCFC - 123, C_3HF_7, HCFC - 22,   HCFC - 124 및 C_3HF_7
이다.   O | X

X HCFC BLEND A는 HCFC-123, HCFC-22, HCFC-124와 $C_{10}H_{16}$의 혼합물로 이루어진 소화약제이다. C_3HF_7은
'HCFC BLEND A'의 구성 요소가 아니다.

📖 핵심정리 **HCFC BLEND A**

소화약제	화학식
HCFC BLEND A	HCFC-123($CHCl_2CF_3$): 4.75% HCFC-22($CHClF_2$): 82% HCFC-124($CHClFCF_3$): 9.5% $C_{10}H_{16}$: 3.75%

073

$\square\square\square$

할로겐화합물 소화약제 중 'HCFC BLEND A'의 구성 요소 중 가장 많은 부분을 차지하는 물질은 HCFC-22($CHClF_2$)
이다.   O | X

O HCFC BLEND A는 HCFC-22($CHClF_2$)가 82%로 가장 많은 부분을 차지한다.

074

$\square\square\square$

어떤 물질이 지구온난화에 기여하는 능력을 상대적으로 나타내는 오존파괴지수(ODP; Ozone Depletion Potential)의
기준물질은 CFC-11이다.   O | X

O ODP(오존파괴지수) = $\dfrac{\text{어떤 물질 1kg에 의해 파괴되는 오존량}}{\text{CFC-11 1kg에 의해 파괴되는 오존량}}$

075

불활성기체 소화약제는 헬륨, 네온, 염소, 아르곤, 질소 중 하나 이상의 원소를 기본성분으로 하는 소화약제를 말한다.

O | X

X 염소는 해당하지 않는다.

076

할로겐화합물 소화약제가 갖추어야 할 일반적인 조건으로 대기 중의 잔존 시간이 길수록 좋다.

O | X

X 대기 중에 잔존 시간이 짧을수록 좋다.

> 📖 핵심정리 **친환경 소화약제 요구조건**
> 1. 우수한 소화성능을 갖추어야 한다.
> 2. 독성이 적을수록 좋다.
> 3. ODP, GWP, ALT가 낮아야 한다.
> 4. ALT는 온실가스가 발사된 후 대기권에서 분해되지 않고 체류하는 잔류기간이다.

077

할로겐화합물 소화약제가 갖추어야 할 일반적인 조건으로 지구 온난화, 오존층 파괴에 끼치는 영향이 적을수록 좋다.

O | X

O

078

할로겐화합물 및 불활성기체 소화약제는 IG-541 할론이나 분말 소화약제와 같은 화학적 작용에 의한 소화효과가 있다.

O | X

X 불활성기체 소화약제는 화학적 소화효과가 없다. 불활성기체 소화약제는 주로 질소, 아르곤, 이산화탄소로 되어 있으므로 화학소화보다는 질식소화가 주된 소화작용을 한다.

079

제1·2·3종 분말 소화약제는 열분해 반응에서 CO_2가 생성된다.

O | X

X 제1·2종 분말 소화약제는 열분해 반응에서 CO_2가 생성된다. 제3종 분말 소화약제는 CO_2가 생성되지 않는다.

> 📖 핵심정리 **분말 소화약제의 열분해 반응**
> 1. 탄산수소나트륨의 열분해 반응
>   • 270℃에서 $2NaHCO_3 \rightarrow Na_2CO_3 + H_2O + CO_2$
>   • 850℃에서 $2NaHCO_3 \rightarrow Na_2O + H_2O + 2CO_2$
> 2. 탄산수소칼륨의 열분해반응
>   • 190℃에서 $2KHCO_3 \rightarrow K_2CO_3 + H_2O + CO_2$
>   • 260℃에서 $2KHCO_3 \rightarrow K_2O + H_2O + 2CO_2$

080
☐☐☐

$NaHCO_3$이 주된 성분인 분말 소화약제는 B·C급 화재에 사용하고 분말 색상은 백색이다.　O | X

O

📖 핵심정리 **분말 소화약제의 분류**

종별	주성분	색상	소화대상	특징
제1종	탄산수소나트륨	백색	B급, C급	비누화반응
제2종	탄산수소칼륨	담자색	B급, C급	–
제3종	제1인산암모늄	담홍색	A급, B급, C급	메탄인산
제4종	중탄산칼륨+요소	회색	B급, C급	–

081
☐☐☐

$NH_4H_2PO_4$이 주된 성분인 분말 소화약제는 A·B·C급 화재에 유효하고 비누화현상이 일어나지 않는다.　O | X

O 비누화현상이 발생하는 분말 소화약제는 제1종 분말 소화약제이다.

082
☐☐☐

제2종 분말 소화약제의 주성분은 $KHCO_3$이다.　O | X

O

083
☐☐☐

제3종 분말 소화약제가 열분해될 때 생성되는 물질로써 방진작용을 하는 물질은 K_2CO_3(탄산칼륨)이다.　O | X

X 제3종 분말 소화약제가 열분해될 때 생성되는 물질로써 방진작용을 하는 물질은 메타인산(HPO_3)이다.

📖 핵심정리 **제3종 분말 소화약제의 방진소화작용**

1. 제1인산암모늄으로부터 360℃ 이상의 온도에서 열분해하는 과정에서 액체상태의 점성을 가진 메타인산(HPO_3)이 생성된다.
2. 메타인산(HPO_3)은 일반가연물질인 나무·종이·섬유 등의 연소과정인 잔진상태의 숯불표면에 유리(Glass) 상의 피막을 이루어 공기 중의 산소의 공급을 차단시키며, 숯불모양으로 연소하는 작용을 방지한다.

084
☐☐☐

분말 소화약제 중 HPO_3가 일반 가연물질인 나무, 종이 등의 표면에 피막을 이루어 공기 중의 산소를 차단하는 방진작용과 관련이 있는 것은 제1종 분말 소화약제이다. O | X

X 제3종 분말 소화약제에 대한 설명이다.

085
☐☐☐

분말 소화약제는 분말의 입도는 너무 커도 또는 너무 미세해도 안 되며, 적당한 입자는 20~25㎛ 정도가 가장 좋다. O | X

O

086
☐☐☐

분말 소화약제 중에서 제1종 분말 소화약제와 제2종 분말 소화약제가 방사되었을 때 공통으로 생성되는 물질은 N_2, CO_2이다. O | X

X H_2O, CO_2가 공통으로 생성된다.

POINT 5-1 소방시설 개론

---

20. 공채

001
☐☐☐

연결송수관설비, 시각경보기, 무선통신보조설비는 소방시설의 분류 중 소화활동설비에 해당한다.　　　O | X

X 시각경보기는 경보설비에 해당한다.

---

23. 공채

002
☐☐☐

인명구조설비는 화재를 진압하거나 인명구조활동을 위하여 사용하는 설비에 해당한다.　　　O | X

X 인명구조설비는 피난구조설비에 해당한다.

---

23. 공채

003
☐☐☐

소화활동설비는 화재를 진압하거나 인명구조활동을 위하여 사용하는 설비를 말한다.　　　O | X

O

---

22. 간부

004
☐☐☐

소화설비에는 자동소화장치, 옥내소화전설비, 물분무등 소화설비 등이 있다.　　　O | X

O

> 📖 **핵심정리 소화설비**
>
> 1. 소화기구
> 2. 자동소화장치
> 3. 옥내소화전설비
> 4. 옥외소화전설비
> 5. 스프링클러설비·간이스프링클러설비 및 화재조기진압용 스프링클러설비
> 6. 물분무등 소화설비: 물분무 소화설비, 포 소화설비, 이산화탄소 소화설비, 할론 소화설비, 할로겐화합물 및 불활성 기체 소화설비, 분말 소화설비, 미분무 소화설비, 강화액 소화설비 및 고체에어로졸 소화설비

005 □□□

소화기구, 스프링클러설비등 및 연소방지설비는 소화설비에 해당한다.　　O | X

X 연소방지설비는 경보설비에 해당한다.

006 □□□

유도등, 비상조명등 및 휴대용비상조명등 및 비상방송설비는 피난구조설비에 해당한다.　　O | X

X 비상방송설비는 경보설비에 해당한다.

007 □□□

소방시설의 분류에 따르면, 경보설비에는 자동화재속보설비, 누전경보기, 가스누설경보기 등이 포함되고, 소화용수설비에는 상수도소화용수설비, 소화수조·저수조, 그 밖의 소화용수설비 등이 포함되고, 소화활동설비에는 비상콘센트설비, 제연설비, 연결살수설비 등이 포함된다.　　O | X

O

008 □□□

경보설비에는 통합감시시설, 시각경보기, 단독경보형 감지기 등이 있다.　　O | X

O

009 □□□

피난기구, 인명구조기구, 제연설비는 피난구조설비에 해당한다.　　O | X

X 제연설비는 소화활동설비에 해당한다.

> **핵심정리 소화활동설비**
>
> 1. 연결송수관설비
> 2. 연결살수설비
> 3. 연소방지설비
> 4. 무선통신보조설비
> 5. 비상콘센트설비
> 6. 제연설비

010
☐☐☐

소화활동설비에는 연소방지설비, 비상콘센트설비, 무선통신보조설비, 비상방송설비 등이 포함되고, 소화용수설비에는 상수도소화용수설비, 소화수조, 저수조, 정화조 등이 포함된다.   O | X

X 비상방송설비는 경보설비에 해당하며, 정화조는 소화용수설비에 해당하지 않는다.

011
☐☐☐

경보설비란 화재발생 사실을 통보하는 기계·기구 또는 설비로서 단독경보형 감지기, 비상경보설비, 자동화재탐지설비 등이 있다.   O | X

O

012
☐☐☐

「소방시설 설치 및 관리에 관한 법률 시행령」상 무창층(無窓層)이란 지상층 중 개구부 면적의 합계가 해당 층 바닥면적의 30분의 1 이하가 되는 층을 말한다.   O | X

O

013
☐☐☐

물분무등 소화설비에는 옥내소화전설비, 강화액 소화설비, 포 소화설비, 분말 소화설비, 할로겐화합물 및 불활성기체 소화설비등이 포함된다.   O | X

X 옥내소화전설비는 포함되지 않는다.

16. 간부

014
☐☐☐

소화기의 설치기준으로 대형소화기는 A급 10단위 이상, B급 20단위 이상으로 운반대와 바퀴가 설치된 것이다.

O | X

O

23. 간부

015
☐☐☐

소화기구의 능력단위를 바닥면적 100제곱미터마다 1단위 이상으로 해야 할 특정소방대상물은 판매시설, 의료시설이다.

O | X

X 의료시설은 50제곱미터마다 1단위 이상으로 한다.

> 📖 **핵심정리 특정소방대상물별 소화기구의 능력단위**
>
> 1. 위락시설: 30제곱미터
> 2. 문화 및 집회시설(전시장 및 동·식물원은 제외한다)·의료시설·장례시설 중 장례식장 및 문화재: 50제곱미터
> 3. 공동주택·근린생활시설·문화 및 집회시설 중 전시장·판매시설·운수시설·노유자시설·업무시설·숙박시설·공장·창고시설·항공기 및 자동차 관련 시설·방송통신시설 및 관광휴게시설: 100제곱미터
> 4. 위의 해당하지 않는 것: 200제곱미터

확인학습문제

016
☐☐☐

소화기구의 능력단위를 바닥면적 30제곱미터마다 1단위 이상으로 해야 할 특정소방대상물은 위락시설이다. O | X

O

빈출문제

017
☐☐☐

특정소방대상물의 각 부분으로부터 1개의 소화기까지의 수평거리가 소형소화기의 경우에는 20m 이내, 대형소화기의 경우에는 30m 이내가 되도록 배치하는 것을 원칙으로 한다.

O | X

X 보행거리 기준이다. 다만, 가연성물질이 없는 작업장의 경우에는 작업장의 실정에 맞게 보행거리를 완화하여 배치할 수 있다.

빈출문제

018
☐☐☐

능력단위가 2단위 이상이 되도록 소화기를 설치해야 할 특정소방대상물 또는 그 부분에 있어서는 간이소화용구의 능력단위가 전체 능력단위의 2분의 1을 초과하지 않게 해야 한다(다만, 숙박시설의 경우에는 그렇지 않다).

O | X

X 다만, 노유자시설의 경우에는 그렇지 않다.

019
☐☐☐

대형소화기의 충전하는 소화약제량으로 물소화기는 50ℓ 이상이다.　　　O | X

X　80ℓ 이상이다.

020
☐☐☐

대형소화기의 충전하는 소화약제량으로 이산화탄소 소화기는 50kg 이상이다.　　　O | X

O

> **핵심정리 대형소화기의 소화약제량**
>
> 1. **물소화기**: 80L 이상
> 2. **강화액소화기**: 60L 이상
> 3. **할로겐화물소화기**: 30kg 이상
> 4. **이산화탄소소화기**: 50kg 이상
> 5. **분말소화기**: 20kg 이상
> 6. **포소화기**: 20L 이상

021
☐☐☐

옥내소화전설비는 소방대가 도착하기 전에 건축물의 관계인이 초기 화재진압을 위하여 사용하는 수동식 소화설비이다.　　　O | X

O　옥내소화전설비도 초기 화재진압 목적으로 설치하는 설비로서 사람이 직접조작에 의하여 사용할 수 있는 수동설비이며, 소화약제로 물을 사용하는 수계 소화설비이다.

022
☐☐☐

옥내소화전설비의 소화약제가 되는 수원, 소화수를 보내 주는 가압원(동력장치), 배관 및 밸브류, 소화전함과 호스, 그리고 이들 시스템을 전반적으로 감시하고 제어하는 동력제어반과 감시제어반 등으로 구성되어 있다.　　　O | X

O

023
☐☐☐

옥내소화전설비의 수원(고층건축물 제외)은 그 저수량이 옥내소화전의 설치개수가 가장 많은 층의 설치개수(2개 이상 설치된 경우에는 최대 4개)에 2.6m³를 곱한 양 이상이 되도록 하여야 한다.　　　O | X

X　$Q(m^3) = 2.6m^3 \times N$(최대 2개)
　N: 소화전이 가장 많이 설치된 층의 소화전 개수(최대 2개)

024
☐☐☐

옥내소화전설비의 옥상수조(예비수원)에는 산출된 유효수량 외에 유효수량의 5분의 1 이상을 저장하여야 한다.

O | X

X 산출된 유효수량 외에 유효수량의 3분의 1 이상을 저장하여야 한다.

025
☐☐☐

전동기 또는 내연기관에 따른 펌프를 이용하는 가압송수장치는 특정소방대상물의 어느 층에 있어서도 해당 층의 옥내소화전(2개 이상 설치된 경우에는 2개의 옥내소화전)을 동시에 사용할 경우 각 소화전의 노즐선단에서의 방수압력이 0.25MPa(호스릴옥내소화전설비 포함) 이상이고, 방수량이 350L/min(호스릴옥내소화전설비 포함) 이상이 되는 성능의 것으로 한다.

O | X

X 각 소화전의 노즐선단에서의 방수압력이 0.17MPa(호스릴옥내소화전설비 포함) 이상이고, 방수량이 130L/min(호스릴옥내소화전설비 포함) 이상이 되는 성능의 것으로 한다. 다만, 하나의 옥내소화전을 사용하는 노즐선단에서의 방수압력이 0.7MPa을 초과할 경우에는 호스접결구의 인입 측에 감압장치를 설치하여야 한다.

026
☐☐☐

옥내소화전설비 가압송수장치의 체절운전 시 수온의 상승을 방지하기 위해 설치하는 것은 순환배관이다.

O | X

O

027
☐☐☐

옥내소화전설비의 가압송수장치 펌프성능시험은 펌프의 성능은 체절운전 시 정격토출압력의 150%를 초과하지 않고, 정격토출량의 150%로 운전 시 정격토출압력의 65% 이상이 되어야 하며, 펌프의 성능을 시험할 수 있는 성능시험배관을 설치하여야 한다.

O | X

X 정격토출압력의 140%를 초과하지 않아야 한다.

028
☐☐☐

체절운전은 펌프의 성능시험을 목적으로 펌프토출측의 개폐밸브를 닫은 상태에서 펌프를 운전하는 것을 말한다.

O | X

O

029
☐☐☐

연성계란 대기압 이상의 압력과 대기압 이하의 압력을 측정할 수 있는 계측기를 말한다.

O | X

O

📖 **핵심정리 진공계와 연성계**

1. 진공계: 대기압 이하의 압력을 측정하는 계측기를 말한다.
2. 연성계: 대기압 이상의 압력과 대기압 이하의 압력을 측정할 수 있는 계측기를 말한다.

030
☐☐☐

순환배관은 옥내소화전설비의 펌프 체절운전 시 수온 하강 방지를 위해 설치한다. O | X

X 순환배관은 펌프 체절운전 시 수온 상승 방지를 위해 설치한다.

031
☐☐☐

소방용 스트레이너란 소화설비의 배관에 설치하여 오물 등의 불순물을 여과시켜 원활하게 소화용수를 공급하는 장치 (스트레이너)를 말한다. O | X

O

032
☐☐☐

기동용수압개폐장치(압력챔버)를 사용할 경우 그 용적은 100L 이상의 것으로 한다. O | X

O

033
☐☐☐

옥내소화전설비에는 반드시 물올림장치를 설치하여야 한다. O | X

X 수원의 수위가 펌프보다 낮은 위치에 있는 경우에 설치한다.

034
☐☐☐

가압수조에 의한 가압송수장치는 건축물의 최상층보다 높게 설치된 수조에서 자연낙차에 의하여 법정방수압을 공급 하는 방식을 말한다. O | X

X 고가수조의 자연낙차를 이용한 가압송수장치에 대한 설명이다.

035
☐☐☐

옥내소화전설비의 배관을 연결송수관설비와 겸용하는 경우 주배관은 구경 100밀리미터 이상, 방수구로 연결되는 배관 의 구경은 40밀리미터 이상의 것으로 해야 한다. O | X

X 방수구로 연결되는 배관의 구경은 65밀리미터 이상의 것으로 해야 한다.

036

소방용 펌프로는 원심펌프를 주로 사용하며 원심펌프에는 볼류트 펌프와 터빈 펌프의 2종류가 있다. O | X

O

📖 핵심정리 소방용펌프의 특성

1. 소방용 펌프는 일반공정용 펌프와 달리 펌프의 토출량이 항상 동일하지 않다.
2. 소화전의 사용 수량이 달라도 각각 규정압(0.17MPa)과 규정 방사량(130L/min)이 발생하여야 한다는 특징이 있다.
3. 소화설비용 펌프는 토출량의 큰 변화가 발생하며 이로 인하여 펌프의 방수량이 설계치 이상이 될 경우 펌프의 선정에 따라서는 과부하를 일으켜 펌프가 정지하는 현상이 발생할 수 있다.

037

소방용 펌프의 터빈 펌프는 직접 물을 Casing으로 유도하는 펌프로서 저양정 펌프에 사용한다. O | X

X 볼류트 펌프에 대한 설명이다. 볼류트 펌프는 임펠러의 안내날개가 없으며, 일반적으로 직접 물을 Casing으로 유도하는 펌프로서 저양정 펌프에 사용한다. 반면에 터빈 펌프는 임펠러의 안내날개 있으며, 안내날개가 있어 Impeller 회전운동 시 물을 일정하게 유도하여 속도에너지를 효과적으로 압력에너지로 변환시킬 수 있다.

038

옥내소화전설비의 방수구의 설치기준은 당해 소방대상물의 각 부분으로부터 하나의 옥내소화전 방수구까지의 수평거리는 40m 이하이다. O | X

X 당해 소방대상물의 각 부분으로부터 하나의 옥내소화전 방수구까지의 수평거리는 25m 이하이다.

039

옥외소화전설비의 노즐 선단에서의 방수압력은 0.25~0.7MPa이다. O | X

O

📖 핵심정리 옥외소화전설비의 수원

1. 노즐 선단에서의 방수압력: 0.25~0.7MPa
2. 노즐 선단에서의 방수량: 350L/min 이상
3. 펌프의 토출량: 350L/min×옥외소화전 설치개수(최대 2개)
4. 수원의 용량(저수량): 7m³×옥외소화전 설치개수(최대 2개)

040

☐☐☐

옥외소화전이 11~30개일 때는 5개 이상의 소화전함을 각각 분산하여 설치한다. O | X

X 11개 이상의 소화전함을 각각 분산하여 설치한다.

> 📖 **핵심정리 옥외소화전의 소화전함 설치기준**
>
> 옥외소화전마다 그로부터 5m 이내의 장소에 소화전함을 아래 기준에 따라 설치하여야 한다.
> 1. 옥외소화전이 10개 이하일 때는 5m 이내마다 소화전함을 1개 이상 설치한다.
> 2. 옥외소화전이 11~30개일 때는 11개 이상의 소화전함을 각각 분산하여 설치한다.
> 3. 옥외소화전이 31개 이상일 때는 옥외소화전 3개마다 1개 이상의 소화전함을 설치한다.

041

☐☐☐

건축물 내에 설치되는 고정식 설비이면서 수동식 수계 소화설비는 옥외소화전설비이다. O | X

X 옥내소화전설비에 대한 설명이다.

042

☐☐☐

공동현상(Cavitation)의 방지대책에는 펌프의 흡입측 수두를 낮게 하여 마찰손실을 줄이거나, 흡입관의 구경을 작게 하는 등의 대책이 있다. O | X

X 펌프의 흡입관경이 너무 작은 경우는 공동현상의 발생 원인에 해당한다. 공동현상은 펌프의 흡입 양정이 높거나 유속의 급속한 변화 또는 와류의 발생 등에 의해 기포가 생성되는 현상을 말한다. 이때 펌프성능은 저하되고 진동소음이 발생하며, 심하면 양수불능이 된다.

043

☐☐☐

긴 수송관으로 액체를 수송 중 정전 등으로 펌프의 운전이 갑자기 멈춘 경우 송수관 내의 액체는 관성력에 의하여 유동하려 하지만 펌프 송출 직후의 액체는 흐름이 약해져 멈추려고 한다. 이에 따라 펌프의 와류실의 압력이 급격하게 떨어지고, 펌프 송출구로부터 와류실로 역류가 발생하게 된다. 그 결과 급격한 압력강하와 상승이 발생한다. 이를 소방펌프 및 관로의 수격현상이라고 한다. O | X

O

044

☐☐☐

수격현상의 방지책으로 관경의 축소를 통해 유체의 유속을 증가시켜 압력 변동치를 감소시킨다. O | X

X 관 지름을 크게 하여 유체(물)의 유속을 줄이고 관성력을 떨어뜨린다.

045
☐☐☐

수격현상의 방지책으로 관로에 서지 탱크(Surge tank)를 설치하거나 플라이휠(Flywheel)을 부착하여 펌프의 급격한 속도 변화를 억제한다. O | X

O

> 📖 핵심정리 **수격현상 방지대책**
>
> 1. 압력 강하 방지법
>   • 펌프에 Flywheel을 붙여 관성효과를 이용하여 회전수와 관내 유속 변화를 느리게 한다.
>   • 서지탱크(Surge tank) 즉 조압수조를 설치하여 축적된 에너지를 방출하거나 관내의 에너지를 흡수한다.
>   • 관 지름을 크게 하여 유체(물)의 유속을 줄이고 관성력을 떨어뜨린다.
> 2. 압력 상승 방지법
>   • Check valve를 쓰지 않고 유체(물)를 역류시킨다.
>   • 역류가 발생 전에 강제적으로 밸브를 차단하여 압력 상승을 줄인다.
>   • 상승된 압력을 안전밸브로 직접 배출한다.
>   • 송출구에 설치된 메인 밸브를 정전과 동시에 자동으로 급속히 닫는다.

빈출문제

046
☐☐☐

스프링클러설비는 화재가 발생하면 천장이나 반자에 설치된 헤드가 감열 작동하거나 자동적으로 화재를 발견함과 동시에 주변에 봉상주수를 하여 효과적으로 화재를 진압할 수 있는 고정식 소화설비이다. O | X

X 적상주수이다. 스프링클러설비는 초기소화에 절대적으로 우수하다.

빈출문제

047
☐☐☐

준비작동식 스프링클러설비는 Deluge valve를 사용한다. O | X

X 준비작동식 스프링클러설비는 프리액션밸브(Pre-action valve)를 사용한다.

빈출문제

048
☐☐☐

건식 스프링클러설비는 감지기가 설치되고 드라이밸브(Dry valve) 설치한다. 헤드는 개방형 헤드를 사용한다. O | X

X 건식 스프링클러설비는 폐쇄형 헤드를 사용하고, 감지기는 구성품에 해당하지 않는다.

빈출문제

049
☐☐☐

건식 스프링클러설비는 공기압축기와 액셀러레이터(Accelerator, 가속기) 등으로 구성되어 있다. O | X

O

> 📖 핵심정리 **액셀러레이터**
>
> 1. 건식밸브의 빠른 작동과 배관의 압축공기를 빠르게 배기시키기 위하여 배기가속장치를 설치한다.
> 2. 액셀러레이터는 건식밸브에 설치되어 건식밸브 2차측의 압축공기를 빠르게 배기시켜 건식밸브의 클래퍼가 보다 빠르게 개방될 수 있도록 한 것이다.

050

□□□

익져스터(Exhauster, 공기배출기)는 배관에 압축공기를 빠르게 배기시키기 위하여 설치하고, 2차측 공기가 스프링클러헤드를 통하여 화재지역에 공급되는 것을 막는 역할도 한다. O | X

O

051

□□□

건식스프링클러설비에서 하향형 헤드를 사용해야 하는 경우에는 드라이펜던트형 헤드를 설치한다(동파 방지). O | X

O 건식설비의 헤드는 습식설비의 폐쇄형 헤드를 그대로 사용할 수 있는데, 되도록 상향형 헤드를 사용하여야 한다. 건식설비에는 배관 내에 물이 없기 때문에 하향형 헤드 설치 시 일단 작동되어 급수가 되면 하향형 헤드 내에 물이 들어가 배수를 시키더라도 물이 남아 있게 되어 동파될 우려가 있으므로 드라이펜던트형 헤드를 설치함으로써 동파를 방지할 수 있다.

052

□□□

솔레노이드밸브은 준비작동식 밸브와 함께 설치되어 밸브와 전원의 상태를 감시하고 수동으로 직접밸브를 개방시킬 수 있는 기능을 가지고 있다. O | X

X 슈퍼비조리 패널(Supervisory panel)에 대한 설명이다.

> 📖 핵심정리 **솔레노이드밸브**
> 화재감지기의 화재신호에 의하여 작동되며, 작동과 동시에 가압부의 충압수를 배출함으로써 클래퍼를 개방시키는 역할을 하는 밸브이다.

053

□□□

준비작동식 스프링클러설비의 경우 감지기와 폐쇄형 스프링클러헤드가 설치된다. O | X

O

054

□□□

자동기동방식의 펌프가 수원의 수위보다 높은 곳에 설치된 옥내소화전설비의 구성요소로는 기동용수압개폐장치, 릴리프밸브, 동력제어반, 솔레노이드밸브, 물올림장치 등이 있다. O | X

X 솔레노이드밸브는 옥내소화전설비의 구성요소에 해당하지 않는다.

> 📖 핵심정리 **솔레노이드밸브**
> 전자밸브로서 전기가 통하면 플랜지가 올라가 밸브가 열리고 전기가 차단되면 플랜지 무게에 의하여 자동적으로 밸브가 닫힌다.

055
□□□

알람밸브 및 개방형 헤드는 습식 스프링클러설비의 구성품에 해당한다.　　　○ | X

X　습식스프링클러설비의 헤드는 폐쇄형 헤드를 사용한다.

056
□□□

건식 스프링클러설비에는 익조스터(Exhauster), 공기 압축기는 주요 구성품에 해당한다.　　　○ | X

○

057
□□□

준비작동식 스프링클러설비의 주요 구성품은 선택밸브, SVP(Supervisory Panel)가 해당한다.　　　○ | X

X　준비작동식 스프링클러설비는 폐쇄형헤드가 설치되는 국소방출방식의 수계시스템이다. 선택밸브는 구성요소에 해당하
　지 않는다.

058
□□□

일제살수식 스프링클러설비는 일제개방밸브 및 개방형 헤드를 사용한다.　　　○ | X

○

핵심정리 스프링클러설비의 종류

구분	1차측	유수검지장치	2차측	헤드	감지기 유무
습식	가압수	알람밸브(Alarm valve)	가압수	폐쇄형	×
건식	가압수	드라이밸브(Dry valve)	압축공기	폐쇄형	×
준비작동식	가압수	프리액션밸브(Pre-action valve)	대기압	폐쇄형	○
부압식	가압수	프리액션밸브(Pre-action valve)	부압	폐쇄형	○
일제살수식	가압수	일제살수식밸브(Deluge valve)	대기압	개방형	○

059
□□□

일제살수식 스프링클러설비 방식은 가압송수장치에서 유수검지장치 1차 측까지 배관 내에 항상 물이 가압되어 있고,
2차 측에서 폐쇄형스프링클러헤드까지 대기압 또는 저압으로 있다. 화재발생 시 감지기의 작동으로 밸브가 개방되면
폐쇄형스프링클러헤드까지 소화수가 송수되고, 폐쇄형스프링클러헤드가 열에 의해 개방되면 방수가 된다.　　　○ | X

X　준비작동식 스프링클러설비 방식에 대한 설명이다.

060
☐☐☐

폐쇄형 스프링클러헤드를 사용하는 스프링클러설비에는 준비작동식 스프링클러설비, 일제살수식 스프링클러설비, 부압식 스프링클러설비 등을 포함한다.　　　　　　　　　　　　　　　　　　　　　O | X

X　일제살수식 스프링클러설비는 개방형 스프링클러헤드를 사용한다.

061
☐☐☐

스프링클러설비의 리타딩 챔버(Retarding chamber)의 기능은 오작동을 방지하는 역할을 한다.　　　　O | X

O

062
☐☐☐

펌프와 발포기의 중간에 설치된 벤추리관의 벤추리작용과 펌프가압수의 포 소화약제 저장탱크에 대한 압력에 따라 포 소화약제를 흡입·혼합하는 방식은 펌프 프로포셔너(Pump proportioner)이다.　　　　　　　　O | X

X　프레져 프로포셔너 방식에 대한 설명이다.

063
☐☐☐

포 소화설비에서 펌프의 토출관에 압입기를 설치하여 포 소화약제 압입용 펌프로 소화약제를 압입시켜 혼합하는 방식은 프레져 사이드 프로포셔너(Pressure side proportioner)이다.　　　　　　　　　　　　　　O | X

O

> 📖핵심정리 **프레져 사이드 프로포셔너 방식(Pressure side proportioner)**
> 1. 펌프의 토출관에 압입기를 설치하여 포 소화약제 압입용 펌프로 포 소화약제를 압입시켜 혼합하는 방식을 말한다.
> 2. 비행기 격납고, 대규모 유류저장소, 석유화학 Plant 시설 등과 같은 대단위 고정식 포 소화설비에 사용하며 압입혼합방식이라 한다.
> 3. 소화용수와 약제의 혼합 우려가 없어 장기간 보존하며 사용할 수 있다.
> 4. 시설이 거대해지며 설치비가 비싸다.
> 5. 원액펌프의 토출압력이 급수펌프의 토출압력보다 낮으면 원액이 혼합기에 유입하지 못한다.

064
☐☐☐

프레져사이드 프로포셔너 방식이란 펌프의 토출관에 압입기를 설치하여 포 소화약제 압입용펌프로 소화약제를 압입시켜 혼합하는 방식을 말한다.　　　　　　　　　　　　　　　　　　　　　　　　O | X

O

065
☐☐☐

플로팅루프탱크의 측면과 굽도리판(Floating roof tank)에 의하여 형성된 환상부분에 포를 방출하여 소화작용을 하도록 된 포 소화설비의 고정포 방출구는 특형 방출구이다.　　　　　　　　　　　　　　　　　　　O | X

O

066
□□□

II형 방출구는 포를 탱크 밑으로 주입하여 포가 탱크 내의 유류를 통하여 표면으로 떠올라 소화하도록 한 것이다.

O | X

X 표면하 주입방식(SSI방식; Sub-Surface Injection Method)에 대한 설명이다.

23. 공채

067
□□□

팽창비란 최종 발생한 포 수용액 체적을 원래 포 체적으로 나눈 값을 말한다.

O | X

X 팽창비란 최종 발생한 포 체적을 원래 포수용액 체적으로 나눈 값을 말한다.

> **핵심정리 용어의 정의**
>
> 1. 팽창비: 최종 발생한 포 체적을 원래 포수용액 체적으로 나눈 값을 말한다.
> 2. 공기포비: 포수용액과 가압공기를 혼합한 경우의 비율(포수용액의 양에 대한 공급공기량을 배수로 표시한 것)을 말한다.
> 3. 포수용액: 포 소화약제에 물을 가한 수용액을 말한다.

23. 공채

068
□□□

국소방출방식이란 소화약제 공급장치에 배관 및 분사헤드 등을 설치하여 직접 화점에 소화약제를 방출하는 방식을 말한다.

O | X

O

> **핵심정리 전역방출방식 및 국소방출방식**
>
> 1. "전역방출방식"이란 소화약제 공급장치에 배관 및 분사헤드를 등을 고정 설치하여 밀폐 방호구역 내에 소화약제를 방출하는 방식을 말한다.
> 2. "국소방출방식"이란 소화약제 공급장치에 배관 및 분사헤드를 설치하여 직접 화점에 소화약제를 방출하는 방식을 말한다.

22. 공채

069
□□□

이산화탄소 소화설비의 기동용기의 가스는 압력스위치 및 자동폐쇄장치를 작동시키는 역할을 한다.

O | X

X 기동용기의 가스는 소화약제의 밸브를 개방하는데 사용된다.

> **핵심정리 이산화탄소 기동방식(가스압력식)**
>
> 가장 많이 사용하는 방식으로 액체 이산화탄소가 충전된 기동용기를 별도로 설치하고 화재 시 이 용기를 개방하여 분출된 가스압력 에너지로 약제 저장용기의 밸브를 개방한다.

070
□□□

이산화탄소 소화설비의 전역방출방식에서 환기장치는 이산화탄소가 방사되기 전에 정지되어야 한다.　　O | X

O

071
□□□

이산화탄소 소화설비의 전역방출방식에서 음향경보장치와 방출표시등이 필요하다.　　O | X

O

23. 간부

072
□□□

자동화재탐지설비에서 부착 높이에 따른 감지기의 설치기준으로 부착 높이 15m 이상 20m 미만은 보상식 스포트형 감지기를 설치해야 한다.　　　　　　　　　　　　　　　　　　　　　　　　　　　O | X

X 부착 높이 15m 이상 20m 미만은 이온화식 1종, 광전식(스포트형, 분리형, 공기흡입형) 1종 또는 2종, 연기복합형, 불꽃감지기를 설치해야 한다.

23. 간부

073
□□□

자동화재탐지설비에서 부착 높이에 따른 감지기의 설치기준으로 부착 높이 4m 미만은 광전식 스포트형 감지기를 설치해야 한다.　　　　　　　　　　　　　　　　　　　　　　　　　　　O | X

O

> 📖핵심정리 **4m 미만 설치 감지기의 종류**
>
> 차동식(스포트형, 분리형), 보상식 스포트형, 정온식(스포트형, 감지선형), 이온화식 또는 광전식(스포트형, 분리형, 공기흡입형), 열복합형, 연기복합형, 열연기복합형, 불꽃감지기

23. 간부

074
□□□

자동화재탐지설비에서 부착 높이에 따른 감지기의 설치기준으로 부착 높이 4m 이상 8m 미만은 정온식 감지선형 1종 감지기를 설치해야 한다.　　　　　　　　　　　　　　　　　　　　　　　　O | X

O

> 📖핵심정리 **4m 이상 8m미만 설치 감지기의 종류**
>
> 차동식(스포트형, 분리형), 보상식 스포트형, 정온식(스포트형, 감지선형) 특종 또는 1종, 이온화식 1종 또는 2종 또는 광전식(스포트형, 분리형, 공기흡입형) 1종 또는 2종, 열복합형, 연기복합형, 열연기복합형, 불꽃감지기

22. 간부

075
□□□

자동화재탐지설비 수신기의 화재신호와 연동으로 작동하여 관계인에게 화재발생을 경보함과 동시에 소방관서에 자동적으로 통신망을 통한 당해 화재발생 및 당해 소방대상물의 위치 등을 음성으로 통보하여 주는 것은 자동화재속보설비이다.　　　　　　　　　　　　　　　　　　　　　　　　　　　O | X

O

확인학습문제

076
□□□

자동화재탐지설비에서 부착 높이에 따른 감지기의 설치기준으로 20m 이상은 불꽃감지기, 광전식(분리형, 공기흡입형) 중 아날로그 방식을 설치해야 한다.　　　　　　　　　　　　　　　　　　　　　　　　　　　O | X

O

077
☐☐☐

R형 수신기는 감지기 또는 발신기에서 1:1 접점방식으로 전송된 신호를 수신한다.　　　O | X

X P형 수신기는 감지기 또는 발신기에서 1:1 접점방식으로 전송된 신호를 수신한다.

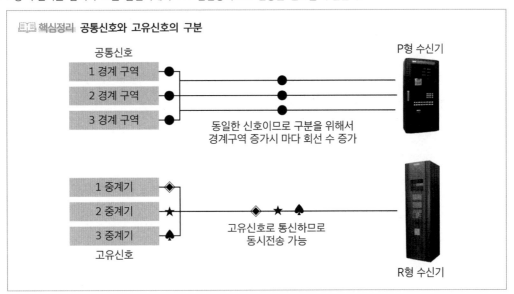

핵심정리 **공통신호와 고유신호의 구분**

공통신호

| 1 경계 구역 |
| 2 경계 구역 |
| 3 경계 구역 |

동일한 신호이므로 구분을 위해서
경계구역 증가시 마다 회선 수 증가

P형 수신기

| 1 중계기 |
| 2 중계기 |
| 3 중계기 |

고유신호

고유신호로 통신하므로
동시전송 가능

R형 수신기

078
☐☐☐

차동식 분포형 감지기는 주위온도가 일정 상승률 이상이 되는 경우에 작동하는 것으로서 일국소에서의 열 효과에 의하여 작동되는 것을 말한다.　　　O | X

X 차동식 스포트형 감지기에 대한 설명이다.

핵심정리 **열감지기**

1. 차동식 스포트형: 주위온도가 일정 상승률 이상이 되는 경우에 작동하는 것으로서 일국소에서의 열 효과에 의하여
작동되는 것을 말한다.
2. 차동식 분포형: 주위온도가 일정 상승률 이상이 되는 경우에 작동하는 것으로서 넓은 범위 내에서의 열 효과의 누
적에 의하여 작동되는 것을 말한다.
3. 정온식 감지선형: 일국소의 주위온도가 일정한 온도 이상이 되는 경우에 작동하는 것으로서 외관이 전선으로 되어
있는 것을 말한다.
4. **정온식 스포트형**: 일국소의 주위온도가 일정한 온도 이상이 되는 경우에 작동하는 것으로서 외관이 전선으로 되어
있지 아니한 것을 말한다.
5. 보상식 스포트형: 1.과 4.의 성능을 겸한 것으로서 1.의 성능 또는 4.의 성능 중 어느 한 기능이 작동되면 작동신호
를 발하는 것을 말한다.

079
☐☐☐

주위 온도가 일정 상승률 이상 되는 경우에 작동하는 감지기로서 넓은 범위 내에서 열효과 누적에 의해 작동하는 것은 정온식 감지선형 감지기이다.　　　　　　　　　　　　　　　　　O | X

X 차동식 분포형 감지기에 대한 설명이다.

080
☐☐☐

공기관식 감지기 및 광전식 감지기는 차동식 분포형 감지기에 해당한다.　　　　　　　　　　O | X

X 광전식 감지기는 연기감지기에 해당한다.

빈출문제

081
☐☐☐

광전식 분리형 감지기는 연기감지기에 해당한다.　　　　　　　　　　　　　　　　　O | X

O

빈출문제

082
☐☐☐

이온화식 스포트형 감지기는 주위의 공기가 일정한 농도의 연기를 포함하게 되는 경우에 작동하는 것으로서 일국소의 연기에 의하여 광전소자에 접하는 광량의 변화로 작동하는 것을 말한다.　　　　　　　　　　　　　　　　　O | X

X 광전식 스포트형 감지기에 대한 설명이다.

> 📖 **핵심정리 연기감지기**
>
> 1. 이온화식 스포트형: 주위의 공기가 일정한 농도의 연기를 포함하게 되는 경우에 작동하는 것으로서 일국소의 연기에 의하여 이온전류가 변화하여 작동하는 것을 말한다.
> 2. 광전식 스포트형: 주위의 공기가 일정한 농도의 연기를 포함하게 되는 경우에 작동하는 것으로서 일국소의 연기에 의하여 광전소자에 접하는 광량의 변화로 작동하는 것을 말한다.
> 3. 광전식 분리형: 발광부와 수광부로 구성된 구조로 발광부와 수광부 사이의 공간에 일정한 농도의 연기를 포함하게 되는 경우에 작동하는 것을 말한다.
> 4. 공기흡입형: 감지기 내부에 장착된 공기흡입장치로 감지하고자 하는 위치의 공기를 흡입하고 흡입된 공기에 일정한 농도의 연기가 포함된 경우 작동하는 것을 말한다.

083
☐☐☐

이온화식 감지기와 광전식 감지기는 연기를 감지하여 화재신호를 발하는 장치이다.　　　　　O | X

O

084
☐☐☐

자동화재탐지설비의 경계구역이란 소방대상물 중 화재신호를 발신하고 그 신호를 수신 및 유효하게 제어할 수 있는 구역을 말하고, 구성설비는 감지기, 발신기, 중계기, 수신기 등을 포함한다.　　　　　　O | X

O

085
☐☐☐

자동화재탐지설비의 경계구역 설정기준으로 하나의 경계구역이 2개 이상의 층에 미치지 아니하도록 한다. 다만, 500m² 이하의 범위 안에서는 2개의 층을 하나의 경계구역으로 할 수 있다.　　　　　　O | X

O

086
☐☐☐

주위온도가 일정 상승률 이상이 되는 경우에 작동하는 것으로서 일국소의 열효과에 의하여 작동하는 것을 차동식 스포트형감지기라 하고, 일국소의 주위온도가 일정한 온도 이상이 되는 경우에 작동하는 것으로서 외관이 전선으로 되어 있지 아니한 것을 정온식 스포트형 감지기라 한다.　　　　　　O | X

O

087
☐☐☐

시각경보기는 청각장애인에게 점멸 형태로 시각경보를 하는 장치이다.　　　　　　O | X

O

088
☐☐☐

비상방송설비는 수신기에 화재신호가 도달하면 방송으로 화재 사실을 알리는 설비이다.　　　　　　O | X

O

📖 **핵심정리 비상방송설비**

1. 비상방송설비는 화재발생 상황을 자동 또는 수동으로 음성이나 비상경보의 방송을 확성기를 통해 알려 주는 설비이다.
2. 관계인에 의해 수동으로도 기동이 되며, 자동화재탐지설비에 의하여 감지된 화재를 자동으로 신속하게 관계인에게 알려 주어 피난을 도와주는 설비이다

POINT 5-4 피난구조설비

23. 간부 피난기구의 화재안전기준(NFPC 301)

089
□□□

피난기구를 설치하는 개구부는 서로 동일직선상이 아닌 위치에 있어야 하고, 구조대의 길이는 피난상 지장이 없고 안정한 강하속도를 유지할 수 있는 길이로 하여야 한다. O | X

O

23. 간부 피난기구의 화재안전기준(NFPC 301)

090
□□□

4층 이상의 층에 하향식 피난구용 내림식사다리를 설치하는 경우에는 금속성 고정사다리를 설치하고, 당해 고정사다리에는 쉽게 피난할 수 있는 구조의 노대를 설치하여야 한다. O | X

X 4층 이상의 층에 피난사다리(하향식 피난구용 내림식사다리는 제외한다)를 설치하는 경우에는 금속성 고정사다리를 설치하고, 당해 고정사다리에는 쉽게 피난할 수 있는 구조의 노대를 설치하여야 한다.

23. 간부 피난기구의 화재안전기준(NFPC 301)

091
□□□

피난기구는 특정소방대상물의 기둥·바닥 및 보 등 구조상 견고한 부분에 볼트조임·매입 및 용접 등의 방법으로 견고하게 부착하여야 한다. O | X

O

POINT 5-5 소화용수설비

POINT 5-6 소화활동설비

23. 간부

092
□□□

비상콘센트설비의 전원회로는 3상교류 380볼트인 것으로서, 그 공급용량은 3.0킬로볼트암페어 이상인 것으로 하여야 한다. O | X

X 비상콘센트설비의 전원회로는 단상교류 220볼트인 것으로서, 그 공급용량은 1.5킬로볼트암페어 이상인 것으로 하여야 한다.

PART 6 위험물

POINT 6-1 위험물의 개요

20. 간부

001
☐☐☐

「위험물안전관리법」상 위험물이라 함은 위험물이라 함은 인화성 또는 발화성 등의 성질을 가지는 것으로서 대통령령이 정하는 물품을 말한다.   O | X

O

22. 간부

002
☐☐☐

적린, 황 및 마그네슘은 제2류 위험물에 해당하며 지정수량은 100kg이다.   O | X

X 마그네슘은 지정수량은 500kg이다.

22. 간부

003
☐☐☐

알킬알루미늄 및 유기과산화물은 제3류 위험물에 해당하며 지정수량은 10kg이다.   O | X

X 유기과산화물은 제5류 위험물에 해당한다.

24. 간부

004
☐☐☐

황린, 칼륨 및 나트륨은 자연발화성 물질 및 금수성 물질이며 지정수량이 같다.   O | X

X 황린이 지정수량은 20kg이고, 칼륨과 나트륨의 지정수량은 10kg이다.

22. 간부

005
☐☐☐

제4석유류의 지정수량은 10,000리터이다.   O | X

X 제4석유류의 지정수량은 6,000리터이다.

006
☐☐☐

제5류 위험물인 하이드록실아민 및 하이드록실아민염류의 지정수량은 100kg이다.

O | X

O

007
☐☐☐

과염소산염류 및 나트륨은 제6류 위험물에 해당하고, 지정수량은 200kg이다.

O | X

X 과염소산염류는 제1류 위험물이며 지정수량은 50kg이고, 나트륨은 제3류 위험물이며 지정수량은 10kg이다.

008
☐☐☐

황린의 지정수량은 20kg, 위험등급은 Ⅰ등급이고, 마스네슘의 지정수량은 500kg, 위험등급은 Ⅲ등급이다.

O | X

O

> 📖 **핵심정리 위험등급 Ⅱ의 위험물**
>
> 1. 제1류 위험물 중 브로민산염류, 질산염류, 아이오딘산염류 그 밖에 지정수량이 300kg인 위험물
> 2. 제2류 위험물 중 황화인, 적린, 황 그 밖에 지정수량이 100kg인 위험물
> 3. 제3류 위험물 중 알칼리금속(칼륨 및 나트륨은 제외한다) 및 알칼리토금속, 유기금속화합물(알킬알루미늄 및 알킬리튬은 제외한다) 그 밖에 지정수량이 50kg인 위험물
> 4. 제4류 위험물 중 제1석유류 및 알코올류
> 5. 제5류 위험물 중 유기과산화물·질산에스터류·그 밖에 지정수량이 10kg인 위험물 외의 것
> 6. 위험등급 Ⅲ의 위험물은 위험등급 Ⅰ 및 위험등급 Ⅱ에서 정하지 아니한 위험물이다.

009
☐☐☐

유기과산화물의 지정수량은 10kg, 위험등급은 Ⅰ등급이고, 과염소산의 지정수량은 300kg, 위험등급은 Ⅱ등급이다.

O | X

X 과염소산의 위험등급은 Ⅰ등급이다.

> 📖 **핵심정리 위험등급 Ⅰ의 위험물**
>
> 1. 제1류 위험물 중 아염소산염류, 염소산염류, 과염소산염류, 무기과산화물 그 밖에 지정수량이 50kg인 위험물
> 2. 제3류 위험물 중 칼륨, 나트륨, 알킬알루미늄, 알킬리튬, 황린 그 밖에 지정수량이 10kg 또는 20kg인 위험물
> 3. 제4류 위험물 중 특수인화물
> 4. 제5류 위험물 중 유기과산화물, 질산에스터류 그 밖에 지정수량이 10kg인 위험물
> 5. 제6류 위험물

010 □□□ 제2류 위험물인 가연성 고체는 고체로서 산화력의 잠재적인 위험성 또는 충격에 대한 민감성을 판단하기 위하여 소방청장이 정하여 고시하는 시험에서 고시로 정하는 성질과 상태를 나타내는 것을 말한다.   O | X

X 제1류 위험물인 산화성 고체에 대한 설명이다.

> 📖 핵심정리 **가연성 고체**
>
> 고체로서 화염에 의한 발화의 위험성 또는 인화의 위험성을 판단하기 위하여 고시로 정하는 시험에서 고시로 정하는 성질과 상태를 나타내는 것을 말한다.

011 □□□ 제5류 위험물인 자기반응성 물질은 고체 또는 액체로서 폭발의 위험성 또는 가열분해의 격렬함을 판단하기 위하여 고시로 정하는 시험에서 고시로 정하는 성질과 상태를 나타내는 것을 말한다.   O | X

O

012 □□□ 제3류 위험물인 금수성 물질은 고체 또는 액체로서 공기 중에서 발화의 위험성이 있거나 물과 접촉하여 발화하거나 조연성 가스를 발생하는 위험성이 있는 것을 말한다.   O | X

X 가연성 가스를 발생하는 위험성이 있는 것을 말한다.

013 □□□ "금속분"이라 함은 알칼리금속·알칼리토류금속·철 및 구리외의 금속의 분말을 말하고 마그네슘분·니켈분 및 150마이크로미터의 체를 통과하는 것이 50중량퍼센트 이상인 것은 제외한다.   O | X

X "금속분"이라 함은 알칼리금속·알칼리토류금속·철 및 마그네슘외의 금속의 분말을 말하고, 구리분·니켈분 및 150마이크로미터의 체를 통과하는 것이 50중량퍼센트 미만인 것은 제외한다.

014 □□□ "인화성고체"라 함은 고형알코올 그 밖에 기압 1에서 인화점이 섭씨 40도 미만인 고체를 말한다.   O | X

O

015 □□□ "철분"이라 함은 철의 분말로서 53마이크로미터의 표준체를 통과하는 것이 50중량퍼센트 미만인 것은 제외한다.   O | X

O

016 ☐☐☐ 황은 순도가 60중량퍼센트 이상인 것을 말한다. 이 경우 순도측정에 있어서 불순물은 활석 등 불연성물질과 수분에 한한다.   O | X

O

017 ☐☐☐ "제3석유류 "라 함은 중유, 크레오소트유 그 밖에 1기압에서 인화점이 섭씨 70도 이상 섭씨 200도 미만인 것을 말한다. 다만, 도료류 그 밖의 물품은 가연성 액체량이 40중량퍼센트 이하인 것은 제외한다.   O | X

O

018 ☐☐☐ 자기반응성 물질은 연소 또는 폭발을 일으킬 수 있는 물질이며 유기과산화물, 질산에스터류를 포함한다.   O | X

O

019 ☐☐☐ 「위험물안전관리법 시행령」상 제3류 위험물인 황린의 지정수량은 10kg이다.   O | X

X 황린의 지정수량은 20kg이다.

020 ☐☐☐ 「위험물안전관리법 시행령」상 탄화칼슘, 과염소산, 마그네슘 및 금속의 인화물의 지정수량은 300kg이다.   O | X

X 마그네슘은 제2류 위험물이고 지정수량은 500kg이다.

17. 간부

021
□□□

위험물의 유별 특성으로 제1류 위험물은 인화성 액체로 인화의 위험성이 비교적 높고, 발화점은 낮으며 증기비중이 공기보다 무겁다.　　O | X

X 인화성 액체의 성질은 제4류 위험물의 특성이다.

23. 공채

022
□□□

제1류 위험물 중 아염소산나트륨은 불연성, 조해성, 수용성이며, 무색 또는 백색의 결정성 분말 형태이다.　　O | X

O

> 📖 핵심정리 **제1류 위험물**
>
> 1. 일반적으로 불연성이며 산소를 함유하고 있는 강산화제이다.
> 2. 대부분 무색 결정 또는 백색 분말이며 비중이 1보다 크고, 물에 잘 녹는다.
> 3. 물과 반응하여 열과 산소를 발생시키는 것도 있다.
> 4. KNO_3, $NaNO_3$, NH_4NO_3와 같은 질산염류는 조해성이 있다.
> 5. 조연성 물질로서 반응성이 풍부하여 열, 충격, 마찰 또는 분해를 촉진하는 약품과의 접촉으로 폭발의 위험성이 있다.
> 6. 대부분 산소를 포함하는 무기화합물이다(염소화이소시아누르산은 제외).

24. 공채

023
□□□

과산화나트륨은 물과 반응하여 산소를 발생시킨다.　　O | X

O

> 📖 핵심정리 **과산화나트륨과 물의 반응식**
>
> $$2Na_2O_2 + 2H_2O \rightarrow 4NaOH + O_2$$

22. 공채

024
□□□

제1류 위험물 중 질산염류는 연소속도가 빨라 폭발적으로 연소한다.　　O | X

X 제1류 위험물은 불연성 물질이며, 질산염류에는 질산칼륨, 질산나트륨, 질산암모늄 등이 있다. 일반적으로 가열하면 열분해하여 산소를 방출한다.

025

□□□

제1류 위험물의 일반적인 성질은 불연성 물질이고, 다른 가연물의 연소를 돕는 지연성 물질이다.

O | X

O

026

□□□

제1류 위험물 중에 무기과산화물은 주수를 이용한 냉각소화가 적합하다.

O | X

X 제1류 위험물 중에 무기과산화물은 주수를 이용한 냉각소화가 부적합하다. 금수성이 있으므로 물을 절대 사용하면 안 되고, 건조사나 팽창질석 등을 사용하여 소화하여야 한다.

027

□□□

제2류 위험물은 다른 가연물의 연소를 돕는 조연성 물질이다.

O | X

X 제2류 위험물은 조연성 물질이 아닌 가연성 물질이다.

028

□□□

오황화인은 물과 반응하여 산소를 발생시킨다.

O | X

X 물과 반응하여 황화수소와 인산을 발생시킨다.

> **핵심정리 오황화인**
>
> 1. **연소반응식:** $2P_2S_5 + 15O_2 \rightarrow 2P_2O_5 + 10SO_2$
> 2. **물과의 반응식:** $P_2S_5 + 8H_2O \rightarrow 5H_2S + 2H_3PO_4$
> 3. **발생증기의 연소반응식:** $2H_2S + 3O_2 \rightarrow 2SO_2 + 2H_2O$

029

□□□

제1류 위험물인 알칼리금속의 과산화물은 물을 사용하여 소화하고, 제4류 위험물인 알코올은 내알코올포(泡, foam)를 사용하여 소화한다.

O | X

X 알칼리금속의 과산화물은 물과 반응하여 산소를 방출한다. 물을 이용하여 주수소화하지 않는다.

030

□□□

마그네슘은 끓는 물과 접촉 시 수소가스를 발생시킨다.　　　　　　　　　　O | X

O

> 📑 핵심정리　**마그네슘**
>
> 1. 산과 반응하여 수소(H_2)를 발생한다($Mg + 2HCl \rightarrow MgCl_2 + H_2\uparrow$).
> 2. **마그네슘 폭발 매커니즘**
>   - 1차(연소) $2Mg + O_2 \rightarrow 2MgO + (2 \times 143.7)kcal$
>   - 2차(주수) $Mg + 2H_2O \rightarrow Mg(OH)_2 + H_2\uparrow$
>   - 3차(폭발) $2H_2 + O_2 \rightarrow 2H_2O$

031

□□□

적린은 다량의 물로 냉각소화하며, 소량의 적린인 경우에는 마른모래나 이산화탄소 소화약제도 일시적인 효과가 있다.

　　　　　　　　　　O | X

O

032

□□□

제2류 위험물인 금속분은 물 또는 묽은 산과의 접촉을 피한다. 황화인, 철분, 금속분 및 마그네슘은 물로 주수소화하면 안 된다.　　　　　　　　　　O | X

O

033

□□□

황과 황린은 물을 이용한 냉각소화를 한다.　　　　　　　　　　O | X

O

034

□□□

황린은 공기 중 상온에 노출되면 액화되면서 자연발화를 일으킨다.　　　　　　　　　　O | X

O

> 📑 핵심정리　**제3류 위험물의 일반적인 성질**
>
> 1. 무기 화합물과 유기 화합물로 구성되어 있다.
> 2. 칼륨(K), 나트륨(Na), 알킬알루미늄(RAl), 알킬리튬(RLi)을 제외하고 물보다 무겁다.
> 3. 대부분이 고체이다(단, 알킬알루미늄, 알킬리튬은 고체 또는 액체이다).
> 4. 칼륨, 나트륨, 알칼리금속, 알칼리토금속은 보호액(석유) 속에 보관한다.
> 5. 알킬알루미늄, 알킬리튬은 물 또는 공기와 접촉하면 폭발한다. 저장방법으로는 헥산 속에 저장한다.
> 6. 황린은 공기와 접촉하면 자연발화한다. 따라서 물 속에 저장에 저장·보관한다.

035
□□□

위험물 중 황린(P_4)는 제3류 위험물에 해당한다. 미분상의 발화점은 34℃이고, 연소할 때 오산화인(P_2O_5)의 백색 연기를 낸다. 물에 대해 위험한 반응을 초래하는 대표적인 물질이다.   O | X

X 물속에 저장하며, 화재 시에는 물로 냉각소화하되 가급적 분무주수한다.

036
□□□

알킬알루미늄은 마른모래, 팽창질석, 팽창진주암으로 소화한다.   O | X

O 알킬알루미늄은 마른모래, 팽창질석, 팽창진주암으로 소화한다. 물과 반응하여 에탄가스가 발생하므로 주수소화하면 안 된다.

> 📖 핵심정리 **알킬알루미늄과 물의 반응식**
>
> $$(C_2H_5)_3Al + 3H_2O \rightarrow Al(OH)_3 + 3C_2H_6 \uparrow$$

037
□□□

칼륨은 물과 격렬히 반응하여 발열하고 산소와 열을 발생한다.   O | X

X 수소가스를 발생시킨다.

> 📖 핵심정리 **칼륨과 물의 반응식**
>
> $$2K + 2H_2O \rightarrow 2KOH + H_2$$

038
□□□

탄화칼슘 화재 시 다량의 물로 냉각소화할 수 있다.   O | X

X 탄화칼슘 화재 시 다량의 물로 냉각소화할 수 없다.

> 📖 핵심정리 **탄화칼슘과 물의 반응식**
>
> $$CaC_2 + 2H_2O \rightarrow Ca(OH)_2 + C_2H_2 + Qkcal$$

039
□□□

탄화칼슘은 물과 반응하여 산소를 발생시킨다.   O | X

X 수산화칼슘과 아세틸렌을 발생시킨다.

040
☐☐☐

탄화알루미늄은 물과 반응하여 아세틸렌 가스를 발생한다.   O | X

X 탄화알루미늄은 물과 반응하여 메탄가스를 발생한다.

> 📖 **핵심정리 탄화알루미늄과 물의 반응식**
>
> $$Al_4C_3 + 12H_2O \rightarrow 4Al(OH)_3 + 3CH_4$$

041
☐☐☐

수소화나트륨과 수소화칼륨의 지정수량은 300kg이다.   O | X

O 제3류 위험물로 금속의 수소화물에 해당한다.

> 📖 **핵심정리 금속의 수소화물**
>
> 수소화리튬, 수소화나트륨, 수소화칼륨, 수소화알루미늄리튬이 해당한다. 물과 반응하여 수소가스가 발생한다.

042
☐☐☐

수소화알루미늄리튬은 물과 반응하여 수소가스가 발생한다.   O | X

O

> 📖 **핵심정리 수소화알루미늄리튬과 물의 반응식**
>
> $$LiAlH_4 + 4H_3O \rightarrow LiOH + Al(OH)_3 + 4H_2 \uparrow + Qkcal$$

043
☐☐☐

제3류 위험물인 트리에틸알루미늄의 지정수량은 50kg이고 위험등급 Ⅱ에 해당한다.   O | X

X 트리에틸알루미늄의 지정수량은 10kg이고 위험등급 Ⅰ에 해당한다.

044
☐☐☐

트리에틸알루미늄은 물과 반응하여 에테인(에탄) 가스가 발생한다.

O | X

O

> 📖 **핵심정리 트리에틸알루미늄과 물의 반응식**
>
> $$(C_2H_5)_3Al + 3H_2O \rightarrow Al(OH)_3 + 3C_2H_6 \uparrow$$

045
☐☐☐

제3류 위험물 중 황린은 가열, 충격, 마찰에 의해 분해되어 산소가 발생하므로 가연물과의 접촉을 피한다.

O | X

X 황린은 인의 동소체의 하나이다. 공기 중에서는 산화되어 발화하므로 수중에 저장한다. 물에는 거의 불용이고 벤젠, 이황화탄소에 잘 녹는다. 공기 중에서 발화하여 오산화인(P_2O_5)으로 된다.

046
☐☐☐

탄화칼슘은 물을 분무하여 소화한다.

O | X

X 탄화칼슘은 물과 반응하면 아세틸렌가스가 발생하기 때문에 주수소화하면 안 된다.

047
☐☐☐

탄화알루미늄, 알킬알루미늄은 건조사, 팽창질석을 이용한 질식소화한다.

O | X

O

048
☐☐☐

인화칼슘의 지정수량은 10kg이다.

O | X

X 인화칼슘의 지정수량은 300kg이다.

049
☐☐☐

인화칼슘은 물 또는 염산과 반응하여 포스핀 가스가 발생한다.   O | X

O

> 📖 핵심정리 **인화칼슘과 염산의 반응식**
>
> $$Ca_3P_2 + 6HCl \rightarrow 3CaCl_2 + 2PH_3\uparrow$$

22. 간부

050
☐☐☐

제3류 위험물 중에 황린은 공기 중 산화를 방지하기 위해 물 속에 저장한다.   O | X

O

22. 공채

051
☐☐☐

인화칼슘은 물과 반응하여 포스핀 가스가 발생한다.   O | X

O

> 📖 핵심정리 **인화칼슘과 물의 반응식**
>
> $$Ca_3P_2 + 6H_3O \rightarrow 3Ca(OH)_3 + 2PH_3\uparrow$$

22. 공채

052
☐☐☐

나트륨은 할론 소화약제로 소화한다.   O | X

X 나트륨은 할론 소화약제로 소화하여서는 아니된다.

> 📖 핵심정리 **할론 소화약제 사용 제한 대상**
> 1. 셀룰로오스, 질산염 등과 같은 자기 반응성 물질
> 2. 나트륨, 마그네슘, 칼륨 같은 반응성이 큰 금속
> 3. 금속의 수소 화합물
> 4. 유기과산화물, 하이드라진 등과 같이 스스로 발열 분해하는 화합물

13. 간부

053
☐☐☐

중유 등 물보다 무거운 수용성 석유류 화재는 에멀션효과를 이용한 유화소화는 적합하지 않다.   O | X

X 무상주수 시 중유화재는 에멀션효과를 이용한 소화적응성이 있다.

054

제4류 위험물은 수용성 액체로 물에 의한 희석소화가 적합하다.

O | X

X 제4류 위험물은 수용성과 비수용성으로 구분할 수 있다. 수용성 액체인 경우에는 물에 의한 희석소화가 가능하나 비수용성의 경우에는 적합하지 않다. 또한 제4류 위험물의 유별 성질은 인화성 액체이다.

055

경유, 휘발유는 포 소화약제를 이용한 질식소화를 한다.

O | X

O

056

수용성 메틸알코올 화재에는 내알코올포를 사용한다.

O | X

O

057

아세톤은 알콜형포 소화약제로 소화한다.

O | X

O

058

제4류 위험물 중 제1석유류는 인화점 및 연소하한계가 낮아 적은 양으로도 화재의 위험이 있다.

O | X

O 제1석유류의 지정항목으로 아세톤, 휘발유(가솔린) 등이 있으며, 인화점은 1기압하에서 21℃ 미만인 것을 말한다. 일반적으로 인화점이 낮다. 가솔린의 연소범위는 1.4~7.6 이다. 따라서 연소의 하한계가 낮다.

059

제4류 위험물 중 제1석유류는 아세톤, 휘발유 그 밖에 1기압에서 발화점이 섭씨 21도 미만인 것이다.

O | X

X 인화점이 섭씨 21도 미만인 것이다.

060
□□□

제4류 위험물인 이황화탄소의 인화점은 메틸알코올보다 높다.　　　　　　　　　　　O | X

X　이황화탄소는 특수인화물이고 인화점이 -30℃이다. 메틸알코올은 알코올류이며 인화점이 11℃이다. 따라서, 이황화탄소의 인화점이 메틸알코올보다 낮다.

061
□□□

디에틸에테르, 이황화탄소, 아세톤, 메틸알코올, 글리세린의 순으로 인화점이 낮다(글리세린이 가장 높다).　　O | X

O

> 📖 핵심정리 **제4류 위험물 인화점**
> 1. **아세톤**: 제1석유류(수용성), 인화점 -18℃
> 2. **글리세린**: 제3석유류(수용성), 인화점 160℃
> 3. **이황화탄소**: 특수인화물, 인화점 -30℃
> 4. **메틸알코올**: 알코올류, 인화점 11℃
> 5. **디에틸에테르**: 특수인화물, 인화점 -45℃

062
□□□

제4류 위험물 중 특수인화물은 이황화탄소, 디에틸에테르, 그 밖에 1기압에서 발화점이 섭씨 100도 이하인 것 또는 인화점이 섭씨 영하 20도 이하이고 비점이 섭씨 40도 이하인 것이다.　　　　　　　　　　　O | X

O

063
□□□

제4류 위험물은 일반적으로 부도체 성질이 강하여 정전기 축적이 쉽고, 발생 증기는 가연성이며, 증기비중은 대부분 공기보다 가볍다. 또한 대부분 물보다 가볍고 물에 녹지 않는 것이 많으며, 사용량이 많은 휘발유, 경유 등은 연소하한계가 낮아 매우 인화하기 쉽다.　　　　　　　　　　　O | X

X　증기비중은 대부분 공기보다 무겁다.

064
□□□

제5류 위험물은 포, 이산화탄소에 의한 질식소화가 적합하다.　　　　　　　　　　　O | X

X　제5류 위험물은 산소를 함유하고 있어 포, 이산화탄소에 의한 질식소화가 적합하지 않다. 많은 양의 물에 의한 냉각소화가 가장 적합하다.

065
☐☐☐

제5류 위험물의 소화대책으로는 외부로부터의 산소 유입을 차단하여 질식소화하는 것이 가장 효과적이다. 화재초기단계에서는 다량의 물로 냉각소화하는 것도 효과적이다.　　O | X

X 산소 유입을 차단하여 질식소화하는 것은 효과적이지 않다.

066
☐☐☐

제5류 위험물 중 유기과산화물은 공기 중에 노출되거나 수분과 접촉하면 발화의 위험이 있다.　　O | X

X 유기과산화물은 소화전, 물분무(자동 스프링클러설비), 모래 등 사용하여 냉각소화한다. 일반적으로 이산화탄소 소화약제에 의한 질식소화는 효과가 없으므로 다량 사용하는 방법이 적절하다.

067
☐☐☐

제5류 자기반응성 물질 중 지정수량이 가장 적은 것은 나이트로화합물이다.　　O | X

X 유기과산화물 및 질산에스터류이다. 지정수량 10kg이다. 나이트로화합물의 지정수량은 200kg이다.

068
☐☐☐

「위험물안전관리법 시행령」상 운송책임자의 감독·지원을 받아 운송하여야 하는 위험물에는 알킬알루미늄, 알킬리튬 등이 있다.　　O | X

O

069
☐☐☐

물질의 분해에 의해서 산소를 발생하는 산화성 액체이고 불연성이며, 모두 산소를 함유하고 있으며 물보다 무거운 성질을 갖는 위험물은 제6류 위험물이다.　　O | X

O

070
☐☐☐

제6류 위험물은 일반적으로 불연성 물질로 산소공급원의 역할을 하며 물과 접촉하는 경우 모두 심하게 발열한다.　　O | X

X 제6류 위험물은 자신은 불연성이지만 지연성 물질이며, 염기와 반응하거나 물과 접촉할 때 발열한다(단, 과산화수소는 물과 반응하지 않는다).

23. 간부 위험물안전관리법 시행령

071
□□□

제조소 또는 일반취급소에서 취급하는 제4류 위험물의 최대수량의 합이 48만배 이상인 곳은 화학소방자동차 4대, 자체소방대원 20명 이상을 두어야 한다. O | X

O

📖 핵심정리 **자체소방대에 두는 화학소방자동차 및 인원**

사업소의 구분(지정수량)	화학소방자동차	자체소방대원의 수
제4류 위험물의 최대수량의 합이 12만배 미만	1대	5인
제4류 위험물의 최대수량의 합이 12만배 이상 24만배 미만	2대	10인
제4류 위험물의 최대수량의 합이 24만배 이상 48만배 미만	3대	15인
제4류 위험물의 최대수량의 합이 48만배 이상	4대	20인
옥외탱크저장소에 저장하는 제4류 위험물의 최대수량이 지정수량의 50만배 이상	2대	10인

21. 간부

072
□□□

「위험물안전관리법 시행규칙」상 수납하는 위험물의 종류에 따라 운반용기의 외부에 표시하여야 할 주의사항으로 제2류 위험물 중 철분·금속분·마그네슘 또는 이들 중 어느 하나 이상을 함유한 것에 있어서는 '화기주의' 및 '물기엄금', 인화성 고체에 있어서는 '화기엄금', 그 밖의 것에 있어서는 '화기주의'를 한다. O | X

O

빈출문제

073
□□□

「위험물안전관리법 시행령」상 위험물 제조소 표지 및 게시판은 백색바탕에 흑색문자이다. O | X

O

해커스소방 김정희 소방학개론 핵심정리 + OX문제

POINT 7-1 소방의 역사 및 조직

21. 공채

001
☐☐☐

고려시대에는 소방(消防)을 소재(消災)라 하였으며, 화통도감을 신설하였다. 1915년에 우리나라 최초 소방본부인 경성소방서를 설치하였다.　O | X

X 경성소방서는 1925년에 설치되었다.

23. 간부

002
☐☐☐

고려시대에 금화도감을 설치하였다.　O | X

X 조선시대에 금화도감을 설치하였다.

> 📖 **핵심정리 금화도감**
>
> 1. **설치의 계기 및 의의**: 한성부의 대형화재를 계기로 병조에 금화도감을 설치하게 되었는데[세종 8년(1426년 2월)], 상비 소방제도로서의 관서는 아니지만 화재를 방비하는 독자적 기구로서 우리나라 최초의 소방기구라 볼 수 있다.
> 2. **구성**: 금화도감은 제조 7명, 사 5명, 부사 6명, 판관 6명으로 구성되었다.

24. 공채

003
☐☐☐

1426년(세종 8년)에 독자적인 소방 관리를 위해 금화도감을 설치하였으며 이후 성문도감과 병합하여 수성금화도감으로 개편하였다.　O | X

O

23. 간부

004
☐☐☐

조선시대에 일본에서 수총기를 궁정소방대에 처음으로 구비하였다.　O | X

X 최초의 장비수입은 조선시대(경종 3년, 1723년) 중국으로부터 수입한 수총기이다.

005
☐☐☐

미군정시대에 소방을 경찰에서 분리하여 최초로 독립된 자치적 소방제도를 시행하였다. O | X

O

> 📖 **핵심정리 소방의 시대별 발전과정**
> 1. **조선시대**: 세종 8년 ~ 한말
> 2. **과도기[미군정시대(1945 ~ 1948년)]**: 자치소방체제
> 3. **초창기 정부수립 이후(1948 ~ 1970년)**: 국가소방체제
> 4. **발전기(1970 ~ 1992년)**: 국가·자치 이원화
> 5. **정착기(1992 ~)**: 시·도(광역)자치소방

006
☐☐☐

1948년에 대한민국 정부가 수립되고 국가 소방체제로 전환하면서 소방행정조직이 경찰에서 분리되었다. O | X

X 정부수립과 동시에 소방은 다시 국가소방체제로 경찰사무에 포함되어 운영되었다.

> 📖 **핵심정리 정부수립 이후 초창기(1948년~1970년)**
> 1. 정부수립과 동시에 소방은 다시 국가소방체제로 경찰사무에 포함되어 운영되었다.
> 2. 중앙소방위원회는 내무부 치안국 소방과에 소방계와 훈련계를 두고 사무를 분장하였다.
> 3. 1969년 1월 7일 「경찰공무원법」이 제정됨에 따라 소방계장을 소방총경으로 보하도록 하였다.
> 4. 미군정 과도정부 시기에는 소방서 수가 50개소에 달하였다. 이후 1950년에는 23개소 소방서만 존치시키고 27개 소방서를 폐지하였으나 그 후에 소방서의 수는 계속 증가하였다.

007
☐☐☐

조선시대인 1426년(세종 8년) 금화도감이 설치되었으며, 미군정 시대인 1946년 중앙소방위원회가 설치되었다. O | X

O

008
☐☐☐

중앙소방위원회 설치(1946) 당시에는 우리나라 소방행정체제는 자치소방체제였다. O | X

O

009
☐☐☐

대구지하철 화재 발생(2003) 당시에는 국가소방체제였다. O | X

X 대구지하철 화재 발생(2003) 당시에는 시·도(광역)자치소방체제였다.

010
☐☐☐

중앙소방학교 설립(1978) 당시에는 국가소방과 자치소방의 이원적 체제였다.　　O | X

O

011
☐☐☐

대한민국 정부 수립 이후인 1948년 「소방법」이 제정·공포되었다.　　O | X

X 「소방법」은 1958년에 제정되었다.

012
☐☐☐

미군정 시대에는 소방행정을 경찰에서 분리하여 자치소방행정체제를 도입하였으며, 1972년 전국 시·도에 소방본부를 설치·운영하고 광역소방행정체제로 전환하였다.　　O | X

X 1972년에는 서울과 부산에만 소방본부를 설치·운영하였다.

013
☐☐☐

갑오개혁 이후 '소방'이라는 용어를 처음 사용하였다.　　O | X

O

014
☐☐☐

소방조직의 원리 중 계선의 원리는 특정 사안에 대한 결정에 있어서 의사결정과정에서는 개인의 의견이 참여되지만 결정을 내리는 것은 개인이 아닌 소속 기관의 장이라는 것을 말한다.　　O | X

O

015
☐☐☐

소방조직의 원리에는 조정의 원리, 계층제의 원리, 명령분산의 원리, 통솔범위의 원리 등이 포함된다.　　O | X

X 명령통일의 원리이다.

016

☐☐☐

소방조직을 설치시기 순서대로 나열하면 내무부 소방과, 내무부 소방국, 도 소방위원회, 시·도 소방본부 순이다.

O | X

X 도 소방위원회(1946), 내무부 소방과(1948), 내무부 소방국(1975), 시·도 소방본부(1992) 순이다.

📖 핵심정리 **소방조직의 변천 과정**

1. **조선시대:** 금화도감(1426.02), 수성금화도감(1426.06), 경무청 총무국(1895)
2. **미군정시기(1945~1948):** 중앙소방위원회/도 소방위원회/소방부(1946), 중앙소방위원회 집행기구로 소방청(1947)
3. **정부수립 이후 초창기(1948~1970)**
   • 중앙: 내무부 치안국 소방과(1948)
   • 지방: 도 소방청 지방경찰국
4. **발전기(1970~1992):** 내무부 치안본부 소방과(1974), 내무부 민방위본부 소방국(1975)
5. **광역소방행정체계:** 전국 시·도 소방본부(1992)
6. 소방방재청(2004~2014) – 국민안전처 중앙소방본부(2014~2017) – 소방청(2017~현재)

017

☐☐☐

소방조직을 설치시기 순서대로 나열하면 도 소방위원회, 내무부 소방국, 시·도 소방본부, 소방방재청 순이다.

O | X

O 도 소방위원회 (1946), 내무부 소방국(1975), 시·도 소방본부(1992), 소방방재청(2004)

018

☐☐☐

2017년에 「정부조직법」 개정으로 국민안전처를 해체하고 소방청을 개설하였다.

O | X

O

📖 핵심정리 **최근 소방의 중앙정부조직**

소방방재청(2004~2014) – 국민안전처 중앙소방본부(2014~2017) – 소방청(2017~현재)

019

☐☐☐

대한민국 정부 수립 이후 중앙소방조직의 변천 과정은 내무부 치안국 소방과, 내무부 소방국, 소방방재청, 국민안전처 중앙소방본부, 소방청 순이다.

O | X

O 내무부 치안국 소방과(1948), 내무부 소방국(1975), 소방방재청(2004), 국민안전처 중앙소방본부(2014), 소방청(2017)

📖 핵심정리 **소방조직의 변천 과정**

1. **미군정시기(1945~1948):** 중앙소방위원회(1946), 중앙소방위원회 집행기구로 소방청(1947)
2. **정부수립 이후 초창기(1948~1970):** 내무부 치안국 소방과(1948)
3. **발전기(1970~1992):** 내무부 치안본부 소방과(1974), 내무부 민방위본부 소방국(1975)
4. 소방방재청(2004~2014) – 국민안전처 중앙소방본부(2014~2017) – 소방청(2017~현재)

빈출문제

020
☐☐☐

시·도지사 또는 소방서장은 소방업무를 보조하기 위하여 시·도, 시·읍 또는 면에 의용소방대를 설치할 수 있다.

O | X

O

---

11. 공채

021
☐☐☐

「국가공무원법」상 임용이란 신규채용·강임·휴직·강등·정직·직위해제·해임·승진·전보·파견·복직·면직·파면을 말한다.

O | X

O

---

18. 하반기 공채

022
☐☐☐

민간 소방조직으로 주유취급소에는 위험물안전관리자를 선임하여야 하고, 소방안전관리대상물에는 소방안전관리자를 선임해야 한다.

O | X

O

---

20. 공채

023
☐☐☐

소방공무원은 공무원 분류상 경력직공무원 중 특수경력직공무원에 해당한다.

O | X

X 경력직공무원 중 특정직공무원에 해당한다.

---

21. 간부

024
☐☐☐

「위험물안전관리법」상 안전관리자를 선임한 제조소등의 관계인은 그 안전관리자를 해임하거나 안전관리자가 퇴직한 때에는 해임하거나 퇴직한 날부터 30일 이내에 다시 안전관리자를 선임하여야 한다. 안전관리자를 선임한 경우에는 선임한 날부터 14일 이내에 행정안전부령으로 정하는 바에 따라 소방본부장 또는 소방서장에게 신고하여야 한다. O | X

O

---

22. 간부　　　국가공무원법

025
☐☐☐

중징계의 종류에는 파면, 해임, 강등, 정직, 감봉이 있다.

O | X

X 중징계의 종류에는 파면, 해임, 강등, 정직이 있다. 감봉은 경징계에 해당한다. 경징계의 종류에는 견책, 감봉이 있다. 훈계, 경고는 징계에 해당하지 않는다.

📖 핵심정리 **중징계**

1. **정직:** 1개월 이상 3개월 이하의 기간 동안 공무원의 신분은 보유하지만 직무에 종사할 수 없도록 하는 것이다. 정직기간 중 보수의 전액을 삭감한다.
2. **강등:** 직급을 1단계 강등, 신분 보유, 3개월의 직무정지, 강등기간 중 보수의 전액을 삭감한다.
3. **해임:** 공무원 신분을 상실하게 하는 처분이며, 해임 후 3년 내에는 공무원으로 재임용될 수 없지만 연금법상의 불이익은 없다.
4. **파면:** 공무원 신분을 상실하게 하는 처분이며, 5년 내에는 공무원으로 재임용될 수 없고, 퇴직급여액의 1/2을 삭감하는 가장 무거운 벌이다.

---

22. 간부 · 국가공무원법

026

☐☐☐

정직은 1개월 이상 3개월 이하의 기간으로 하고, 정직 처분을 받은 자는 그 기간 중 공무원의 신분은 보유하나 직무에 종사하지 못하며 보수는 전액을 감한다. O | X

O

---

22. 간부 · 국가공무원법

027

☐☐☐

감봉은 1개월 이상 3개월 이하의 기간 동안 보수의 2분의 1을 감한다. O | X

X 감봉은 1개월 이상 3개월 이하의 기간 동안 보수의 3분의 1을 감한다.

---

24. 간부 · 소방공무원법

028

☐☐☐

소방사에서 소방교로 근속승진 조건은 해당 계급에서 4년 이상 근속자이며, 소방령의 계급정년은 14년이다. O | X

O

📖 핵심정리 **소방공무원 계급 구분에 따른 주요 내용**

계급	근속승진	계급정년	시보기간	승진소요 최저근무연수	임용권자
소방총감	-	-	1년간	-	소방청장의 제청으로 국무총리를 거쳐 대통령이 임용한다.
소방정감	-	-		-	
소방감	-	4년		-	
소방준감	-	6년		-	
소방정	-	11년		4년	
소방령	-	14년		3년	
소방경	-	-		3년	소방청장
소방위	8년 이상	-		2년	
소방장	6년 6개월 이상	-	6개월간	2년	
소방교	5년 이상	-		1년	
소방사	4년 이상	-		1년	

029

☐☐☐　소방교에서 소방장으로 근속승진 조건은 해당 계급에서 6년 이상 근속자이며, 소방감의 계급정년은 5년이다.

O | X

　　X　소방교에서 소방장으로 근속승진은 조건은 해당 계급에서 5년 이상 근속자이며, 소방감의 계급정년은 4년이다.

030

☐☐☐　소방정인 지방소방학교장에 관한 징계는 시·도에 설치된 징계위원회에서 심의·의결한다.

O | X

　　X　소방정인 지방소방학교장에 관한 징계는 소방청에 설치된 징계위원회에서 심의·의결한다.

> **핵심정리 소방공무원 징계령 제2조(징계위원회의 관할)**
>
> 소방청에 설치된 소방공무원 징계위원회는 다음의 소방공무원에 대한 징계 또는 「국가공무원법」 제78조의2에 따른 징계부가금(이하 "징계부가금"이라 한다) 부과 사건을 심의·의결한다.
> 1. 소방청 소속 소방정 이하의 소방공무원
> 2. 소방청 소속기관의 소방정 또는 소방령인 소방공무원. 다만, 국립소방연구원의 경우에는 소방정인 소방공무원을 말한다.
> 3. 소방정인 지방소방학교장

031

☐☐☐　「위험물안전관리법」상 안전관리자를 선임한 제조소등의 관계인은 안전관리자의 해임 또는 퇴직과 동시에 다른 안전관리자를 선임하지 못하는 경우에는 「국가기술자격법」에 따른 위험물의 취급에 관한 자격취득자 또는 위험물안전에 관한 기본지식과 경험이 있는 자로서 소방본부장이나 소방서장이 정하는 자를 대리자(代理者)로 지정하여 그 직무를 대행하게 하여야 한다.

O | X

　　X　행정안전부령이 정하는 자를 대리자(代理者)로 지정하여 그 직무를 대행하게 하여야 한다.

23. 공채   소방기본법 및 같은 법 시행규칙

032

☐☐☐

소방신호의 방법으로는 타종신호, 싸이렌신호, 음성신호가 있다.   O | X

X 소방신호의 방법으로는 타종신호, 싸이렌신호가 있다. 게시판을 철거하거나 통풍대 또는 기를 내리는 것으로 소방활동이 해제되었음을 알린다.

---

23. 공채   소방기본법 및 같은 법 시행규칙

033

☐☐☐

소방신호의 종류에는 비상신호, 훈련신호, 해제신호, 경계신호가 있다.   O | X

X 소방신호의 종류에는 발화신호, 훈련신호, 해제신호, 경계신호가 있다.

---

23. 공채   소방기본법 및 같은 법 시행규칙

034

☐☐☐

소방대의 비상소집을 하는 경우에는 훈련신호를 사용할 수 있다.   O | X

O

📖 핵심정리 소방신호별 신호방법

종별 \ 신호방법	타종신호	사이렌신호
경계신호	1타와 연2타를 반복	5초 간격을 두고 30초씩 3회
발화신호	난타	5초 간격을 두고 5초씩 3회
해제신호	상당한 간격을 두고 1타씩 반복	1분간 1회
훈련신호	연3타 반복	10초 간격을 두고 1분씩 3회

1. 소방신호의 방법은 그 전부 또는 일부를 함께 사용할 수 있다.
2. 게시판을 철거하거나 통풍대 또는 기를 내리는 것으로 소방활동이 해제되었음을 알린다.
3. 소방대의 비상소집을 하는 경우에는 훈련신호를 사용할 수 있다.

035
□□□

옥외탱크저장소에 저장하는 제4류 위험물의 최대수량이 지정수량의 30만배 이상인 경우는 위험물안전관리법령상 자체소방대를 설치하여야 하는 사업소에 해당한다.   O | X

X 최대수량이 지정수량의 50만배 이상인 경우이다.

📖 핵심정리 **자체소방대**

사업소의 구분(지정수량)		화학소방자동차	자체 소방대원의 수
제조소 또는 일반취급소에서 취급하는 제4류 위험물의 최대수량의 합	12만배 미만	1대	5인
	12만배 이상~24만배 미만	2대	10인
	24만배 이상~48만배 미만	3대	15인
	48만배 이상	4대	20인
옥외탱크저장소에 저장하는 제4류 위험물의 최대수량이 지정수량의 50만배 이상인 사업소		2대	10인

036
□□□

제조소 또는 일반취급소에서 취급하는 제4류 위험물의 최대수량의 합이 지정수량의 3천배 이상인 경우에는 위험물안전관리법령상 자체소방대를 설치하여야 하는 사업소에 해당한다.   O | X

O

PART 8 구조구급론

POINT 8-1 구조·구급의 개념

POINT 8-2 구조·구급 장비

POINT 8-3 로프기술

11. 공채

001
☐☐☐
로프에 수 개의 엄지매듭을 일정한 간격으로 만들어 로프를 타고 오르거나 내릴 때에 지점으로 이용할 수 있도록 하는 매듭은 줄사다리매듭법이다.　　　　　O | X

O

POINT 8-4 응급처치

16. 공채

002
☐☐☐
2급 응급구조사의 업무범위는 심폐소생술의 시행을 위한 기도유지[기도기(Airway)의 삽입, 기도삽관(Intubation), 후두마스크 삽관 등을 포함한다], 정맥로의 확보, 인공호흡기를 이용한 호흡의 유지 등이 있다.　　　　　O | X

X　1급 응급구조사의 업무범위에 해당한다.

23. 간부　　간급구조대응활동 및 현장지휘에 관한 규칙

003
☐☐☐
중증도 분류별 표시방법으로 비응급환자는 녹색, 구급차 그림에 ✕ 표시를 한다.　　　　　O | X

O

004
☐☐☐

중증도 분류별 표시방법으로 대기환자는 황색, 구급차 그림에 × 표시를 한다. O | X

X 대기환자는 분류하지 아니한다.

핵심정리 중증도 분류

분류	치료순서	색깔	심볼
Critical(긴급환자)	1	적색(Red)	토끼그림
Urgent(응급환자)	2	황색(Yellow)	거북이그림
Minor(비응급환자)	3	녹색(Green)	×표시
Dead(지연환자)	4	흑색(Black)	십자가표시

POINT 8-5   119구조 · 구급에 관한 법률

21. 간부

005
☐☐☐

「119구조 · 구급에 관한 법률 시행령」상 특수구조대는 화학구조대, 수난구조대, 고속도로구조대, 산악구조대 및 지하철 구조대로 분류한다. O | X

X 고속국도구조대가 해당한다.

19. 간부

006
☐☐☐

「119구조 · 구급에 관한 법률 시행령」상 동물의 단순 처리 · 포획 · 구조 요청을 받은 경우와 섭씨 38도 이상의 고열 감기환자는 구조 또는 구급 요청을 거절할 수 있는 경우에 해당된다. O | X

X 섭씨 38도 이상의 고열 감기환자는 구조 또는 구급 요청을 거절할 수 있는 경우에 해당하지 않는다.

11. 공채

007
☐☐☐

소방청장은 국제구조대를 편성 · 운영하는 경우 인명 탐색 및 구조, 응급의료, 안전평가, 시설관리, 공보연락 등의 임무를 수행할 수 있도록 구성하여야 한다. O | X

O

008
☐☐☐

「119구조 · 구급에 관한 법률 시행령」상 구급대원의 자격기준으로는 의료인, 1급응급구조사, 2급응급구조사, 인명구조사 및 소방청장이 실시하는 구급업무에 관한 교육을 받은 사람은 해당된다. O | X

X 인명구조사는 구급대원의 자격기준에 해당하지 않는다.

POINT 9-1 총칙

19. 공채

001
☐☐☐

존스(Jones)의 재해분류 중 기상학적 재해는 안개, 눈, 해일, 번개, 토네이도, 폭풍, 태풍, 가뭄, 이상기온, 쓰나미 등이
포함된다. O | X

X 쓰나미는 지구물리학적 재해 중 지질학적 재해로 분류하고 있다.

📖 핵심정리 존스(Jones)의 재해분류(자연재해)

대분류	세분류		재해의 종류
자연재해	지구 물리학적 재해	지질학적	지진, 화산, 쓰나미 등
		지형학적	산사태, 염수토양 등
		기상학적	안개, 눈, 해일, 번개, 토네이도, 폭풍, 태풍, 가뭄, 이상기온 등
	생물학적재해	–	세균, 질병, 유독식물, 유독동물 등
준자연재해		–	스모그, 온난화, 사막화, 염수화 현상, 눈사태, 산성화, 홍수, 토양침식 등
인위재해		–	공해, 폭동, 교통사고, 폭발사고, 전쟁 등

23. 공채

002
☐☐☐

아네스(Br. J. Anesth)는 재난을 크게 자연재난과 인적(인위)재난으로 구분하였다. 존스(David K. Jones)는 재난을 크
게 자연재난, 준자연재난, 인적(인위)재난으로 구분하였다. O | X

O

📖 핵심정리 아네스(Anesth)의 재해분류

대분류	세분류	재해의 종류
자연재해	기후성 재해	태풍
	지진성 재해	지진, 화산폭발, 해일
인위재해	사고성 재해	교통사고, 산업사고, 폭발사고, 생물학적 재해, 화학적 재해(유독물질), 방사능재해, 화재사고
	계획적 재해	테러, 폭동, 전쟁

해커스소방 김정희 소방학개론 핵심정리+OX문제

003
☐☐☐

하인리히(H. W. Heinrich)의 도미노 이론은 재해발생과정을 유전적 요인 및 사회적 환경 → 개인적 결함 → 불안전 행동 및 불안전 상태 → 사고 → 재해(상해)라는 5개 요인의 연쇄작용으로 설명하였다. O | X

O

004
☐☐☐

현대적 재난관리행정에 많이 이용되는 재난관리 접근 방식 중 IEMS(Integrated Emergency Management System)란 통합적 시스템을 말한다. O | X

O

005
☐☐☐

재난관리 방식 중 분산관리는 재난의 종류에 따라 대응방식의 차이와 대응계획 및 책임기관이 각각 다르게 배정된다. O | X

O

핵심정리 분산적 접근방법과 통합적 접근방법

구분	분산적 접근방법	통합적 접근방법
관련부처	다수부처	소수부처
책임범위	분산	과도함
정보전달	다양화	일원화
장점	• 업무수행의 전문성 • 업무의 과다 방지	• 동원과 신속한 대응성 • 인적자원의 효과적 활용
단점	• 재난 대처의 한계 • 업무 중복 및 연계 미흡 • 재원 마련과 배분 복잡함	• 종합관리체계 구축 어려움 • 업무와 책임의 과도와 집중성

006
☐☐☐

재난관리 방식 중 분산관리는 재난 시 유관기관 간의 중복적 대응이 있을 수 있고, 재난의 발생 유형에 따라 소관부처별로 업무가 나뉜다. O | X

O

007
☐☐☐

재난관리 방식 중 분산관리는 재난 시 유사한 자원동원 체계와 자원유형이 필요하다. O | X

X 재난발생시 책임기관이 적절히 대응할 수 있는 다양한 자원동원 체계와 자원유형이 필요하다.

008
□□□

하인리히(H. W. Heinrich)의 도미노 이론의 5단계 중 사고의 직접원인이 되는 3번째 단계에 해당하는 것은 불안전 행동 또는 불안전 상태이다. O | X

O

009
□□□

하인리히(H. W. Heinrich)의 도미노 이론은 재해의 발생 과정을 '사회적 환경 및 유전적 요소 → 개인적 결함 → 불안전한 행동 및 상태 → 사고 → 재해'의 5단계로 구분한다. 재해 발생을 방지하기 위해 제거해야 하는 단계는 불안전한 행동 및 상태이다. O | X

O 하인리히는 안전사고의 예방을 위하여 사고의 원인이 되는 불안전한 행동이나 기계적 또는 물리적 결함에 가장 큰 관심을 두고 이의 제거에 노력하여 사고를 예방해야 한다고 주장하였다.

핵심정리 도미노이론

단계	하인리히 도미노이론	버드 도미노이론
1단계	사회적 · 유전적(간접원인)	관리상 결함(관리부족)
2단계	개인적 결합(간접원인)	기본원인
3단계	불안전한 행동, 불안전한 상태(직접원인)	직접원인(불안전한 행동, 불안전한 상태)
4단계	사고(접촉)	사고(접촉)
5단계	재해(손실)	재해(손실)
재해예방	직접원인의 제거	기본원인의 제거

010
□□□

버드(F. Bird)의 수정 도미노 이론은 재해의 발생 과정을 '제어의 부족 → 기본원인 → 직접원인 → 사고 → 재해'의 5단계로 구분한다. 재해 발생을 방지하기 위해 제거해야 하는 단계는 직접원인이다. O | X

X 버드(F. Bird)의 수정 도미노 이론에서 재해 발생을 방지하기 위해 제거해야 하는 단계는 기본원인이다.

핵심정리 버드의 연쇄성이론

버드의 연쇄성이론은 안전관리결함과 기본원인인 4M관리 부족으로 손실이 연쇄적으로 재해가 발생된다는 이론이다. 재해를 제거하기 위해서는 안전관리철저와 기본원인이 중요하다.

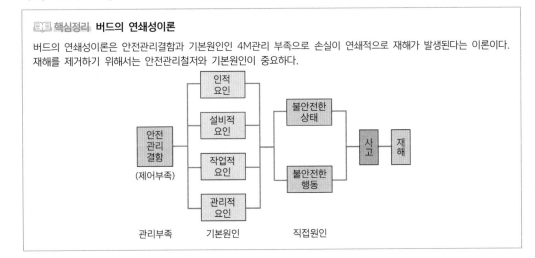

해커스소방 김정희 소방학개론 핵심정리 + OX문제

011
☐☐☐

재해원인 분석방법 중 하나인 4M 분석방법은 재해의 원인을 Man, Machine, Manner, Management 요인으로 구분하여 분석한다. ○ | X

X 재해의 원인을 Man(사람), Machine(기계·설비), Media(작업정보, 방법, 환경), Management(관리) 요인으로 구분하여 분석한다.

📑 핵심정리 재해발생 기본원인인 "4M"

구분	내용
Man (사람)	• 심리적 요인: 억측판단, 착오, 생략행위, 무의식행동, 망각 등 • **생리적 요인**: 수면부족, 질병, 고령 등 • **사회적 요인**: 사업장 내 인간관계, 리더십, 팀워크, 소통 등의 문제
Machine (기계·설비)	• 점검, 정비의 결함 • 위험방호 불량 등 • 구조 불량 • 기계, 설비의 설계상 결함 등
Media (작업정보, 방법, 환경)	• 작업계획, 작업절차 부적절 • 정보 부적절 • 보호구 사용 부적절 • 작업 공간 불량 • 작업 자세, 작업 동작의 결함 등
Management (관리)	• 관리조직의 결함 • 건강관리의 불량 • 배치의 불충분 안전보건교육 부족 • 규정, 매뉴얼 불철저 • 자율안전보건활동 추진 불량 등

012
☐☐☐

재해원인 분석방법 중 하나인 4M 분석방법에서 기계·설비의 설계상 결함은 관리적 요인에 해당한다. ○ | X

X 기계·설비의 설계상 결함은 Machine(기계·설비적) 요인에 해당한다.

013
☐☐☐

재해원인 분석방법 중 하나인 4M 분석방법에서 작업정보의 부적절은 작업·환경적 요인(Media)에 해당한다. ○ | X

○

014
☐☐☐

재해원인 분석방법 중 하나인 4M 분석방법에서 심리적 요인은 작업·환경적 요인에 해당한다. ○ | X

X 인적요인에 해당한다.

015

제3조 제1호에 따른 재난은 자연재난, 사회재난, 해외재난으로 구분된다. 　O | X

X 해외재난은 해당하지 않는다.

016

황사와 미세먼지는 자연재난에 해당한다. 　O | X

X 미세먼지는 사회재난에 해당한다.

> 📖 핵심정리　**자연재난**
>
> 1. 태풍, 홍수, 호우(豪雨)
> 2. 강풍, 풍랑, 해일(海溢)
> 3. 대설, 한파
> 4. 낙뢰
> 5. 가뭄, 폭염
> 6. 지진
> 7. 황사(黃砂)
> 8. 조류(藻類) 대발생, 조수(潮水)
> 9. 화산활동
> 10. 소행성·유성체 등 자연우주물체의 추락·충돌

017

감염병의 예방 및 관리에 관한 법률」에 따른 감염병과 「가축전염병예방법」에 따른 가축전염병의 확산은 사회재난에
해당한다. 　O | X

O

> 📖 핵심정리　**사회재난**
>
> 1. 화재·붕괴·폭발·교통사고(항공사고·해상사고 포함)·화생방사고·환경오염사고 등으로 인하여 발생하는 대통령령
>   으로 정하는 규모 이상의 피해
> 2. 국가핵심기반의 마비
> 3. 「감염병의 예방 및 관리에 관한 법률」에 따른 감염병
> 4. 「가축전염병예방법」에 따른 가축전염병의 확산
> 5. 「미세먼지 저감 및 관리에 관한 특별법」에 따른 미세먼지 등으로 인한 피해

018

화재·붕괴·폭발·교통사고(항공사고·해상사고 포함)·화생방사고·환경오염사고 등으로 인하여 발생하는 대통령령
으로 정하는 규모 이상의 피해는 준자연재난에 해당한다. 　O | X

X 사회재난에 해당한다.

019
□□□

"국가재난관리기준"이란 모든 유형의 재난에 공통적으로 활용할 수 있도록 재난관리의 전 과정을 통일적으로 단순화·체계화한 것으로서 행정안전부장관이 고시한 것을 말한다.　　　O | X

O

020
□□□

"재난관리"란 재난이나 그 밖의 각종 사고로부터 사람의 생명·신체 및 재산의 안전을 확보하기 위하여 하는 모든 활동을 말한다.　　　O | X

X 안전관리에 대한 설명이다.

021
□□□

"재난관리"란 재난의 예방·대비·대응 및 복구를 위하여 하는 모든 활동을 말한다.　　　O | X

O

022
□□□

"안전기준"이란 각종 시설 및 물질 등의 제작, 유지관리 과정에서 안전을 확보할 수 있도록 적용하여야 할 기술적 기준을 체계화한 것을 말한다.　　　O | X

O

023
□□□

"긴급구조"란 재난이 발생할 우려가 현저하거나 재난이 발생하였을 때에 국민의 생명·신체 및 재산을 보호하기 위하여 긴급구조기관과 자원봉사자가 하는 인명구조, 응급처치, 그 밖에 필요한 모든 긴급한 조치를 말한다.　　　O | X

X 긴급구조기관과 긴급구조지원기관이 하는 인명구조, 응급처치, 그 밖에 필요한 모든 긴급한 조치를 말한다.

024
□□□

"안전취약계층"이란 어린이, 노인, 장애인, 저소득층 등 신체적·사회적·경제적 요인으로 인하여 재난에 취약한 사람을 말한다.　　　O | X

O

025
□□□

황사로 인하여 발생하는 재해와 「미세먼지 저감 및 관리에 관한 특별법」에 따른 미세먼지 등으로 인한 피해는 모두 사회재난에 해당한다.　　　O | X

X 황사는 자연재난에 해당한다.

026
□□□

재난관리를 위하여 필요한 재난관리정보는 재난상황정보, 동원가능 자원정보, 시설물정보 및 지리정보이다.   O | X

O

027
□□□

긴급구조기관은 소방청, 경찰청, 질병관리청이다.   O | X

X 긴급구조기관은 소방청, 소방본부, 소방서이다.

028
□□□

경기장 및 공연장에서 발생한 사고의 재난관리주관기관은 소방청이다.   O | X

X 문화체육관광부이다.

029
□□□

재난 및 사고유형에 따라 가축질병은 보건복지부, 항공기 사고는 국토교통부, 정부중요시설 사고는 행정안전부에서 재난관리를 주관한다.   O | X

X 가축질병은 농림축산식품부가 재난관리주관이다.

030
□□□

공동구 재난(국토교통부가 관장하는 공동구는 제외)은 행정안전부에서 주관하며, 원자력안전 사고(파업에 따른 가동중단으로 한정)는 산업통상자원부에서 주관한다.   O | X

O

031
□□□

저수지 사고는 국토교통부에서 주관하며, 자연우주물체의 추락·충돌은 과학기술정보통신부에서 주관한다.   O | X

X 저수지 사고는 농림축산식품부에서 주관한다.

> **핵심정리 농림축산식품부가 주관하는 재난 및 사고의 유형**
>
> 1. 가축 질병
> 2. 저수지 사고

해커스소방 김정희 소방학개론 핵심정리 + OX문제

032
□□□

내륙에서 발생한 유도선 등의 수난 사고의 재난관리주관기관은 소방청이다.　　O | X

X　행정안전부이다.

> **핵심정리 행정안전부가 주관하는 재난 및 사고의 유형**
>
> 1. 정부중요시설 사고
> 2. 공동구 재난(국토교통부가 관장하는 공동구 제외)
> 3. 내륙에서 발생한 유도선 등의 수난 사고
> 4. 풍수해(조수 제외)·지진·화산·낙뢰·가뭄·한파·폭염으로 인한 재난 및 사고

033
□□□

전력생산용 댐의 사고의 재난관리주관기관은 산업통상자원부이다.　　O | X

O

> **핵심정리 산업통상자원부가 주관하는 재난 및 사고의 유형**
>
> 1. 가스 수급 및 누출 사고
> 2. 원유수급 사고
> 3. 원자력안전 사고(파업에 따른 가동중단으로 한정)
> 4. 전력 사고
> 5. 전력생산용 댐의 사고

034
□□□

유해화학물질 유출 사고의 재난관리주관기관은 환경부이다.　　O | X ·

O

> **핵심정리 환경부가 주관하는 재난 및 사고의 유형**
>
> 1. 수질분야 대규모 환경오염 사고
> 2. 식용수 사고
> 3. 유해화학물질 유출 사고
> 4. 조류(藻類) 대발생(녹조)
> 5. 황사
> 6. 환경부가 관장하는 댐의 사고
> 7. 미세먼지

23. 간부   재난 및 안전관리 기본법

035
☐☐☐

대통령령으로 정하는 대규모 재난의 대응·복구 등에 관한 사항을 총괄·조정하고 필요한 조치를 하기 위하여 행정안전부에 두는 조직은 중앙재난안전대책본부이다.   O | X

O

---

23. 간부   재난 및 안전관리 기본법

036
☐☐☐

재난 및 안전관리에 관한 관련 사항을 심의하기 위하여 행정안전부 소속으로 중앙안전관리위원회를 둔다.   O | X

X 국무총리 소속이다.

---

23. 간부   재난 및 안전관리 기본법

037
☐☐☐

중앙위원회에 상정될 안건을 사전에 검토하고 관련 사무를 수행하기 위하여 중앙위원회에 안전정책조정위원회를 둔다.   O | X

O

---

22. 간부   재난 및 안전관리 기본법

038
☐☐☐

대통령령으로 정하는 대규모 재난의 대응·복구 등에 관한 사항을 총괄·조정하고 필요한 조치를 하기 위하여 행정안전부에 중앙재난안전대책본부를 둔다.   O | X

O

> 📖 **핵심정리 중앙재난안전대책본부의 구성**
>
> 1. 중앙대책본부에 본부장과 차장을 둔다.
> 2. **중앙대책본부장**: 행정안전부장관
> 3. **해외재난과 방사능재난의 경우**
>   • **해외재난의 경우**: 외교부장관
>   • **방사능재난의 경우**: 중앙방사능방재대책본부의 장

---

22. 간부   재난 및 안전관리 기본법

039
☐☐☐

재난의 효과적인 수습을 위하여 국무총리가 범정부적 차원의 통합 대응이 필요하다고 인정하는 경우에는 대통령이 중앙대책본부장의 권한을 행사한다.   O | X

X 재난의 효과적인 수습을 위하여 국무총리가 <u>범정부적 차원의 통합 대응</u>이 필요하다고 인정하는 경우에는 국무총리가 중앙대책본부장의 권한을 행사한다.

040 □□□ 해외재난의 경우에는 외교부장관이 중앙대책본부장의 권한을 행사한다.　　O | X

O

> 📖 **핵심정리　중앙재난안전대책본부장**
> 1. 중앙대책본부의 본부장(중앙대책본부장)은 행정안전부장관이 되며, 중앙대책본부장은 중앙대책본부의 업무를 총괄하고 필요하다고 인정하면 중앙재난안전대책본부회의를 소집할 수 있다.
> 2. 다만, 해외재난의 경우에는 외교부장관이, 「원자력시설 등의 방호 및 방사능 방재 대책법」 제2조 제1항 제8호에 따른 방사능재난의 경우에는 같은 법 제25조에 따른 중앙방사능방재대책본부의 장이 각각 중앙대책본부장의 권한을 행사한다.

041 □□□ 행정안전부장관이 국무총리에게 건의하거나 수습본부장의 요청을 받아 행정안전부장관이 국무총리에게 건의하는 경우에는 국무총리가 중앙대책본부장의 권한을 행사할 수 있다.　　O | X

O

042 □□□ 긴급구조에 관한 사항의 총괄·조정, 긴급구조기관 및 긴급구조지원기관이 하는 긴급구조활동의 역할 분담과 지휘·통제를 위하여 행정안전부에 중앙긴급구조통제단을 둔다.　　O | X

X　중앙긴급구조통제단은 소방청에 둔다.

043 □□□ 「재난 및 안전관리 기본법」상 재난 및 안전관리에 관한 중요 정책을 심의하기 위하여 국무총리 소속으로 중앙안전관리위원회를 둔다.　　O | X

O

044 □□□ 대통령령으로 정하는 대규모 재난의 대응·복구를 총괄하기 위하여 행정안전부에 중앙재난안전대책본부를 둔다.　　O | X

O

045 □□□ 「재난 및 안전관리 기본법」상 중앙안전관리위원회는 재난사태의 선포에 관한 사항을 심의하고, 안전정책조정위원회는 특별재난지역의 선포에 관한 사항을 심의한다.　　O | X

X　특별재난지역의 선포에 관한 사항도 중앙안전관리위원회 심의사항이다.

046
□□□

「재난 및 안전관리 기본법」상 재난 및 안전관리에 관한 중요정책에 관한 사항은 국무총리 소속으로 중앙안전관리 위원회에서 심의하고, 지역별 재난 및 안전관리에 관한 사항을 심의·조정하기 위하여 시·도지사 소속으로 시·도 안전관리위원회를 둔다. O | X

O

POINT 9-3 안전관리계획

22. 간부   「재난 및 안전관리 기본법」 및 동법 시행령

047
□□□

국무총리는 재난 및 안전관리에 관한 과학기술의 진흥을 위하여 5년마다 관계 중앙행정기관의 재난 및 안전관리기술개발에 관한 계획을 종합하여 조정위원회의 심의와 「국가과학기술자문회의법」에 따른 국가과학기술자문회의의 심의를 거쳐 재난 및 안전관리기술개발 종합계획을 수립하여야 한다. O | X

X 행정안전부장관이다.

22. 간부   「재난 및 안전관리 기본법」 및 동법 시행령

048
□□□

국무총리는 국가안전관리기본계획을 매년 수립해야 한다. O | X

X 국무총리는 법 제22조 제4항에 따라 국가안전관리기본계획을 5년마다 수립해야 한다.

23. 간부   재난 및 안전관리 기본법

049
☐☐☐
국가핵심기반의 지정, 재난안전분야 종사자 교육은 재난의 대비에 포함되어야 할 내용이다.   O | X

X 국가핵심기반의 지정 및 관리, 재난안전분야 종사자 교육은 예방단계에 해당한다.

> 📖 **핵심정리 재난의 예방단계**
>
> 1. 재난관리책임기관의 장의 재난예방조치 등
> 2. 국가핵심기반의 지정 및 관리
> 3. 특정관리대상지역의 지정 및 관리
> 4. 재난방지시설의 관리
> 5. 재난안전분야 종사자 교육
> 6. 재난예방을 위한 긴급안전점검 등
> 7. 재난예방을 위한 안전조치
> 8. 정부합동 안전점검
> 9. 집중 안전점검 기간 운영 등
> 10. 재난관리 실태 공시 등

23. 간부   재난 및 안전관리 기본법

050
☐☐☐
재난현장 긴급통신수단의 마련, 재난분야 위기관리 매뉴얼 작성·운영은 재난의 대비 단계에 포함되어야 할 내용이다.   O | X

O

> 📖 **핵심정리 재난의 대비단계**
>
> 1. 재난관리자원의 비축·관리
> 2. 재난현장 긴급통신수단의 마련
> 3. 국가재난관리기준의 제정·운용 등
> 4. 기능별 재난대응 활동계획의 작성·활용
> 5. 재난분야 위기관리 매뉴얼의 작성·운용
> 6. 다중이용시설 등의 위기상황 매뉴얼의 작성·관리 및 훈련
> 7. 안전기준의 등록 및 심의 등
> 8. 재난안전통신망의 구축·운영
> 9. 재난대비훈련 기본계획의 수립 및 실시

24. 간부   재난 및 안전관리 기본법

051
☐☐☐
재난사태의 선포와 특별재난지역의 선포는 재난관리의 대응단계에 해당한다.   O | X

X 특별재난지역의 선포는 재난관리의 복구단계에 해당한다.

> 📖 **핵심정리 재난관리의 복구단계**
>
> 1. 특별재난지역의 선포
> 2. 특별재난지역에 대한 지원

23. 공채   재난 및 안전관리 기본법

052
☐☐☐
위험구역의 설정은 재난관리의 예방 단계에 해당한다.   O | X

X 재난관리의 대응단계에 해당한다.

053　재난현장 긴급통신수단의 마련은 재난관리의 대비 단계에 해당한다.　　O | X

O

054　국가재난관리기준의 제정·운용, 재난 예보·경보체계 구축·운영은 재난관리의 대비단계 관리사항에 해당한다.　　O | X

X　재난 예보·경보체계 구축·운영은 재난관리 대응단계 관리사항에 해당한다.

055　재난안전분야 종사자 교육, 재난안전통신망의 구축·운영은 재난관리의 대비단계 관리사항에 해당한다.　　O | X

X　재난안전분야 종사자 교육은 재난관리 예방단계 관리사항에 해당한다.

056　재난 예보·경보체계 구축·운영은 재난관리의 대응단계에 해당한다.　　O | X

O

057　재난안전통신망의 구축·운영과 재난 예보·경보체계의 구축·운영 등은 재난관리의 대응단계에 해당한다.　　O | X

X　재난안전통신망의 구축은 대비단계에 해당한다.

058　재난관리의 단계별 주요 활동 중 '긴급통신수단 구축'이 해당되는 단계는 대비단계이다.　　O | X

O

059　「재난 및 안전관리 기본법」상 특별재난지역의 선포는 재난관리 단계별 조치 사항 중 대응단계에 해당되고, 재난현장 긴급통신수단의 마련은 대비단계에 해당한다.　　O | X

X　특별재난지역의 선포는 재난관리 단계별 조치사항 중 복구단계에 해당한다.

22. 공채   재난 및 안전관리 기본법

060
☐☐☐

재난현장에서 임무를 직접 수행하는 기관의 행동조치 절차를 구체적으로 수록한 문서는 현장조치 행동매뉴얼이다.

O | X

O

> 📖 핵심정리 **현장조치 행동매뉴얼**
>
> 재난현장에서 임무를 직접 수행하는 기관의 행동조치 절차를 구체적으로 수록한 문서로 위기대응 실무매뉴얼을 작성한 기관의 장이 지정한 기관의 장이 작성하되, 시장·군수·구청장은 재난유형별 현장조치 행동매뉴얼을 통합하여 작성할 수 있다.

확인학습문제   재난 및 안전관리 기본법

061
☐☐☐

현장조치 행동매뉴얼은 국가적 차원에서 관리가 필요한 재난에 대하여 재난관리 체계와 관계 기관의 임무와 역할을 규정한 문서로 위기대응 실무매뉴얼의 작성 기준이 되며, 재난관리주관기관의 장이 작성한다. 다만, 다수의 재난관리주관기관이 관련되는 재난에 대해서는 관계 재난관리주관기관의 장과 협의하여 행정안전부장관이 현장조치 행동매뉴얼을 작성할 수 있다.

O | X

X 위기관리 표준매뉴얼에 대한 설명이다.

> 📖 핵심정리 **위기대응 실무매뉴얼**
>
> 위기관리 표준매뉴얼에서 규정하는 기능과 역할에 따라 실제 재난대응에 필요한 조치사항 및 절차를 규정한 문서로 재난관리주관기관의 장과 관계 기관의 장이 작성한다. 이 경우 재난관리주관기관의 장은 위기대응 실무매뉴얼과 위기관리 표준매뉴얼을 통합하여 작성할 수 있다.

21. 간부

062
☐☐☐

위기관리 표준매뉴얼은 국가적 차원에서 관리가 필요한 재난에 대하여 재난관리 체계와 관계 기관의 임무와 역할을 규정한 문서이고, 현장조치 행동매뉴얼은 재난현장에서 임무를 직접 수행하는 기관의 행동조치 절차를 구체적으로 수록한 문서이다.

O | X

O

21. 공채　　재난 및 안전관리 기본법

063
□□□

재난현장에서 시·군·구긴급구조통제단장의 긴급구조 현장지휘 사항으로는 재난현장에서 인명의 탐색·구조, 추가 재난의 방지를 위한 응급조치, 사상자의 응급처치 및 의료기관으로의 이송, 긴급구조에 필요한 물자의 관리 등이 있다.

O | X

O

---

20. 공채　　재난 및 안전관리 기본법

064
□□□

시·군·구 재난안전대책본부장은 시장·군수·구청장이며, 시·군·구 긴급구조통제단장은 소방서장이다.

O | X

O

---

19. 공채　　재난 및 안전관리 기본법

065
□□□

중앙긴급구조통제단의 단장은 행정안전부장관이 된다.

O | X

X　중앙긴급구조통제단의 단장은 소방청장이다.

---

24. 간부　　재난 및 안전관리 기본법

066
□□□

재난사태 선포권자는 국무총리이다.

O | X

X　원칙적으로 행정안전부장관이다.

> **핵심정리 재난사태의 선포**
> 1. 행정안전부장관은 대통령령으로 정하는 재난이 발생하거나 발생할 우려가 있는 경우 사람의 생명·신체 및 재산에 미치는 중대한 영향이나 피해를 줄이기 위하여 긴급한 조치가 필요하다고 인정하면 중앙위원회의 회의를 거쳐 재난사태를 선포할 수 있다. 다만, 행정안전부장관은 재난상황이 긴급하여 중앙위원회의 심의를 거칠 시간적 여유가 없다고 인정하는 경우에는 중앙위원회의 심의를 거치지 아니하고 재난사태를 선포할 수 있다.
> 2. 그럼에도 불구하고 시·도지사는 관할 구역에서 재난이 발생하거나 발생할 우려가 있는 등 대통령령으로 정하는 경우 사람의 생명·신체 및 재산에 미치는 중대한 영향이나 피해를 줄이기 위하여 긴급한 조치가 필요하다고 인정하면 시·도위원회의 심의를 거쳐 재난사태를 선포할 수 있다. 이 경우 시·도지사는 지체 없이 그 사실을 행정안전부장관에게 통보하여야 한다.

067
☐☐☐

재난사태 선포대상 재난은 재난 중 극심한 인명 또는 재산의 피해가 발생하거나 발생할 것으로 예상되어 시·도지사가 중앙대책본부장에게 재난사태의 선포를 건의하거나 중앙대책본부장이 재난사태의 선포가 필요하다고 인정하는 재난(「노동조합 및 노동관계조정법」 제4장에 따른 쟁의행위로 인한 국가핵심기반의 일시 정지는 제외한다)을 말한다.

O | X

O

📖 **핵심정리 재난사태의 선포대상 재난**

법 제36조 제1항 본문에서 "대통령령으로 정하는 재난"이란 재난 중 극심한 인명 또는 재산의 피해가 발생하거나 발생할 것으로 예상되어 시·도지사가 중앙대책본부장에게 재난사태의 선포를 건의하거나 중앙대책본부장이 재난사태의 선포가 필요하다고 인정하는 재난(「노동조합 및 노동관계조정법」 제4장에 따른 쟁의행위로 인한 국가핵심기반의 일시 정지는 제외한다)을 말한다.

068
☐☐☐

행정안전부장관 및 지방자치단체의 장은 재난사태가 선포된 지역에 대하여 재난경보의 발령, 인력·장비 및 물자의 동원, 위험구역 설정, 대피명령, 응급지원 등 이 법에 따른 응급조치, 해당 지역에 소재하는 행정기관 소속 공무원의 비상소집, 해당 지역에 대한 여행 등 이동 자제 권고 등의 조치를 할 수 있다.

O | X

O

📖 **핵심정리 재난사태가 선포된 지역에 대한 조치 사항**

1. 재난경보의 발령, 재난관리자원의 동원, 위험구역 설정, 대피명령, 응급지원 등 이 법에 따른 응급조치
2. 해당 지역에 소재하는 행정기관 소속 공무원의 비상소집
3. 해당 지역에 대한 여행 등 이동 자제 권고
4. 「유아교육법」 제31조, 「초·중등교육법」 제64조 및 「고등교육법」 제61조에 따른 휴업명령 및 휴원·휴교 처분의 요청
5. 그 밖에 재난예방에 필요한 조치

069
☐☐☐

통제단이 설치·운영되는 경우에 긴급구조지휘대를 구성하는 현장지휘요원은 대응계획부로 배치된다.

O | X

X 현장지휘부로 배치된다.

📖 **핵심정리 긴급구조요원의 통제단 부서 배치**

1. **현장지휘요원**: 현장지휘부
2. **자원지원요원**: 자원지원부
3. **통신지원요원**: 현장지휘부
4. **안전관리요원**: 현장지휘부
5. **상황조사요원**: 대응계획부
6. **구급지휘요원**: 현장지휘부

070
☐☐☐

통제단이 설치·운영되는 경우에 긴급구조지휘대를 구성하는 안전담당요원은 현장통제반 부서로 배치된다.   O | X

X   안전담당요원은 연락공보담당 또는 안전담당 부서로 배치된다.

071
☐☐☐

통제단이 설치·운영되는 경우에 긴급구조지휘대를 구성하는 경찰파견 연락관은 연락공보담당 부서로 배치된다.

  O | X

X   경찰파견 연락관은 현장통제반 부서로 배치된다.

072
☐☐☐

행정안전부장관은 대통령령으로 정하는 재난이 발생하거나 발생할 우려가 있는 경우 사람의 생명·신체 및 재산에 미치는 중대한 영향이나 피해를 줄이기 위하여 긴급한 조치가 필요하다고 인정하면 조정위원회의 심의를 거쳐 재난사태를 선포할 수 있다.   O | X

X   중앙위원회의 심의를 거쳐 재난사태를 선포할 수 있다.

073
☐☐☐

해상에서 발생한 선박이나 항공기 등의 조난사고의 긴급구조활동에 관하여는 「수상에서의 수색·구조 등에 관한 법률」 등 관계 법령에 따른다.   O | X

O

074
☐☐☐

국방부장관은 항공기 조난사고가 발생한 경우 항공기 수색과 인명구조를 위하여 항공기 수색·구조계획을 수립·시행하여야 한다.   O | X

X   소방청장은 항공기 조난사고가 발생한 경우 항공기 수색과 인명구조를 위하여 항공기 수색·구조계획을 수립·시행하여야 한다. 다만, 다른 법령에 항공기의 수색·구조에 관한 특별한 규정이 있는 경우에는 그 법령에 따른다.

075

□□□

국방부장관이 설치하는 탐색구조본부의 구성과 운영에 필요한 사항은 국방부령으로 정한다.　　O | X

O

> **재난 및 안전관리 기본법 제57조【항공기 등 조난사고 시의 긴급구조 등】** ① 소방청장은 항공기 조난사고가 발생한 경우 항공기 수색과 인명구조를 위하여 항공기 수색·구조계획을 수립·시행하여야 한다. 다만, 다른 법령에 항공기의 수색·구조에 관한 특별한 규정이 있는 경우에는 그 법령에 따른다.
> ② 항공기의 수색·구조에 필요한 사항은 대통령령으로 정한다.
> ③ 국방부장관은 항공기나 선박의 조난사고가 발생하면 관계 법령에 따라 긴급구조업무에 책임이 있는 기관의 긴급구조활동에 대한 군의 지원을 신속하게 할 수 있도록 다음 각 호의 조치를 취하여야 한다.
> 1. 탐색구조본부의 설치·운영
> 2. 탐색구조부대의 지정 및 출동대기태세의 유지
> 3. 조난 항공기에 관한 정보 제공
> ④ 제3항 제1호에 따른 탐색구조본부의 구성과 운영에 필요한 사항은 국방부령으로 정한다.

076

□□□

국방부장관은 항공기나 선박의 조난사고가 발생하면 관계 법령에 따라 긴급구조업무에 책임이 있는 기관의 긴급구조활동에 대한 군의 지원을 신속하게 할 수 있도록 조치를 취하여야 한다.　　O | X

O

077

□□□

해수면에서의 수난구호는 구조본부의 장이 수행하고, 내수면에서의 수난구호는 소방관서의 장이 수행한다.　　O | X

O 해수면에서의 수난구호는 구조본부의 장이 수행하고, 내수면에서의 수난구호는 소방관서의 장이 수행한다. 다만, 국제항행에 종사하는 내수면 운항선박에 대한 수난구호는 구조본부의 장과 소방관서의 장이 상호 협조하여 수행하여야 한다[수상에서의 수색·구조 등에 관한 법률 제13조(수난구호의 관할)].

20. 공채   재난 및 안전관리 기본법

078
☐☐☐

재난관리의 대응단계에서는 재난 피해지역을 재해 이전 상태로 회복시키기 위하여 피해상황을 조사하고, 자체복구계획을 수립·시행한다.   O | X

X 재난피해 신고 및 조사는 재난의 피해복구 단계에 해당한다.

24. 간부   재난 및 안전관리 기본법

079
☐☐☐

중앙대책본부장은 특별재난지역의 선포를 대통령에게 건의할 수 있고, 지역대책본부장은 관할지역에서 발생한 재난에 대해 중앙대책본부장에게 특별재난지역의 선포 건의를 요청할 수 있다.   O | X

O

24. 간부

080
☐☐☐

특별재난지역의 선포권자는 대통령이고, 특별재난지역을 선포하는 경우에 중앙대책본부장은 특별재난지역의 구체적인 범위를 정하여 공고하여야 한다.   O | X

O

24. 간부

081
☐☐☐

특별재난지역의 선포를 위해서는 중앙대책본부의 심의를 거쳐야 한다.   O | X

X 중앙안전관리위원회의 심의를 거쳐야 한다.

📖 핵심정리 특별재난지역의 선포

1. 중앙대책본부장은 대통령령으로 정하는 규모의 재난이 발생하여 국가의 안녕 및 사회질서의 유지에 중대한 영향을 미치거나 피해를 효과적으로 수습하기 위하여 특별한 조치가 필요하다고 인정하거나 3.에 따른 지역대책본부장의 요청이 타당하다고 인정하는 경우에는 중앙위원회의 심의를 거쳐 해당 지역을 특별재난지역으로 선포할 것을 대통령에게 건의할 수 있다.
2. 1.에 따라 대통령령으로 재난의 규모를 정할 때에는 다음 사항을 고려하여야 한다.
   • 인명 또는 재산의 피해 정도
   • 재난지역 관할 지방자치단체의 재정 능력
   • 재난으로 피해를 입은 구역의 범위
3. 1.에 따라 특별재난지역의 선포를 건의받은 대통령은 해당 지역을 특별재난지역으로 선포할 수 있다.
4. 지역대책본부장은 관할지역에서 발생한 재난으로 인하여 제1항에 따른 사유가 발생한 경우에는 중앙대책본부장에게 특별재난지역의 선포 건의를 요청할 수 있다.

POINT 9-9　보칙

082
☐☐☐

지방자치단체의 장은 재난 및 안전관리업무의 기술적 자문을 위하여 민간전문가로 구성된 안전관리자문단을 구성·운영할 수 있다.

O | X

O

> **📖 핵심정리　안전관리자문단의 구성·운영(법 제75조)**
>
> 1. 지방자치단체의 장은 재난 및 안전관리업무의 기술적 자문을 위하여 민간전문가로 구성된 안전관리자문단을 구성·운영할 수 있다.
> 2. 1.에 따른 안전관리자문단의 구성과 운영에 관하여는 해당 지방자치단체의 조례로 정한다.